Chögyam Trungpa · Das Buch vom meditativen Leben

CHÖGYAM TRUNGPA

Das Buch vom meditativen Leben

Die Shambhala-Lehren
vom Pfad des Kriegers
zur Selbstverwirklichung
im täglichen Leben

Otto Wilhelm Barth Verlag

1. Auflage der Sonderausgabe 1988
Einzig berechtigte Übersetzung
aus dem Amerikanischen von Jochen Eggert.
Titel der Originalausgabe: «Shambhala. The Sacred Path of the Warrior».

Schutzumschlag von Gerhard Noltkämper.

Für Gesar von Ling

Er, der weder Anfang noch Ende hat,
Sein ist die Herrlichkeit von Tiger, Schneelöwe,
Garuda und Drache,
Sein ist das Vertrauen jenseits der Worte –
Zu seinen Füßen huldige ich dem Rigden-König.

Inhalt

Dritter Teil: Authentische Gegenwart

Vorwort der Herausgeberin

Chögyam Trungpa ist westlichen Lesern vor allem durch seine Bücher über die Lehren des Buddhismus bekannt, darunter so vielgelesene Werke wie *Spiritueller Materialismus, Das Märchen von der Freiheit* oder *Aktive Meditation*. Das vorliegende Buch unterscheidet sich jedoch ganz wesentlich von den bisherigen Arbeiten. Obgleich die Shambhala-Lehre, wie der Autor deutlich macht, vom Buddhismus und seiner Erfahrungswelt geprägt ist und obgleich auch von der Bedeutung der Meditation in der traditionellen Sitzhaltung die Rede ist, hat dieses Buch einen eher weltlichen als religiösen Charakter. Kaum ein halbes Dutzend tibetischer Begriffe finden im Text Verwendung, dafür spricht das Buch durch Tonfall und Inhalt direkt – und manchmal schmerzhaft direkt – die Erfahrung und Herausforderungen des Menschseins an.

Schon durch den Namen, mit dem der Autor seine Einführung signiert – Dorje Dradul von Mukpo –, unterscheidet er dieses Buch von seinen früheren. Hier geht es um den Weg des Kriegers, den Weg der Tapferkeit, den jeder gehen kann, der ein authentisches und furchtloses Leben sucht. Der Titel *Dorje Dradul* bedeutet soviel wie «unzerstörbarer» oder «demantener Krieger». Mukpo ist der Familienname des Autors, der jedoch schon in seiner Kindheit durch den buddhistischen Titel Chögyam Trungpa Rinpoche ersetzt wurde. Im elften Kapitel erzählt der Autor davon, welche Bedeutung der Name Mukpo für ihn hat, und weist damit darauf hin, warum er ihn in diesem Zusammenhang verwendet hat.

Chögyam Trungpa benutzt die Legende und die Bilderwelt des Shambhala-Königreichs als Hintergrund für seine Darstellung, macht aber zugleich deutlich, daß er hier nicht die buddhistische *Kālachakra*-Lehre über Shambhala vorlegen will. Vielmehr bezieht er sich auf ein uraltes Wissen, dessen Ursprünge sich im Dunkel der Vorgeschichte verlieren, für das aber die vorindustriellen Zivilisationen von Tibet, Indien, China, Japan und Korea ein beredtes Zeugnis sind. Insbesondere bezieht dieses Buch seine Inspiration und Bildersprache aus der Kriegerkultur Tibets, die älter ist als der Buddhismus und ihren prägenden Einfluß auf die tibetische Gesellschaft bis zur chinesischen Invasion 1959 behielt. Doch welchen Quellen die hier beschriebene Weltsicht auch entsprungen sein mag, sie ist bisher noch nirgendwo sonst dargestellt worden. Sie ist eine ganz eigenständige und unvergleichbare Aussage über die Situation der Menschheit und das Potential der menschlichen Existenz – aufrüttelnd durch ihren beinahe unheimlich vertrauten Klang: Es ist, als hätten wir die Wahrheit, die hier ausgesprochen wird, schon immer gekannt.

Das Interesse des Autors am Shambhala-Reich geht auf seine Zeit in Tibet zurück, während der er oberster Abt der Surmang-Klöster war. Schon als junger Mann studierte er tantrische Texte über das legendäre Shambhala-Reich, über die Wege dorthin und über dessen innere Bedeutung. 1959, auf der Flucht vor den kommunistischen Chinesen, schrieb Chögyam Trungpa über den spirituellen Gehalt der Geschichte von Shambhala, doch diese Arbeit ging leider unterwegs verloren. James George, der frühere Hohe Kommissar Kanadas in Indien und persönlicher Freund des Autors, berichtet, Chögyam Trungpa habe ihm 1968 erzählt, er sei zwar nie in Shambhala gewesen, glaube aber an seine Existenz und könne es sogar sehen, wenn er in tiefer Meditation in seinen Spiegel blicke. Dann erzählt George, wie er einmal Zeuge war, als der Autor in einen kleinen Handspiegel schaute und das Königreich Shambhala in allen Einzelheiten beschrieb: «Da saß Trungpa in unserem Arbeitszimmer und beschrieb, was er sah, als schaute er aus dem Fenster.»

Als Chögyam Trungpa dann in den Westen kam, scheint er das Thema «Shambhala» trotz seines tiefen Interesses zunächst bis auf gelegentliche Randbemerkungen gemieden zu haben. Erst 1976, wenige Monate vor Beginn einer einjährigen Periode der Zurückgezogenheit kam er wieder auf die Bedeutung der Shambhala-Lehre zu sprechen. Beim Vajradhātu-Seminar dieses Jahres, einem dreimonatigen Schulungskurs für Fortgeschrittene, hielt er mehrere Vorträge über das Shambhala-Prinzip. Im nächsten Jahr begann er während seiner Zurückgezogenheit mit der Niederschrift einer Reihe von Essays über Shambhala, und er forderte seine Schüler auf, ein weltliches, öffentliches Meditationsprogramm einzuführen, dem er den Namen «Shambhala-Schulung» gab.

Seit dieser Zeit hat der Autor weit über hundert Vorträge zum Themenkreis der Shambhala-Weltsicht gehalten, manche davon vor den Teilnehmern des Shambhala-Schulungsprogramms, die meisten aber vor den Leitern und Lehrern dieses Programms. Einige dieser Vorträge wurden in verschiedenen Städten der Vereinigten Staaten öffentlich gehalten. Schließlich wurde noch eine

Gruppe von Vorträgen zu einem öffentlichen Seminar unter dem Thema «Der Shambhala-Krieger» zusammengefaßt, das Chögyam Trungpa 1979 zusammen mit Ösel Tendzin am Naropa-Institute in Boulder, Colorado, abhielt.

Um ein Konzept für das vorliegende Buch zu finden, hat die Herausgeberin unter der Führung des Autors sämtliche Vorträge zum Thema gesichtet und für jedes Hauptmotiv des Buchs die beste oder für den ins Auge gefaßten Zweck am besten geeignete Darstellung ausgesucht. Zusätzlich hat der Autor Originalbeiträge verfaßt, vor allem die Betrachtung über die Edlen Tugenden «sanftmütig», «munter» und «unerhört», die ins 20. Kapitel aufgenommen wurde; den Abschnitt über die Edle Tugend «unergründlich» (ebenfalls in Kapitel 20) hatte er bereits während seiner Klausur im Jahre 1977 verfaßt.

In der Entscheidung über die Kapitelfolge und die logische Progression der Themen haben wir uns überwiegend an den ursprünglichen Vorträgen orientiert. Beim Studium des Materials konnten wir feststellen, daß die Shambhala-Lehre nicht nur der Logik des Verstandes, sondern auch der Logik des Herzens folgt. Ebenso auf Intuition wie auf den Intellekt gegründet, bildet das Gewebe dieser Lehren die menschliche Erfahrung in komplexen und manchmal sogar scheinbar gegenläufigen Mustern ab. Um diesen Charakter zu bewahren, haben wir die Struktur des Buchs aus dem ursprünglichen Aufbau der Vorträge abgeleitet. Es liegt in der Natur des Materials, daß sich hieraus manchmal paradox oder gar widersprüchlich erscheinende Darstellungen bestimmter Gegenstände ergeben. Dennoch kamen wir zu der Ansicht, daß der Fluß und die Geschlossenheit des Ganzen am besten gewahrt blieben, wenn wir uns an die innere Logik der ursprünglichen Darstellung hielten.

Diese Achtung vor der Integrität des Originals bestimmte auch die sprachliche Bearbeitung. So nimmt der Autor zum Beispiel gern geläufige Begriffe wie etwa «Güte» und gibt ihnen einen ungewöhnlichen Sinn.* Das trägt dazu bei, unseren Blick für das zu öffnen, was Chögyam Trungpa die «Heiligkeit des Alltäglichen» nennt. Zugleich entkleidet er damit auch Begriffe wie «das Magische» ihres esoterischen Charakters und zeigt, welchen sehr realen Sinn sie in unserer normalen Erfahrungswelt annehmen können. Manches mag durch diese Technik, den gewohnten Sprachgebrauch hier und da ein wenig zu strecken, zunächst fremd klingen, aber es zeigt sich, daß so mit einfachsten sprachlichen Mitteln ein subtiles Verständnis geweckt werden kann. Bei unserer redaktionellen Arbeit haben wir uns bemüht, die Stimme des Autors möglichst unverfälscht sprechen zu lassen.

Schon bevor die editorische Arbeit für dieses Buch begann, sind etliche der Vorträge bereits für den Gebrauch im Rahmen des Shambhala-Schulungsprogramms bearbeitet worden. Den daran Beteiligten sei herzlich gedankt, denn sie haben uns die Herausgabe dieses Buches mit ihrer Vorarbeit beträchtlich erleichtert.

Gliederung und Aufbau der Shambhala-Schulung waren uns bei der Ordnung des Materials ebenfalls eine große Hilfe, und wir danken allen, die diesen Aufbau im Verlauf der letzten Jahre gemeinsam mit dem Autor entwickelt haben. Unser besonderer Dank gebührt Ösel Tendzin, dem Mitbegründer der Shambhala-Schulung und Chögyam Trungpas Dharma-Nachfolger. Er hat uns wäh-

* Um diesen Sinn genauer zu treffen, ist das Wort mit «Gutsein» ins Deutsche übersetzt (Anm. d. Übers.).

rend der ganzen Dauer der Arbeit beraten, indem er zunächst den ursprünglichen Anlageplan des Buchs kritisch begutachtete und uns in den verschiedenen Stadien der Entwicklung immer wieder mit Rat und Kritik zur Seite stand.

Eine ähnliche Rolle spielte auch Mr. Samuel Bercholz, unser Verleger. Wie schon der Name «Shambhala Publications» zeigt, den er seinem Verlag 1968 gab, fühlt er sich dem Shambhala-Reich und seiner Weisheit tief verbunden. Sein Glaube an dieses Projekt und sein stets waches Interesse daran bildeten einen großen Teil der Antriebskraft für die Entwicklung und Fertigstellung des Manuskripts. Nicht zuletzt danken wir auch Ken Wilber, dem Herausgeber der New Science Library und Autor von *Halbzeit der Evolution** und anderen Büchern. Er hat das fertige Manuskript gelesen, und seine detaillierten und pointierten Kommentare führten zu beträchtlichen Änderungen in der endgültigen Fassung.

Es ist hier leider nicht möglich, all jene namentlich zu erwähnen, die uns mit ihrer Arbeit mittelbar oder unmittelbar geholfen haben, doch unser Dank gilt einem jeden von ihnen. Noch weniger möglich ist es aber, unseren Dank gegenüber dem Autor dieses Buchs zum Ausdruck zu bringen. Er hat nicht nur auf der sachlichen Ebene eng mit den Herausgebern zusammengearbeitet, sondern schien auch eine Atmosphäre von Magie und Kraft zu schaffen, von der das ganze Projekt durchtränkt und inspiriert wurde. Das mag ziemlich hochtrabend klingen, aber wer dieses Buch gelesen hat, wird vielleicht verstehen, was wir meinen. Der Autor schien diesen Text mit Kraft zu erfüllen, so daß er sich über die begrenzte Sicht seiner Herausgeber erheben konnte. Uns bleibt nur zu

* Scherz Verlag, Bern, München, Wien, 1984.

hoffen, daß wir ihn nirgendwo verdunkelt oder verwässert haben. Möge die Shambhala-Lehre dazu beitragen, alle Wesen von der Bedrohung durch die untergehende Sonne zu befreien.

Carolyn Rose Gimian
Boulder, Colorado

Einführung

Ich bin sehr froh, daß ich in diesem Buch die Shambhala-Weltsicht vorstellen kann: Sie ist, was die Welt braucht und wonach die Welt hungert. Ich möchte jedoch sofort klarstellen, daß hier nicht die Geheimnisse der tantrischen Tradition der Shambhala-Lehren enthüllt werden und daß auch nicht von der Philosophie des *Kālachakra* die Rede sein wird. Dieses Buch will vielmehr ein Leitfaden sein für Menschen, denen das Prinzip der Heiligkeit und Würde des Lebens, das Prinzip der Kriegerschaft, verlorengegangen ist. Die Grundzüge der Kriegerschaft, wie sie in den alten Zivilisationen Indiens, Tibets, Chinas, Japans und Koreas verkörpert waren, werden uns hier insbesondere beschäftigen. Dieses Buch zeigt, wie wir unsere Lebensführung verfeinern und dem wahren Sinn der Kriegerschaft Geltung verschaffen können. Es ist inspiriert vom Beispiel und von der Weisheit des großen tibetischen Königs Gesar von Ling – seine Unergründlichkeit und Furchtlosigkeit, seine Überwindung der Barbarei durch die Vier Edlen Tugenden (symbolisiert als Tiger, Löwe, Garuda und Drache) sind das große Vorbild.

Ich bin dankbar, daß es mir in der Vergangenheit vergönnt war, die Weisheit und Würde des menschlichen

Lebens im Kontext der religiösen Lehren des Buddhismus darzustellen. Hier ist es mir nun eine große Freude, die Prinzipien der Shambhala-Kriegerschaft vorstellen zu können und zu zeigen, wie wir unser Leben als Krieger führen können – freudig und furchtlos und ohne einander zu schaden oder gar zu vernichten. Es geht um die Vision der Großen Östlichen Sonne *(Sharchen Nyima)*. Es geht darum, daß das Gutsein in unser aller Herzen verwirklicht werden kann.

Dorje Dradul von Mukpo

Erster Teil:
Wie man als Krieger lebt

Aus dem großen kosmischen Spiegel,
Ohne Anfang und ohne Ende,
Wurde die menschliche Gesellschaft manifest.
Zu der Zeit entstanden auch Befreiung und Verwirrung.
Als Furcht und Zweifel auftraten
Gegenüber dem Vertrauen, das vom Ursprung her frei ist,
Erhoben sich Feiglinge ohne Zahl.
Wo man sich dem vom Ursprung her freien Vertrauen
Freudig überließ,
Erhoben sich Krieger ohne Zahl.
Die zahllosen Horden von Feiglingen
Verbargen sich in Höhlen und Dickichten.
Sie töteten ihre Brüder und Schwestern und aßen ihr Fleisch,
Sie folgten dem Beispiel der Tiere,
Sie versetzten einander in Angst und Schrecken.
So nahmen sie sich selbst das Leben.
Sie schürten ein großes Feuer des Hasses,
Beständig wühlten sie den Schlamm im Strom der Lust auf,
Sie suhlten sich im Sumpf der Trägheit:
Das Zeitalter von Hunger und Seuchen brach an.

Von denen, die dem ursprünglichen Vertrauen treu blieben,
Den vielen Kriegerscharen,
Gingen manche in die Berge der Hochländer
Und errichteten herrliche Kristallburgen.
Manche gingen in die Länder der lieblichen Seen und Inseln
Und bauten dort schöne Paläste.
Manche gingen in die milden Ebenen
Und legten Felder an für Gerste, Reis und Weizen.
Sie lebten immer ohne Streit,
Stets liebevoll und sehr großzügig.
Ohne Ansporn, nur durch ihre Unergründlichkeit, die aus sich selbst heraus besteht,
Blieben sie stets dem königlichen Rigden ergeben.

1. Die Schaffung einer erleuchteten Gesellschaft

Die Shambhala-Lehre geht davon aus, daß es eine tiefe menschliche Weisheit, mit der die Probleme der Welt überwunden werden können, tatsächlich gibt. Und diese Weisheit gehört weder einer bestimmten Kultur oder Religion, noch stammt sie *nur* aus dem Westen oder *nur* aus dem Osten: Es ist die Tradition menschlicher Kriegerschaft, für die es aus allen Zeitaltern und vielen Kulturen Zeugnisse gibt.

In Tibet und anderen fernöstlichen Ländern gibt es Geschichten über ein legendäres Königreich, das für spätere asiatische Gesellschaften eine Quelle der Gelehrsamkeit und Kultur gewesen sein soll. Die Legenden beschreiben es als ein blühendes Reich des Friedens, regiert von weisen und erbarmungsvollen Herrschern. Seine Bewohner waren ebenso freundlich und gebildet – alles in allem eine Mustergesellschaft. Dieses Reich wurde Shambhala genannt.

Es heißt, der Buddhismus habe eine bedeutende Rolle bei der Entwicklung der Shambhala-Gesellschaft gespielt. Shākyamuni-Buddha, so erzählen die Legenden, gab dem ersten König von Shambhala, Dawa Sangpo, hohe tantrische Unterweisungen. Diese Lehren, bis heute bewahrt als das *Kālachakra-Tantra*, gehören zum Tiefsten, was der tibetische Buddhismus an Weisheit hervorgebracht hat. Nach der Unterweisung des Königs, so berichten die Legenden weiter, begannen alle Menschen von Shambhala mit der Praxis der Meditation und folgten fortan dem buddhistischen Pfad der liebenden Zuwendung und Verantwortung gegenüber allen Lebewesen. So wurden nicht nur die Könige, sondern alle Bewohner dieses Reichs zu hochentwickelten Menschen.

Unter den heutigen Tibetern ist der Glaube lebendig, daß es das Shambhala-Reich noch gibt, irgendwo in einem abgelegenen Tal des Himālaya versteckt. Es gibt sogar buddhistische Texte, die sehr detaillierte, aber schwerverständliche Angaben dazu machen, wie Shambhala zu erreichen sei. Zu der Frage, ob man diese Texte wörtlich oder metaphorisch auffassen soll, gehen die Meinungen allerdings auseinander. Es gibt sogar Texte, die genaue Beschreibungen des Königreichs enthalten. So liegt Shambhala beispielsweise nach dem *Großen Kommentar zum Kālachakra* des im vorigen Jahrhundert lebenden buddhistischen Lehrers Mipham nördlich des Sita-Flusses und wird durch acht Bergzüge unterteilt. Der Palast der Rigden, der königlichen Herrscher von Shambhala, krönt den Gipfel eines kegelförmigen Berges in der Mitte des Landes. Dieser Berg, so erzählt Mipham, wird Kailāsa genannt. Der Palast, er wird Kālapa-Palast genannt, umfaßt ein weites Gebiet von vielen Quadratmeilen. Vor dem Palast, im Süden, liegt der wunderschöne Malaya-Park, und in seiner Mitte steht ein Tempel, den Dawo Sangpo erbaute und dem Kālachakra weihte.

Andere Legenden berichten, das Königreich Shambhala sei vor vielen Jahrhunderten vom Erdboden verschwunden. Irgendwann sei schließlich die gesamte Einwohnerschaft erleuchtet gewesen, und das ganze Reich sei dadurch in einen himmlischen Bereich versetzt worden. Nach diesen Berichten wachen jedoch die Rigden-Könige von Shambhala weiterhin über das Leben der Menschheit und werden eines Tages zurückkehren, um sie vor der Vernichtung zu bewahren. Viele Tibeter glauben, daß der große Kriegerkönig Gesar von Ling von der Weisheit Shambhalas inspiriert war und von den Rigden-Königen beraten wurde. Von Gesar wird gesagt, er sei nicht selbst in Shambhala gewesen, also muß seine Beziehung zum Königreich spiritueller Natur gewesen sein – wieder ein Hinweis auf den Glauben, daß das Shambhala-Reich nicht von dieser Welt ist. Gesar lebte etwa im 11. Jahrhundert und regierte das Provinzkönigreich Ling in der Provinz Kham in Osttibet. Nach seiner Regentschaft verbreiteten sich die Geschichten über seine Leistungen als Krieger in ganz Tibet und wurden schließlich zum größten Epos der tibetischen Literatur. Manche Legenden erzählen, Gesar werde eines Tages als Führer einer großen Streitmacht aus Shambhala zurückkehren und die Mächte der Finsternis in der Welt besiegen.

In neuerer Zeit haben manche westliche Gelehrte die Ansicht vertreten, Shambhala könne tatsächlich eines der historisch dokumentierten Reiche der Frühzeit gewesen sein, etwa das Königreich Zhang-Zhung in Zentralasien. Die meisten Forscher glauben jedoch, daß die Geschichten um Shambhala durchweg mythischer Natur sind. Aus dieser Sicht liegt es nahe, Shambhala als pure Fiktion abzutun; aber genausogut kann man die Legende als Ausdruck eines tiefverwurzelten und sehr realen Verlangens nach einem guten und erfüllten Leben verstehen. Tatsächlich gibt es unter den buddhistischen Lehrern Tibets eine lange Tradition, das Shambhala-Reich nicht als einen Ort «da draußen» zu betrachten, sondern als die Basis oder Wurzel von Wachheit und geistiger Gesundheit, die jeder Mensch als Potential in sich trägt. So betrachtet, spielt es keine Rolle mehr, ob das Shambhala-Reich nun Tatsache oder Fiktion ist. Es ist der metaphorische Ausdruck für das Ideal der erleuchteten Gesellschaft, und als das sollten wir es betrachten und uns zum Vorbild nehmen.

Im Laufe der letzten Jahre habe ich eine Serie von «Shambhala-Unterweisungen» vorgelegt, in denen das Shambhala-Reich als ein Sinnbild das Ideal der weltlichen

Erleuchtung repräsentiert. Darunter verstehe ich die Möglichkeit, unser Leben und das Leben anderer außerhalb jedes religiösen Kontexts zu bereichern und zu erhöhen. Die Shambhala-Lehre beruht zwar auf der geistigen Klarheit und Sanftheit der buddhistischen Tradition, besitzt aber auch eine eigene unabhängige Basis, und die besteht aus nichts weiter als der Entwicklung und Veredelung dessen, was wir als Menschen *sind*. Angesichts der großen Probleme, denen die Menschheit heute gegenübersteht, scheint es von Tag zu Tag dringender zu werden, einfache und nicht an bestimmte Glaubensformen gebundene Möglichkeiten der Arbeit an uns selbst und der Kommunikation unserer Einsichten zu finden. Die Shambhala-Lehre oder ganz allgemein «Shambhala-Weltsicht» ist einer der Ansätze, die sich uns heute bieten, um zu einem gesunden, menschengerechten Leben zu finden.

Wir alle betrachten den gegenwärtigen Zustand der Welt mit Besorgnis: die Drohung des Atomkriegs, Armut und ökonomische Labilität, soziales und politisches Chaos, die seuchenartige Verbreitung psychischer Störungen. Eine Welt voller Unruhen und Krisen. Die Shambhala-Lehre geht davon aus, daß es eine tiefe menschliche Weisheit, mit der die Probleme der Welt überwunden werden können, tatsächlich gibt. Und diese Weisheit gehört weder einer bestimmten Kultur oder Religion, noch stammt sie *nur* aus dem Westen oder *nur* aus dem Osten: Es ist die Tradition menschlicher Kriegerschaft, für die es aus allen Zeitaltern und vielen Kulturen Zeugnisse gibt.

Wenn wir hier «Krieger» sagen, so ist damit nicht jemand gemeint, der andere mit Krieg überzieht. Aggression ist der Grund für unsere Probleme, nicht ihre Lösung. Wir leiten das Wort «Krieger» vielmehr von dem tibetischen *Pawo* ab, und das bedeutet wörtlich «einer, der tapfer ist». Kriegerschaft bezeichnet also die Tradition menschlicher Unerschrockenheit, die Tradition der Furchtlosigkeit. Die nordamerikanischen Indianer hatten solch eine Tradition, und bei den südamerikanischen Indianern gab es sie auch. Ebenso verkörperte der japanische Samurai das Ideal von Furchtlosigkeit und Weisheit, und selbst im christlichen Abendland ist das Prinzip der erleuchteten Kriegerschaft zu finden. Der legendäre König Arthur ist hierfür ein Beispiel, und manche in der Bibel erwähnte Herrscher wie etwa König David sind Beispiele der Kriegerschaft, die der jüdischen ebenso wie der christlichen Tradition angehören. Ja, unser Planet Erde hat schon viele große Krieger hervorgebracht.

Das erste Prinzip der Kriegerschaft und der Shambhala-Weltsicht überhaupt lautet: Hab keine Furcht vor dem, was du bist. Hab keine Angst vor dir selbst, das ist letztlich auch die Definition der Tapferkeit. Die Shambhala-Lehre besagt, daß wir die Möglichkeit haben, angesichts der großen Probleme in der Welt heldenhaft und zugleich gütig und freundlich zu sein. Diese Shambhala-Sichtweise bedeutet das Gegenteil von Selbstsucht. Wenn wir nämlich Angst vor uns selbst haben sowie vor der scheinbaren Bedrohung durch die Welt, dann werden wir ganz besonders selbstsüchtig. Wir möchten uns ein eigenes kleines Nest bauen, einen Kokon um uns spinnen, in dem wir allein sicher leben können.

Wir können uns aber auch für den Mut entscheiden. Wir müssen über unsere Umfriedungen, über das Feuer im Kamin, über die Aufgabe, die Kinder zur Schule zu bringen und selbst rechtzeitig zur Arbeit zu erscheinen, hinausdenken. Wir müssen uns fragen, wie wir dieser Welt helfen können. Wenn *wir* ihr nicht helfen, dann tut es keiner. Wir sind jetzt einfach an der Reihe, der Welt zu helfen. Anderen zu helfen, heißt aber nicht, unser eigenes Leben im Stich zu lassen. Man muß nicht Bürgermeister oder Staatspräsident werden, um anderen zu helfen. Man kann bei Verwandten und Freunden, bei den Menschen in der näheren Umgebung anfangen – am besten aber bei sich selbst. Wichtig ist dabei nur, sich ganz klarzumachen, daß man nie einfach «frei» hat. Wir können es uns nicht leisten, die Beine hochzulegen – die Welt braucht unsere Hilfe.

Jeder hat also die Verantwortung, der Welt zu helfen, aber Vorsicht: Sobald wir anfangen, anderen unsere Ideen und unsere Hilfe aufzudrängen, vergrößern wir das Chaos nur. Die meisten Menschen haben Theorien darüber, was die Welt braucht. Manche meinen, sie braucht den Kommunismus, andere denken, sie braucht Demokratie; manche glauben, die Technik wird die Welt retten, andere sagen, die Technik wird die Welt zerstören. Die Shambhala-Lehre hat nichts damit zu tun, die Welt zu einer neuen Theorie zu bekehren. Nach der Shambhala-Weltsicht können wir eine erleuchtete Gesellschaft nur dadurch schaffen, daß wir in uns selbst entdecken, was *wir* ihr zu bieten haben. So kann unser erster Schritt nur darin bestehen, unsere eigene Erfahrung zu erforschen und zuzusehen, was sie an Brauchbarem enthält, um uns selbst und anderen zu einem erfüllten und würdigen Dasein zu verhelfen.

Wenn wir einmal einen ganz unvoreingenommenen Blick riskieren, werden wir feststellen, daß unser Dasein als Menschen bei allen Problemen und Verwirrungen, bei allen äußeren und inneren Höhen und Tiefen etwas grundlegend Gutes hat. Solange wir dieses Fundament von Gutsein nicht in unserem eigenen Leben entdeckt haben, werden wir kaum das Leben anderer verbessern können. Wenn wir einfach nur unglückliche und armselige Kreaturen sind, wie wollen wir uns dann je eine erleuchtete Gesellschaft vorstellen, geschweige denn sie verwirklichen können?

Wir können dieses echte Gutsein in uns entdecken,

wenn wir uns für sehr einfache Erfahrungen öffnen. Damit ist aber nicht gemeint, was für ein gutes Gefühl es ist, eine Million zu gewinnen, ein Examen zu bestehen oder ein neues Haus zu kaufen, sondern gemeint ist das sehr einfache, in allem enthaltene Gutsein des Lebendigseins – und das hängt nicht von unseren Leistungen und Errungenschaften ab. Ein kurzes Aufblitzen dieses Gutseins erfahren wir sehr häufig, aber meist nehmen wir es nicht richtig wahr oder wollen es nicht wahrhaben. Wenn wir eine strahlende Farbe sehen, sind wir Zeuge unseres eigenen inneren Gutseins. Hören wir einen angenehmen Laut, so hören wir unser eigenes grundlegendes Gutsein. Wenn wir aus der Dusche kommen, fühlen wir uns frisch und sauber, wenn wir aus einem stickigen Zimmer treten, genießen wir draußen die frische Luft. All diese Erlebnisse mögen nur Sekundenbruchteile dauern, dennoch sind sie echte Erfahrungen des Gutseins. Derartiges widerfährt uns ständig, aber meist ignorieren wir es als nebensächlich und bedeutungslos. Nach der Shambhala-Lehre ist es durchaus sinnvoll, diese Augenblicke bewußt wahrzunehmen und zu nutzen, denn sie zeigen die grundlegende Aggressionslosigkeit und Frische unseres Lebens – das grundlegende Gutsein.

Jeder Mensch hat eine Grundnatur von unverfälschtem, reinem Gutsein. In diesem Gutsein liegt ein ungeheures Potential zu Sanftheit und Wertschätzung. Wir können lieben. Wir können einen anderen Menschen sanft streicheln. Wir können jemand liebevoll verstehend küssen. Wir können das Schöne in uns aufnehmen. Wir können das Beste dieser Welt bejahen und schätzen. Wir können ihre Lebendigkeit schätzen: die Gelbheit des Gelben, die Röte des Roten, die Grünheit des Grünen, die Bläue des Blauen. Unsere Erfahrung ist wirklich. Dürfen wir sagen, das Gelbe sei rot, nur weil wir Gelb nicht mögen? Das hieße der Wirklichkeit zuwiderhandeln. Wenn die Sonne scheint, können wir dann sagen, Sonnenschein sei schrecklich? Nein, wenn die Sonne scheint, wenn Schnee fällt, freuen wir uns daran. Und wenn wir die Wirklichkeit bejahen, kann sie uns erreichen und auf uns einwirken. Manchmal kommen wir spät ins Bett und müssen trotzdem früh aufstehen, aber wenn wir dann draußen die Sonne sehen und uns diesem Eindruck für einen Moment wirklich überlassen, werden wir munter. Wir können uns sogar von unserer Depressivität befreien, wenn wir nur erkennen, daß die Welt, die wir haben, gut ist.

Daß die Welt gut ist, ist nicht einfach irgendeine beliebige Idee: Sie ist gut, weil wir ihr Gutsein *erfahren* können. Wir können die Welt als gesund und einfach, als direkt und real erleben, weil es unserer tiefsten Natur entspricht, mit dem Gutsein in allem Geschehen in Einklang zu sein. Unsere Befähigung zu Intelligenz und Würde steht in Übereinstimmung mit unserer Fähigkeit, einen strahlendblauen Himmel, die Frische grüner Felder oder die Schönheit von Bäumen und Bergen zu erfahren. Wir haben eine echte Beziehung zur Wirklichkeit, die uns aufwecken und unser elementares Gutsein spüren lassen kann. Die Shambhala-Weltsicht oder Shambhala-Haltung besteht darin, daß wir uns auf unsere Fähigkeit, uns selbst zu wecken, einstimmen und erkennen, daß das Gutsein uns widerfahren kann. Tatsächlich tut es das bereits.

Aber dann stellt sich eine Frage. Du hast vielleicht eine echte Verbindung zu deiner Welt hergestellt, den Sonnenschein einmal wirklich gesehen, eine Farbe in dich aufgenommen, gute Musik gehört, etwas Gutes gegessen oder was auch immer. Aber wie ist nun dieser flüchtige Eindruck von Gutsein mit dem Strom der gewohnten Erfahrung zu verbinden? Mancher mag dann denken: «Ich möchte mehr von diesem Gutsein, das in mir und der Welt um mich her ist.» Und dann rennt er herum und versucht, sich das Gewünschte irgendwie zu verschaffen, womöglich sogar, es zu kaufen: «Diese Erfahrung war so schön, ich will sie besitzen!» Das Grundproblem bei dieser Art des Vorgehens besteht darin, daß man nie Befriedigung findet. Denn auch wenn man bekommt, was man sich wünscht, bleibt da immer noch ein tiefes Verlangen. In der Einkaufszone jeder Großstadt kann man diese Art von Verzweiflung beobachten. Die Leute mögen Geschmack haben und schon dadurch über ein Mittel verfügen, menschliche Würde zu verwirklichen. Aber andererseits leben sie doch, als wären sie von Dornen umfangen. Sie wollen mehr und immer mehr.

Ein anderer Versuch, sich das Gutsein zu verschaffen, besteht darin, sich irgendeiner «Sache» anzuschließen, sich zu erniedrigen und ihr ganz zu unterwerfen. Jemand sagt dir, daß er dich glücklich machen wird, wenn du dein Leben nur seiner Sache hingibst. Wenn du glaubst, daß er tatsächlich das Gutsein besitzt, nach dem du suchst, wirst du womöglich bereit sein, dir den Kopf zu scheren und wallende Gewänder zu tragen, auf dem Boden herumzukriechen und mit den Fingern zu essen – nur um mit diesem Gutsein in Berührung zu kommen. So verkaufst du deine Menschenwürde und wirst ein Sklave.

Beide Ansätze sind ein Versuch, etwas Gutes, etwas Wirkliches wiederzugewinnen. Bist du reich, dann wirst du bereit sein, einen Haufen Geld dafür auszugeben. Bist du arm, dann gibst du dein Leben dafür hin. An beiden Arten des Vorgehens ist irgend etwas grundsätzlich falsch. Was?

Wenn wir das Potential von Gutsein in uns zu entdecken beginnen, nehmen wir die Sache meist viel zu ernst. Uns verlangt so sehr nach diesem Gutsein, daß wir dafür sogar töten oder sterben würden. Natürlich geht uns darüber aller Humor verloren. Humor hat nichts mit Witzereißen oder Herumalbern zu tun; und sich über andere lustig zu machen, hat noch viel weniger mit Humor zu tun. Echten Humor erkennt man an seiner Leichtigkeit: Er walzt die Wirklichkeit nicht nieder, sondern begrüßt und umspielt sie mit leichter Hand. Das ist eine Bedingung für die Wiederentdeckung der Shambhala-Weltsicht, dieser echte Humor, diese leichte Hand im Umgang mit der Wirklichkeit.

Wenn du bereit bist, dich selber, dein Bewußtsein und dein Handeln anzuschauen, kannst du den Humor zurückgewinnen, den du im Lauf deines Lebens verloren hast. Schau dir zuerst einmal deine gewohnte häusliche Wirklichkeit an: deine Messer, Gabeln und Teller, dein Telefon, deinen Staubsauger – ganz gewöhnliche Dinge. Sie haben nichts Mystisches oder Außergewöhnliches an sich, aber wenn du keine echte Verbindung herstellst zu deinen Alltagssituationen, wenn du diesem alltäglichen Leben nicht auf den Grund gehst, wirst du niemals Humor und Würde finden – und letztlich auch keine Wirklichkeit.

Wie du dein Haar kämmst, wie du dich kleidest, wie du dein Geschirr abwäschst – all das sind Arten, mit der Wirklichkeit in Beziehung zu treten, und deshalb Ausdruck deines geistigen Gesundheitszustands. Eine Gabel ist natürlich nur eine Gabel, ein Eßwerkzeug. Dennoch kann aber deine geistige Gesundheit und Würde davon abhängen, wie du die Gabel benutzt. Die Shambhala-Weltsicht will ganz einfach ein Anstoß für dich sein, deine Lebensweise, deine Beziehung zum alltäglichen Leben zu verstehen.

Als menschliche Wesen sind wir im Grunde wach und fähig, die Wirklichkeit zu begreifen. Wir sind keine Sklaven unserer Lebensumstände, wir sind frei. Frei sein heißt hier einfach, daß wir einen Körper und ein Bewußtsein haben und daß wir uns dazu aufraffen können, mit der

Wirklichkeit würdevoll und voller Humor umzugehen. Wenn wir uns aufzurappeln beginnen, wird sich herausstellen, daß das ganze Universum – einschließlich der Jahreszeiten, einschließlich Eis und Schnee und Matsch – uns kraftvoll beisteht. Das Leben ist tatsächlich zum Lachen, aber es macht sich nicht lustig über uns. Wir finden heraus, daß wir mit unserer Welt zurechtkommen können, daß wir vermögen, mit unserem Universum angemessen, uneingeschränkt und freudig umzugehen.

Die Entdeckung des grundlegenden Gutseins ist keine spezifisch religiöse Erfahrung. Sie besteht vielmehr in der Erkenntnis, daß wir die Wirklichkeit, die reale Welt, in der wir uns befinden, direkt erleben können und daß wir mit ihr arbeiten können. Die Erfahrung des grundlegenden Gutseins in unserem Leben gibt uns das Gefühl, daß wir intelligente, vollwertige Menschen sind und die Welt keine Bedrohung darstellt. In diesem Gefühl, daß unser Leben echt und gut ist, haben wir es nicht nötig, uns selbst oder andere zu täuschen. Ganz ohne Schuld- oder Minderwertigkeitsgefühle können wir unsere Mängel betrachten, aber zugleich auch unsere Fähigkeit sehen, das Gutsein auch auf andere Menschen auszudehnen. Wir können geradheraus die Wahrheit sagen und dabei völlig offen, aber auch unerschütterlich fest sein.

Nichts und niemanden jemals aufzugeben, das ist das Wesen der Kriegerschaft oder Tapferkeit. Wir können niemals sagen, daß es aus ist mit uns oder mit irgend jemandem oder gar mit der Welt. Gewiß wird es während unserer Lebensspanne noch große Probleme in der Welt geben, aber sorgen wir dafür, daß es keine Katastrophen gibt. Wir können sie verhindern, es liegt an uns. Dafür gibt es (und gab es schon immer) die Shambhala-Weltsicht, die besagt, daß wir die Welt retten können, indem wir ihr dienen. Doch die Welt zu retten, ist nicht genug. Wir müssen auch daran arbeiten, eine erleuchtete Gesellschaft zu schaffen.

In diesem Buch werden wir die Grundlagen einer erleuchteten Gesellschaft und den Weg, der zu ihr führt, beschreiben; aber wir werden hier keine utopischen Phantasien davon entwerfen, wie eine solche Gesellschaft im einzelnen aussehen wird oder soll. Wenn wir der Welt helfen wollen, müssen wir persönlich uns aufmachen – dann genügt es nicht, über unser Ziel zu theoretisieren oder zu spekulieren. Es bleibt also jedem selbst überlassen herauszufinden, was eine erleuchtete Gesellschaft ist und wie sie zu verwirklichen ist. Den Weg des Shambhala-Kriegers zu beschreiben, so hoffe ich, wird dazu beitragen, uns dieser Erkenntnis einen Schritt näherzubringen.

2. Das grundlegende Gutsein entdecken

> Durch dieses einfache Auf-dem-Fleck-Sitzen bekommen wir ein Gefühl dafür, daß das Leben zu bewältigen, ja geradezu wunderbar sein kann. Du stellst fest, daß du zu sitzen vermagst wie eine Königin oder ein König auf dem Thron. Die Erhabenheit dieser Empfindung macht uns klar, wieviel Würde darin liegt, still und einfach zu sein.

Ein großer Teil des Chaos in der Welt rührt daher, daß die Menschen keine Wertschätzung für sich selbst besitzen. Wer gegenüber sich selbst keine Sympathie und geduldige Nachsicht aufbringt, kann keine Harmonie und keinen Frieden in sich erfahren, und so projiziert er seine eigene Disharmonie und Verwirrung auch auf andere. Anstatt unser Leben richtig zu würdigen, nehmen wir es entweder schlicht als gegeben hin oder empfinden es als mühselig und deprimierend. Manch einer droht mit Selbstmord, weil das Leben ihm nicht gibt, was ihm seiner Meinung nach zusteht. Das kann in regelrechte Erpressung anderer Menschen ausarten. Natürlich sollen wir das Leben ernst nehmen, aber das hat gewiß nichts damit zu tun, sich durch ewiges Wehklagen oder durch endlos schwelenden Groll gegen die Welt an den Rand der Katastrophe zu treiben. Wir müssen die Verantwortung für die Qualität unseres Lebens selbst übernehmen.

Wer aufhört, sich selbst zu verdammen und zu bestrafen, wer sich entspannt und Geist und Körper schätzen lernt, der wird mit dem grundlegenden Gutsein in sich selbst in Berührung kommen. Es ist also ungeheuer wichtig, sich für sich selbst zu öffnen. Betrachte dich selbst mit zartfühlender Nachsicht, und du wirst nicht nur deine Probleme, sondern auch dein Potential richtig sehen können. Es wird dann nicht mehr nötig sein, deine Probleme geflissentlich zu übersehen oder dein Potential aufzubauschen. Auf diese Art von Sanftheit und rechter Würdigung im Umgang mit dir selbst kommt es ganz besonders an. Sie ist die Grundlage dafür, sich selbst und anderen helfen zu können.

Wir haben als Menschen eine «Arbeitsbasis» in uns, eine feste Grundlage, auf der wir Mut fassen und von der aus wir unser Leben entwickeln können. Diese Arbeitsbasis steht uns immer zur Verfügung. Wir haben einen Geist und einen Körper, die für uns sehr kostbar sind. Weil wir Geist und Körper haben, können wir diese Welt begreifen. Das Dasein ist wunderbar und kostbar. Wir wissen nicht, wie lange unser Leben dauern wird, also warum nicht etwas damit anfangen, solange wir es haben? Und bevor wir noch etwas damit anfangen: Warum nicht das Leben einfach bejahen?

Wie kommen wir aber zu dieser Wertschätzung und Bejahung? Bloßes Wunschdenken oder Reden wird uns nicht weiterbringen. In der Shambhala-Tradition gibt es eine Disziplin für die Entwicklung jener Sanftheit gegenüber uns selbst und der Wertschätzung der Welt, nämlich die Praxis des Sitzens in Meditation. Diese Meditationspraxis wurde vor über 2500 Jahren von Gautama Buddha gelehrt, und seitdem ist sie Bestandteil der Shambhala-Tradition. Seit der Zeit des Buddha ist diese Lehre von einem Menschen zum nächsten mündlich überliefert worden; dadurch ist sie lebendig geblieben und trotz ihres hohen Alters heute so «modern» wie eh und je. Wir wollen jetzt die Technik dieser Meditation erörtern, doch zuvor ein sehr wichtiger Hinweis: Wer diese Meditationspraxis wirklich begreifen will, braucht direkte persönliche Anleitung durch einen kundigen Meister.

Wir verstehen hier unter Meditation etwas sehr Grundlegendes und Einfaches, das an keine bestimmte Kultur gebunden ist: auf dem Boden sitzen, eine gute Haltung einnehmen und ein Gefühl für unseren Platz in der Welt zu entwickeln. Das ist das Mittel, uns selbst und unser grundlegendes Gutsein wiederzuentdecken, das Mittel, uns frei von Erwartungen und vorgefaßten Meinungen auf die Wirklichkeit einzustimmen.

Mit dem Begriff Meditation wird manchmal die Vorstellung der Kontemplation bestimmter Themen oder Objekte verbunden: Meditation *über* dies oder das. Durch Meditation über eine Frage oder ein Problem können wir auf die Lösung gebracht werden. Manchmal wird Meditation auch als ein Weg betrachtet, sich durch Trance oder ähnliches in höhere Geisteszustände zu versetzen. Wir meinen hier etwas ganz anderes, nämlich die gedankenfreie, auf kein bestimmtes Ziel gerichtete Meditation, die keines Meditations-Gegenstands bedarf. Meditation ist in der Shambhala-Tradition einfach das wache Gewahrsein unseres Seinszustands, wodurch Geist und Körper die Möglichkeit bekommen, zueinander zu finden. Durch die Praxis der Meditation können wir lernen, ohne Selbstbetrug auszukommen und ganz echt, ganz lebendig zu werden.

Unser Leben ist eine endlose Reise; es ist wie eine breite Straße, die in endlose Ferne führt. Die Praxis der Meditation ist das Fahrzeug, mit dem wir auf dieser Straße reisen können. Unsere Reise ist ein ständiges Auf und Ab, erfüllt von Hoffnung und Furcht, aber es ist eine gute Reise. Die Meditation läßt uns überall den jeweiligen Straßenzustand erfahren, und nur darum geht es bei dieser Reise. Durch die Praxis der Meditation wird uns allmählich klar, daß wir uns im Grunde über nichts und niemanden zu beschweren brauchen.

Die Übung der Meditation beginnt damit, daß wir uns mit verschränkten Beinen auf den Boden setzen. Durch dieses einfache Auf-dem-Fleck-Sitzen bekommen wir ein Gefühl dafür, daß das Leben zu bewältigen, ja geradezu wunderbar sein kann. Du stellst fest, daß du zu sitzen vermagst wie ein König oder eine Königin auf dem Thron. Die Erhabenheit dieser Empfindung macht uns klar, wieviel Würde darin liegt, still und einfach zu sein.

Bei der Meditation ist die aufrechte Haltung ganz besonders wichtig. Der aufrechte Rücken stellt keine künstliche, sondern die dem menschlichen Körper natürliche Haltung dar. Unnatürlich ist vielmehr die schlaffe, gekrümmte Haltung. Mit eingesunkenem Brustkorb kann man nicht richtig atmen, und außerdem zeigt diese Haltung an, daß man seinen neurotischen Zügen die Herrschaft überlassen hat. Wenn du also aufrecht sitzt, erklärst du damit der Welt und dir selbst, daß du ein Krieger sein willst, ein ganzer Mensch.

Um den Rücken gerade zu halten, braucht man nicht krampfhaft die Schultern hochzuziehen. Das Aufrechte stellt sich ganz von selbst ein, wenn man ganz einfach, aber selbstsicher auf dem Boden oder einem Meditationskissen sitzt. In dieser Haltung fällt alle Verlegenheit und Unsicherheit von dir ab, und du brauchst den Kopf nicht zu beugen. Es gibt nichts, dem du dich beugen mußt. Dadurch richten sich die Schultern von selbst aus, und du bekommst ein Gefühl für Kopf und Schultern. Jetzt kannst du deine Beine ganz natürlich über Kreuz ruhen lassen; die Knie brauchen dabei nicht den Boden zu berühren. Die Hände werden mit den Handflächen nach unten leicht auf die Oberschenkel gelegt; das rundet unser Gefühl von einer guten, stabilen Haltung ab.

In dieser Haltung läßt man den Blick nicht einfach

Chinesische Holzplastik eines Heiligen in traditioneller Sitzhaltung für die Meditation

herumschweifen. Zu dem Gefühl, richtig *da* zu sein, gehört auch, daß der Blick leicht gesenkt bleibt, so daß er etwa zwei Schritte vor dem Sitzplatz den Boden «berührt». Dadurch vertieft sich noch das Gefühl der Entschlossenheit und Festigkeit. Man sieht diese königliche Haltung an ägyptischen, südamerikanischen und orientalischen Skulpturen – es ist eine wahrhaft universale Haltung.

Auch im täglichen Leben sollte man auf seine Haltung achten – wie man Kopf und Schultern hält, wie man geht, wie man Menschen anschaut. Auch wenn man nicht meditiert, kann man einen würdevollen Seinszustand wahren. Man kann tatsächlich über alle Verlegenheit und Unsicherheit hinauswachsen und mit Stolz ein Mensch sein. An dieser Art von Stolz ist nichts auszusetzen.

Wenn du nun deine Meditationshaltung eingenommen hast, achtest du auf deinen Atem. Wenn du atmest, bist du vollständig gegenwärtig. Du gehst mit dem Ausatmen, der Atem verfliegt, und dann geschieht das Einatmen ganz natürlich. Nun gehst du wieder mit dem Ausatmen, gehst mit dem Atem beständig aus dir heraus. Du löst dich auf, verströmst dich. Und wieder ganz natürlich das Einatmen, dem man nicht eigens zu folgen braucht. Man kommt einfach zu seiner Haltung zurück und ist bereit für das nächste Ausatmen, *sssshuuu* . . . Mit dem Einatmen zurück zur Haltung. Sich mit dem nächsten Ausatmen auflösen, *sssshuuu* . . . Und wieder zurück zur Haltung.

Dann stellt sich unweigerlich – bing! – ein Gedanke ein. Wenn das geschieht, sagt man sich einfach (nicht laut, sondern innerlich): «Denken!» Mit diesem schlichten Benennen schafft man sofort einen Abstand zu den Gedanken und kann zum Atmen zurückkehren. Wenn ein Gedanke uns ganz von dem entfernt, was wir gerade tun, wenn wir uns in Gedanken irgendwo in der Welt herumtreiben und kaum noch gewahr sind, daß wir auf dem

Kissen sitzen, dann sagen wir uns «Denken» und holen uns zum Atem zurück.

Es spielt dabei keine Rolle, was für Gedanken man bei der Meditation hat. Ob es monströse oder hehre Gedanken sind, hier gelten sie alle gleichermaßen als bloßes «Denken». Sie sind weder verdienstvoll noch verwerflich, ob man nun daran denkt, seinen Vater umzubringen, Limonade zu machen oder einen Keks zu essen. Sei nicht schockiert über deine Gedanken: Jeder Gedanke ist bloß «Denken». Kein Gedanke ist eine Goldmedaille oder einen Tadel wert. Bezeichne ihn einfach als «Denken» und geh zum Atem zurück. «Denken» – zurück zum Atem. «Denken» – zurück zum Atem . . .

Die Praxis der Meditation erfordert Präzision, sie muß punktgenau sein. Das ist harte Arbeit, aber wenn man sich stets die Wichtigkeit der Haltung vor Augen hält, werden Geist und Körper zur Übereinstimmung finden. Mit einer schlechten Haltung ist es, als wollte man einen lahmen Gaul vor einen schweren Wagen spannen – dabei kommt nichts heraus. Also setzt man sich erst einmal hin und nimmt die richtige Haltung ein. Dann arbeitet man mit dem Atem: *Sssshuuu* . . . auflösen mit dem Ausatmen, zurück zur Haltung; *sssshuuu* . . . auflösen mit dem Ausatmen, zurück zur Haltung; *sssshuuu* . . . Tauchen Gedanken auf, werden sie einfach als «Denken» benannt, und dann zurück zu Haltung und Atmung. Der Geist arbeitet dabei mit dem Atem, aber der Körper bleibt stets der Bezugspunkt im Hintergrund. Man arbeitet nie mit dem Geist allein, sondern immer mit Geist und Körper, und wenn die beiden richtig zusammenarbeiten, wird man sich nie von der Wirklichkeit entfernen.

Der ideale Zustand innerer Stille ergibt sich aus der Erfahrung der harmonischen Übereinstimmung von Geist und Körper. Arbeiten Geist und Körper nicht synchron, dann sackt der Körper zusammen und der Geist ist abwesend. Das ist wie bei einer schlechten Trommel: Paßt die Haut nicht zum Rahmen der Trommel, wird man nie den richtigen Spannungszustand herstellen können, sondern höchstens erreichen, daß die Haut reißt oder der Trommelrahmen bricht. Wenn Geist und Körper harmonisch zusammenwirken, führt die gute Körperhaltung dazu, daß der Atem ganz natürlich fließt, und der Geist hat stets einen Bezugspunkt, an dem er sich orientieren kann. Deshalb wird der Geist ganz natürlich der Ausatmung folgen.

Mit dieser Methode schult man sich, sehr einfach zu sein, sich nicht als etwas Besonderes, sondern ganz normal, super-normal zu fühlen. Du sitzt einfach – als ein Krieger –, und daraus erwächst ein Gefühl von persönlicher Würde. Du sitzt auf der Erde und erkennst, daß die Erde dir angemessen ist und du der Erde angemessen bist. Du bist da – ganz, persönlich, echt. Die Meditationspraxis der Shambhala-Tradition will den Menschen zu Aufrichtigkeit und Echtheit erziehen, zur Wahrhaftigkeit gegenüber sich selbst.

In einer gewissen Hinsicht haben wir durchaus eine Bürde zu tragen: Wir müssen es auf uns nehmen, dieser Welt zu helfen. Unsere Verantwortung gegenüber anderen dürfen wir nicht vergessen. Aber wenn wir diese Bürde freudig auf uns nehmen, können wir die Welt wirklich befreien. Den Anfang müssen wir bei uns selbst machen. In der Offenheit und Ehrlichkeit uns selbst gegenüber können wir lernen, auch für andere offen zu sein. Auf der Grundlage des Gutseins, das wir in uns selbst entdecken, können wir dann mit dem Rest der Welt arbeiten. Deshalb ist Meditation ein ausgezeichneter Weg zur Überwindung des Krieges – unseres persönlichen Krieges wie des großen Krieges der Völker.

3. Das lautere Herz der Traurigkeit

Beim stillen Sitzen, in dem du dem Atem folgst, wie er ausströmt und verfliegt, stellst du die Verbindung zu deinem Herzen her. Du läßt dich einfach sein, wie du bist, und daraus erwächst eine echte Sympathie für dich selbst.

Stell dir vor, du sitzt vollkommen nackt auf der Erde – mit dem blanken Hintern auf dem Boden – und ebenso nackt unter dem Himmel: ein nackter Mensch zwischen Himmel und Erde.

Die Erde ist immer Erde. Die Erde läßt jeden auf sich sitzen, ohne plötzlich unter ihm nachzugeben. Sie wird uns auch nicht loslassen, so daß wir von ihr herunterfallen und durch das All trudeln. Und der Himmel ist immer der Himmel über uns. Ob es regnet oder schneit oder die Sonne scheint, ob Tag oder Nacht, der Himmel ist immer da. Wir wissen, daß wir Himmel und Erde vertrauen können.

Die Logik des grundlegenden Gutseins ist dem vergleichbar. Wenn wir von Gutsein sprechen, so meinen wir damit nicht, daß wir uns «dem Guten» verpflichtet fühlen und «das Böse» von uns weisen. Grundlegendes Gutsein ist deshalb gut, weil es bedingungslos oder fundamental ist. Es ist immer schon da, so wie Himmel und Erde immer schon da sind. Wir lehnen unsere Atmosphäre nicht ab. Wir lehnen die Sonne, den Mond, die Wolken und den Himmel nicht ab. Wir nehmen sie an. Wir akzeptieren, daß der Himmel blau ist, wir akzeptieren das Land und das

Meer. Wir akzeptieren Straßen, Gebäude und Städte. Grundlegendes Gutsein ist ebenso fundamental, ebenso selbstverständlich; es ist keine Einstellung «für» oder «wider», wie auch das Sonnenlicht nicht «für» oder «gegen» irgend etwas ist.

Die natürliche Ordnung dieser Welt enthält kein «Für» oder «Wider». Im Grunde gibt es nichts, das uns bedroht, und nichts, das gerade unseren Standpunkt hervorhebt. Die Jahreszeiten gehen ihren Gang ganz unabhängig davon, ob wir das wünschen oder beschließen; Hoffnung und Furcht ändern daran keinen Deut. Tag und Nacht, Dunkel und Licht folgen einander, ohne daß jemand dazu an einem Schalter drehen muß. Es gibt eine natürliche Ordnung, die unser Leben ermöglicht, und diese Ordnung ist im Grunde gut – gut in dem Sinne, daß sie da ist, funktioniert und verläßlich ist.

Meist nehmen wir diese Grundordnung des Universums einfach als gegeben hin und wissen sie gar nicht recht zu würdigen. Doch wo wären wir ohne diese Ordnung? Wo wären wir beispielsweise ohne das Sonnenlicht, das die Pflanzen wachsen läßt und uns ernährt? Das grundlegende Gutsein ist also deshalb gut, *weil* es so elementar, so grundlegend ist. Gut ist nicht das Gegenteil von Böse, sondern das, was natürlich gegeben ist und funktioniert.

Das gilt auch für unsere Konstitution als Menschen. Zu dieser Konstitution gehören Leidenschaft, Aggression und Unwissenheit. Wir pflegen unsere Freundschaften, wir wehren uns gegen Feinde, und gelegentlich sind wir indifferent. Solche Tendenzen muß man nicht als Mängel betrachten; sie gehören einfach zu unserer natürlichen Grazie und Ausstattung. Wir haben Nägel und Zähne, uns zu verteidigen, wir haben einen Mund und Genitalien, durch die wir mit anderen Menschen in Beziehung treten können, und zum Glück verfügen wir über funktionsfähige

Verdauungs- und Respirationssysteme, um zu verarbeiten, was wir aufnehmen, und die Abbauprodukte auszuscheiden. Die menschliche Existenz ist etwas Natürliches, und wie die Grundordnung der Welt ist sie funktionstüchtig und verläßlich. Ja, sie ist sogar etwas Wunderbares, Ideales.

Mancher mag sagen, diese Welt sei das Werk eines göttlichen Prinzips, doch die Shambhala-Lehre kümmert sich nicht um göttliche Ursprünge. Kriegerschaft bedeutet, persönlich mit unserer Situation zu arbeiten, so wie sie jetzt ist. Wenn wir aus der Shambhala-Perspektive sagen, daß der Mensch im Grunde gut ist, so meinen wir, daß ihm alles mitgegeben ist, was er braucht, daß er es also nicht nötig hat zu kämpfen. Unser menschliches Sein ist gut, weil es letztlich keinen Anlaß zu Aggressionen und Klagen gibt. Wir beklagen uns nicht darüber, daß wir Augen, Ohren, eine Nase und einen Mund haben. Wir können an unserem physiologischen System nichts ändern und an unserer geistigen Grundverfassung auch nicht. Was wir haben, was uns mitgegeben wurde, das ist grundlegendes Gutsein. Wie wunderbar ist es, in dieser Welt zu sein, wie wunderbar ist es, Rot und Gelb, Blau und Grün, Purpur und Schwarz zu sehen, all diese Farben, die uns dargeboten werden. Wir empfinden Hitze und Kälte, wir schmecken Süßes und Saures. Wir haben diese Empfindungen, und sie sind genau richtig für uns. Sie sind gut

Kurz: Der erste Schritt zur Erfahrung des Gutseins besteht in der Würdigung dessen, was wir haben. Dann aber müssen wir weitergehen und genau betrachten, was, wo, wer, wann und wie wir als Menschen sind, so daß wir uns das grundlegende Gutsein wirklich zu eigen machen können. Es ist natürlich kein wirklicher Besitz – und doch, es steht uns zu.

Grundlegendes Gutsein steht in engem Zusammenhang

mit etwas, das in der buddhistischen Tradition Bodhichitta genannt wird. *Bodhi* bedeutet «wach» oder «wachsam», und *Chitta* bedeutet «Herz»; *Bodhichitta* ist also «das erwachte Herz». Die Erweckung des Herzens ist nur möglich, wenn du bereit bist, dich dir selbst zu stellen. Das mag dir als hohe Anforderung erscheinen, doch sie ist unabdingbar. Frage dich selbst, wie oft du schon versucht hast, aufrichtig und rückhaltlos mit deinem Herzen in Verbindung zu treten. Wie oft schon hast du dich abgewendet aus Furcht, etwas Schreckliches über dich selbst zu entdecken? Wie oft warst du bereit, dich selbst im Spiegel anzuschauen, ohne daß es dir peinlich wurde? Wie oft hast du dich selbst abgeschirmt – hinter einer Zeitung, durch Fernsehen oder einfach durch Rückzug? Das ist die Gretchenfrage: Wieviel Verbindung zu dir selbst hast du in deinem bisherigen Leben überhaupt hergestellt?

Die Praxis des Sitzens in Meditation, wie wir sie im vorigen Kapitel besprochen haben, ist das Mittel, mit dem wir das Gutsein wiederentdecken und überdies das lautere Herz in uns erwecken können. In der beschriebenen Haltung bist du dieser nackte Mensch, der zwischen Himmel und Erde sitzt. Wenn dein Rücken einsinkt, versuchst du dein Herz zu schützen oder gar zu verbergen. Aber wenn du aufrecht und trotzdem entspannt sitzt, dann ist dein Herz nackt. Dein ganzes Sein ist bloßgelegt, vor allem vor dir selbst, aber auch vor anderen. Beim stillen Sitzen, in dem du dem Atem folgst, wie er ausströmt und verfliegt, stellst du die Verbindung zu deinem Herzen her. Du läßt dich einfach sein, wie du bist, und daraus erwächst eine echte Sympathie für dich selbst.

Wer sein Herz so erweckt, der stellt staunend fest, daß dieses Herz leer ist. Es ist wie ein Blick in den Weltraum. Was bin ich, wer bin ich, wo ist mein Herz? Wer wirklich schaut, findet nichts Greifbares, nichts Festes. Natürlich kann man auch sehr feste Dinge finden, wenn man nämlich jemandem böse ist oder sich besitzergreifend verliebt hat, aber das hat mit dem erwachten Herzen nichts zu tun. Wenn du dieses Herz suchst, wenn du in der eigenen Brust danach tastest, findest du nichts als Zartheit. Weich und wund fühlt es sich an, und wenn wir unsere Augen für die Welt öffnen, überkommt uns eine abgrundtiefe Traurigkeit. Diese Art von Traurigkeit hat aber nichts mit äußeren Gründen zu tun: Du bist nicht traurig, weil jemand dich verletzt hat oder weil du einen Verlust zu beklagen hast. Diese Traurigkeit ist grundlos. Sie rührt daher, daß dein Herz ganz bloßgelegt ist. Keine Haut scheint mehr darüber zu sein, es ist rohes Fleisch. Setzte sich eine winzige Mücke darauf, du wärst davon zutiefst berührt. Dein Empfinden ist ungeschützt und zart und sehr persönlich.

Das lautere Herz der Traurigkeit wird hervorgerufen durch die Empfindung, daß dein nichtexistentes Herz doch übervoll ist. Du möchtest dein Herzblut vergießen, du möchtest anderen dein Herz schenken. Für den Krieger ist diese Erfahrung des traurigen, zarten Herzens die Geburt seiner Furchtlosigkeit. Normalerweise versteht man unter Furchtlosigkeit, daß man keine Angst hat oder daß man zurückschlägt, wenn man geschlagen wird. Es dürfte klar sein, daß wir hier nicht von der Furchtlosigkeit des Raufbolds sprechen. Wirkliche Furchtlosigkeit erwächst aus der Zartheit, aus der Bereitschaft, dein verwundbares, wunderbares Herz von der Welt berühren zu lassen. Du bist bereit, dich ohne Abwehr und ohne Scheu der Welt zu öffnen, und du bist bereit, dein Herz mit anderen zu teilen.

4. Furcht und Furchtlosigkeit

Uns die Angst einzugestehen, muß keineswegs zu Depressivität oder Entmutigung führen. Gerade weil diese Furcht in uns steckt, besitzen wir auch das Potential, Furchtlosigkeit zu erfahren. Zu wahrer Furchtlosigkeit kommen wir nicht, indem wir die Angst abmildern, sondern indem wir sie überschreiten.

Um Furchtlosigkeit zu erfahren, muß man Furcht erleben. Der Kern der Feigheit besteht in der Leugnung der Furcht. Furcht und Angst können viele Formen annehmen. Wir wissen, daß wir nicht ewig leben werden, wir wissen, daß wir sterben müssen, und dieser Gedanke kann uns starr vor Entsetzen machen. Oft haben wir aber auch Angst, daß wir mit den Anforderungen des Lebens nicht fertig werden. Wir fühlen uns dann dem Leben nicht gewachsen. Unser eigenes Leben scheint schon mehr, als wir verkraften können, und die Konfrontation mit der Welt, so fühlen wir, übersteigt unsere Kräfte bei weitem. Dann gibt es noch die kopflose Furcht oder Panik bei plötzlich eintretenden neuen Situationen – wir fahren zusammen und winden uns vor Angst. Manchmal äußert Angst sich auch als Nervosität und Ruhelosigkeit: Wir kritzeln auf unserem Notizblock, fingern an irgendwas herum oder rutschen auf dem Stuhl hin und her. Wir haben das Gefühl, ständig in Bewegung sein zu müssen wie der Motor in einem Auto. Auf und ab, auf und ab gehen die Kolben, und solange sie das tun, fühlen wir uns einigermaßen sicher. Aber wehe, wenn sie stillstehen, dann kommt die Angst, wir könnten auf der Stelle tot umfallen.

Es gibt zahllose Strategien, sich von der Angst abzulenken. Manche nehmen Beruhigungspillen. Manche machen Yoga. Manche hocken sich vor den Fernseher oder lesen Illustrierte oder gehen in die Kneipe, um ein Bier zu trinken. Für den Feigling ist Langeweile etwas, was man gar nicht erst aufkommen lassen darf, denn sobald man sich langweilt, kommt auch die Angst. Langeweile bringt uns unserer Angst näher. Da muß man sich ablenken und darf vor allem nicht an den Tod denken. Feigheit ist also der Versuch, so zu leben, als wüßten wir nichts vom Tod. Es hat in der Geschichte immer wieder Zeiten gegeben, in denen viele Menschen nach Elixieren der Unsterblichkeit gesucht haben. Gäbe es so etwas tatsächlich, den Menschen würde es gewiß nach einer Weile davor grauen. Vermutlich würden sie lange vor ihrem tausendsten Geburtstag durch Selbstmord enden. Der Realität des Leidens und Sterbens in der Welt entkommt auch der nicht, der selbst ewig leben kann.

Angst und Furcht müssen einfach eingestanden werden. Wir müssen unsere Furcht erkennen und uns mit ihr aussöhnen. Vergegenwärtigen wir uns, wie wir uns bewegen, wie wir reden, wie wir uns geben, wie wir zum Beispiel an den Nägeln kauen oder die Hände ohne Grund in die Taschen stecken. So werden wir etwas darüber in Erfahrung bringen, wie Furcht sich in Ruhelosigkeit Ausdruck verschafft. Wir müssen uns eingestehen, daß die Angst überall lauert, ständig und in allem, was wir tun.

Das muß jedoch keineswegs zu Depressivität oder Entmutigung führen.

Gerade weil diese Furcht in uns steckt, besitzen wir auch das Potential, Furchtlosigkeit zu erfahren. Zu wahrer Furchtlosigkeit kommen wir nicht, indem wir die Angst abmildern, sondern indem wir sie überschreiten.

Dieses Überschreiten beginnt damit, daß wir unsere

Angst unter die Lupe nehmen: unsere Befürchtungen, unsere Nervosität, unsere Sorgen, unsere Unruhe.

Wenn wir wirklich die Oberfläche durchdringen und unsere Angst von innen betrachten, finden wir hinter der Nervosität als erstes Traurigkeit. Nervosität ist ein ewiges Aufgedrehtsein und Vibrieren. Wenn wir ein wenig abschalten und die Angst nicht mehr so krampfhaft von uns fernhalten, stoßen wir auf eine stille, sanfte Traurigkeit. Die Traurigkeit trifft uns ins Herz, in der Brust dehnt sich ein Gefühl, und dann rollen Tränen, ein Regen oder Wasserfall, man fühlt sich traurig und einsam und zugleich vielleicht voller Sehnsucht. Das ist der erste Zipfel der Furchtlosigkeit, das erste Zeichen wahrer Kriegerschaft. Die erste Erfahrung der Furchtlosigkeit muß keineswegs etwas Großartiges wie der Anfang der Fünften Sinfonie oder ein gewaltiges Feuerwerk sein. In der Shambhala-Tradition ergibt sich die Entdeckung der Furchtlosigkeit aus dem Umgang mit der Weichheit des menschlichen Herzens.

Die Geburt eines Kriegers ähnelt dem Wachstum der ersten Geweihsprossen eines Rentiers. Zuerst sind diese Hörner ganz weich und von einem zarten Pelz bedeckt. Eigentlich noch gar keine Hörner, sondern gummiweiche, durchblutete Auswüchse. Dann wird das Rentier älter, seine Geweihstangen werden stärker und bekommen immer mehr Enden, vier Spitzen, zehn Spitzen oder gar vierzig. Furchtlosigkeit nimmt sich anfangs wie diese weichen Geweihsprossen aus. Sie sehen zwar schon aus wie Hörner, aber kämpfen kann man damit noch nicht so recht. Ein Rentier weiß zunächst einmal auch nicht, was es mit seinem Geweih anfangen soll. Vielleicht fühlt es sich von diesem weichen, sperrigen Gewächs auf dem Kopf sogar eher behindert. Aber dann merkt das Rentier schließlich doch, daß Hörner einfach zum Leben eines Rentiers dazugehören. Ebenso der Mensch, wenn er das zarte Herz der Kriegerschaft in sich erweckt: Er kann sich zunächst extrem unsicher und fast behindert fühlen und weiß nicht, was er mit dieser Furchtlosigkeit anfangen soll. Doch dann, wenn er diese Traurigkeit immer tiefer erfährt, geht ihm auf, daß ein Mensch weich und offen sein *sollte*. Jetzt braucht ihm die sanfte Freundlichkeit, die er in sich entdeckt hat, nicht mehr peinlich zu sein. Im Gegenteil, die Weichheit wird leidenschaftlich. Man wünscht sich, andere zu erreichen und sich mit ihnen auszutauschen.

Wenn die Zartheit des Herzens sich so entwickelt, können wir die Welt um uns her erst richtig aufnehmen und würdigen. Die Sinneswahrnehmung wird ein sehr interessantes Ding. Du bist so weich, daß du gar nicht mehr anders kannst, als dich für alles, was um dich her geschieht, zu öffnen. Wenn du Rot oder Grün oder Gelb oder Schwarz siehst, antwortest du vom Grund deines Herzens darauf. Wenn du siehst, wie jemand weint oder lacht oder Angst hat, so antwortest du auf dieselbe Weise. So entwikkelt sich die erste Stufe der Furchtlosigkeit zu echter Kriegerschaft. Es wird dir immer vertrauter, ein sanfter, freundlicher Mensch zu sein – dein Rentiergeweih verliert seinen zarten Schutzpelz. Alle Lebenssituationen werden sehr real, aber auch sehr normal. Ganz natürlich und einfach und unspektakulär verwandelt sich Furcht in Furchtlosigkeit.

Das Ideal der Kriegerschaft besteht darin, traurig und sanft zu sein – nur dadurch kann der Krieger auch mutig sein. Ohne diese tiefe Traurigkeit ist der Mut brüchig wie Porzellan. Der Mut des Kriegers ist wie eine chinesische Lackschale – Holz unter dünnen, elastischen Lackschichten. Läßt man solch eine Schale fallen, dann zerbricht sie nicht, sondern federt zurück. Sie ist hart und weich zugleich.

5. Die Abstimmung von Geist und Körper

Du erkennst, daß es dir absolut zusteht, in diesem Universum zu sein und so zu sein, wie du bist, und du siehst, daß es in dieser Welt eine bedingungslose Gastfreundschaft für dich gibt. Du hast geschaut und gesehen, und du brauchst dich nicht dafür zu entschuldigen, auf dieser Erde geboren zu sein.

Der Ausdruck des grundlegenden Gutseins ist stets mit einer gewissen Sanftheit verbunden – aber nicht mit schwächlicher, lauwarmer Milch-und-Honig-Sanftheit, sondern rückhaltlos und munter, wie es einer aufrechten, entspannten Haltung von Kopf und Schultern entspricht. Diese Art von Sanftheit gibt es nur da, wo kein Zweifel, kein Zwiespalt mehr ist. Wenn man irgendeine Philosophie oder Idee als gültig annimmt, kann man sich auch einbilden, daß damit alle Zweifel ausgeräumt sind, aber wir sprechen hier nicht davon, sich für irgend jemandes Kreuzzug einspannen zu lassen, und wir sprechen nicht von Leuten, die ein Evangelium zu verkünden haben und in schönster Selbstgewißheit sogar bereit sind, sich für ihren Glauben aufzuopfern. Wirkliche Freiheit von Zweifeln hat eine ganz andere Basis, nämlich das Vertrauen in das eigene Herz. Frei von Zweifeln zu sein, bedeutet, daß man mit sich selbst verbunden ist, daß man die Übereinstimmung von Geist und Körper erfahren hat. Wenn Geist und Körper übereinstimmen, gibt es keine Zweifel mehr.

Die Abstimmung von Geist und Körper ist weder eine bloße Vorstellung noch irgendeine Technik zum Zweck der Selbstvervollkommnung, die jemand sich ausgedacht hat. Sie ist vielmehr eine Voraussetzung für das Menschsein überhaupt, für das harmonische Zusammenwirken von Sinneswahrnehmung, Geist und Körper. Stellen wir uns den Körper als Kamera und den Geist als Film in dieser Kamera vor. Die Frage ist, wie die beiden sinnvoll zusammenwirken können. Nur wenn Blende und Belichtungszeit exakt auf die Empfindlichkeit des Films in der Kamera abgestimmt sind, erzielt man gute Bilder. Wenn Geist und Körper in dieser Weise aufeinander abgestimmt sind, wird die Wahrnehmung klar und man fühlt sich frei von Zweifeln, frei von den Zuckungen und der Kurzsichtigkeit der Angst, die das Verhalten so sehr entgleisen lassen können.

Wenn Geist und Körper nicht aufeinander abgestimmt sind, dann ist der Geist manchmal kurz und der Körper lang oder umgekehrt. Man wird unsicher und weiß manchmal nicht einmal mehr, wie man ein Glas Wasser in die Hand nehmen soll. Man greift zu weit oder zu kurz und bekommt das Glas einfach nicht zu fassen. In diesem Zustand hat es überhaupt keinen Sinn, sich zum Beispiel als Bogenschütze zu versuchen oder etwas so Subtiles wie Kalligraphie zu betreiben: Man wird kaum in der Lage sein, den Pinsel in die Tusche einzutauchen geschweige denn einen Strich zu ziehen.

Die Abstimmung von Geist und Körper hat auch Konsequenzen für unsere Beziehung zur Welt, für unseren Umgang mit der Welt. Wir können dabei zwei Stufen unterscheiden, die wir «schauen» und «sehen» nennen wollen. Wir könnten auch von lauschen und hören oder von berühren und fühlen sprechen, aber der Prozeß der Abstimmung läßt sich am besten anhand der visuellen Wahrnehmung erklären. Schauen ist unsere erste Projektion, und wenn man dabei Zweifel hat, dann bekommt dieses Schauen etwas Unstetes und Unsicheres. Man schaut, aber dann wird man unsicher und ängstlich, weil man dem eigenen Sehvermögen nicht traut. Da möchte man manchmal gar nicht mehr schauen und lieber die Augen schließen. Es kommt jedoch darauf an, richtig zu schauen. Sieh die Farben: Weiß, Schwarz, Blau, Gelb, Grün, Violett. Schau. Dies ist deine Welt. Du kannst nicht nicht-schauen. Es gibt keine andere Welt. Dies ist deine Welt, in der du schwelgen kannst. All das ist dein Erbe: deine Augen und diese Welt voller Farben. Schau dir an, wie großartig das Ganze ist. Schau – jetzt gleich! Öffne die Augen. Blinzle nicht und schau, schau – schau weiter.

Dann *siehst* du vielleicht etwas, und das ist die zweite Stufe. Je mehr du schaust, je wißbegieriger du wirst, desto mehr wirst du unweigerlich sehen. Dein Schauen ist ungehindert, weil du lauter und sanft bist, weil du nichts zu verlieren hast und gegen nichts kämpfen mußt. Du kannst schauen und schauen – und endlich sehen. Und du empfindest, was du siehst: warmes Rot, kühles Blau, prächtiges Gelb, durchdringendes Grün – alles zugleich. Du nimmst die Welt in dich auf. Was für eine phantastische Entdekkung, diese Welt. Du möchtest das ganze Universum erkunden.

Manchmal nehmen wir die Welt ohne jede Beimischung von Sprache wahr – direkt, spontan, präverbal. Meist läuft unsere Wahrnehmung jedoch so ab, daß wir zuerst ein Wort denken und dann schauen. Im ersten Fall empfinden wir die Welt unmittelbar, im zweiten Fall reden wir uns ein, daß wir sie sehen. Entweder schaut man und sieht die Welt ohne jede Sprachbeimischung – wie zum ersten Mal –, oder man sieht sie durch den Filter der Gedanken – als eine Art Selbstgespräch. Jeder weiß, wie es ist, Dinge direkt zu empfinden. Heftige Emotionen – Leidenschaft, Aggression, Eifersucht – haben keine Sprache. Sie sind im ersten Aufflammen zu intensiv. Aber nach diesem ersten Aufflammen kommen die Gedanken: «Ich hasse dich» oder «Ich liebe dich» oder «Sollte ich dich wirklich so sehr lieben?» Und schon findet in deinem Kopf ein kleines Gespräch statt.

Geist und Körper aufeinander abzustimmen, bedeutet, daß man direkt, also jenseits der Sprache, schaut und sieht. Damit wollen wir keine Verachtung der Sprache zum Ausdruck bringen, aber der innere Dialog, der meist nicht mehr ist als ein ständiges, halbbewußtes Geplapper, muß unterbrochen werden. Man entwickelt seine eigene Bildersprache, ganz private Tagträume und Schimpfwörter, und dann verstrickt man sich in Gespräche mit sich selbst und mit anderen – alles nur im Kopf. Gewinnt man aber das Gefühl, daß man es sich gestatten kann, von all dem loszulassen und die Welt direkt wahrzunehmen, so weitet und vertieft sich das Sehvermögen. Man wird fähig, hier und jetzt wachsam zu schauen. Die Augen öffnen sich, und man sieht plötzlich, wie farbig und frisch die Welt ist – es ist phantastisch, wie gestochen scharf und klar sie ist.

Das ist der furchtlose Blick in die Welt, der möglich wird, wenn Geist und Körper in Einklang sind. Furchtlosigkeit hat also nichts damit zu tun, von einem Felsen zu springen oder den Finger auf die heiße Herdplatte zu legen. Furchtlosigkeit ist einfach die Bereitschaft und Fähigkeit, unmittelbar und angemessen auf die Welt der Phänomene zu reagieren. Dieses furchtlose Schauen und Reagieren wirkt auf dich selbst zurück, auf die Art und Weise, wie du dich selbst siehst. Wenn du dich im Spiegel anschaust – dein Haar, deine Zähne, deinen Bart, deinen Mantel, dein Hemd, deine Krawatte, dein Kleid, deine Perlen, deine Ohrringe –, dann siehst du, daß sie alle am rechten Platz sind und du selbst am rechten Platz bist, so wie du bist. Du erkennst, daß es dir absolut zusteht, in diesem Universum zu sein und so zu sein, wie du bist, und du siehst, daß es in dieser Welt eine bedingungslose

Gastfreundschaft für dich gibt. Du hast geschaut und gesehen, und du brauchst dich nicht dafür zu entschuldigen, auf dieser Erde geboren zu sein.

Diese Entdeckung ist der erste flüchtige Blick auf etwas, das wir die «Große Östliche Sonne» nennen wollen. Mit «Sonne» meinen wir hier die Sonne der menschlichen Würde und Kraft. Die Große Östliche Sonne ist eine aufgehende Sonne, sie ist die Morgendämmerung, das Erwachen menschlicher Würde, die Morgenröte der Kriegerschaft. Die Abstimmung von Geist und Körper ruft diese Morgenröte hervor.

6. Die Morgenröte der Großen Östlichen Sonne

Der Weg der Großen Östlichen Sonne beruht auf der Einsicht, daß es in dieser Welt eine natürliche Quelle des Lichts und des Glanzes gibt – die eingeborene Wachheit des Menschen.

Der Aufgang der Großen Östlichen Sonne ist wiederum nicht einfach ein Begriff, sondern bezeichnet eine Erfahrung. Die Erkenntnis nämlich, daß man fähig ist, sich selbst zu erhöhen und das Dasein als Mensch richtig zu würdigen. Ob man Tankwart ist oder Präsident seines Landes, macht keinen Unterschied. Wer das Gutsein des Lebendigseins erfahren kann, der achtet sich selbst in jeder Lage. Und er läßt sich nicht mehr durch seine vielen Verpflichtungen entmutigen – Rechnungen zahlen, Windeln wechseln, Essen kochen, Akten ordnen. Trotz alledem beginnt man zu spüren, daß es sich lohnt, ein Mensch zu sein, lebendig zu sein, den Tod nicht zu fürchten.

Der Tod kommt, soviel ist gewiß – wir können ihm nicht entfliehen. Er kommt, was immer man auch tut. Aber wenn du mit einem Sinn für die Wirklichkeit gelebt hast und mit einem Gefühl der Dankbarkeit gegenüber dem Leben, wirst du die Würde deines Lebens hinterlassen, und deine Verwandten, Freunde und Kinder werden Achtung empfinden vor dem, der du gewesen bist. Die Vision der Großen Östlichen Sonne gründet auf dem Vermögen, das Leben zu feiern. Den Gegensatz dazu bildet die untergehende Sonne, deren Licht von der Dunkelheit aufgesogen wird. Die Vision der untergehenden Sonne beruht auf dem Versuch, die Vorstellung des Todes abzuwehren. Die Sonnenuntergangs-Sicht beruht mit anderen Worten auf Angst. Wir haben ständig Angst vor uns selbst. Wir leben in dem Gefühl, uns nicht selbst aufrecht halten zu können. Wir schämen uns unserer selbst, aber auch unseres Berufs, unseres materiellen Status, unserer Kinderstube, unserer Bildung und unserer seelischen Schwächen.

Die Vision der Großen Östlichen Sonne ist dagegen ein Ausdruck der Würdigung unserer Selbst und der Welt, eine sehr sanfte Grundhaltung. Weil wir die Welt bejahen, machen wir sie nicht zum Saustall. Wir achten auf unseren Körper, wir achten auf unseren Geist, und wir achten auf die Welt. Wir betrachten die Welt um uns her als heilig, wir dienen ihr und halten sie sauber. Für die Sonnenuntergangs-Sicht ist das Saubermachen etwas für bezahlte Hilfskräfte. Und wer sich keine Putzhilfe leisten kann, der macht es zwar selbst, betrachtet es aber als schmutzige Arbeit. Ein gutes Essen ist eine feine Sache – aber wer wäscht dann ab? Das überlassen wir am liebsten anderen.

Ständig werden ungeheure Mengen von Essensresten weggeworfen. Geht man in ein Restaurant, so werden einem oft Portionen vorgesetzt, die man unmöglich verzehren kann; sie sind nicht nach dem wirklichen Hunger bemessen, sondern nach der unersättlichen Gier der Imagination. Nur diese Imagination wird mit den gigantischen Steaks, den überhäuften Tellern vollgestopft. Was unweigerlich übrigbleibt, wandert in den Abfalleimer und ist absolut vergeudet.

Das meinen wir mit der untergehenden Sonne. Du hast eine gigantische Vision, die du aber unmöglich verdauen kannst, also wirfst du schließlich den größten Teil davon weg. Und es ist kein Wunder, daß wir solche Schwierigkei-

ten mit dem Abfall haben, denn es gibt bislang noch kaum nennenswerte Ansätze zur Wiederverwendung. Es wird sogar schon darüber nachgedacht, unseren Müll in den Weltraum zu schießen: Wir überlassen es lieber dem Kosmos, sich um unseren Abfall zu kümmern, als unsere Erde selbst sauberzuhalten. Wir schirmen uns so gut es geht gegen den Schmutz ab, damit wir ihn nicht sehen müssen – alles Unerfreuliche soll einfach nur «beseitigt» werden. Solange wir nur unser behagliches Eckchen haben, vergessen wir unsere klebrigen Teller und Gabeln. Irgendwer wird es schon machen.

Diese Haltung führt zu einer erdrückenden sozialen Hierarchie in der Sonnenuntergangswelt. Hier Menschen, die den Dreck anderer Leute beseitigen, und hier die anderen, denen es Spaß macht, den Dreck zu erzeugen.

Wer Geld hat, kann weiterprassen und braucht sich um die Abfälle nicht zu kümmern. Er kann es sich leisten, in Luxus zu leben und die Wirklichkeit zu ignorieren. So braucht man den Dreck nicht zu sehen, aber man wird auch die Nahrungsmittel nie richtig sehen. Alles ist in säuberliche Pakete unterteilt, so daß man nichts jemals ganz erfahren kann. Und wir sprechen nicht nur über Nahrungsmittel, sondern über alles, was in dieser Sonnenuntergangswelt vor sich geht: Nahrung aus der Dose, Urlaub aus der Dose, alles aus der Dose. Diese Dosenwelt läßt keinen Raum für die Erfahrung der Zweifelsfreiheit, sie läßt keinen Raum für Sanftheit, und sie läßt keinen Raum für die rückhaltlose und unverstellte Erfahrung der Wirklichkeit.

Die Vision der Großen Östlichen Sonne ist dagegen ein sehr ökologischer Ansatz. Sehen, was nötig ist und wie die Dinge organisch ablaufen – das ist die Voraussetzung für den Weg der Großen Östlichen Sonne. Die Hierarchie oder Ordnung dieser Sonnenaufgangswelt hat nichts mit willkürlich gezogenen Grenzen zu tun; sie wird sichtbar, wenn wir das Leben als einen natürlichen Prozeß betrachten und uns auf die von keinem Menschen erdachte oder erzwungene Ordnung der Welt einstimmen. Dazu müssen wir sehen lernen, daß es in dieser Welt eine natürliche Quelle des Lichts und des Glanzes gibt – die eingeborene Wachheit des Menschen. Wir können die Sonne der menschlichen Würde mit unserer Sonne am Himmel vergleichen, die die Dunkelheit durchdringt. Die Sonne ermöglicht uns zu sehen, und wenn sie in alle Fenster des Hauses scheint, regt sich in uns der Wunsch, alle Vorhänge zu öffnen. Als Analogie für die Hierarchie in der Sonnenaufgangswelt können wir eine Pflanze nehmen, die aufwärts der Sonne entgegenwächst. Die Analogie für die Hierarchie der Sonnenuntergangswelt ist ein schwerer

Deckel, der einen niederdrückt und festhält. Aus der Sicht der Großen Östlichen Sonne hat alles seine Entwicklungschance. Zum Beispiel sind sogenannte Kriminelle hier nicht – wie in der Sonnenuntergangswelt – hoffnungslose Fälle, die man nur noch einsperren kann, ein Teil des Unrats, den wir gar nicht erst sehen wollen. Sie werden vielmehr als Menschen betrachtet, die es mit der nötigen Zuwendung durchaus schaffen können, erwachsen zu werden. Niemand wird in der Sonnenaufgangswelt aufgegeben. Niemand hat hier den Wunsch, irgend jemanden oder irgend etwas unter einem Deckel verschwinden zu lassen. Stets sind wir bereit, allem und jedem seine Chance zum Erblühen zu geben.

Die Welt ist ursprünglich sauber und unverdorben – diese Erkenntnis liegt der Sonnenaufgangs-Weltsicht zugrunde. Wenn wir uns klarmachen, daß wir nur alle Dinge in ihren natürlichen, ursprünglichen Zustand zurückzuführen haben, gibt es keine Probleme mehr mit dem Saubermachen. Das ist wie eine Grundreinigung der Zähne beim Zahnarzt. Wenn man die Praxis verläßt, glaubt man neue Zähne zu haben, so gut fühlen sie sich an, aber tatsächlich sind sie nur sauber. Erst jetzt merkt man, daß es im Grunde gute Zähne sind.

Bei der Arbeit an uns selbst fängt das Saubermachen damit an, die Wahrheit zu sagen. Die Aufrichtigkeit gegenüber uns selbst muß frei von allem Zögern sein, also frei von der Furcht, etwas Unerfreuliches zu entdecken. Wenn man fix und fertig von der Arbeit nach Hause kommt, kann man das ruhig eingestehen: Man fühlt sich miserabel. Dann braucht man sein Unbehagen nicht mehr nach allen Seiten ausschlagen zu lassen, um es irgendwie loszuwerden. Dafür kann man sich entspannen, man kann zu Hause so sein, wie man gerade ist. Man kann unter die Dusche gehen, frische Sachen anziehen, etwas Erfrischendes zu sich nehmen und schließlich in den Garten gehen. Vielleicht fühlt man sich dann schon besser. Wenn man nah bei der Wahrheit bleibt, kann man sie auch aussprechen – und fühlt sich großartig.

In dieser Welt gibt es immer Möglichkeiten, die ursprüngliche Reinheit zu erfahren, denn diese Welt ist im Grunde sauber. Der Schmutz ist nie zuerst da. Wenn man zum Beispiel neue Handtücher kauft, sind sie sauber. Dann benutzt man sie, und sie werden schmutzig, aber man kann sie immer wieder waschen und in ihren ursprünglichen Zustand bringen. Ebenso war und ist unsere gesamte physische und psychische Existenz, ist unsere ganze Welt ursprünglich sauber, der Himmel ebenso wie die Erde, unsere Häuser und alles, was wir haben. Aber dann fangen wir an, alles mit unseren widerstreitenden Emotionen zu verschmieren. Dennoch, im Grunde ist unsere Existenz durch und durch gut, und sie ist jederzeit waschbar. Genau das verstehen wir unter dem grundlegenden Gutsein: diesen reinen Grund, der immer da ist und nur von uns gesäubert werden muß. Wir können jederzeit zu diesem Urgrund zurückkehren. Das ist die Logik der Großen Östlichen Sonne.

7. Der Kokon

Der Weg der Feigheit besteht darin, sich in einen Kokon einzuspinnen, in dem alles beim alten bleiben kann. Wenn wir immer aufs neue unsere alten Verhaltens- und Denkmuster abspulen, brauchen wir nie einen Sprung an die frische Luft oder auf neues Terrain zu wagen.

Mit der Morgenröte der Großen Östlichen Sonne sind wir im allgemeinen weit weniger vertraut als mit der Dunkelheit der Sonnenuntergangswelt. Deshalb soll die Dunkelheit unser nächstes Thema sein. Unter Dunkelheit verstehen wir hier: Uns selbst in eine vertraute Welt zurückzuziehen, um uns dort zu verstecken oder zu schlafen. Es ist, als wollten wir in den Mutterschoß zurückkriechen, um uns dort für immer zu verstecken und nur ja nicht geboren zu werden. Wenn wir Angst davor haben, aufzuwachen und unsere eigene Angst zu erfahren, spinnen wir uns in einen Kokon ein, um das Licht der Großen Östlichen Sonne nicht sehen zu müssen. Wir verkriechen uns lieber in unseren eigenen Dschungeln und Höhlen. Dann fühlen wir uns sicher. Wir mögen dann glauben, wir hätten unsere Furcht besänftigt, aber tatsächlich sind wir nur wie betäubt vor Furcht. Wir hüllen uns fest in unsere vertraute Gedankenwelt ein, so daß nichts Scharfes und Schmerzhaftes uns mehr berühren kann. Wir fürchten uns so vor unserer eigenen Angst, daß wir unser Herz ersticken.

Der Weg der Feigheit besteht darin, sich in einen Kokon einzuspinnen, in dem alles beim alten bleiben kann. Wenn wir immer aufs neue unsere alten Verhaltens- und Denkmuster abspulen, brauchen wir nie einen Sprung an die frische Luft oder auf neues Terrain zu wagen. Wir vergraben uns in unserer düsteren Privatumwelt, wo unser eigener Stallgeruch unser einziger Gefährte ist. Wir betrachten diesen dumpfen Kokon als Familienerbstück und geben unsere Erinnerungen an all das Gut-Böse, Böse-Gut ungern auf. Im Kokon gibt es keinen Tanz: kein Gehen, kein Atmen, nicht mal ein Blinzeln. Er hat eine gemütliche Schlafatmosphäre – ein sehr hautnahes, trautes Heim. In der Welt des Kokons sind Dinge wie etwa ein Frühjahrsputz völlig unbekannt. Es ist einfach zu mühsam, zu umständlich, ihn mal sauberzumachen. Lieber drehen wir uns um und schlafen weiter.

Im Kokon gibt es nicht einmal den Gedanken an Licht – bis irgendwann sich ein Verlangen nach Offenheit regt, nach etwas anderem als unserem eigenen Stallgeruch. Wenn wir anfangen, dieses gemütliche Dunkel einmal näher zu untersuchen, es anzuschauen, zu riechen, zu fühlen, dann fühlen wir uns plötzlich eingesperrt. Der erste Impuls, der uns vom Dunkel des Kokons weg und zur Großen Östlichen Sonne hinzieht, ist der Wunsch nach frischer Luft. Und sobald wir ahnen, daß es frische Luft tatsächlich geben könnte, stellen wir fest, daß unsere Arme und Beine gefesselt sind. Wir möchten uns einmal strecken und dann gehen, tanzen oder springen. Wahrhaftig, es gibt eine Alternative zum Kokon, es gibt die Möglichkeit, sich aus der Falle zu befreien. Mit diesem Verlangen nach frischer Luft, nach einem Windhauch der Freude, fangen wir an, uns nach einer anderen Umwelt umzusehen. Und zu unserer Überraschung sehen wir jetzt Licht, wenn auch zunächst nur schwach. An diesem Punkt zerreißt der Kokon.

Dann erkennen wir, wie abstoßend dieser erbärmliche Kokon ist, in dem wir uns versteckt hatten, und wollen das

Licht immer heller machen. Tatsächlich machen wir aber nicht das Licht heller, sondern öffnen nur unsere Augen immer mehr, immer auf der Suche nach dem hellsten Licht. Auf diese Weise holen wir uns eine Art Fieber, das Fieber der Großen Östlichen Sonne. Aber wir sollten uns immer wieder an die Finsternis des Kokons erinnern. Der Blick zurück auf den Ort, von dem wir kamen, hält uns in Bewegung, gibt uns den Impuls zum Weitergehen.

Wenn wir nicht zurückblicken, werden wir Schwierigkeiten haben, mit der Realität der Sonnenuntergangswelt in Beziehung zu treten. Wir können die Welt des Kokon nicht einfach ablehnen, auch wenn sie ganz grauenhaft und unnötig ist. Wir müssen für unsere eigene Erfahrung der Dunkelheit und für ähnliche Erfahrungen anderer echte Sympathie aufbringen, sonst wird unser Ausbruch aus dem Kokon nur ein Urlaub vom Sonnenuntergang. Ohne den Bezugspunkt, den das Zurückschauen uns bietet, neigen wir dazu, uns in der Großen Östlichen Sonne einen neuen Kokon zu spinnen. Jetzt, wo wir die Dunkelheit hinter uns gelassen haben, kommt es uns so vor, als könnten wir einfach in der Sonne baden, im Sand liegen und uns daran berauschen.

Wenn wir aber auf den Kokon zurückschauen und das Leiden in der Welt des Feiglings sehen, inspiriert uns das, den Weg des Kriegers weiterzugehen. Das ist keine Reise durch die Wüste mit dem Blick nach vorn auf den Horizont gerichtet. Es ist eine Reise in uns selbst. So betrachten wir auch die Große Östliche Sonne nicht als etwas, das außerhalb von uns ist, sondern sehen sie in uns: in Kopf und Schultern, in unserem Gesicht, unserem Haar, unseren Lippen, unserer Brust. Betrachten wir unsere Haltung, unser Verhalten, unser ganzes Dasein, so sehen wir, daß die Attribute der Großen Östlichen Sonne sich in allen Aspekten unseres Seins widerspiegeln.

Damit geht das Gefühl einher, wahrhaft ein Mensch zu sein. Wir spüren, daß wir unser Leben gänzlich vorbehaltlos leben können – physisch, psychisch, spirituell und im häuslichen Bereich. Ein tiefes Gefühl von Gesundheit und Ganzheit breitet sich in unserem Leben aus, als hielten wir einen Barren von gediegenem Gold in der Hand. Es ist schwer und voll und leuchtet golden. Unsere menschliche Existenz hat etwas sehr Reales und zugleich Übervolles. Aus dieser Fülle heraus können wir anderen ein ungeheures Gesundheitsgefühl vermitteln. Diese Übertragung von Gesundheit auf die Welt ist sogar eine Grunddisziplin der Kriegerschaft. Mit Disziplin meinen wir hier nichts Unangenehmes oder Künstliches, das uns von außen auferlegt wird. Diese Disziplin ist vielmehr etwas Organisches, das ganz natürlich aus unserer Erfahrung erwächst. Wenn wir uns selbst gesund und ganz fühlen, können wir gar nicht anders, als dieses Gefühl auf andere zu übertragen.

Die Sonnenaufgangs-Weltsicht bringt auch ein natürliches Interesse an der Außenwelt mit sich. Gewöhnlich stellt «Interesse» sich nur dann ein, wenn etwas Ungewöhnliches geschieht. Auch Langeweile kann ein Grund sein: Man sucht sich etwas Interessantes. Und schließlich kann auch ein Gefühl der Bedrohung unser Interesse wecken; wir werden dann äußerst hellhörig, um uns gegen die Gefahr abzusichern. Für den Krieger, in dessen Leben Gesundheit und Ganzheit schon ihren Platz haben, ist Interesse etwas ganz Spontanes. Seine Welt ist von Natur aus voll von Interessantem, und sein Interesse oder seine Wißbegier manifestieren sich als ungetrübte Freude und Empfindsamkeit.

Wenn man Freude an etwas hat, dann entwickelt man normalerweise nur allzuleicht ein dickes Fell und wird selbstgefällig. Man macht es sich bequem, seufzt zufrieden: «Ach, wie schön, daß ich hier bin», doch das ist bloße

Selbstbestätigung. Für den Krieger hat jedoch die Freude auch etwas Schmerzhaftes, weil er sich der Welt so ungeschützt aussetzt. Diese sanfte, wehe Traurigkeit erzeugt das, was wir Interesse nennen. Man ist so verwundbar, so offen für die Welt, daß man gar nicht anders kann, als sich von ihr berühren zu lassen. Das ist eine Art Sicherheitsvorkehrung, die verhindert, daß der Krieger vom Weg abkommt oder sich ein dickes Fell wachsen läßt. Wo der Krieger sich interessiert, besinnt er sich auch auf seine Traurigkeit und Empfindsamkeit, und das vertieft seine Aufrichtigkeit und sein Interesse.

Die Große Östliche Sonne leuchtet dem Krieger auf seinem Weg der Diziplin. Auch wenn unsere Sonne am Himmel aufgeht, sind die Strahlen, die uns entgegenkommen, fast wie ein Weg, auf dem wir gehen können. Die Große Östliche Sonne schafft Bedingungen, die es uns ermöglichen, ständig voranzugehen, ohne daß unser Energievorrat sich erschöpft. Das ganze Leben bewegt sich konstant voran, auch wenn man eine monotone Arbeit mit stets gleichbleibenden Arbeitsgängen verrichtet, etwa am Fließband oder in einer Würstchenbude. Was man auch tut, jede Stunde, jede Minute ist ein neues Kapitel, eine neue Seite. Ein Krieger braucht keinen Farbfernseher und keine Videospiele. Ein Krieger braucht keine Comics, um sich zu unterhalten oder fröhlich zu sein. Die Welt, die um ihn her ihren Lauf nimmt, ist, was sie ist, und in dieser Welt stellt sich die Frage der Unterhaltung gar nicht erst. Die Große Östliche Sonne stellt alles Notwendige bereit, um dieses Leben ganz auszuschöpfen. Der Krieger braucht keine Architekten und Schneider, die ihm seine Welt aufpolieren. Erst mit dieser Erkenntnis wird man ein wahrer Krieger.

Ein wahrer Krieger braucht in keine Schlacht zu ziehen, denn er ist immer schon Sieger, ein Allbesieger. Für einen

Allbesieger gibt es nichts zu erobern, keine fundamentalen Probleme oder Hindernisse zu überwinden. Und das nicht etwa, weil der Krieger das Negative nicht sehen will und verdrängt: Wenn er zurückschaut und sein Leben betrachtet – wer er ist, was er ist und warum er in dieser Welt ist –, wenn er sich das Schritt für Schritt vor Augen führt, findet er keine fundamentalen Probleme.

Das heißt nun nicht, man solle sich einreden, daß alles in Ordnung ist. Aber wenn du wirklich schaust, wenn du dein ganzes Sein auseinandernimmst und untersuchst, wirst du finden, daß du echt und gut bist, so wie du bist. Tatsächlich ist die ganze Existenz von Grund auf sehr sinnvoll angelegt, so daß wenig Spielraum bleibt für «Pannen». Natürlich gibt es stets Herausforderungen, doch dieses Gefühl des Gefordertseins ist etwas ganz anderes als das Lebensgefühl der Sonnenuntergangswelt: daß man nämlich dazu verdammt ist, in dieser Welt mit all ihren Problemen zu leben. Für manche Menschen ist das Licht der Großen Östlichen Sonne erschreckend. Wenn man nicht weiß, was Angst ist, kann man sie natürlich auch nicht überwinden. Wenn du jedoch deine Feigheit kennengelernt hast und weißt, wo der Stolperstein liegt, kannst du über ihn hinausgehen – vielleicht nur zwei bis drei Schritte.

8. Entsagung und Wagemut

> Der Krieger verzichtet auf die Aspekte seiner Erfahrung, die Barrieren zwischen ihm und anderen schaffen. Entsagung besteht mit anderen Worten darin, sich selbst zugänglicher, empfänglicher und offener zu machen.

Die Angstsituationen, die in unserem Leben vorkommen, bilden Trittsteine, die wir benutzen können, um die Angst zu überwinden. Feigheit ist das diesseitige Ufer, Unerschrockenheit das jenseitige. Wenn wir unsere Schritte richtig setzen, können wir die Grenze dazwischen überschreiten. Wahrscheinlich werden wir die Unerschrockenheit nicht sofort finden, sondern hinter unserer Angst zuerst nur eine unsichere, weiche Empfindlichkeit spüren. Noch zittern und schwanken wir, aber da ist nicht mehr bloße Bestürzung, sondern diese schmerzhafte Zartheit.

Diese Zartheit oder Verwundbarkeit enthält auch ein Element der Traurigkeit, wie wir schon gesagt haben. Das hat nichts mit Selbstmitleid oder Verlustgefühlen zu tun, sondern hängt mit der Empfindung natürlicher Fülle zusammen. Du fühlst dich so erfüllt, so übervoll, als müßtest du Tränen vergießen. Sie stehen dir in den Augen, und wenn du nur einmal blinzelst, rollen sie dir über die Wangen. Um ein guter Krieger zu sein, muß man dieses traurige, zarte Herz empfinden. Wer sich nicht allein und traurig fühlt, kann kein Krieger sein. Der Krieger ist empfänglich für alle Aspekte der Dinge – ihren Anblick, ihren Geruch, ihren Klang, ihre Gefühlsqualität. Was immer in seiner Welt vorgeht, würdigt er wie ein Künstler. Er erfährt die Dinge ganz und mit äußerster Lebhaftigkeit. Die raschelnden Blätter, die Regentropfen, die auf seinen Mantel fallen, sind sehr laut. Ein Schmetterling, der ihn umflattert, kann in dieser aufs äußerste gesteigerten Empfindlichkeit fast unerträglich sein. Diese Sensibilität trägt den Krieger voran in der Entwicklung seiner Disziplin. Er fängt an, den Sinn der Entsagung zu verstehen.

Im landläufigen Verständnis wird Entsagung oft mit Askese in Verbindung gebracht. Man gibt die sinnlichen Freuden der Welt auf und widmet sich einem kargen spirituellen Leben, um den höheren Sinn des Daseins verstehen zu können. In der Shambhala-Lehre ist Entsagung etwas ganz anderes. Der Krieger verzichtet auf die Aspekte seiner Erfahrung, die Barrieren zwischen ihm und anderen schaffen. Entsagung besteht mit anderen Worten darin, sich selbst zugänglicher, empfänglicher und offener zu machen. Alles Zögern vor dieser Öffnung für andere wird abgebaut. Zum Wohl anderer verzichtet man auf seine Privatsphäre.

Das Bedürfnis nach dieser Entsagung erwacht, wenn du spürst, daß dir das grundlegende Gutsein zu eigen ist. Natürlich kann es niemals persönlicher Besitz sein, denn es ist, wie wir gesehen haben, das Gesetz und die Ordnung der Welt, weit umfassender als die Sphäre des Persönlichen. Dennoch versucht man gelegentlich, dieses Gutsein in sich selbst «festzunageln»; man glaubt, man könne ein Stückchen davon an sich bringen und in die Tasche stekken. Hier schleicht sich die Idee des Privaten ein, und deshalb ist dies auch der Punkt, an dem es der Entsagung bedarf, an dem man der Versuchung, grundlegendes Gutsein zu besitzen, widerstehen muß. Es kommt darauf an, den begrenzten, den «provinziellen» Ansatz aufzugeben und eine größere Welt zu akzeptieren.

Entsagung ist auch nötig, wenn die Vision der Großen Östlichen Sonne einen schreckt. Wenn man erkennt, wie groß und gut die Große Östliche Sonne ist, ist man zuweilen völlig überwältigt. Man glaubt einen Schutz vor dieser Sonne zu brauchen, ein Dach über dem Kopf und drei regelmäßige Mahlzeiten am Tag. Man versucht sich ein kleines Nest einzurichten, um sich dem, was man gesehen hat, nicht in seiner ganzen Macht aussetzen zu müssen. Anstatt direkt in das Licht der Großen Östlichen Sonne zu blicken, möchte man lieber Fotos von ihr machen, die man dann zu Hause anschauen kann. Entsagung bedeutet hier, alle Kleinmütigkeit dieser Art von sich zu weisen.

Die Praxis der sitzenden Meditation schafft ein ideales Umfeld, um diese Entsagung zu erlernen. Während man in der Meditation mit dem Atem arbeitet, betrachtet man alle Gedanken, die sich einstellen, schlicht als «Denken». Man hält an keinem Gedanken fest und braucht sie weder zu verwerfen noch zu loben. Gedanken während der Meditation betrachtet man einfach als natürliche Ereignisse, sie haben keinerlei Wertigkeit. Die elementare Definition von Meditation ist, unbewegten Geistes zu sein. Wenn die Gedanken auf und ab gehen, geht der Geist einfach nicht mit: Man beobachtet nur unbeteiligt das Auf und Ab der Gedanken. Es mögen gute oder schlechte, aufregende oder langweilige, erhebende oder bedrückende Gedanken sein – wir lassen sie sein, was sie sind. Wir akzeptieren keinen und weisen keinen zurück. Wir empfinden einen größeren Raum, der alle Gedanken, die sich einstellen mögen, umfängt.

Anders gesagt, bei der Meditation können wir unsere Existenz, unser Sein als etwas erfahren, das unsere Gedanken zwar enthält, aber nicht durch sie bedingt oder vom Denkprozeß begrenzt ist. Man erfährt Gedanken, benennt sie als «Denken» und kehrt zum Atem zurück, der verströmt und sich in den Raum verliert. Das klingt sehr simpel, ist aber von größter Bedeutung. Man erfährt seine Welt direkt und hat es nicht nötig, diese Erfahrung zu beschneiden. Man kann vollständig offen sein, man hat nichts zu verteidigen und nichts zu befürchten. So gelangen wir zum Verzicht auf persönliches Territorium und Kleinmütigkeit.

Zur Entsagung gehört auch Unterscheidungsvermögen. Offenheit bedeutet nämlich nicht Wahllosigkeit, sondern setzt voraus, daß man unterscheiden kann, was abzulehnen und was zu akzeptieren ist. Der positive Aspekt der Entsagung, also das, was zu akzeptieren und zu pflegen ist, ist die Fürsorge für andere. Um aber für andere sorgen zu können, muß man es ablehnen, nur für sich selbst zu sorgen, man muß die Selbstsucht aufgeben. Ein selbstsüchtiger Mensch ist wie eine Schildkröte, die ihr schützendes Haus immer bei sich hat. Irgendwann einmal muß man das Zuhause verlassen und sich der größeren Welt anvertrauen. Das ist unumgänglich, wenn man fähig werden will, für andere zu sorgen.

Um die Selbstsucht zu überwinden, muß man wagemutig sein. Es ist, als stünde man auf dem Sprungbrett, vor sich das Schwimmbecken, und fragte sich: «Was jetzt?» Die naheliegende Antwort lautet: «Spring.» Das ist Wagemut. Man fragt sich vielleicht, ob man untergehen oder sich verletzen wird. Kann durchaus sein. Eine Versicherung gibt es nicht, aber es lohnt sich zu springen, um herauszufinden, was wirklich passiert. Der Krieger-Schüler muß springen. Wir sind so sehr daran gewöhnt zu akzeptieren, was schlecht für uns ist, und abzulehnen, was gut für uns ist. An unserem Kokon, unserer Selbstsucht, halten wir fest, aber selbstlos zu sein, über uns hinauszugehen, davor haben wir Angst. Unser Zögern angesichts der Notwendigkeit, unsere Privatsphäre aufzugeben und uns dem Wohl anderer zu widmen, ist nur durch einen Sprung zu überwinden.

Der Weg zum Wagemut, der Weg zu diesem Sprung, besteht darin, sich während der Meditation keinen Gedanken zu eigen zu machen, Hoffnung und Furcht und alles Auf und Ab der mentalen Prozesse hinter sich zu lassen. Du kannst einfach *sein*, laß dich einfach *sein*, ohne dich an die Bezugspunkte zu klammern, die dein Verstand pausenlos herstellt. Du mußt deine Gedanken nicht loswerden. Sie sind ein natürlicher Prozeß; sie sind in Ordnung; laß sie sein, wie sie sind. Aber laß dich mit dem Atem gehen, verströmen. Sieh zu, was geschieht. Wenn du dich in dieser Weise «gehenläßt», gewinnst du Vertrauen in die Kraft deines Seins und in deine Fähigkeit, dich für andere zu öffnen und sie zu erreichen. Du stellst fest, daß du reich genug bist, in dir selbst genügend Rückhalt hast, um anderen selbstlos zu geben, und du entdeckst in dir eine ungeheure Bereitschaft, es zu tun.

Doch wenn du den Sprung des Wagemuts geschafft hast, wirst du möglicherweise überheblich. Du sagst dir: «Ich bin gesprungen! Ich bin großartig, phantastisch!» Hochmütige Kriegerschaft funktioniert nicht. Nichts kann daraus zum Wohl anderer erwachsen. Zur Disziplin der Entsagung gehört es deshalb, die Sanftheit und Verwundbarkeit weiter zu steigern, damit man weich und offen bleibt und die zarte Traurigkeit des Herzens nicht verlorengeht. Ein Krieger, der wirklich entsagen kann, ist vollkommen nackt und ungeschützt, ohne Haut und Gewebe. Er hat darauf verzichtet, eine neue Rüstung anzuziehen oder sich ein dickes Fell wachsen zu lassen, er setzt sich völlig entblößt der Welt aus. Er hat nicht das Verlangen, irgendeine Situation zu manipulieren. Er ist ganz ohne Furcht das, was er ist.

Doch seltsam, jetzt, wo der Krieger seiner eigenen

Bequemlichkeit und Privatsphäre vollkommen entsagt hat, findet er sich noch mehr allein als zuvor. Er ist wie eine Insel mitten in einem See. Fähren mit Menschen pendeln gelegentlich zwischen der Insel und dem Festland, doch all das offenbart nur das tiefe Alleinsein der Insel. Der Krieger hat sein Leben dem Wohl anderer gewidmet, aber er weiß, daß er seine Erfahrung niemals ganz mit anderen teilen kann. Die ganze Fülle seiner Erfahrung gehört ihm allein, und er muß mit seiner eigenen Wahrheit leben. Und doch verliebt er sich immer tiefer in die Welt. Dieses Miteinander von Verliebtsein und Einsamkeit ermöglicht ihm, sich immer wieder nach außen zu wenden und anderen zu helfen. Durch den Verzicht auf seine private Welt entdeckt er ein größeres Universum und ein immer tiefer gebrochenes Herz. Das ist kein Grund zur Resignation, sondern ein Grund zur Freude: der Zugang zur Welt des Kriegers.

9. Die Reise – ein Fest

Kriegerschaft ist eine ununterbrochene und endlose Reise. Zu einem Krieger wird man, indem man lernt, in jedem Augenblick seines Lebens echt und aufrichtig zu sein.

Das Ziel der Kriegerschaft besteht darin, dem grundlegenden Gutsein in seiner vollständigsten, frischesten und strahlendsten Form Ausdruck zu geben. Das wird möglich, wenn man erkennt, daß man dieses Gutsein nicht *besitzt*, sondern es selbst *ist*. Wer sich darin schult, ein Krieger zu sein, muß lernen, in diesem Gutsein zu verharren, in einem Zustand vollkommener Einfachheit. Dieser Seinszustand wird in der buddhistischen Tradition *Ichlosigkeit* genannt. Die Ichlosigkeit spielt auch für die Shambhala-Lehre eine große Rolle. Man kann kein Krieger sein, bevor man die Ichlosigkeit nicht erfahren hat. Ohne Ichlosigkeit ist der Geist mit dem eigenen Ich angefüllt, mit persönlichen Vorhaben und Plänen. Ganz vom eigenen Ego erfüllt, wird man kaum in der Lage sein, sich um andere zu kümmern. Die Umgangssprache hat für diese überhebliche und stolze Haltung den Ausdruck «von sich selbst eingenommen».

Das Mittel zur Überwindung dieser Ichbezogenheit ist die im letzten Kapitel angesprochene Entsagung. Durch Entsagung gelangt man in die Welt des Kriegers, und hier ist man offener und zugänglicher für andere, aber man lebt auch allein und mit einem gebrochenen Herzen. Man versteht ganz allmählich, daß Kriegerschaft ein Weg oder

Faden ist, der sich durchs ganze Leben zieht. Es ist nicht einfach eine Technik, die man anwendet, wenn sich Hindernisse in den Weg stellen, wenn man unglücklich oder deprimiert ist. Kriegerschaft ist eine ununterbrochene und endlose Reise. Zu einem Krieger wird man, indem man lernt, in jedem Augenblick seines Lebens echt und aufrichtig zu sein. Das ist seine Disziplin.

Das Wort «Disziplin» hat leider im allgemeinen einen negativen Beigeschmack. Man denkt an Strafe, willkürliche Regeln, angemaßte Autorität, Herrschaft. In der Shambhala-Tradition verstehen wir unter Disziplin etwas anderes: Disziplin zeigt uns, wie wir zutiefst gütig, aufrichtig und echt werden können, wie wir die Selbstsucht überwinden und bei uns selbst und anderen die Ichlosigkeit oder das grundlegende Gutsein fördern können. Disziplin lehrt uns, die Reise der Kriegerschaft zu bestehen, sie führt uns auf den Weg des Kriegers und zeigt uns, wie man in dieser Welt leben muß.

Die Disziplin des Kriegers ist unerschütterlich und kennt keine Ausnahmen. Darin ähnelt sie der Sonne. Ihr Licht scheint, wo immer sie am Himmel steht. Sie scheint nicht auf dieses Stück Land und läßt jenes im Dunkel. Die Sonne und die Disziplin des Kriegers sind nicht-selektiv. Ein Krieger vernachlässigt oder vergißt seine Disziplin niemals. Sein Gewahrsein und seine Sensibilität sind stets voll entfaltet. Auch vor Situationen, die eine große Forderung darstellen oder schwierig sind, gibt er nicht auf. Sein Verhalten ist stets sanft und voller Wärme, und seine Loyalität gegenüber allen fühlenden Wesen, die in der Sonnenuntergangswelt gefangen sind, bleibt immer erhalten. Es ist seine Pflicht, Wärme und Mitgefühl für andere aufzubringen, und dabei verfällt er nie in Trägheit – seine Disziplin und Hingabe kennen kein Wenn und Aber.

Unter diesen Voraussetzungen ist seine Reise, seine

Arbeit mit anderen, sein ganzes Leben von Freude erfüllt. Warum ist das so? Weil er sein grundlegendes Gutsein erfahren hat, weil er sich an nichts mehr klammern muß und fähig ist zu entsagen. Dadurch sind Geist und Körper stets in Harmonie und voller Freude. Diese Freude ist wie Musik, die im eigenen Rhythmus und der eigenen Melodie schwelgt – ein Fest, das nie unterbrochen wird vom Auf und Ab des persönlichen Lebens.

Zur Disziplin des Kriegers gehört auch Unterscheidungsvermögen, geschickt eingesetzte Intelligenz. Der Vergleich mit Pfeil und Bogen mag dies verdeutlichen. Der Pfeil – die Intelligenz – ist spitz und besitzt die Fähigkeit, etwas zu durchdringen; doch um diese Durchdringungskraft wirksam zu machen, braucht man einen Bogen. Der Krieger ist stets wißbegierig und an seiner Welt interessiert, doch seine Intelligenz besitzt nur Durchdringungskraft, wenn er sie sinnvoll einzusetzen weiß. Wenn der Pfeil des Intellekts sich mit dem Bogen der Geschicklichkeit in der Methode vereinigt, unterliegt der Krieger nie den Versuchungen der Sonnenuntergangswelt.

Versuchung ist alles, was das Ego stärkt und der Ichlosigkeit oder dem grundlegenden Gutsein zuwiderläuft. Es gibt viele Versuchungen, kleine und große. Ein Keks kann ebenso eine Versuchung sein wie eine Menge Geld. Mit der Schärfe des Pfeils kann man die untergehende Sonne und alles unwürdige Verhalten klar erkennen – zuerst natürlich bei sich selbst, dann aber auch in der übrigen Welt. Um der Versuchung dann aber wirklich zu entgehen, braucht man den Bogen: Der Einsicht muß die Fähigkeit zu geschicktem Handeln zur Seite stehen. Wie Pfeil und Bogen zu sein, das bedeutet «nein» sagen zu Unaufrichtigkeit, «nein» sagen zu Achtlosigkeit und Gedankenlosigkeit, «nein» sagen zu jedem Mangel an Wachheit. Dieses «Nein» kann man erst richtig sagen, wenn man über Pfeil *und* Bogen verfügt, der

Intellekt allein reicht dazu nicht aus. Das Nein muß sanft und gütig sein, das ist der Bogen; und es muß scharf und entschieden sein, das ist der Pfeil. Mit beiden zusammen wird eine Unterscheidung und Entscheidung möglich: Man kann unterscheiden zwischen Sich-Gehenlassen und rechter Würdigung. Man kann die Welt anschauen und sehen, wie die Dinge tatsächlich sind. Das ist das Ende eines Mythos, der dein eigener Mythos ist, nämlich daß du nicht «nein» sagen kannst – nicht zur Sonnenuntergangswelt und nicht zu dir selbst, wenn du dich gehenlassen möchtest. Pfeil und Bogen sind in erster Linie unsere «Waffen» gegen die Versuchungen der Sonnenuntergangswelt.

Wenn man gelernt hat, Versuchungen zu widerstehen, können sich der Pfeil des Intellekts und der Bogen des geschickten Handelns als Vertrauen in die Welt manifestieren. Das vertieft die Wißbegierde. Man möchte sich jede Situation genau anschauen, um sicherzugehen, daß man sich nicht bloß mit vorgefaßten Anschauungen selbst zum Narren hält. Man möchte die Wirklichkeit vermöge der eigenen Intelligenz und des eigenen Könnens zu einer persönlichen Entdeckung machen. Vertrauen ist das Gefühl, daß man eine Situation nur richtig anschauen muß und dann gewiß eine definitive Antwort erhalten wird. Wenn man Schritte unternimmt, um etwas zu erreichen, wird dieses Handeln zu einem Resultat führen – zu Mißerfolg oder Erfolg. Wenn man einen Pfeil abschießt, wird er das Ziel entweder treffen oder verfehlen. Vertrauen ist das Wissen, *daß* eine Botschaft zurückkommen wird.

Wenn du auf diese Botschaften, die Widerspiegelungen der phänomenalen Welt, vertraust, wird die Welt voll unerschöpflichem Reichtum sein. Du lebst in einer überreichen Welt, der nie die Botschaften ausgehen. Probleme entstehen nur dann, wenn du eine Situation zu deinen Gunsten zu manipulieren oder sie zu ignorieren versuchst.

Du brichst damit das Vertrauensverhältnis zur Welt, und das kann ihren Reichtum versiegen lassen. Meist erhältst du zuvor jedoch eine Botschaft. Bist du überheblich, so drückt der Himmel dich zurück auf den Boden; bist du zu zaghaft, so richtet die Erde dich auf.

Unter Vertrauen in die Welt verstehen wir oft nur, daß sie schon für uns sorgen wird. Wir glauben, die Welt wird uns geben, was wir uns wünschen oder erwarten. Für einen Krieger bedeutet Vertrauen jedoch die Bereitschaft sich auszuliefern: Er setzt sich der Welt der Phänomene aus und vertraut darauf, daß er eine Botschaft erhalten wird – von Erfolg oder Mißerfolg. Solche Botschaften werden weder als Lob noch als Strafe aufgefaßt. Der Krieger vertraut nicht auf den Erfolg, sondern auf die Wirklichkeit. Er erkennt, daß er Fehlschläge erntet, wenn Intellekt und Handeln undiszipliniert sind oder nicht übereinstimmen, und daß Erfolg sich einstellt, wenn Intelligenz und Handeln im Einklang sind. Doch Resultate, welcher Art auch immer, sind nie der Endzweck des Handelns. Ein Resultat ist nur der Ausgangspunkt für den nächsten Teil der Reise. Die Pfeil-und-Bogen-Disziplin läßt den Krieger unaufhörlich weitergehen und macht ihm die Reise zum Fest.

Der letzte und tragende Aspekt der Disziplin des Kriegers ist meditatives Gewahrsein, das ihn lehrt, in seiner Welt den richtigen Platz in der richtigen Haltung einzunehmen. Das Licht unerschütterlicher Disziplin weist uns einen Weg des Sich-Bemühens und der Freude, zwei Dinge, die uns befähigen, die Reise zu bestehen; Pfeil und Bogen sind die Waffen gegen Versuchungen und die Mittel, um den ungeheuren Reichtum der Welt der Phänomene zu erschließen. All das kann jedoch erst wirksam werden, wenn der Krieger einen festen Sitz hat, ein Gefühl der Präsenz in seiner Welt, und das Mittel dazu ist meditatives Gewahrsein. Es lehrt den Krieger, sein Gleichgewicht wiederzufinden, wenn er es verloren hat, und es lehrt ihn, die Botschaften der Welt zur Stärkung seiner Disziplin zu nutzen, anstatt sich von ihnen ablenken oder überwältigen zu lassen.

Meditatives Gewahrsein ist wie ein Echo, das im Leben des Kriegers stets gegenwärtig ist. Zunächst wird das Echo nur bei der Praxis der sitzenden Meditation erfahren. Wenn die Gedanken wandern, wenn man sich in sie verliert, so erinnert das Echo des Gewahrseins uns daran, die Gedanken einfach als «Denken» zu benennen und zum Atem zurückzukehren. Auch wenn der Krieger seine Disziplin aus dem Auge verliert und lieber frei haben möchte, um sich der Sonnenuntergangs-Mentalität hinzugeben, ist sein Gewahrsein wie ein Echo, das zu ihm zurückkehrt.

Anfangs mag dieses Echo ziemlich schwach sein, doch dann wird es immer lauter. Der Krieger wird ständig daran erinnert, daß er hellwach und gegenwärtig sein muß, weil er sich entschieden hat, in einer Welt zu leben, wo es für das Ausruhen im Sinne der Sonnenuntergangswelt keinen Platz gibt. Manchmal glaubt man, es müsse ungeheuer erholsam sein, in der Sonnenuntergangswelt zu leben. Da muß man nicht so hart arbeiten; man kann in den Sessel plumpsen und das Echo Echo sein lassen. Aber diese Welt ist so trostlos, und wie erfrischend ist es dann, wieder zum Echo zurückzukehren. In der Sonnenuntergangswelt gibt es nicht einmal so ein Echo.

Aus dem Echo des meditativen Gewahrseins wächst uns eine Art Gleichgewichtssinn zu, ebenfalls eine wichtige Voraussetzung, um einen festen Sitz in dieser Welt zu gewinnen. Man hat das Gefühl, fest im Sattel zu sitzen auf dem launischen Pferd unseres Geistes. Auch wenn das Pferd sich unter dir bewegt, kannst du deinen festen Sitz beibehalten. Solange du eine gute Haltung im Sattel hast, kannst du jede plötzliche Bewegung ausgleichen. Und wenn du abrutschst, weil du eine schlechte Haltung hattest, nimmst du einfach deine Haltung wieder ein, fällst aber nicht vom Pferd. Du gewinnst dein Gewahrsein zurück, *weil* du es verloren hast und es bemerkst. Das Abrutschen führt ganz von selbst zur Korrektur. Du spürst, wie du immer geschickter wirst in dieser «hohen Schule».

Das Gewahrsein des Kriegers hat nichts damit zu tun, daß er ständig irgendeine Bedrohung im Rücken spürt. Es beruht vielmehr auf der Schulung seiner Festigkeit – seines Vertrauens in das grundlegende Gutsein. Festigkeit bedeutet aber keineswegs Sturheit, sondern ist einfach das Gefühl, fest verwurzelt zu sein. Du lebst vertrauensvoll und freudig, und deshalb kann nichts dich erschrecken. Plötzliche Erregung oder übertriebene Reaktionen auf eine unerwartete Situation müssen auf dieser Ebene nicht mehr vorkommen. Du gehörst der Welt der Krieger an. Was auch geschieht – gut oder böse, richtig oder falsch –, du übertreibst es nicht. Du besinnst dich stets zurück auf deinen Sattel und deine Haltung. Nichts bringt einen Krieger aus der Fassung. Wenn jemand auf dich zukommt und sagt: «Ich werde dich jetzt töten», oder «Hier, ich schenke dir einen Koffer voll Geld», dann bringt dich das nicht aus dem Gleichgewicht. Du nimmst einfach deinen geraden Sitz im Sattel ein.

Das Prinzip des meditativen Gewahrseins gibt dir auch einen guten Sitz auf dieser Erde. Wenn du deinen Sitz auf der Erde richtig einnimmst, brauchst du keinen Zeugen, der dir deinen Wert bestätigt. In einer überlieferten Geschichte wird erzählt, wie der Buddha nach seiner Erleuchtung von jemandem gefragt wurde: «Wie können wir erkennen, daß Ihr erleuchtet seid?» Er antwortete: «Die Erde ist mein Zeuge.» Er berührte dabei die Erde mit der

Hand, eine Geste, die als die Mudrā der Erdberührung bezeichnet wird. Ebenso ist es mit deinem festen Sitz im Sattel. Du bist vollständig in der Wirklichkeit verwurzelt. Wenn jemand fragt: «Woher soll ich wissen, ob du manchmal nicht doch übertrieben reagierst?» dann kannst du einfach antworten: «Meine Haltung im Sattel spricht für sich selbst.»

Wenn du so weit bist, erfährst du, was Furchtlosigkeit wirklich bedeutet. Du bist bereit, in jeder Situation wach zu bleiben, und du spürst, daß du dein Leben ganz selbst in die Hand nehmen kannst, weil du Erfolg und Mißerfolg gleich unbeteiligt gegenüberstehst. Erfolg und Mißerfolg sind einfach deine Reise. Natürlich bist du auch in dieser grundsätzlichen Furchtlosigkeit nicht endgültig gegen Furcht gefeit. Es kann Zeiten geben, wo du von Kopf bis Fuß schlotternd in deinem Sattel sitzt. Du sitzt kaum noch auf dem Pferd, sondern levitierst praktisch vor Angst. Aber wenn du eine tiefe Verbindung zur Erde und zum grundlegenden Gutsein hast und behältst, ist auch das ein Ausdruck der Furchtlosigkeit.

10. Loslassen

> Die letzte Stufe des Loslassens besteht darin, frei von Täuschungen zu sein. Unter Täuschung verstehen wir hier nicht absichtliche Irreführung anderer, sondern in erster Linie Selbsttäuschung, Zweifel an sich selbst, der andere dann verwirrt oder irreführt.

Durch die Praxis dieser Disziplin des Kriegers machen wir Ehrgeiz und Leichtfertigkeit ein Ende und entwickeln als Folge davon einen guten Gleichgewichtssinn. Gleichgewicht erwächst nicht aus dem Festhalten an etwas, sondern aus der Freundschaft mit Himmel und Erde. Die Erde ist Schwere, das Praktische. Der Himmel ist die Vision, die Erfahrung des offenen Raums, in dem wir Kopf und Schultern aufrichten können. Gleichgewicht ist die Verbindung des Praktischen mit der Vision oder, wie wir auch sagen können, die Verbindung von Geschicklichkeit und Spontaneität.

Zuerst mußt du dir selbst vertrauen. Danach kannst du auch der erdhaften oder praktischen Seite einer Situation vertrauen, und das gibt dir die Fähigkeit, dich aufzurichten. Von diesem Punkt an ist Disziplin keine Plackerei und keine große Forderung mehr, sondern reine Freude. Beim Reiten auf einem Pferd erreicht man das Gleichgewicht nicht, indem man sich mit den Beinen festkrampft, sondern indem man mit den Bewegungen des Pferdes fließt. Jeder Schritt ist ein Tanz, und ebenso der Tanz des Reiters wie des Pferdes.

Wenn die Disziplin in Fleisch und Blut übergegangen ist,

kommt es darauf an loszulassen. Es gilt, sich *in* der Disziplin zu entspannen, um Freiheit erfahren zu können. Freiheit hat in diesem Zusammenhang natürlich nichts mit Hemmungslosigkeit oder Achtlosigkeit zu tun. Freiheit heißt: von dir selbst loslassen, damit du dein Dasein als Mensch ganz erfahren kannst. Und «Loslassen» bedeutet die vollständige Überwindung der Idee, daß Disziplin eine Strafe für irgendwelche Fehler oder Missetaten ist, die man begangen hat oder begehen möchte. Du mußt ein für allemal das Gefühl überwinden, daß mit deiner menschlichen Natur etwas grundsätzlich nicht in Ordnung ist und du deshalb Disziplin brauchst, um dein Verhalten zu korrigieren. Solange du Disziplin als etwas Äußerliches, etwas Auferlegtes empfindest, glaubst du immer noch, daß in dir etwas fehlt. Loslassen heißt also: jede Spur von Zweifel oder Zögern aufzugeben, jede Verlegenheit darüber, daß du so bist, wie du bist. Du mußt gegenüber dir selbst ganz unverkrampft sein, erst dann siehst du wirklich, daß Disziplin einfach der Ausdruck deines grundlegenden Gutseins ist. Bejahe und achte dich selbst, laß von allen Zweifeln und aller Verlegenheit los, dann wirst du dein eigenes Gutsein ganz leben können – sichtbar für andere und zu ihrem Wohl.

Um loszulassen, muß man sich zuerst in den verschiedenen Aspekten der Disziplin üben, von denen in den letzten beiden Kapiteln die Rede war. Das ist notwendig, denn sonst verwechselt man Loslassen mit Sich-Gehenlassen, etwa in der Form von Aggressivität oder Arroganz. Ohne richtige Schulung kann man dem Irrglauben verfallen, Loslassen bestehe darin, sich mit äußerster Gewalt anzutreiben, damit man sich als tapferer und furchtloser Mensch erweist. Das ist ein viel zu aggressives Vorgehen. Man kann auch anderen die eigenen «Trips» aufzwingen und sich auf ihre Kosten vergnügen, aber auch das hat nichts mit Loslassen zu tun, sondern bläht nur das Ego. Überheblichkeit dieser Art entspringt nur der eigenen Unsicherheit, und diese Unsicherheit macht uns nicht weich und empfänglich für andere, sondern läßt uns abstumpfen.

Zum Loslassen gehören Disziplin und Geschicklichkeit. Ein Rennfahrer beherrscht seinen Wagen bei weit über 200 Stundenkilometern souverän, weil er das von Grund auf gelernt hat. Er kennt die Grenzen des Motors, des Fahrwerks und der Reifen; er kennt das Gewicht des Wagens, den Straßenzustand und die Wetterbedingungen. Deshalb kann er schnell fahren, ohne daß es halsbrecherisch wird. Es wird vielmehr zu einem Tanz. Aber wenn man ohne die nötige Disziplin mit dem Loslassen herumspielt, dann wird es gefährlich. Wenn man das Skifahren lernt und nach kurzer Zeit meint, man käme jetzt ohne systematisches Training aus, kann man sich leicht die Knochen brechen. Wer also das Loslassen nur nachahmt, wird sich wahrscheinlich Schwierigkeiten einhandeln.

Vielleicht denkst du jetzt, du wirst es nie so weit bringen, daß du dich *in* deiner Disziplin entspannen kannst. Du glaubst nicht, daß du je ein wagemutiger Mensch sein wirst. Wenn du dich jedoch erst einmal grundsätzlich auf die Disziplin eingelassen hast, ist es an der Zeit, diese Zweifel aufzugeben. Will man darauf warten, daß die Disziplin makellos wird, dann kommt dieser Zeitpunkt nie – man muß loslassen. Es gibt eine Zeit, wo die Disziplin des Kriegers anfängt Freude zu machen, wo man anfängt, sie als natürlich zu empfinden – das ist die Zeit zum Loslassen, auch wenn die Disziplin immer noch unvollkommen wirkt.

Loslassen ist natürlich mehr als bloßes Entspannen. Es ist ein Entspannen, das erst durch ein Leben in Einklang mit der Welt möglich wird, und das ist ein Leben in ständiger Herausforderung. Damit ist allerdings kein Leben in endloser Krise gemeint. Nehmen wir beispielsweise an, deine Bank teilt dir mit, daß dein Konto überzogen ist; am selben Tag hörst du von deinem Vermieter, daß er dir kündigen will, weil du die Miete nicht bezahlt hast. Du telefonierst bei deinen Freunden herum und siehst zu, ob du genügend Geld zusammenpumpen kannst, um die Krise abzuwenden. Solche Versuche, sich aus Situationen herauszuwinden, die man sich aus Achtlosigkeit gegenüber den verschiedenen Anforderungen des Lebens selbst geschaffen hat, sind kein Leben in der Herausforderung, sondern ein Leben in der Krise. Für den Krieger ist jeder Augenblick die Herausforderung, ganz er selbst zu sein, und jede dieser Herausforderungen nimmt er freudig an. Wer richtig losläßt, kann sich entspannen und die Herausforderung genießen.

Die Sonnenuntergangswelt versteht unter Loslassen nur Sich-Gehenlassen: Faulenzen, sich betrinken und dann in einer Weise über die Stränge schlagen, die «bei klarem Verstand» undenkbar wäre. Für den Krieger hat Loslassen natürlich nichts mit dem Ausbruch aus den Regeln der normalen Wirklichkeit zu tun. Er geht im Gegenteil tiefer in seine Wirklichkeit hinein, denn er weiß, daß sein Leben – so, wie es ist – alle Mittel enthält, um Depressivität und Zweifel zu überwinden und wirklich froh zu sein.

In der Sonnenuntergangswelt versucht man sich dagegen nur einzureden, daß man froh ist. Wenn du morgens aufwachst und aufgestanden bist, gehst du ins Bad und schaust in den Spiegel. Das Haar ist verwühlt, du schläfst noch halb, und unter den Augen sind Ringe. In der Sonnenuntergangswelt seufzt du tief und sagst dir: «Also, dann wollen wir mal wieder.» Du hast das Gefühl, daß du dich erst einmal ordentlich ankurbeln mußt, um den Tag überhaupt überstehen zu können. Oder, um ein anderes

Beispiel zu wählen, ein Bankräuber wacht morgens auf und sagt sich: «Toll, ich habe zwei Millionen im Keller!» – aber das ist die Sonnenuntergangsversion der Fröhlichkeit.

Echte Fröhlichkeit hat nichts damit zu tun, sich künstlich aufzumöbeln oder sich auf Kosten anderer zu bereichern, sie zu überlisten, um sich selbst lebendiger zu fühlen. Menschen besitzen das grundlegende Gutsein bereits, es ist *in* ihnen und nicht «im Keller». Schau dich im Spiegel an und bejahe, was du da siehst, ohne dich darum zu bekümmern, ob es das ist, was du sehen *möchtest*. Nimm die Möglichkeiten des Gutseins an, die sich bieten, sei nachsichtig mit dir selbst – das wird dich aufmuntern. Aufstehen, ins Bad gehen, duschen, frühstücken: All das läßt sich mit einer bejahenden Haltung tun, ohne die beständige Sorge, ob es sich mit deiner Disziplin oder deinem Tagesplan verträgt. Soviel Vertrauen zu dir selbst kannst du dir erlauben, und du wirst deine Disziplin darin viel besser praktizieren können, als wenn du dir Sorgen machst und dich ständig selbst überprüfst und dich fragst, ob du auch alles richtig machst.

Du kannst dein Leben bejahen, auch wenn du in unvollkommenen Umständen lebst. Vielleicht ist deine Wohnung verwohnt und ihre Einrichtung alt und schäbig. Man muß nicht unbedingt in einem Palast leben. Überall, wo du bist, kannst du dich entspannen und loslassen, und wo du das tust, da *ist* ein Palast. Wenn du in eine Wohnung einziehst, die von den Vormietern in schlechtem Zustand hinterlassen wurde, kannst du dir die Zeit nehmen, sie in Ordnung zu bringen – und nicht weil der Schmutz dich bedrückt, sondern weil du dich gut fühlst. Nimm dir die Zeit, richtig sauberzumachen und planvoll einzuziehen, dann wird aus einer Bruchbude ein behagliches Zuhause.

Menschliche Würde hat nichts mit materiellem Reichtum zu tun. Wohlhabende Leute mögen viel Geld für ihre

Wohnungseinrichtung ausgeben, aber das ist künstlicher Luxus. Würde erwächst aus dem Gebrauch unserer eingeborenen menschlichen Fähigkeiten, also auch aus der Arbeit mit unseren bloßen Händen, aus dem, was wir hier und jetzt richtig und gut ausführen. Und das steht uns immer offen; selbst in der schlimmsten Situation können wir unserem Leben damit noch etwas Gepflegtes und Würdevolles verleihen.

Der Körper ist eine Manifestation des grundlegenden Gutseins. Er ist ein dir besonders nahes und leicht zugängliches Mittel, dieses Gutsein zum Ausdruck zu bringen. Die richtige Wertschätzung für diesen Körper ist also von größter Bedeutung. Auch wie wir diesen Körper ernähren, kleiden und in Form halten, ist wichtig. Es ist nicht nötig, täglich Waldlauf oder Klimmzüge zu machen, aber es kommt darauf an, für ihn zu sorgen. Und selbst wenn man körperlich behindert ist, muß man sich nicht als Gefangener des Körpers fühlen, sondern kann den Körper und das Leben trotzdem bejahen und achten. Unsere Würde bleibt von allen Gebrechen unberührt. Im Angesicht von Himmel und Erde steht es uns zu, uns selbst zu lieben.

Die Shambhala-Weltsicht ist weniger eine Philosophie als vielmehr die Beschreibung der Methode, sich zum Krieger zu schulen. Man lernt dabei, sich selbst besser zu behandeln, damit man dazu beitragen kann, eine erleuchtete Gesellschaft zu schaffen. Selbstachtung ist eine wichtige Voraussetzung dafür – und eine wunderbare Erfahrung. Man hat vielleicht kein Geld, um sich teure Kleider zu kaufen, aber durch ökonomische Probleme braucht man sich durchaus nicht in die Depressivität der Sonnenuntergangswelt hineinziehen zu lassen. Würde und Gutsein stehen uns unter allen Umständen offen. Auch in ausgefransten Jeans und T-Shirt kann man ein würdevoller Mensch sein. Probleme entstehen erst, wenn man sich selbst und deshalb auch seine Kleidung nicht achtet. Wenn du mißmutig zu Bett gehst und die Kleider einfach auf den Boden wirfst – dann hast du ein Problem.

Worauf es ankommt, ist dies: Wenn man in Übereinstimmung mit dem grundlegenden Gutsein lebt, gewinnt das Leben eine natürliche Würde und Kultiviertheit. Das Leben wird weit und entspannt, ohne daß man dabei nachlässig ist. Man kann tatsächlich von aller Depressivität und von der Scham, ein Mensch zu sein, loslassen und froh sein. Man braucht der Welt nicht die Schuld an allen Problemen zu geben, sondern kann sich entspannen und sie bejahen.

Die nächste Stufe des Loslassens besteht darin, die Wahrheit zu sagen. Wenn du an dir selbst oder der Vertrauenswürdigkeit der Welt zweifelst, wirst du glauben, daß du die Wahrheit manipulieren mußt, um dich selbst zu schützen. Bei einem Einstellungsgespräch könnte es beispielsweise sein, daß du deinem potentiellen Arbeitgeber nicht ganz die Wahrheit über deine Qualifikationen sagst, um den Job zu bekommen. Vom Shambhala-Standpunkt aus ist jedoch Aufrichtigkeit die beste Strategie. Die Wahrheit sagen heißt natürlich nicht, daß man sein Innerstes nach außen kehren und auch Dinge preisgeben muß, deren man sich schämt. Du hast nichts, dessen du dich schämen mußt! Diese Einsicht ist die Grundlage der Aufrichtigkeit. Mag sein, daß du nicht der größte Gelehrte, Techniker, Künstler oder Liebhaber auf der Welt bist, aber was du bist, ist echt und im Grunde gut. Wenn du das wirklich empfindest, kannst du von allem Zögern und aller Verlegenheit loslassen und ohne dich selbst besser oder schlechter zu machen die Wahrheit sagen.

Jetzt erst versteht man, wie wichtig offene Kommunikation mit anderen ist. Wenn du anderen die Wahrheit sagst, können sie auch dir gegenüber offen sein – vielleicht nicht sofort, aber immerhin gibst du ihnen die Möglichkeit, sich ehrlich zu äußern. Wenn du nicht sagst, was du empfindest, verwirrst du dich selbst und andere. Wenn wir der Wahrheit ausweichen, machen wir den eigentlichen Zweck der Sprache – die Kommunikation – zunichte.

Die Wahrheit sagen, hat auch etwas mit Sanftheit zu tun. Ein Shambhala-Mensch spricht sanft und leise, er braucht nicht zu bellen. Sanftes Sprechen ist ebenso ein Ausdruck der Würde wie gute Kopf- und Schulterhaltung. Kaum vorstellbar, daß ein Mensch mit guter Kopf- und Schulterhaltung anfängt zu bellen. Wenn man sich anderen verständlich machen möchte, braucht man nicht auf den Tisch zu schlagen und zu brüllen. Wenn du die Wahrheit sagst, kannst du sanft sprechen, und deine Worte haben trotzdem Kraft.

Die letzte Stufe des Loslassens besteht darin, frei von Täuschungen zu sein. Unter Täuschung verstehen wir hier nicht absichtliche Irreführung anderer, sondern in erster Linie Selbsttäuschung, Zweifel an sich selbst, der andere dann verwirrt oder irreführt. Wenn man jemanden um Rat für irgendeine Entscheidung bittet, dann muß die Frage eine wirkliche Bitte um Hilfe sein und darf nicht einem bloßen Mangel an Selbstvertrauen entspringen, denn sonst täuscht man den anderen. Frei von Täuschung kann man nur sein, wenn man sich selbst gegenüber aufrichtig ist. Wenn man Vertrauen in das eigene Sein besitzt, dann ist die Kommunikation mit anderen Menschen echt und vertrauenswürdig.

Selbsttäuschung entsteht oft daraus, daß man der eigenen Intelligenz nicht traut und befürchtet, daß man mit dem Leben nicht zurechtkommt. Man ist unfähig, die eigene eingeborene Weisheit zu sehen. Weisheit, das ist etwas ganz Großes *da draußen*. Diese Haltung muß überwunden werden. Es gibt nur einen Bezugspunkt, auf den wir uns verlassen können und der uns vor Täuschungen bewahrt, nämlich das Wissen, daß das grundlegende Gutsein schon in uns *ist*. Dieses Wissen kann man durch die Praxis der Meditation als Gewißheit erfahren. In der Meditation können wir einen Geisteszustand erfahren, der ohne Hintergedanken und frei von Angst und Zweifeln ist. Dieser Geisteszustand wird durch das Auf und Ab der Gedanken und Emotionen nicht erschüttert. Anfangs erhascht man nur flüchtige Blicke auf diesen Zustand, man sieht einen Funken un-bedingten, grundlegenden Gutseins. Dadurch fühlt man sich noch nicht vollkommen frei oder durch und durch gut, aber man erkennt, daß Wachheit und Gutsein *schon da sind*. Jetzt kann man von Zweifeln und Zaghaftigkeit loslassen und ohne Täuschung leben. Es gibt etwas Aufrichtendes in unserem Leben, das einfach existiert, ohne daß wir es erst schaffen müssen. Das Loslassen bringt uns mit dieser aufrichtenden Energie in Kontakt, die uns erlaubt, Disziplin und Freude ganz zu verschmelzen, so daß unsere Disziplin mühelos und herrlich wird.

Jeder hat diesen Windstoß der Kraft schon einmal erlebt. Sportler erleben zum Beispiel im Wettkampf diese plötzliche Entfesselung der Energie. Oder denken wir an den Sturm der ersten Verliebtheit. Manchmal empfinden wir die Energie auch eher als eine kühle Brise der Freude. Das ist, wie wenn man überhitzt und schwitzend unter die Dusche geht; man fühlt sich dann köstlich erfrischt und wie mit neuer Energie geladen.

Normalerweise nehmen wir an, daß dieser Energiestoß von außen kommt und irgendwie situationsbedingt ist. Sportler können geradezu süchtig nach ihrem Sport werden, weil sie nur hier diesen plötzlichen Kraftstrom empfinden. Manche Menschen sind süchtig danach, sich immer wieder zu verlieben, weil sie sich dabei so ungeheuer gut, so lebendig fühlen. Durch das Loslassen entdecken wir dagegen eine Quelle voraussetzungslos existierender Energie, die immer zugänglich ist, ganz unabhängig von den Umständen. Diese Energie kommt nirgendwoher und ist doch immer da. Es ist die Energie des grundlegenden Gutseins.

Diese aus sich selbst existierende Energie wird in der Shambhala-Tradition *Windpferd* genannt. Der Wind-Aspekt besagt, daß die Energie des grundlegenden Gutseins stark, im Überfluß vorhanden und strahlend ist. Zugleich kann man das grundlegende Gutsein aber auch reiten, und dieser Aspekt wird mit Pferd bezeichnet. Wer der Disziplin der Kriegerschaft, vor allem der Disziplin des Loslassens folgt, der kann den Wind des Gutseins ins Zaumzeug nehmen. In gewissem Sinn läßt sich das Windpferd nie ganz zähmen – grundlegendes Gutsein wird nie zu persönlichem Besitz. Man kann seine Energie jedoch wachrufen und für sich selbst und andere dieses Gutsein schaffen – und nicht nur auf irgendeiner philosophischen Ebene, sondern im konkreten, physischen Leben, hier und jetzt und rückhaltlos. Wenn du mit der Energie von Windpferd in Berührung gekommen bist, kannst du ganz zwanglos von der Sorge um deinen eigenen Geisteszustand loslassen und an andere denken. Du spürst ein Verlangen, deine Entdeckung des Gutseins mit anderen zu teilen, mit deinen Brüdern und Schwestern, mit Vater und Mutter, mit allen Freunden, deren Leben die Botschaft des grundlegenden Gutseins ebenfalls bereichern würde. Die Bereitschaft, die Kraft des grundlegenden Gutseins in sich selbst anzunehmen und diesen Geisteszustand dann furchtlos gegenüber anderen darzustellen – das ist die Entdeckung von Windpferd.

Die Erfahrung dieser Erhabenheit der Welt ist etwas sehr Freudvolles, aber sie bringt auch Traurigkeit mit sich. Das ist wie Verliebtheit. Mit dem oder der Geliebten zusammenzusein, ist ebenso köstlich wie schmerzhaft. Freude und Schmerz mischen sich in diesem Zustand. Aber das stellt kein Problem dar, sondern ist vielmehr ein emotionaler Idealzustand. Ein Krieger, der mit Windpferd lebt, empfindet das Glück und das Leid der Liebe in allem, was er tut. Er empfindet heiß und kalt, süß und sauer zugleich. In guten und schlechten Zeiten, in Erfolg und Mißerfolg empfindet er Traurigkeit und Freude zugleich.

So fängt er an zu verstehen, was bedingungsloses Vertrauen ist. Das tibetische Wort für Vertrauen ist *Ziji*. *Zi* bedeutet «Glanz», und *ji* bedeutet «Herrlichkeit» oder «Würde», in manchen Zusammenhängen auch «monolithisch». *Ziji* bringt also eine strahlende Freude zum Ausdruck, bei der die Würde gewahrt bleibt.

Vertrauen wird manchmal so verstanden, daß man in einer Situation, die keine Alternative mehr läßt, alle Reserven an Information, Kraft und Gedächtnis mobilisiert, die Zähne zusammenbeißt, zum Angriff übergeht und sich einhämmert, daß man es schon schaffen wird. So handeln Amateurkrieger. Der Shambhala-Krieger vertraut nicht *auf* etwas, sondern verharrt in einem Zustand grundsätzlichen Vertrauens, frei von Konkurrenz- oder Überlegenheitsdenken. Das ist ein voraussetzungsloser Zustand, ein unerschütterlicher Geisteszustand, der keinen Bezugspunkt braucht. Darin ist kein Platz für Zweifel, nicht einmal für den Gedanken an Zweifel. Diese Art von Vertrauen enthält Sanftheit, weil Furcht sich gar nicht erst einstellt, sowie Standhaftigkeit, weil man sich stets selbst zu helfen weiß; und es ist voller Freude, weil Vertrauen in das Herz den Sinn für Humor stets wachhält. Dieses Vertrauen kann dem Leben eines Menschen Adel, Kultiviertheit und Fülle verleihen. Darüber wollen wir im zweiten Teil dieses Buchs sprechen.

Zweiter Teil:
Die heilige Welt des Kriegers

Dieser Geist voller Furchtsamkeit
Sollte in die Wiege der liebevollen Güte gelegt
Und mit der unergründlichen und leuchtenden Milch ewiger Zweifelsfreiheit gesäugt werden.
Im kühlen Schatten der Furchtlosigkeit
Fächle ihm Luft zu mit dem Fächer von Freude und Glück.
Wenn er älter wird,
Führ ihn auf den Spielplatz, der aus sich selbst besteht,
Indem du ihm die unterschiedlichsten Phänomene vor Augen führst.
Wenn er noch älter wird,
Führe ihn, um das ursprüngliche Vertrauen zu fördern,
In die Bogenschützen-Schlachtreihe der Krieger ein.
Wird er noch älter,
So laß ihn, um sein ursprüngliches Selbst-Wesen zu erwecken,
Die Gesellschaft der Menschen sehen,
Die Schönheit und Würde besitzt.
Dann kann der furchtsame Geist
Sich zum Geist des Kriegers wandeln,
Und dieses ewig jugendliche Vertrauen

Kann sich ohne Anfang und Ende in den Raum weiten.
An diesem Punkt sieht er die Große Östliche Sonne.

11. Jetztheit

Wir müssen eine Verbindung suchen zwischen dem Überlieferten und unserer gegenwärtigen Lebenserfahrung. Diese Verbindung ist das, was wir hier als Jetztheit oder Magie des gegenwärtigen Augenblicks bezeichnen.

In dem Augenblick, wo ein Mensch geboren wird und mit seinem ersten Schrei frei vom Schoß der Mutter zu atmen beginnt, ist er ein eigenständiges Individuum. Natürlich verbindet uns dann immer noch eine seelische «Nabelschnur» mit den Eltern, doch wenn wir älter werden und heranwachsen, nimmt diese Abhängigkeit von Jahr zu Jahr ab. Man wird zu einem Individuum, das losgelöst von seinen Eltern existieren kann.

Auf der Reise durch das Leben müssen wir uns von der neurotischen Verhaftung, irgend jemandes Kind sein zu wollen, befreien. Mit dem Prinzip der Kriegerschaft haben wir dargestellt, wie ein Individuum persönliche Disziplin ausbilden kann und dadurch reif und unabhängig wird und persönliche Freiheit erfährt. Wenn das erreicht ist, wird es ebenso wichtig, die Gemeinschaft der Menschen zu suchen. Das ist ein ganz natürlicher Zug im Leben eines Kriegers, gegründet auf eine umfassendere Schau der Welt. Während man zu einem Krieger wird, empfindet man eine immer tiefere Verbundenheit mit allen Menschen. Das ist der feste Grund, von dem aus man anderen helfen und einen wirklichen Beitrag zur Entwicklung der Gesellschaft leisten kann.

Unsere Verbindung zu anderen Menschen und unsere Sorge um ihr Wohlergehen muß jedoch persönlichen und praktischen Ausdruck finden, darf also nicht bloße Theorie bleiben. Der direkteste Ansatz für die Gemeinsamkeit mit anderen und die Arbeit für ihr Wohlergehen ist uns durch unsere eigene häusliche Situation gegeben. Um ein Krieger zu werden, kann es von großer Bedeutung sein, sich in ein Familienleben einzufügen und sich dieser Aufgabe voller Achtung und Hingabe zu widmen, um das Bestmögliche daraus zu machen.

Mit der bloßen Vision der möglichen Entwicklung der Welt kann man der Gesellschaft noch nicht helfen. Es gibt so viele Theorien, wie die Gesellschaft organisiert sein müsse, damit für die Bedürfnisse der Menschen gesorgt sei. Es gibt die Idee der demokratischen Regierung, der Herrschaft des Volks. Dann existiert auch die Theorie, daß die Herrschaft einer Elite eine progressive Gesellschaft herbeiführen wird. Schließlich wäre noch der wissenschaftliche Ansatz zu nennen, der eine gleichmäßige Verteilung der Rohstoffreserven und ein globales ökologisches Gleichgewicht anstrebt. Solche Ideen haben gewiß ihren Wert, aber sie können nicht losgelöst von der Erfahrung des einzelnen in seinem unmittelbaren Lebensraum existieren, sondern müssen damit verknüpft werden. Andernfalls entsteht eine riesige Kluft zwischen einer großartigen Vision und der Realität des täglichen Lebens.

Eine typische Situation: Ein Mann und eine Frau begegnen sich, sie verlieben sich ineinander und heiraten; sie richten sich eine Wohnung ein, und dann bekommen sie vielleicht Kinder. Sie müssen sich darum kümmern, daß der Staubsauger funktioniert, und müssen sich fragen, ob sie sich einen neuen Herd leisten können. Die Kinder wachsen auf, gehen zur Schule und lernen lesen und schreiben. Vielleicht haben die Kinder eine gute Beziehung zu ihren Eltern, aber das Geld ist knapp. Oder Geld ist reichlich vorhanden, und dafür hapert es mit den Beziehungen in der Familie. Zwischen solchen Problemen haben wir uns zu bewegen und zurechtzufinden. Wir müssen dem Leben auch auf dieser scheinbar banalen Ebene Achtung entgegenbringen, denn wenn wir unsere Vision auf gesellschaftlicher Ebene verwirklichen wollen, müssen wir sie erst einmal in den alltäglichen Situationen des Familienlebens bewähren.

Selbst eine Familie zu gründen, vermittelt auch Stolz auf die Weisheit der Familientradition. Achtung gegenüber der eigenen Herkunft muß keineswegs bedeuten, daß man sich auf seine Ahnen etwas einbildet und auf andere Menschen herunterschaut. Sie hängt vielmehr mit der Erkenntnis zusammen, daß sich in Struktur und Erfahrung des Familienlebens die tiefere Weisheit einer Kultur widerspiegelt. Diese Weisheit ist unser Erbe, und sie ist im alltäglichen häuslichen Leben gegenwärtig. Die Wertschätzung für unsere Familientradition öffnet uns für den Reichtum der Welt.

Ich erinnere mich noch sehr deutlich an die Erfahrungen, die mit der Entdeckung meiner eigenen Herkunft verbunden waren. Ich bin in einem Kuhstall in Osttibet geboren, wo die Menschen noch nie einen Baum gesehen haben. Die Menschen dieser Gegend leben in baum- und buschlosem Weideland. Sie leben das ganze Jahr von Fleisch und Milchprodukten. Ich wurde als Sohn dieser kargen Erde, als Sohn einfacher Landleute geboren. Schon sehr früh wurde ich als Tulku, als inkarnierter Lama, erkannt und in die Surmang-Klöster gebracht, wo ich meine Schulung durchlief und ein Mönch wurde. So wurde ich also schon bald nach meiner Geburt aus dem Familienkreis entfernt und in die klösterliche Umgebung verpflanzt. Dort wurde ich stets bei meinem religiösen Namen genannt, Trungpa

Rinpoche. Dennoch habe ich meine Herkunft nie vergessen.

Meine Mutter begleitete mich ins Kloster und blieb mehrere Jahre bei mir, bis ich alt genug für die formale Schulung war. Einmal, ich mag vier oder fünf Jahre alt gewesen sein, fragte ich meine Mutter: «Mutter, wie ist unser Name?» Sie war recht verlegen. Sie sagte: «Was meinst du mit *unser*? Du weißt doch, daß du Trungpa Rinpoche heißt.» Aber ich wollte es unbedingt wissen und fragte weiter: «Wie ist unser Name? Unser Familienname? Wo kommen wir her?» Und sie sagte: «Ach, denk nicht daran. Es ist ein sehr einfacher Name, und vielleicht wirst du dich seiner schämen.» Doch ich beharrte darauf: «Wie ist unser Familienname? Wie heißen wir?»

Dabei spielte ich mit eingelegten Rettichen, die an die Pferde verfüttert werden. Ich hatte sie auf dem Boden vor der Küchentür aufgelesen. Ein Tulku soll so etwas eigentlich nicht essen, aber ich nagte an einem und fragte immer wieder: «Mutter, wie ist unser Name, unser Familienname?» Ich nahm mir den zweiten Rettich vor, und der war ziemlich schmutzig, und meine Mutter war sehr besorgt und schämte sich. Aber es berührte sie auch sehr, daß ich gefragt hatte. Wir empfanden beide für einen Augenblick eine tiefe Beziehung zwischen uns.

Es war ein sonniger Tag, ein Strahl fiel durch ein Fenster in der Decke auf ihr Gesicht. Sie sah alt und jung zugleich aus. Ich fragte immer weiter, und schließlich sagte sie: «Mukpo. Mukpo natürlich. Aber beiß nicht in diesen Salzrettich, der ist für die Pferde.» Nun, ich habe ihn doch angebissen. Ich erinnere mich noch, wie ich ihn kaute. Er war sehr knackig und schmeckte mir vorzüglich, etwa wie japanische Tsukemono. Ich sah meine Mutter an und fragte: «Heißt das, daß ich auch Mukpo bin?» Sie wurde unsicher und sagte: «Na, du bist Rinpoche!» Sehr klar ist mir noch meine nächste Frage gegenwärtig. Ich fragte sie, ob ich ihr Sohn und aus ihrem Körper gekommen sei. Zuerst sagte sie: «Ja», aber dann verbesserte sie: «Nun, vielleicht bin ich gar kein richtiger Mensch, sondern etwas Geringeres. Ich habe den Körper einer Frau und bin von niederer Abstammung. Geh jetzt bitte auf dein Zimmer.» Sie nahm mich auf den Arm und trug mich vom Küchenanbau zu meinem Zimmer. Aber ich habe den Namen Mukpo als meinen Familiennamen behalten, als meine Identität und meinen Stolz.

Meine Mutter war eine sanfte und gütige Frau. Ich kann mich nicht erinnern, sie je aggressiv erlebt zu haben, und anderen gegenüber war sie stets gefällig und freundlich. Die Weisheit meiner Mutter hat mich viel über die Prinzipien der menschlichen Gesellschaft gelehrt.

Heutzutage ist die Familie nicht mehr der Brennpunkt der Gesellschaft. Früher war die zentrale Stellung der Familie zum Teil auch eine Frage des Überlebens. Bevor es Krankenhäuser und Ärzte gab, war eine Frau bei der Geburt ihrer Kinder und für ihre Erziehung auf die Hilfe ihrer Mutter angewiesen. Heute gibt es keinen Verwendungszweck mehr für Erfahrung und Wissen der Großeltern, sie haben ihre natürliche Rolle verloren und werden nicht mehr gebraucht. Sie enden in Altersheimen und Pensionärswohngebieten; dann und wann kommen sie, um ihre Enkel zu besuchen und zuzuschauen, wie nett sie spielen.

In manchen Kulturen errichteten die Menschen Schreine zur Verehrung der Ahnen. In einigen Gesellschaften wie zum Beispiel der modernen japanischen ist die Ahnenverehrung heute noch eine starke Tradition. Mancher mag denken, daß solche Praktiken nur von primitivem Denken und Aberglauben zeugen, aber die Verehrung unserer Vorfahren kann tatsächlich ein Zeichen der Achtung vor der im Laufe vieler Jahrhunderte angesammelten Weisheit unserer Kultur sein. Ich setze mich nicht dafür ein, den Ahnenkult zu erneuern, aber wir sollten würdigen, daß Menschen seit Jahrtausenden nach Weisheit streben und vieles erreicht haben: Sie haben sich Werkzeuge gemacht und Pfeil und Bogen ersonnen; sie haben gelernt, Bäume zu fällen, ihre Nahrung über dem Feuer zuzubereiten und zu würzen.

Die Methoden des Hausbaus haben eine jahrtausendelange Entwicklungsgeschichte hinter sich. Zuerst lebten die Menschen in Höhlen, dann fanden sie heraus, wie man einfache Unterkünfte selbst bauen kann. Dann lernten sie, größere Gebäude mit Stützbalken und Pfeilern zu bauen, und ersannen schließlich selbsttragende Decken und Gewölbe, eine bemerkenswerte Entdeckung. Solches Wissen, das durchaus keiner Sonnenuntergangs-Haltung entsprang, verdient unseren Respekt. Viele Menschen müssen unter einstürzenden Gewölben zu Tode gekommen sein, bis die Konstruktionsprinzipien ganz durchschaut waren. Menschen opferten ihr Leben, bis endlich praktikable Baumethoden gefunden waren. Man mag dafürhalten, das seien Nebensächlichkeiten, und in gewisser Weise stimmt das auch; andererseits ist jedoch gerade die mangelnde Wertschätzung für den Erfindungsreichtum und den Erfahrungsschatz der Menschheit – die Ausdruck des grundlegenden Gutseins sind – heute zu einem der größten Probleme in der Welt geworden.

Bloße Verehrung der Vergangenheit bringt uns allerdings der Lösung unserer heutigen Probleme noch nicht näher. Wir müssen vielmehr eine Verbindung suchen zwischen dem Überlieferten und unserer gegenwärtigen Lebenserfahrung. Diese Verbindung ist das, was wir hier als *Jetztheit* oder Magie des gegenwärtigen Augenblicks bezeichnen. Wenn du ein Gemälde betrachtest, ein Musikstück anhörst oder Zugang zu einem Werk der Literatur suchst, so kann das – ganz gleich, wann das Werk geschaffen wurde – nur *jetzt* geschehen. Du erfährst dieselbe Jetztheit, in der das Werk geschaffen wurde. Es ist immer *jetzt.*

Leben in der Jetztheit ist das Leben in der Erfahrung, daß stets dieser gegenwärtige Augenblick, dieser Punkt in deinem Leben, *die* Gelegenheit ist. Es kommt also darauf an, dir klarzumachen, wo du bist und was du bist – hier und jetzt. Genau aus diesem Grund ist das Familienleben, der häusliche Alltag, so wichtig. Du solltest dein Zuhause als heilig betrachten, als die goldene Gelegenheit, Jetztheit zu erfahren. Und die Erfahrung dieser Heiligkeit fängt damit an, sich ganz einfach für alle Einzelheiten des Lebens zu interessieren. Interesse heißt hier: allem mit Gewahrsein oder Wachheit begegnen – Gewahrsein beim Kochen, Gewahrsein beim Autofahren, Gewahrsein beim Windelnwechseln, Gewahrsein sogar im Streit. Dieses Gewahrsein befreit uns von Hast, Chaos, Neurosen und Ressentiments aller Art. Es räumt die Hindernisse weg, die der Jetztheit im Wege stehen, und in dieser Jetztheit können wir jederzeit und überall zu heiterer Zuversicht zurückfinden.

Das Prinzip der Jetztheit ist auch für das Streben nach einer erleuchteten Gesellschaft sehr wichtig. Wer der Gesellschaft helfen möchte, wird sich fragen, wie man das wohl am besten macht und woher man die Sicherheit nehmen soll, daß das, was man tut, aufrichtig und gut ist. Die einzige Antwort ist Jetztheit. *Jetzt,* das ist der einzig wichtige Gesichtspunkt. Wenn du unfähig bist, das Jetzt zu erfahren, bist du mit jeder Unternehmung von vornherein auf dem Holzweg, weil du nach einem *anderen* Jetzt Ausschau hältst, und das ist nicht nur logisch ein Widerspruch, sondern funktioniert einfach nicht. Solange du das versuchst, gibt es nur Vergangenheit und Zukunft.

Kulturen gehen nieder, wenn sie nicht mehr im Jetzt

bleiben, sondern Vergangenheit und Zukunft werden. Große Epochen der Kunst und des Denkens oder des Friedens waren stets jetzt. In solchen Zeiten geschah alles im Augenblick seines Jetzt. Dann aber verloren diese Epochen und Kulturen ihr Jetzt.

Es kommt also darauf an, die Jetztheit zu erhalten, um diese Art von Verfall nicht zu wiederholen, um selbst nicht *jetzt* in den Verfall abzurutschen, um zu verhindern, daß das Jetzt durch trügerische Synonyme ersetzt wird. Die Vision einer erleuchteten Gesellschaft geht davon aus, daß Tradition, Kultur, Weisheit und Würde von jedem einzelnen jetzt erfahren und jetzt fortgeführt werden können. So kann es niemals zum Verfall kommen.

Die erleuchtete Gesellschaft braucht ein gutes Fundament. Die Jetztheit unserer häuslichen Situation ist dieses Fundament. Von dort gehen wir aus. Betrachten wir unser Zuhause als heilig, so können wir uns mit Gewahrsein und Freude darauf einlassen, anstatt das Gefühl zu bekommen, daß wir uns in ein Chaos verstricken. Geschirrspülen und Essenkochen mögen uns als sehr banale Tätigkeiten erscheinen, doch wenn wir Gewahrsein hineinbringen, schulen wir unser ganzes Sein und werden dadurch fähig, uns weiter zu öffnen anstatt uns immer mehr einzugrenzen.

Manch einer empfindet, daß er zwar einen guten Blick für die Gesellschaft hat, sein persönliches Leben aber ein aufreibender Dauerstreß ist – Geldprobleme, Partnerprobleme, Familienprobleme – und daß diese beiden Dinge, die große Vision und das Alltagsleben, einander widersprechen. Sie lassen sich jedoch in der Jetztheit miteinander verschmelzen.

Um die Probleme der Welt zu überwinden, muß man mit dieser wirklichen Erde in Berührung kommen und nicht, wie viele glauben, die Welt unterwerfen. Die Welt zu unterwerfen, um damit ihre Wirklichkeit abzuwehren, das ist die Methode der Sonnenuntergangs-Mentalität. Wir haben so viele Deodorant-Sprays, um die wirkliche Welt nicht riechen zu müssen, so viele Konserven, um die wirklichen Zutaten unserer Nahrung nicht schmecken zu müssen. Die Shambhala-Vision ist nicht der Versuch, eine Phantasiewelt zu schaffen, in der niemand mehr Blut sehen oder Alpträume ertragen muß. Auf dieser wirklichen Erde zu leben, der Erde, die Früchte wachsen läßt und die Voraussetzungen für unser Dasein schafft – das ist Shambhala-Weltsicht. Man kann lernen, auf dieser Erde und mit ihr zu leben, indem man beispielsweise lernt, ein Zelt zu bauen, ein Pferd zu reiten, eine Kuh zu melken, ein Feuer zu entfachen. Auch wenn du mitten in einer Großstadt lebst, kannst du lernen, die Heiligkeit, die Jetztheit des Wirklichen zu erfahren. Nur auf dieser Basis läßt sich eine erleuchtete Gesellschaft bauen.

12. Die Entdeckung des Magischen

Jede Wahrnehmung kann uns mit der Wirklichkeit in Verbindung bringen. Was wir sehen, muß nicht etwas sonderlich «Schönes» sein; wir können vielmehr alles wertschätzen, was es gibt. Etwas Magisches, Lebendiges ist in allem. In allem ist lebendige Wirklichkeit.

In der Gesellschaft des 20. Jahrhunderts ist die Fähigkeit, das Einfache zu würdigen, fast verlorengegangen. Von London bis Tokio bemüht man sich allenthalben, Geschwindigkeit in Vergnügen und Behagen umzumünzen. Die Welt ist so weit mechanisiert, daß man nicht einmal mehr selbst zu denken braucht. Man drückt ein paar Knöpfe, und der Computer wirft die Antworten aus. Auch Kopfrechnen ist überflüssig geworden, der Minirechner macht es schneller und genauer. Lässigkeit ist die Devise einer Gesellschaft, die nur noch in Begriffen der Effizienz denkt und für die Achtung und Würdigung der Dinge keinen Platz mehr hat. Wozu eine Krawatte tragen, wenn der Zweck der Kleidung nur darin besteht, den Körper zu bedecken? Wozu sich um gute, frische Lebensmittel bemühen, wenn der Zweck des Essens nur darin besteht, den Magen zu füllen und den Körper mit «Nährstoffen» zu versorgen?

Aber die Wirklichkeit der Welt ist mehr, als dieser Lebensstil des 20. Jahrhunderts glauben machen möchte. Das Vergnügen ist billig und banal geworden, von Freude reden wir lieber gar nicht mehr, und das Glück kommt aus dem Computer. Kriegerschaft besteht darin, die Verbindung zur Jetztheit des Wirklichen wiederaufzunehmen, so daß man vorangehen kann, ohne die Einfachheit, ohne die Beziehung zu dieser Erde zu zerstören. Im vorigen Kapitel sprachen wir über die Bedeutung der Jetztheit als Bindeglied zwischen der Weisheit der Vergangenheit und den Herausforderungen der Gegenwart. Jetzt wollen wir erörtern, was der Grund der Jetztheit ist und wie man ihn entdecken kann. Um die Jetztheit wiederzuentdecken, muß man zurückschauen, zurück auf seine eigene Herkunft, auf das eigene ursprüngliche Sein. Damit ist jedoch kein Zurückschauen in der Zeit gemeint, sondern ein Zurückschauen in den eigenen Geist, in jenen Zustand vor der Geschichte, vor dem Denken. Wer den Kontakt zu diesem Urgrund herstellt, wird nie wieder durch die Illusion von Vergangenheit und Zukunft in Verwirrung gestürzt. Er wird fähig, beständig in der Jetztheit zu verweilen.

Mit dem Ausdruck «ursprüngliches Sein» bezeichnen wir hier etwas Un-bedingtes oder durch nichts Verursachtes. Etwas Ursprüngliches ist niemals eine Reaktion auf irgend etwas anderes. Alles Bedingte entspringt dem Unbedingten. Alles Geschaffene entspringt dem Ungeschaffenen. Wenn etwas bedingt ist, dann wurde es geschaffen oder geformt. Wir «formulieren» unsere Ideen oder sprechen davon, daß Wolken «Formationen» bilden. Das Unbedingte ist dagegen nicht geformt, nicht geschaffen. Wir vergleichen es mit einem kosmischen Spiegel, weil es alles reflektiert, Grobes und Feines, und selbst unverändert bleibt. Dieser Bezugsrahmen des kosmischen Spiegels ist allumspannend und völlig unvoreingenommen: Da ist weder Gegnerschaft noch Fürsorge, weder Hoffnung noch Furcht.

Um zurückzuschauen und wieder in den Seinszustand des kosmischen Spiegels einzutreten, brauchen wir uns nur zu entspannen. Entspannung hat hier natürlich nicht, wie in der Sonnenuntergangswelt, mit Herumhängen oder Freizeit oder Amüsement zu tun. Wir meinen mit diesem Ausdruck Entspannung des Geistes, Loslassen von den Ängsten, Vorstellungen und Depressionen, die uns normalerweise in Atem halten. Die Praxis der Meditation ist das Mittel, den Geist zu entspannen oder in der Jetztheit ruhen zu lassen. Im ersten Teil des Buchs haben wir dargestellt, was die Praxis der Meditation mit dem Verzicht auf Kleinmütigkeit und Privatsphäre zu tun hat. In der Meditation bist du weder «für» noch «gegen» deine Erfahrung. Du lobst weder diesen Gedanken, noch verdammst du jenen, sondern nimmst eine unvoreingenommene, neutrale Haltung ein. Du läßt die Dinge ohne jedes Urteil sein, wie sie sind, und lernst auf diese Weise, selbst einfach nur zu *sein*, deinem Dasein direkt und jenseits aller Begriffe Ausdruck zu geben. Das ist der Entspannungszustand, in dem man die Jetztheit des kosmischen Spiegels erfahren kann. Vielmehr: Dieser Zustand *ist* schon die Erfahrung des kosmischen Spiegels.

Wenn du in der Lage bist, dich zu entspannen – dich für eine Wolke öffnen, die du siehst, einen Regentropfen in seiner ganzen Wirklichkeit erfahren –, so kannst du die Unbedingtheit der Wirklichkeit direkt sehen: Sie ist in den Dingen, so wie sie sind, ganz einfach. Wenn du die Dinge anschauen kannst, ohne zu sagen: «Dies ist für mich, das ist gegen mich», oder «Hiermit stimme ich überein, damit nicht», dann erfährst du den Seinszustand des kosmischen Spiegels, die Weisheit des kosmischen Spiegels. Ob du eine Fliege vorbeisummen oder eine Schneeflocke fallen siehst, ob es Wellen im Wasser sind oder eine schwarze Spinne – all das nimmst du einfach wahr, in vollkommener Aufnahmebereitschaft, ohne «Ja» und «Nein».

Ein ungeheures Feld der Wahrnehmung entfaltet sich:

Klänge, Anblicke, Gerüche, Empfindungen in unerschöpflicher Fülle. Das Reich der Wahrnehmung ist grenzenlos, die Wahrnehmung selbst ursprünglich, unbedingt, unausdenklich. Es gibt Klänge, die du nie gehört, Farben und Dinge, die du nie gesehen, Gefühle, die du nie empfunden hast. Wir verstehen unter Wahrnehmung hier jedoch nicht nur ihren Inhalt, sondern den ganzen Akt des Wahrnehmens – die Interaktion zwischen dem Bewußtsein, den Sinnesorganen und den Gegenständen der Wahrnehmung. In manchen religiösen Traditionen gelten Sinneswahrnehmungen als problematisch, weil sie weltliche Begierden wecken. In der Shambhala-Tradition, die an keine Religion gebunden ist, werden Sinneswahrnehmungen dagegen als heilig erachtet, als von Grund auf gut. Sie sind eine natürliche Anlage und Gabe des Menschen. Sie sind eine Quelle der Weisheit, denn ohne sie, ohne Sehen, Hören, Schmecken und so weiter, gibt es keine Kommunikation mit der Welt der Phänomene. Die Wahrnehmung in ihrem ungeheuren Reichtum gibt uns die Möglichkeit, die Welt in ihrer ganzen Tiefe, die «Große Welt» zu erfahren.

Die Sinneswahrnehmung eröffnet uns mit anderen Worten die Möglichkeit einer tieferen Wahrnehmung. Es gibt Wahrnehmungsbereiche einer höheren Ordnung von Klang, Empfindung und so weiter, die jedoch nur durch meditative Praxis erfahrbar werden. Durch diese Praxis klärt sich alles Wirre und Verschwommene, die Wahrnehmung nimmt eine nie gekannte Präzision, Schärfe und Tiefe an – die Jetztheit der Welt tritt hervor. Man erfährt die Präzision des Atems, der ein- und ausströmt. Man fühlt den Atem, und er ist so gut. Man atmet aus, der Atem verströmt – so scharf, so gut, so unglaublich anders, daß die gewohnten Verhaftungen an Vorstellungen und Phänomene ganz in den Hintergrund treten. Die Praxis der Meditation fördert, wenn dieses Wort erlaubt ist, das

Übernatürliche zutage. Wir bekommen dadurch keine spiritistischen oder telepathischen Fähigkeiten, und doch wird unsere Wahrnehmung über-natürlich, super-natürlich, einfach höchst natürlich.

Normalerweise schränken wir den Sinn der Wahrnehmung ein: etwas Eßbares erinnert uns ans Essen; bei Schmutz denken wir ans Saubermachen; Schnee ruft sofort die Vorstellung wach, daß wir den Wagen freilegen müssen, um zur Arbeit fahren zu können; ein Gesicht erinnert uns an unsere Liebe oder unseren Haß. Was immer wir sehen, pressen wir sofort in eine vertraute Schablone. Zu jedem Ding haben wir eine ein für allemal festgelegte Interpretation und verbannen damit die Möglichkeiten tieferer Wahrnehmung aus unserem Herzen. Es ist aber möglich, persönliche Interpretationen zu überwinden und die Weite der Welt durch das Medium der Wahrnehmung in unser Herz zu lassen. Wir haben stets die Wahl, unsere Wahrnehmung einzuschränken und die Weite auszuschließen oder uns von ihr berühren zu lassen.

Wenn wir die ganze Kraft und Tiefe dieser Weite in einer einzigen Wahrnehmung sammeln, so entdecken und beschwören wir das Magische. Wir sprechen hier allerdings nicht von magischer Macht über die Welt der Phänomene, sondern von der Entdeckung der ursprünglichen, unbedingten Weisheit der Welt, wie sie ist. Die Weisheit, die wir hier entdecken, ist eine Weisheit ohne Anfang, die Weisheit des kosmischen Spiegels. Im Tibetischen wird diese magische Qualität oder natürliche Weisheit *Drala* genannt. *Dra* bedeutet «Feind» oder «Gegner», und *la* bedeutet «oberhalb» oder «über». Drala bedeutet also wörtlich «über dem Feind». Drala ist die unbedingte Weisheit und Macht der Welt, die jenseits aller Dualismen ist; Drala steht über jedem Feind oder Konflikt. Es ist die ungeschaffene Weisheit und Macht des kosmischen Spiegels, die in uns Menschen und in der Wahrnehmungswelt widerscheinen.

Eine der wichtigsten Voraussetzungen für die Entdeckung von Drala ist die Erkenntnis, daß unsere eigene Weisheit nicht verschieden ist von der Weisheit und Macht der Welt. Beide sind Abbild der unbedingten Weisheit des kosmischen Spiegels. Es gibt also keine grundlegende Trennung oder Dualität zwischen uns und unserer Welt. Wenn wir diese beiden Dinge als eins erfahren können, dann stehen uns die ungeheure Weisheit und Macht der Welt offen – wir erkennen, daß sie zutiefst und ursprünglich mit unserem eigenen Sein verbunden sind. Das ist die Entdeckung des Magischen. Und wir sprechen hier nicht von intellektueller Einsicht, sondern von wirklicher Erfahrung, vom uneingeschränkten Wahrnehmen der Wirklichkeit. Die Begegnung mit Drala kann sich in einem intensiven Geruch, einem phantastischen Klang, einer lebhaften Farbe vollziehen. Jede Wahrnehmung kann uns mit der Wirklichkeit in Verbindung bringen. Was wir sehen, muß nicht etwas sonderlich «Schönes» sein; wir können vielmehr alles wertschätzen, was es gibt. Etwas Magisches, Lebendiges ist in allem. In allem ist lebendige Wirklichkeit.

Wenn wir die Dinge sehen, wie sie sind, dann begreifen wir sie wirklich: wie Blätter sich im Wind bewegen, wie Steine naß werden, wenn Schneeflocken auf ihnen schmelzen. Die Dinge entfalten ihre Harmonie und ihr Chaos gleichzeitig vor unseren Augen. Wir sind nicht auf das Schöne allein fixiert, sondern wissen alle Seiten der Wirklichkeit zu schätzen.

In vielen Geschichten und Gedichten für Kinder wird diese Erfahrung der Begegnung mit der Magie einfacher Wahrnehmung beschrieben. Ein Beispiel ist «Warten am Fenster» aus *Now We are Six* von A. A. Milne. Es ist ein

Gedicht über Stunden eines regnerischen Tages, die am Fenster beim Beobachten der Tropfenmuster auf der Scheibe verbracht werden. Beim Lesen sieht man diesen Regentag vor sich, man sieht das Kind an der Scheibe die Regentropfen verfolgen, man fühlt sein Entzücken und Staunen. Auch Robert Louis Stevenson weist in seinen Kindergedichten auf die Tiefen der Erfahrung hin, die sich in ganz gewöhnlicher Wahrnehmung auftun können. Die ursprüngliche Weite der Welt läßt sich nicht in Worte fassen, aber gerade die Literatur für Kinder vermag sie durch ihre Einfachheit manchmal anzudeuten.

Ein besonders schönes Beispiel für Literatur, die ein Gefühl der gewöhnlichen oder elementaren Magie in uns weckt, ist Antoine de Saint-Exupérys *Der kleine Prinz*. Irgendwann im Lauf der Erzählung trifft der kleine Prinz einen Fuchs. Der kleine Prinz fühlt sich einsam und möchte mit dem Fuchs spielen, doch der Fuchs erwidert, er könne erst spielen, wenn er gezähmt sei. Der kleine Prinz will wissen, was das ist, «zähmen». Zähmen, erklärt der Fuchs, bedeutet «sich vertraut machen», und zwar so, daß er für den kleinen Prinz und der kleine Prinz für ihn «einzig wird in der Welt». Später, als der Fuchs gezähmt ist und der kleine Prinz ihn wieder verlassen muß, gibt der Fuchs ihm sein Geheimnis preis: «Es ist ganz einfach: man sieht nur mit dem Herzen gut. Das Wesentliche ist für die Augen unsichtbar.»

Saint-Exupéry verwendet hier andere Ausdrücke für die Entdeckung des Magischen, doch die Grunderfahrung ist dieselbe. Die Entdeckung von Drala bedeutet in der Tat, mit der Welt vertraut zu werden, so daß jede Wahrnehmung etwas Einzigartiges wird. Man sieht mit dem Herzen, und was dem Auge verborgen bleibt, wird als lebendige Magie des Wirklichen sichtbar. Es gibt unzählige Wahrnehmungen, und doch sind sie alle eins: In einem Tropfen Wasser sehen wir alles Wasser.

Drala könnte man fast als eine Wesenheit bezeichnen. Es hat nicht den Status einer Gottheit, aber es ist eine sehr reale individuelle Kraft. Deshalb sprechen wir nicht nur vom Drala-Prinzip, sondern können auch den verschiedenen Dralas begegnen. Die Dralas sind die Elemente der Wirklichkeit – das Wäßrige des Wassers, das Feurige des Feuers, das Erdige der Erde –, alles, was uns mit der elementaren Qualität der Wirklichkeit verbindet und uns auf die Tiefen der Wahrnehmung hinweist. Dralas sind in allem, in Steinen, Bäumen und Bergen, in einer Schneeflocke oder einem Erdklumpen. Wo immer wir mit der elementaren Qualität der Welt in Berührung kommen, begegnen wir den Dralas, und diese Erfahrung und Lebensweise ist allen Menschen zugänglich. Wir haben jederzeit die Möglichkeit, das Magische zu entdecken; die Möglichkeit der Magie gab es nicht nur im Mittelalter, es gibt sie auch heute im zwanzigsten Jahrhundert.

Als ein Beispiel für die Begegnung mit Drala, das aus meinem eigenen Erfahrungsbereich stammt, möchte ich das Blumenstecken anführen. Hier kann man alle Zweige verwenden, die man findet, und keiner wird als häßlich verworfen. Man muß lernen, ihren Platz in der Gesamtsituation zu sehen, das ist der Schlüssel. Um aber den Platz zu sehen, den jedes Ding im Ganzen hat, darf man keins von ihnen ablehnen. Nur so kommt man in Kontakt mit den Dralas der Wirklichkeit.

Drala-Energie ist wie die Sonne. Du schaust in den Himmel, die Sonne ist da. Du erzeugst sie nicht durch dein Hinschauen. Du entdeckst also die Sonne am Himmel und nimmst Kontakt mit ihr auf. Deine Augen treten in eine Beziehung mit dem Sonnenlicht ein. Auch das Drala-Prinzip ist immer da. Ob du die Verbindung aufnimmst oder nicht, die magische Kraft und die Weisheit der Wirklichkeit sind immer da. Diese Weisheit wohnt dem kosmischen Spiegel inne. Indem du den Geist entspannst, verbindest du dich wieder mit diesem Urgrund, der vollständig rein und einfach ist. Unter dieser Voraussetzung kannst du durch das Medium deiner Wahrnehmung das Magische entdecken. Dabei verknüpfst du deine eigene innere Weisheit mit der weit größeren, allumfassenden Weisheit des Wirklichen.

Du denkst vielleicht, daß dir etwas Außergewöhnliches widerfahren wird, wenn du das Magische entdeckst. In der Tat begegnest du dabei etwas außerordentlich Gewöhnlichem: Du findest dich im Reich totaler, unbedingter Wirklichkeit.

13. Die Beschwörung des Magischen

Wenn der Krieger in seiner Umgebung Sanftheit und Klarheit zum Ausdruck bringt, dann können Glanz und magische Kraft sich einstellen. Versucht man deren Vorhandensein aber mit den Kräften des Ego herbeizuführen, so werden sie ausbleiben. Wir können die Kraft und die Magie dieser Welt nie besitzen. Sie sind zwar stets und überall zugänglich, aber sie gehören niemandem.

Die Welt der Phänomene, die alle Menschen erfahren, ist unstet und gnadenlos. Man hat oft Grund, sich zu fragen, ob man die Lage noch im Griff hat oder sich in ihrem Griff befindet. Und je mehr man sich darum müht, die Oberhand zu gewinnen, je hitziger man gegen Hindernisse anrennt, desto tiefer gerät man in den Griff dieser Welt der Phänomene. Die eigentliche Herausforderung besteht darin, diese Dualität ganz und gar zu transzendieren. Es gibt die Möglichkeit, mit einer Energie in Verbindung zu treten, die über allen Dualismen und Konflikten steht, die weder für noch gegen dich ist. Das ist die Energie von Drala.

Drala ist kein Gott oder Geist. Es besteht im Grunde in der Verbindung der Weisheit deines Seins mit der Kraft und Weisheit des Wirklichen. Wenn diese Verbindung hergestellt ist, kannst du das Magische in allen Dingen entdekken. Wenden wir uns also der Frage zu, wodurch es uns möglich wird, diese Verbindung herzustellen. Wir haben Drala mit der Sonne verglichen: Die Sonne steht von sich aus täglich am Himmel; was also läßt uns aufblicken, um zu sehen, daß sie dort ist? Das Magische ist jederzeit zugänglich; was erlaubt uns, es zu entdecken? Drala ist die Energie jenseits aller Konflikte, jenseits von Aggressionen. Wir können mit ihr nur in Berührung kommen, wenn wir uns selbst in einem sanften Seinszustand befinden. Die Entdeckung von Drala ist demnach kein Zufall, sondern hat die Schulung und Disziplin des Shambhala-Kriegers zur Voraussetzung.

In der Sonnenuntergangswelt hat der Mensch – getrieben von Angst vor sich selbst und von Todesfurcht – keinen Zugang zum Drala-Prinzip. Die Feigheit und Aggressivität, die in dieser Welt vorherrschen, verwehren jeden Zugang zum Magischen, zur Erfahrung der strahlenden, wahren Wirklichkeit. Nur durch die Verwirklichung der Vision der Großen Östlichen Sonne kann es gelingen, Drala wachzurufen. Die Große Östliche Sonne ist der Ausdruck des wahren menschlichen Gutseins, der weder hochmütig noch gewalttätig, sondern sanft und offen ist. Dies ist der Weg des Kriegers.

Auf diesem Weg kommt es darauf an, die Feigheit zu überwinden und unerschrocken zu werden. Das ist die beste, sogar die einzige Methode, Drala wachzurufen. Wir haben bereits in früheren Kapiteln über den Mut gesprochen. Sein wichtigster Aspekt besteht darin, frei von Täuschungen zu sein. Täuschung bedeutet in diesem Fall Selbsttäuschung: Durch Selbstzweifel verwehrt man es sich, die Große Östliche Sonne zu schauen. Die Dralas können erst in unser Dasein treten, wenn wir den Boden richtig bereitet haben. Die kleinste Selbsttäuschung vertreibt die Dralas. Täuschung ist sozusagen die Magie der Sonnenuntergangswelt.

Wenn wir sagen, daß jemand mutig ist, meinen wir normalerweise, daß er keine Angst vor Feinden hat, bereit ist, für eine Sache zu sterben, oder sich niemals einschüchtern läßt. Das Shambhala-Verständnis von Unerschrokkenheit ist ganz anders. Hier ist Mut einfach der Mut zu *sein* – ohne Täuschung, aber mit unerschöpflicher Freundlichkeit und Hilfsbereitschaft gegenüber anderen in dieser Welt zu leben. Auf welche Weise kann das Magie in unser Leben bringen? Unter Magie versteht man meist die Fähigkeit, die Elemente zu unterwerfen, so daß man Erde in Feuer und Feuer in Wasser verwandeln oder gar die Gesetze der Schwerkraft überwinden und fliegen kann. Die wahre Magie ist jedoch die Magie der Wirklichkeit, wie sie ist: der Erdigkeit der Erde, der Feurigkeit des Feuers – eine Kommunikation mit den Elementen, durch die sie in gewisser Weise eins mit uns werden. Wenn du Unerschrockenheit entwickelst, kannst du mit der elementaren Qualität des Seins in Verbindung treten. Mut erhöht dein ganzes Dasein, er fördert die wahren, strahlenden Eigenschaften deiner Umgebung und deines eigenen Seins zutage und bringt dich in Berührung mit der Magie des Wirklichen, die immer schon da ist. Es ist tatsächlich möglich, die Kraft der uranfänglichen Weisheit des kosmischen Spiegels anzuziehen.

Wir beginnen nun zu begreifen, wie wir unser Leben so einrichten können, daß sich das Drala-Prinzip in allem, was wir tun, widerspiegelt. Man kann Drala, das Magische, tatsächlich wie ein Magnet anziehen, so daß es Glanz und Würde in unser Leben bringt. Der Weg dorthin hat drei Abschnitte; wir bezeichnen sie als die drei Arten der Beschwörung des Magischen.

Der erste Schritt besteht in der Beschwörung des äußerlichen Drala, der Magie der physischen Umwelt. Diese unmittelbare Umwelt kann eng sein wie ein Einzimmer-Apartment oder groß wie ein ganzes Haus oder Hotel. Wichtig ist allein, wie man mit diesem Lebensraum umgeht. Lassen wir ihn verkommen, so wird sich hier Drala nicht manifestieren. Andererseits geht es hier natürlich auch nicht darum, eine innenarchitektonisch vorbildliche Wohnlandschaft zu schaffen. Ein Krieger beschwört das äußerliche Drala, indem er Harmonie in seiner Umgebung schafft und damit sein Gewahrsein und den Blick für das Detail schärft. So stellt der unmittelbare Lebensraum einen Ort der Schulung für seine Disziplin dar. Ein Krieger widmet sich dem Wohl anderer Menschen, doch um das tun zu können, muß er sie an seiner Welt teilhaben lassen und diese einladend und gastlich machen für die Menschen. Es geht also nicht um eine eitle Selbstdarstellung gegenüber anderen, sondern darum, die eigene Welt zugänglich zu machen. Wenn das geschieht, wenn der Krieger in seiner Umgebung Sanftheit und Klarheit zum Ausdruck bringt, dann können Glanz und magische Kraft sich einstellen. Versucht man deren Vorhandensein aber mit den Kräften des Ego herbeizuführen, so werden sie ausbleiben. Wir können die Kraft und die Magie dieser Welt nie besitzen. Sie sind zwar stets und überall zugänglich, aber sie gehören niemandem.

Es gibt viele Möglichkeiten, äußeres Drala wachzurufen. So las ich etwa von den Indianern im Südwesten der Vereinigten Staaten, daß sie ihr Gemüse im Wüstensand anbauen. Vom wissenschaftlichen Standpunkt aus betrachtet, ist diese Erde eigentlich völlig unfruchtbar. Wenn man da einfach nur Samen ausstreut, wächst überhaupt nichts. Doch die Indianer bearbeiten und pflegen diese Erde seit Generationen und haben eine tiefe Verbindung zu ihr. Für sie ist dieses Land heiliger Grund, und deshalb wachsen ihre Pflanzen. Das ist wirkliche Magie. Wer seine Umwelt als heilig betrachtet, der zieht Drala an. Man mag in einer Lehmhütte mit gestampftem Boden und nur einem Fenster leben – wenn man diesen Ort als heilig betrachtet, wenn man ihn mit Herz und Geist pflegt und in Ordnung hält, dann ist er ein Palast.

Diese Heiligkeit ist auch das, was einer Kathedrale wie der von Chartres oder einem Regierungssitz wie dem britischen House of Parliament Größe verleiht. Kirchen werden als heilige Orte errichtet, während die Erbauer eines Regierungsgebäudes wohl kaum dessen Heiligkeit vor Augen haben. Dennoch strahlen solche Gebäude etwas aus, das man nicht allein mit der Schönheit der Architektur oder der Baumaterialien erklären kann. In ihnen herrscht eine besondere Atmosphäre, die man einfach spürt.

Die Griechen und Römer planten ihre Städte mit einem gewissen Verständnis für äußeres Drala. Man mag es für willkürlich halten, einen Brunnen in der Mitte eines Platzes oder an einer Kreuzung zu errichten. Doch wenn man sich solch einem Brunnen nähert, spürt man, daß er genau am richtigen Platz ist und den ganzen Ort bereichert. Wir haben heute keine sehr hohe Meinung mehr von den Römern mit all ihren Ausschweifungen und korrupten Herrschern. Gewiß, solche Verfallserscheinungen vertreiben Drala, doch es muß in dieser Zivilisation auch Kraft und Weisheit gegeben haben, daran können wir nicht vorbeisehen.

Fassen wir zusammen: Wenn wir äußeres Drala beschwören wollen, müssen wir unsere persönliche Umwelt so anlegen, daß sie ein heiliger Bereich wird. Das beginnt mit dem häuslichen Lebensbereich, kann aber auch viel mehr einbeziehen, sogar eine ganze Stadt oder ein Land.

Im nächsten Schritt geht es darum, *inneres Drala*, das Drala des Körpers, wachzurufen. Die Erfahrung des inneren Drala besteht in einem Gefühl der Einheit im eigenen Körper – in dem Sinne, daß dein Kopf, deine Schultern, deine Arme, dein Rumpf, deine Genitalien, deine Beine, deine Füße als *ein* grundlegend guter menschlicher Körper zusammenhängen. Es gibt keine Unstimmigkeiten zwischen Kopf und Schultern, zwischen Bein und Zehen und so weiter. Es spielt keine Rolle, ob dein Haar grau wird, ob sich im Gesicht Falten bilden oder die Hände zittrig werden. Trotz alldem bleibt das Gefühl, daß dieser Körper seine eigene Tauglichkeit und Einheit hat. Wenn du schaust, hörst du; wenn du hörst, riechst du; wenn du riechst, schmeckst du; wenn du schmeckst, fühlst du. Alle Sinneseindrücke bilden eine Einheit, sind Ausdruck ein und desselben grundlegenden Gutseins und fundamentaler Gesundheit.

Inneres Drala stellt sich ein, wenn wir uns voller Aufmerksamkeit den täglichen persönlichen Verrichtungen widmen. Es kommt also darauf an, wie wir uns anziehen, wie wir essen, trinken und schlafen. Nehmen wir als Beispiel unsere Kleidung. Für den Krieger ist die Kleidung eine Rüstung der Disziplin, die ihn gegen Angriffe der Sonnenuntergangswelt schützt. Er versteckt sich nicht hinter seiner Kleidung, sondern kleidet sich sorgfältig, weil es ihn vor Nachlässigkeit bewahrt und seine Würde unterstreicht.

Auch wenn die Kleidung gut sitzt, hat man manchmal das Gefühl, daß sie einen beengt. Wer jedoch inneres Drala wachrufen will, wird mit lässiger Kleidung nicht weit kommen. Die Irritationen, die von einer Krawatte oder einem eng anliegenden Rock ausgehen können, sind normalerweise ein gutes Zeichen. Sie zeigen, daß deine Kleidung gut paßt, aber deine Neurose nicht in deine Kleidung paßt. Heutzutage ist Freizeitkleidung sehr gefragt, frei und lässig muß sie sein und möglichst aus Kunststoff. Wenn man sich dagegen «in Schale wirft», fühlt man sich wie eingeschnürt. Man möchte am liebsten Krawatte, Jackett und Schuhe ausziehen. Dann kann man endlich die Füße auf den Tisch legen und wieder frei atmen – in der Hoffnung, sich dann auch innerlich freier zu fühlen. Statt dessen wird der Geist aber einfach nur undicht, und allerlei wertloses Zeug sickert heraus. Diese

Version von Entspannung bringt überhaupt keine wirkliche Freiheit. Deshalb ist gutsitzende Kleidung für den Krieger eine Art Rüstung, in der er sich ohne Nachlässigkeit, sondern mit Würde und Anmut in der Welt bewegt.

Dieselbe Aufmerksamkeit müssen wir auch unserer Ernährungsweise widmen. Das heißt natürlich nicht, daß man in Feinkostläden nach ausgefallenen Genüssen suchen soll. Aber man kann sich die Zeit nehmen, gute, nahrhafte Mahlzeiten zu planen, man kann sie mit Freude zubereiten und essen und danach in der gleichen Haltung die Reste verwahren und wieder Ordnung schaffen. Darüber hinaus ist es wichtig, grundsätzlich mehr Gewahrsein in Bezug auf den Gebrauch unseres Mundes zu entwickeln. Wir essen mit dem Mund, wir trinken mit dem Mund, wir rauchen mit dem Mund. Unser Mund ist wie ein Müllschlucker, aber er ist auch unser wichtigstes Tor zur Außenwelt: Wir sprechen mit ihm, wir weinen mit ihm, wir küssen mit ihm. Ein Marsmensch würde sich vielleicht wundern, wie häufig wir unseren Mund gebrauchen.

Um das innere Drala wachzurufen, müssen wir darauf achten, wie wir unseren Mund benutzen. Vielleicht muß man ihn gar nicht so oft benutzen. Wertschätzung für die Welt heißt ja nicht, daß man alles, was man sieht, gleich konsumieren muß. Man kann langsam, maßvoll und mit Bewußtheit essen. Man muß nicht alles, was einem so durch den Sinn geht, immer gleich herausplappern. Man sagt sanft, was man zu sagen hat, und dann schweigt man, läßt einen anderen sprechen oder genießt das Schweigen.

Der Grundgedanke ist bei alledem, den Körper in sich, aber auch mit der Umwelt in Einklang zu bringen. Wie es um diese Harmonie steht, kann man direkt am Verhalten der Menschen ablesen: wie sie ihre Teetasse anfassen, wie sie ihre Zigaretten rauchen, wie sie sich mit der Hand durchs Haar fahren. Was du auch tust, stets spiegelt sich darin dein Verhältnis zu dir selbst oder zu deiner Umwelt – ob du mit dir selbst im Einklang bist oder haderst, ob du deiner Umwelt gute oder schlechte Gefühle entgegenbringst, läßt sich jederzeit an deinem Schritt und deinen Gesten ablesen. Es ist, als wärst du mit deiner Welt verheiratet. In allen Kleinigkeiten – wie du einen Wasserhahn aufdrehst oder dir die Zähne putzt – offenbart sich deine Beziehung (oder Beziehungslosigkeit) zur Welt. Wenn diese Beziehung ganz und rund geworden ist, erfährst du das innere Drala.

Zuletzt geht es darum, das *geheime Drala* wachzurufen, und dafür sind die beiden anderen Arten von Drala Vorbedingung. Du hast dir eine heilige Umwelt geschaffen und deinen Körper vollkommen mit sich selbst in Einklang gebracht; dadurch lebst du jetzt in unerschütterlicher geistiger Wachheit, in ungebrochener Jetztheit.

In dem Kapitel über das «Loslassen» haben wir über Windpferd gesprochen, über das Reiten auf dem grundlegenden Gutsein deines Lebens. «Windpferd» ist, wie erwähnt, die wörtliche Übersetzung des tibetischen *Lungta*. Die Erfahrung des geheimen Drala ist die Erfahrung von Windpferd: Wir entfesseln den Wind der Freude und der Macht und reiten auf dieser Energie, beherrschen sie. Dieser Wind kann mit großer Gewalt kommen, wie ein Orkan, der Bäume entwurzelt, Häuser einstürzen läßt und das Meer zu riesigen Wellen aufwühlt. Die persönliche Erfahrung von diesem Wind ist das Gefühl, vollkommen und kraftvoll in der Gegenwart zu sein. Der zweite Teil des Wortes – Pferd – bedeutet, daß man mitten in diesem gewaltigen Wind Stabilität empfindet. Die Wirrnis des Lebens kann dir nichts anhaben, Hochstimmung oder Niedergeschlagenheit lenken dich nicht ab. Du reitest auf der Energie deines Lebens. Windpferd ist also nicht bloß Bewegung und Schnelligkeit, sondern auch Urteilskraft und Können, ein Gespür für die angemessene Methode. Dieser Aspekt von Lungta ist wie die Beine eines Pferdes, die ihm Stabilität verleihen.

Wenn du äußeres und inneres Drala wachgerufen hast, erhebt sich ein Wind der Energie und der Freude in deinem Leben. Du spürst, wie sich eine natürliche Kraft und ein Getragensein in deinem Leben zu manifestieren beginnen. Was immer dir in diesem Geisteszustand begegnet, es bringt dich nicht in Verlegenheit. Es gibt keine Probleme, keine Bedenken, kein Zögern mehr. Dein Geist ist frei von halbbewußtem Geplapper und kennt keinen Zweifel mehr. Er ist in jedem Augenblick frisch und jung, vollkommen unschuldig und unverfälscht. Geheimes Drala ist die Erfahrung dieses Augenblicks, reine Jetztheit. Du bist jetzt in der Lage, jederzeit und augenblicklich mit der unvorstellbaren Kraft und Weisheit des kosmischen Spiegels in Berührung zu kommen. Zugleich erkennst du, daß die Erfahrung der Jetztheit auch die allumfassende ursprüngliche Weisheit mit der überlieferten Weisheit und der Wirklichkeit des heutigen Lebens vereinigen kann. Du beginnst zu verstehen, wie die heilige Welt des Kriegers sich aus all ihren Aspekten aufbaut. Diese Welt wollen wir nun in den folgenden Kapiteln eingehender betrachten.

14. Überwindung des Hochmuts

Wenn du durch und durch sanft und freundlich bist, ohne Hochmut und Aggression, siehst du den strahlenden Glanz des Universums. Erst jetzt nimmst du das Universum wirklich wahr.

Nachdem wir beschrieben haben, wie man Drala wachruft, müssen wir uns nun mit der Frage beschäftigen, welche Schwierigkeiten und Hindernisse sich uns dabei in den Weg stellen. Eine sehr wichtige Voraussetzung besteht, wie wir gesehen haben, darin, ein Fundament von Sanftheit und Echtheit zu legen. Dem steht als erstes und größtes Hindernis der Hochmut entgegen. Hochmut oder Überheblichkeit entsteht aus dem Festhalten an der Trennung zwischen dem Ich und dem Anderen. Man kann die Prinzipien der Kriegerschaft und die Weltsicht der Großen Östlichen Sonne studieren, man kann in vielen Unterweisungen erfahren haben, wie man in der Jetztheit ruht und Windpferd entfesselt, doch wenn man all das als persönliche Errungenschaft betrachtet, unterliegt man einer Selbsttäuschung. Anstatt sanft und zahm zu werden, wird man nur ungeheuer eingebildet. «Ich, Hans Müller, kann das Windpferd entfesseln, und das finde ich großartig. Allmählich erreiche ich etwas, also bin ich ein toller Kerl.»

Sanft und ohne Hochmut zu sein, das ist die Definition des Shambhala-Kriegers. Und damit ist nicht etwa bloß Wohlerzogenheit gemeint, sondern vor allem Rücksicht: ständiges Engagement für das Wohl anderer. Ein Shambhala-Krieger, sei er ein Mann oder eine Frau, ist ein freundlicher und aufrichtiger Mensch. Er ist freundlich zu sich selbst und zu anderen. Die Rücksicht auf andere ist der ursprüngliche Sinn der Umgangsformen, die man uns beibringt, und der Disziplin, der wir uns unterwerfen müssen. Wer sich auf seine guten Tischmanieren und seine tadellosen Umgangsformen etwas einbildet, verfehlt deren Sinn. Der besteht nämlich einfach darin, daß schlechte Tischmanieren unsere Nachbarn stören oder gar verärgern würden. Wenn wir achtlos mit den Dingen umgehen, schaffen wir damit für andere Probleme.

Gute Manieren sind nicht dazu da, unser Ego aufzublähen, damit wir uns als kleine Prinzen und Prinzessinnen betrachten können. Sie erlauben uns, anderen unsere Achtung zu bekunden. Allein deshalb sollten wir uns Gedanken über unser Benehmen machen. Wenn jemand das Zimmer betritt, sollten wir aufstehen und ihn begrüßen, auch das ist eine Form der Rücksichtnahme. Ein Krieger erzieht sich selbst, denn der Umgang mit anderen erfordert Selbstbeherrschung. Disziplin ist notwendig, wenn wir dem Hochmut entgehen wollen.

Wir neigen zu der Ansicht, die Bedrohungen der Gesellschaft oder unserer selbst kämen von außen. Tatsächlich geht eine Gesellschaft jedoch von innen her zugrunde und nicht durch die Einwirkung von Feinden. Alle Welt ist von dem Wahn verfolgt, von mörderischen Feinden umgeben zu sein. Aber das einzige, was uns wirklich zerstören kann, ist in uns selbst. Mit unserem Hochmut zerstören wir unsere Sanftheit und Freundlichkeit. Dadurch berauben wir uns selbst der Möglichkeit, wach zu sein, und dann sind wir nicht mehr in der Lage, uns angemessen auf die wechselnden Lebensumstände einzustellen. Statt dessen bilden sich eine ständige Abwehrhaltung und Aggressivität.

Aggression entweiht alles, den Boden, auf dem du sitzt, die Wände, die dich umgeben, die Decke, die Fenster, die Türen. Man kann die Dralas nicht mehr herbeirufen, es gibt keinen Platz mehr für sie. Die Atmosphäre im Zimmer wird dick und schwer wie in einer Opiumhöhle, und die Dralas sagen: «O je, wer will denn da noch rein? Wer lädt uns da ein? Wer beschwört uns da in seinem Selbstbetrug?» Sie denken nicht daran zu kommen. Wenn dein Zimmer voll ist von dir und deinem «Trip», wird sich kein vernünftiger Mensch gern da aufhalten – nicht mal du selbst.

In einer stickigen Umgebung voller eingebildeter, egozentrischer Menschen lassen sich die Dralas nicht blicken. Aber was geschieht, wenn ein Krieger den Raum betritt – offen und bescheiden, frei von Hochmut und Aggression. Wenn solch ein Mensch in dieser von Hochmut verseuchten Umgebung auftaucht, werden sich die anderen vermutlich recht bald unbehaglich fühlen. Irgendwie macht das Ganze keinen rechten Spaß mehr, wenn plötzlich einer da ist, der den Selbstbetrug nicht mitmacht. Die Sonnenuntergangswitze ziehen nicht mehr, und man kann sich nicht mehr unbeschwert herumfläzen – also geht man lieber. Der Krieger bleibt allein zurück.

Aber nach einer Weile kommen vielleicht andere Menschen herein, die eine durchlüftete, frische Atmosphäre lieben. Langsam kommen sie zusammen, freundliche Menschen, deren Lächeln ohne Hochmut und Aggression ist. Hier herrscht eine andere Atmosphäre als bei der Sonnenuntergangsversammlung. Es mag etwas rauher zugehen als in der Opiumhöhle, aber die Luft ist frisch und voll echter Fröhlichkeit. Durchaus möglich, daß jetzt die Dralas anfangen, durch Fenster und Türen hereinzuspähen. Ihr Interesse ist geweckt, und schließlich kommen sie nacheinander herein. Sie lassen sich gern bewirten, und sie entspannen sich in dieser sauberen, frischen Atmosphäre. Dann schließen sie sich der Runde an und bringen ihre größere Weisheit ein.

In seiner Welt, wo die Dralas sind, wo die Wirklichkeit gegenwärtig ist, wo die Möglichkeit einer weisen und gesunden Lebensführung stets gegeben ist, kann der Krieger sich allem vorbehaltlos öffnen: den Bergen und Wolken, dem Himmel und der Sonne, den Blumen und Bächen, dem Lachen und Weinen der Kinder. Darauf kommt es bei der Weckung von Drala vor allem an: die Wirklichkeit ganz anzunehmen und zu würdigen. Hochmütige Menschen sehen von alledem nichts; sie sind so sehr mit sich selbst und ihrem Konkurrenzkampf gegen andere beschäftigt, daß sie nicht einmal aufblicken.

Wenn du durch und durch sanft und freundlich bist, ohne Hochmut und Aggression, siehst du den strahlenden Glanz des Universums. Erst jetzt nimmst du das Universum wirklich wahr. Du nimmst den Anblick grüner, schlanker Grashalme in dich auf und bestaunst einen kupfern schimmernden Grashüpfer mit schwarzen Fühlern. Wenn du dich ihm näherst, springt er fort. Solche kleinen Dinge sind durchaus nicht belanglos oder langweilig, sondern Entdeckungen. Als ich vor ein paar Jahren in Texas war, sah ich Tausende von Grashüpfern. Jeder hatte seine Eigenart, und ihre Streifenzeichnung hatte die verschiedensten Farben. Ich habe zwar keine purpurroten gesehen, aber dafür kupferne, grüne, beige und schwarze, und manche hatten rote Punkte. Wo man auch ist, wo man auch hinschaut, die Welt ist überaus interessant.

Alles in dieser Welt ist erlebenswert. Heute schneit es vielleicht. Schnee liegt auf den Tannen, und wir schauen zu, wie die stahlblauen Bergmassive mit ihren Gipfeln die letzten Sonnenstrahlen einfangen. Wir spüren das Drala-Prinzip, den Zauber in diesen Dingen, und wir sollten die

Gelegenheit ergreifen, uns dem *jetzt* zu öffnen. So von den Dingen fasziniert zu sein, frei von Hochmut, ist die Voraussetzung für das Wachrufen von Drala. Unsere Welt ist so voller Leben und Schönheit – wir sollten ihr dankbar und hellwach begegnen.

15. Das Überwinden von Gewohnheiten

Sich selbst von Hochmut und Gewohnheiten zu befreien, ist eine sehr drastische, aber unumgängliche Maßnahme, wenn man fähig werden soll, anderen zu helfen.

Hochmut entsteht, wie wir gesehen haben, aus einem Mangel an Sanftheit und Freundlichkeit. Aber dieser Mangel an Sanftheit hat wiederum einen noch tieferen Grund, nämlich unser Festhalten an gewohnten Verhaltensmustern. Durch dieses Festhalten schneiden wir uns selbst den Zugang zur Welt des Kriegers ab. Gewohnheitsmuster funktionieren nach Art der Reflexe: Werden wir erschreckt, so geraten wir in Panik; werden wir angegriffen, so gehen wir in die Defensive. Wir kennen jedoch auch subtilere Gewohnheitsmuster, hinter denen wir unsere Eingenommenheit von uns selbst verstecken. Mit allerlei leeren Gesten und automatisch gewordenen Reaktionen kaschieren wir notdürftig unser Minderwertigkeitsgefühl, um wenigstens vor anderen eine einigermaßen gute Figur zu machen. Auch an unseren emotionalen Reaktionen ist oft abzulesen, daß hier Gewohnheitsmuster am Werk sind, und Gewohnheitsmuster sind auch verantwortlich für geistige Ermüdung, Ruhelosigkeit, Verärgerung über Dinge, durch die wir uns gestört fühlen, und für viele unserer Wünsche und Begierden.

Die Japaner haben einen interessanten Ausdruck, *Toranoko*, der wörtlich «Tigerjunges» bedeutet. Es ist ein pejorativer Ausdruck. Wenn man jemanden einen Toranoko nennt, so sagt man damit, daß er ein Papiertiger ist, der zwar als sehr mutig erscheinen möchte, tatsächlich aber ein Feigling ist. Damit ist beschrieben, was wir mit dem Festhalten an Gewohnheitsmustern meinen. Man mag sogar schwächliche Versuche unternehmen, seine eigene Feigheit einzugestehen. Das geht meist sehr wortreich vonstatten und wird selten ein direktes, offenes Eingeständnis. Man sieht immer noch das Tigerlein am Werk, das vor seinem eigenen Schatten Angst hat und sich nicht traut, einfach loszuspringen und mit den anderen kleinen Tigern zu spielen.

Das tibetische Wort für «Tier» ist *Tudro*. *Tu* bedeutet «gebeugt», und *dro* heißt «gehen». *Tudro* sind vierbeinige Tiere, die vornübergebeugt gehen. Ihr empfindlichstes Sinnesorgan ist die Nase, von der sie sich auf ihrem Weg durch die Welt führen lassen. Das ist die präzise Beschreibung des Gewohnheitsverhaltens, das eine Manifestation von tierischen Instinkten ist. Gewohnheitsmuster führen dazu, daß man nie mehr als drei Schritte vorausschaut. Man schaut auf den Boden, hebt den Blick nicht zum Himmel oder zu den Berggipfeln. Man versäumt es zu lächeln und sich über den Dunst zu freuen, der sich von den Gletscherfeldern erhebt. Alles, was oberhalb der Schulterebene liegt, ist irgendwie unangenehm. Die Möglichkeiten von Kopf und Schultern liegen vollkommen brach.

Du magst vielleicht gehört haben, wie man Kopf und Schultern erfahren kann und wie man sich aufrichtet, um die Große Östliche Sonne zu sehen. Dennoch: Wenn du deine Gewohnheiten nicht überwindest, kannst du ein Tudro bleiben, das vornübergebeugt auf allen vieren geht. Diesen Gewohnheiten verhaftet, schaust du weder rechts noch links, siehst das Strahlen der Farben nicht und kannst dich nicht dem sanften Wind öffnen, der durch das Fenster hereinkommt. Frische Luft ist dir dann eher ein Ärgernis, und du möchtest das Fenster am liebsten zumachen.

Wenn ein Tudro-Mensch, der ganz in seinen Gewohnheiten gefangen ist, einen Krieger betrachtet, kann er den Eindruck gewinnen, daß der Krieger ein sehr ermüdendes Leben hat. Wie um alles in der Welt hält er sich so aufrecht und wach? So einem gebeugten Tudro-Menschen ohne Kopf und Schultern tut der Krieger wahrscheinlich leid, weil er auf zwei Beinen stehen und Kopf und Schultern gerade halten muß. Aus der Fülle dieses Mitgefühls wird er dem Krieger womöglich einen Sessel schenken, damit er es auch mal gut hat und glücklich ist. Dann kann er endlich mal Kopf und Schultern anlehnen, sich nach Herzenslust hinlümmeln und die Füße auf den Tisch legen.

Aber der Krieger hat es nicht nötig, auf diese Art abzuschalten. Wer sich zu entspannen versucht, indem er sich hinflegelt und seinen Gewohnheitsmustern nachgibt, erzeugt in sich selbst eine tiefe Spaltung. Im Büro ist er so ein netter, humorvoller Chef, aber sobald er nach Hause kommt, vergißt er das alles und läßt sich gehen. Er schaltet den Fernseher ein, schlägt seine Frau und schickt die Kinder in ihre Zimmer, um endlich Ruhe und Frieden zu haben. Was mag das wohl für eine Ruhe und ein Frieden sein, die er da sucht? Sucht er nicht eher Schmerz, ein Leben, das die Hölle ist? Man kann nicht im Büro ein Krieger und zu Hause ein Tudro sein.

Sich selbst von Hochmut und Gewohnheiten zu befreien, ist eine sehr drastische, aber unumgängliche Maßnahme, wenn man fähig werden soll, anderen zu helfen. Du solltest dich selbst achten und aufrichten. Du solltest dich als aufrichtigen, echten Krieger betrachten. Der frühere Generalsekretär der Vereinten Nationen, U Thant, hat uns gezeigt, was ein Krieger ist und wie man anderen ohne Hochmut helfen kann. Er war ein hochgebildeter Mann und war tief in die Praxis der Meditation eingedrungen. Er versah sein Amt mit Würde, und er war ein sehr sanfter und gütiger Mensch. Deshalb achteten die Menschen ihn – sie spürten seine Kraft. Er war einer der großen Staatsmänner dieses Jahrhunderts und zeigte uns beispielhaft, wie man Gewohnheitsmuster überwindet.

Gewohnheiten sind gefährlich und destruktiv. Sie machen uns blind für die Große Östliche Sonne. Wo solche Gewohnheiten ständig im Spiel sind, kann man Kopf und Schultern überhaupt nicht erheben. Man ist ganz da unten, den Blick am Boden, und sucht dies oder das. Man ist so von den Fliegen auf der Kaffeetasse in Anspruch genommen, daß man gar nicht die große Sonne aufgehen sieht. Aufgerichtetes und offenes Schauen – vergessen; das direkte Sehen der Großen Östlichen Sonne – vergessen. Welch ein Niedergang in den Bereich des Untermenschlichen oder sogar Untertierischen! Man ist nicht mehr bereit, unmittelbare Freude an sich heranzulassen. Man ist nicht mehr bereit, den kleinsten Schmerz, die kleinste Unbequemlichkeit auf sich zu nehmen, um die Große Östliche Sonne zu sehen.

Als du sehr klein warst, drei Jahre alt, da warst du noch nicht so versessen darauf, der Wirklichkeit zu entkommen – sie war viel zu interessant. Ständig hast du deinen Eltern Fragen gestellt: «Warum ist das so, Mama? Warum ist das so, Papa? Warum machen wir jetzt dies? Warum machen wir nicht das?» Doch dieser unschuldige Wissensdurst ist längst vergessen, verloren. Wir müssen ihn wieder in uns entstehen lassen. Einst waren wir unstillbarer Wissensdurst, dann fühlten wir uns von unserer Welt mißhandelt und spannen uns in den Kokon des Tudro ein, um dort zu schlafen.

Sich selbst zu strecken und aufzurichten, ist äußerst wichtig, auch wenn man davon gelegentlich Rücken- oder

Nackenschmerzen bekommt. Wir reden hier nämlich nicht über eine Philosophie, sondern haben uns zu fragen, wie wir den Weg von hier bis zur nächsten Ecke ohne Ablenkung und Unterhaltung schaffen können. Die unaufhörliche Suche nach unmittelbarer Ablenkung ist das große Problem. «Was kann ich als nächstes tun? Wie kann ich mir die Langeweile vom Hals halten? Ich will diese strahlende Welt überhaupt nicht sehen.» Während wir so, den Blick gesenkt, einen Fuß vor den anderen setzen, denken wir: «Läßt es sich denn nicht irgendwie vermeiden, den direkten Weg zu gehen?» Unser Weg stellt hohe Anforderungen, aber es gibt keinen anderen.

Wenn wir von unseren Gewohnheitsmustern loslassen, können wir die wirkliche Welt hier und jetzt erfahren und würdigen. Wir können die herrliche Welt um uns her bejahen; wir brauchen nicht mit ihr zu hadern. Ohne unsere Gewohnheiten aufzugeben, werden wir uns nie ganz für die Welt öffnen können. Doch wenn wir es schaffen, wird das Drala-Prinzip, das Magische, zu seiner ganzen Lebendigkeit erwachen, und wir werden – in einem ganz bestimmten Sinn – Meister unserer Welt.

16. Eine heilige Welt

> Wenn der Mensch seine Verbindung zur Natur, zu Himmel und Erde verliert, dann weiß er seine Umwelt nicht mehr pfleglich zu behandeln und die Welt nicht mehr zu regieren – was letztlich dasselbe ist. Was Menschen ihrer Umwelt zufügen, geht Hand in Hand mit dem, was sie einander zufügen. So betrachtet, ist die Heilung der Gesellschaft nur zugleich mit der Heilung unserer persönlichen, elementaren Beziehung zu unserer Umwelt möglich.

Um das Magische in der Welt zu entdecken, müssen wir unsere Ichbezogenheit überwinden – den Hochmut, die Gewohnheitsmuster und unsere Neurosen, denn all das hindert uns daran, über unseren allzu engen Horizont hinauszublicken. Sie beschneiden unser Sehvermögen, sie hindern uns daran, uns aufzurichten und aufzuschauen, so daß wir auch anderen helfen können.

Viele Menschen sagen, die Probleme der Welt seien so dringlich, daß gesellschaftliches und politisches Handeln Vorrang vor der persönlichen Entwicklung haben müsse. Manche fühlen sich deshalb aufgerufen, ihre persönlichen Bedürfnisse dem Dienst am Ganzen unterzuordnen. Diese Denkweise hat jedoch eine Kehrseite: Häufig werden nämlich individuelle Neurosen und Aggressionen als reine Produkte gesellschaftlicher Mißstände entschuldigt, und dann fühlt man sich berechtigt, an seinen Neurosen festzuhalten und seine Aggression zur Systemveränderung einzusetzen.

Für die Shambhala-Tradition sind die Dinge nicht so säuberlich zu trennen; hier gilt nämlich, daß unsere eigene innere Verfassung unser Vorstellungsbild von einer guten Gesellschaft entscheidend mitbestimmt. Also muß man die Dinge wohl doch Schritt für Schritt angehen und vor allem beim Nächstliegenden beginnen. Wenn wir nämlich die Probleme der Gesellschaft zu lösen versuchen, ohne zuvor die Verwirrung unseres eigenen Geisteszustands zu beheben, werden wir diese Probleme nur verschärfen. Deshalb müssen wir uns erst einmal auf den Pfad des Kriegers begeben haben, bevor wir uns überhaupt fragen können, wie dieser Welt zu helfen sei. Es wäre aber ganz falsch, die Shambhala-Weltsicht so zu verstehen, daß jeder nur für sich selbst sorgen soll und keine Verantwortung für andere hat. Im Kriegerdasein geht es darum, ein sanfter, gezähmter und offener Mensch zu werden, der dieser Welt einen wirklichen Dienst erweisen kann. Der Sinn der Kriegerschaft besteht darin, das ursprüngliche, natürliche Gutsein des menschlichen Daseins zu entdecken und dieses Gutsein mit anderen zu teilen. Es gibt tatsächlich eine natürliche Harmonie und Ordnung in dieser Welt, aber wir können sie nicht wissenschaftlich untersuchen oder mathematisch erfassen, sondern nur entdecken. Wir müssen sie fühlen – mit Körper, Herz und Geist. Wenn wir uns intensiv in der Disziplin der Kriegerschaft geschult haben, können wir Drala wachrufen und damit diese enge Beziehung zur Wirklichkeit wiederaufleben lassen. So schaffen wir die Voraussetzungen, um mit anderen offen und freundlich zu arbeiten.

Wenn du Drala wachrufst, beginnst du in allem das grundlegende Gutsein zu entdecken – in dir selbst, in anderen, in der ganzen Welt. Du bist dabei jedoch nicht blind für die untergehende Sonne, für die Schattenseiten des Daseins. Du siehst sie sogar sehr genau, weil du hellwach bist. Du siehst aber auch, daß jeder Aspekt des Lebens entwicklungsfähig ist, daß jede Situation ein Potential an Heiligkeit besitzt. Du fängst an, das ganze Universum als einen heiligen Ort zu betrachten. Die heilige Welt ist das, was in allen Erscheinungen der phänomenalen Welt natürlich vorhanden ist und stets gleichbleibt. Einem Stück Gold kann man verschiedene Formen geben – schöne und häßliche –, und doch bleibt es Gold. Ein Diamant kann von einem ganz heruntergekommenen Menschen getragen werden und bleibt doch ein Diamant.

So ist es auch mit der heiligen Welt: Man sieht, daß diese Welt voller Verwirrung und Probleme ist, aber man sieht zugleich, daß das Strahlen der Großen Östlichen Sonne sich ständig in dieser phänomenalen Existenz manifestiert. Die heilige Welt wird «groß» genannt, weil sie ursprünglich und ungeschaffen ist. Ihre Heiligkeit ist älter als Geschichte und Vorgeschichte, älter als das Denken, älter als der menschliche Geist selbst. Die Erfahrung der großen heiligen Welt ist also die Erfahrung, daß es eine allumfassende, ursprüngliche Weisheit gibt, die sich in allen Phänomenen widerspiegelt. Diese Weisheit ist alt und jung zugleich, und sie wird von den Problemen der relativen Welt weder übertüncht noch gemindert.

Heiligkeit ist mit dem Osten, dem Ursprung des Lichts, assoziiert, weil es in dieser Welt immer die Möglichkeit gibt zu sehen. Der Osten ist die Morgenröte der Wachheit, der Horizont des menschlichen Bewußtseins, über dem stets die Möglichkeit einer größeren Vision aufgeht. Wo du auch bist, du kannst immer die Augen öffnen und nach Osten schauen; selbst unter den erbärmlichsten Umständen steht es dir frei, wach zu schauen. Die heilige Welt erstrahlt im nie verlöschenden Licht und Glanz der Großen Östlichen Sonne. In diesem Licht erkennen wir das Potential an grundlegendem Gutsein in der Welt. Was wir normalerweise unter Licht verstehen, stammt stets aus ganz bestimmten Energiequellen. Wie hell eine Kerzenflamme brennt, hängt von der Dicke der Kerze und des Dochtes ab. Die Leuchtkraft einer Glühbirne wird von elektrischen Größen bestimmt. Nur die Große Östliche Sonne strahlt ewig und bedarf keiner Energiequelle. Wenn wir ihr Licht erkennen, sehen wir die heilige Welt.

Die Erfahrung der heiligen Welt zeigt uns, wie unablösbar wir in das Gewebe dieser Welt hineingewirkt sind. Wir sind ein natürlicher Bestandteil dieser Welt, und sie offenbart uns eine natürliche Hierarchie oder Ordnung, in der wir ein Modell für unsere Lebensführung haben. Normalerweise versteht man unter Hierarchie eine Art Leiter, eine vertikale Machtstruktur, bei der die oberste Sprosse die größte Machtfülle bedeutet. Wer sich auf einer der unteren Sprossen befindet, fühlt sich von allem, was über ihm ist, unterdrückt; er versucht es abzuschütteln oder selbst höher zu klettern. Für den Krieger bedeutet Hierarchie dagegen, daß er die Große Östliche Sonne überall und in allem widergespiegelt sieht. Er sieht die Möglichkeit einer Ordnung, die weder auf Kampf und Aggression beruht noch Anlaß dazu gibt, die Möglichkeit, in Harmonie mit der Welt zu leben. Dieses Verständnis von der Hierarchie oder Ordnung der Welt manifestiert sich als Gespür für den rechten Anstand, das unserem Leben etwas Würdevolles und Gepflegtes gibt und uns zeigt, was unsere natürliche Art zu *sein* ist.

Das würdevolle Verhalten des Kriegers ist von seiner Gelassenheit und seinem Gefühl der Harmonie mit sich selbst und seiner Welt bestimmt. Er braucht sich nicht eigens den wechselnden Situationen anzupassen, alles fügt sich ganz von selbst. Jetzt entledigt er sich der letzten Reste jener gigantischen Last von Gewohnheitsmustern, die er so lange mit sich herumgetragen hat, um sich vor der Natur zu schützen. Er nimmt die Natur rückhaltlos in sich auf und sieht, daß er keine vom Ich bedingten Ausflüchte mehr braucht. Er fühlt sich ge-lassen und unbeschwert. Er fühlt sich in seiner Welt zu Hause.

So erlaubt uns die Erweckung von Drala, in Harmonie mit der elementaren Qualität der Wirklichkeit zu leben. Im allgemeinen scheint es uns heute allerdings mehr darum zu gehen, die Elemente zu bezwingen. Die Zentralheizung bezwingt die Kälte des Winters, die Klimaanlage bezwingt die Hitze des Sommers. Wir lassen uns ungern durch Dürre, Überschwemmungen oder Stürme an die überlegene Kraft der Natur erinnern, und gleich rüsten wir zum Kampf gegen die Elemente. Dem Krieger geht es nicht darum, die elementaren Kräfte des Daseins niederzuringen; er respektiert ihre Macht und Ordnung als Wegweiser für seine Lebensführung. In den alten Philosophien Chinas und Japans wird anhand der drei Prinzipien Himmel, Erde und Mensch dargestellt, wie das Leben und die Gesellschaft des Menschen mit der Ordnung der natürlichen Welt in Einklang zu bringen sind. Dem liegt ein uraltes Verständnis von natürlicher Hierarchie zugrunde. Ich habe die Prinzipien Himmel, Erde und Mensch als sehr hilfreich empfunden, um darzustellen, wie der Krieger seinen Platz in der heiligen Welt einnimmt. Wir haben natürlich heute andere politische und soziale Wertvorstellungen als das alte China oder Japan, aber die Weisheit, die sich in den Prinzipien der natürlichen Ordnung bekundet, ist auch heute noch gültig und anwendbar.

Wir können die drei Prinzipien buchstäblich als den Himmel, die Erde und den Menschen dazwischen verstehen. In allen Kulturen ist der Himmel der heiligste Bereich, Wohnsitz der Götter. So steht der Himmel symbolisch für alle hohen Ideale, für die Erfahrung der Grenzenlosigkeit und Heiligkeit, die den Hintergrund menschlicher Größe und Schöpferkraft bilden. Die Erde ist andererseits das Symbol der handgreiflichen Wirklichkeit und der Empfänglichkeit. Sie ist der Grund, der das Leben trägt und fördert. Sie mag uns fest und unbeweglich erscheinen, doch sie kann bearbeitet, kultiviert werden. Formbar wird das Prinzip Erde erst durch die richtige Beziehung zwischen Himmel und Erde. Das Prinzip Himmel mag uns trocken und philosophisch erscheinen, aber auch Wärme und Liebe kommen vom Himmel. Vom Himmel fällt der Regen zur Erde, es besteht also eine tiefe Beziehung zwischen den beiden. Wenn diese Beziehung hergestellt ist, öffnet sich die Erde, sie wird sanft und weich und formbar, so daß Pflanzen auf ihr wachsen und Menschen sie bearbeiten können.

Das Mensch-Prinzip ist Symbol für ein Leben in Harmonie mit Himmel und Erde. Wenn Menschen die Weite des Himmels mit der Handfestigkeit der Erde zu verknüpfen wissen, können sie in einer guten menschlichen Gemeinschaft miteinander leben. In den alten Philosophien wird gesagt, wenn Menschen in Harmonie mit den Prinzipien Himmel und Erde leben, dann spielen auch die Jahreszeiten und die Elemente der Welt harmonisch zusammen. Dann gibt es keine Furcht mehr, und die Menschen schließen sich, wie es ihnen zusteht, dem Leben auf dieser Welt an. Sie haben den Himmel über sich und die Erde unter sich, und sie wissen das Leben in seiner Gesamtheit zu würdigen.

Doch wenn der Mensch seine Beziehung und sein Vertrauen zu Himmel und Erde selbst zerstört, treten Naturkatastrophen und gesellschaftliche Wirren ein. Das chinesische Schriftzeichen für Herrscher oder König ist eine vertikale Linie, die drei horizontale Linien verbindet – Himmel, Erde und Mensch. Der König hat also die Macht, Himmel und Erde in einer guten menschlichen Gesellschaft zu vereinigen. Wenn genügend Regen fiel und die

Feldfrüchte gediehen, so wurde das früher als ein Zeichen gewertet, daß der König ein wahrer König sei, der Himmel und Erde miteinander vereinigen konnte. Traten andererseits Dürre, Hungersnöte und Naturkatastrophen ein, so wurde die Macht des Königs in Frage gestellt. Dieser Gedanke, daß die Harmonie der Natur mit der Harmonie im menschlichen Bereich verknüpft ist, findet sich nicht nur im Fernen Osten. Denken wir nur an die Bibel, etwa an die Geschichte von König David, in der ebenfalls ein Konflikt zwischen Himmel und Erde geschildert wird, durch den der König in Mißkredit gerät.

Wenden wir diese Sicht von Himmel, Erde und Mensch auf unsere heutige Welt an, so wird sichtbar, daß eine Beziehung besteht zwischen den gesellschaftlichen und den Umweltproblemen. Wenn der Mensch seine Verbindung zur Natur, zu Himmel und Erde verliert, dann weiß er seine Umwelt nicht mehr pfleglich zu behandeln und die Welt nicht mehr zu regieren – was letztlich dasselbe ist. Was Menschen ihrer Umwelt zufügen, geht Hand in Hand mit dem, was sie einander zufügen. So betrachtet, ist die Heilung der Gesellschaft nur zugleich mit der Heilung unserer persönlichen, elementaren Beziehung zu unserer Umwelt möglich.

Solange der Mensch kein Gefühl für ein Zusammenleben mit einem weiten Himmel über sich und einer üppig grünen Erde unter sich hat, gibt es für ihn kaum eine Möglichkeit, sehen zu lernen. Wenn wir den Himmel als eisernen Deckel und die Erde als wüstes Ödland empfinden, verstecken wir uns lieber, anstatt nach außen zu gehen, um anderen zu helfen. Die Shambhala-Weltsicht lehnt weder die Technik ab noch befürwortet sie ein naives «Zurück zur Natur». Aber in dieser Welt, die wir bewohnen, besteht immer die Möglichkeit loszulassen und uns selbst, unseren Himmel und unsere Erde zu betrachten und zu bejahen. Wir dürfen uns erlauben, uns selbst zu lieben, Kopf und Schultern zu heben, um die Sonne am Himmel zu sehen.

Die Herausforderung der Kriegerschaft besteht darin, voll und ganz in dieser Welt, wie sie ist, zu leben und in dieser so widersprüchlichen Welt das Wesen der Jetztheit zu entdecken. Wenn wir unsere Augen, unser Herz und unseren Geist öffnen, werden wir finden, daß diese Welt ein magischer Ort ist. Sie ist nicht magisch, weil sie uns irreführt oder sich plötzlich in etwas anderes verwandelt, sondern weil sie so strahlend lebendig sein kann. Aber wir entdecken diesen Zauber erst, wenn wir uns nicht mehr unserer eigenen Lebendigkeit schämen, wenn wir den Mut haben, das Gutsein und die Würde des menschlichen Daseins zu bekunden – ohne Zögern und ohne Hochmut.

Die Welt ist voller Kraft und Weisheit, die uns stets zugänglich sind. In gewisser Weise haben wir sie sogar schon.

Durch das Wachrufen von Drala bekommen wir die Möglichkeit, die heilige Welt und ihre natürliche Hierarchie oder Ordnung zu erfahren. Diese Ordnung umfaßt alle Aspekte des Lebens, auch die häßlichen, bitteren und traurigen. Auch diese Fäden sind wie unser eigenes Sein in den prächtigen Teppich des Lebens verwoben, ob es uns gefällt oder nicht. Diese Verbundenheit zu erkennen, hat weitreichende Folgen: Wir merken jetzt, daß es sinnlos ist, sich über diese Welt zu beklagen oder gegen sie zu kämpfen. Dafür steht es uns jetzt offen, die Heiligkeit der Welt zu feiern und ihr Geltung zu verschaffen. Auf dem Weg des Kriegers erweitern und vertiefen wir unser Sehvermögen und lernen, uns furchtlos zu geben. Nur so bekommen wir die Möglichkeit, einen fundamentalen Wandel herbeizuführen.

Wie die Welt *ist*, das können wir nicht verändern; doch

wenn wir uns dieser Welt, *wie sie ist*, öffnen, werden wir vielleicht feststellen, daß es Sanftheit, Geradheit und Mut tatsächlich gibt – und nicht nur für uns selbst, sondern für alle Menschen.

17. Die natürliche Ordnung

Ein Leben in Übereinstimmung mit der natürlichen Ordnung hat nichts mit starren Regeln oder Tagesordnungen oder mit leblosen Verhaltensnormen zu tun. Die Ordnung, Kraft und Fülle dieser Welt kann uns aber die Augen öffnen für ein umsichtig geführtes Leben voller Freundlichkeit nach innen und außen.

Die drei Prinzipien Himmel, Erde und Mensch sind eine der Möglichkeiten, die natürliche Hierarchie oder Ordnung des Kosmos zu beschreiben. Ich möchte jetzt eine andere Sicht dieser Ordnung darstellen, die zur Shambhala-Tradition meines Geburtslandes Tibet gehört.

Auch hier finden wir eine Dreiteilung vor, nämlich in die Prinzipien *Lha, Nyen* und *Lu*. Sie stellen keinen Gegensatz dar zu den Prinzipien Himmel, Erde und Mensch, eröffnen aber, wie sich zeigen wird, eine etwas andere Perspektive. Lha, Nyen und Lu sind mehr in den Gesetzen der Erde verwurzelt, berücksichtigen jedoch auch die beherrschende Stellung des Himmels und den Platz des Menschen im kosmischen Gefüge. Lha, Nyen und Lu beschreiben in erster Linie die Ordnung der Erde und zeigen, wie der Mensch sich in das Gewebe der elementaren Wirklichkeit einbinden kann. Die Anwendung dieser drei Prinzipien ist also ein weiterer Weg, die Kraft von Drala oder elementarer Magie wachzurufen.

Lha bedeutet wörtlich «Gott» oder «göttlich», doch in unserem Zusammenhang bezieht es sich nicht auf den himmlischen Bereich, sondern auf den höchsten Punkt der Erde. Die Gipfel der Schneeberge, Gletscher und nackter

Fels sind der Bereich von Lha. Lha ist der höchste Punkt, der das Licht der aufgehenden Sonne zuerst einfängt. Es ist der irdische Bereich, der in den Himmel und die Wolken hineinragt: er kommt dem Himmel so nah, wie das die Erde nur kann.

Psychologisch betrachtet vertritt Lha das erste Aufblitzen der Wachheit, die Erfahrung einer wunderbaren Frische und Geklärtheit unseres Geisteszustands. Lha ist das, was in uns zum ersten Mal das Licht der Großen Östlichen Sonne einfängt und als elementares Gutsein nach außen zurückspiegelt. Am Körper ist Lha der Kopf und hier vor allem Augen und Stirn, repräsentiert also unsere Aufgerichtetheit und unsere Ausstrahlung.

Nyen bedeutet wörtlich «Freund». Es beginnt bei den mächtigen Bergschultern und erstreckt sich über die Wälder und Ebenen. Die breiten Schultern der Samurai-Rüstungen vertreten das Nyen-Prinzip, und das gilt auch für die Schulterstücke heutiger Militäruniformen. Am Körper sind die Schultern und der obere Rumpf der Sitz von Nyen. Psychologisch gesehen repräsentiert Nyen ein Gefühl der Verwurzelung im Gutsein, in der Erde. Es ist der Ausdruck für eine mutige und ritterliche Haltung oder, wie wir auch sagen könnten, für erleuchtete Freundschaft: mutig und anderen gegenüber hilfsbereit sein.

Und endlich *Lu*, das wörtlich so viel wie «Wasserwesen» bedeutet. Lu ist der Bereich der Flüsse, der großen Seen und Meere, also des Wassers oder überhaupt des Feuchten. Lu ist wie ein flüssiger Diamant, vereinigt also Feuchtigkeit und Reichtum in sich. Die Erfahrung von Lu ist wie der Sprung in einen Goldsee. Lu ist auch Frische, aber eine andere als die Gletscherfrische von Lha. Hier ist sie wie Sonnenlicht in einem tiefen Wasserloch, das den Edelsteincharakter des Wassers sichtbar macht. Am Körper ist Lu der Bereich von der Taille bis zu den Füßen.

Lha, Nyen und Lu spielen in allen Vorgängen eine Rolle, zum Beispiel für die Jahreszeiten. Der Winter ist Lha, die Jahreszeit einer hohen, frischen Weite. Die Luft ist so kalt und klar, als schwebte man über den Wolken. Dann der Frühling, in dem der Himmel sich wieder der Erde nähert und sie berührt; der Frühling ist die Übergangszeit von Lha zu Nyen. Im Sommer, wenn alles grün ist und blüht, kommt die Zeit der vollen Entfaltung von Nyen. Dann kommt der Herbst, die Zeit von Lu, Reifezeit der Früchte und letztes Entwicklungsstadium in der Folge der Jahreszeiten. Das Reifen und die Ernte im Herbst sind auch das Reifen von Lu. Im Wechsel der Jahreszeiten bilden Lha, Nyen und Lu die Kräfte eines Entwicklungsprozesses. Dasselbe gilt aber auch für viele andere Vorgänge. Die Interaktion von Lha, Nyen und Lu ist der Schneeschmelze in den Bergen vergleichbar. Die Sonne erwärmt die Gipfel und Gletscher, und es beginnt zu tauen – das ist Lha. Dann rinnt das Schmelzwasser an den Bergen herunter und bildet Bäche – Nyen. Die Bäche vereinigen sich zu Flüssen, die ins Meer münden – das ist Lu, die Reifung.

Auch im menschlichen Bereich wird das Zusammenspiel dieser drei Prinzipien sichtbar. Zum Beispiel ist Geld als solches Lha, richtet man mit diesem Geld ein Bankkonto ein, so ist das Nyen, und wenn man Geld abhebt, um damit etwas zu bezahlen, so ist das Lu. Ein ganz schlichtes Beispiel: Wir trinken ein Glas Wasser. Aus einem leeren Glas kann man nicht trinken, also füllt man es erst einmal, und das ist Lha. Dann nimmt man das Glas in die Hand – Nyen. Schließlich trinkt man, und das ist Lu.

Lha, Nyen und Lu spielen in jeder Lebenssituation eine Rolle. Auch jedes Ding, mit dem wir umgehen, ist einem dieser drei «Orte» zugeordnet. Zum Beispiel Kleidung: Der Hut hat seinen Platz im Lha-Bereich, Schuhe gehören zum Lu-Teil des Körpers, und ein Hemd trägt man dort, wo Nyen seinen Sitz hat. Vertauscht man diese Prinzipien, so spürt man instinktiv, daß etwas nicht stimmt. Wenn die Sonne einem auf den Kopf brennt, legt man sich nicht die Schuhe als Schutz auf den Kopf. Andererseits zieht man sich nicht die Brille anstatt eines Schuhs an den Fuß. Man bindet sich die Krawatte nicht ums Knie und sollte, nebenbei bemerkt, die Füße nicht auf den Tisch legen, denn beides ist eine Vermengung von Lu und Nyen. Persönliche Gegenstände, die dem Lha-Bereich zugehören, sind zum Beispiel Hut, Brille, Ohrringe, Zahn- und Haarbürste. Zum Nyen-Bereich gehören Fingerringe, Gürtel, Krawatte, Hemd und Bluse, Manschettenknöpfe, Halsketten und Armbanduhren. Zum Lu-Bereich gehören Dinge wie Schuhe, Socken und Unterhose. Tut mir leid, so simpel ist das wirklich. Lha, Nyen und Lu sind sehr praktische Größen, gar nichts Ungewöhnliches.

Die Beachtung der Ordnung von Lha, Nyen und Lu macht die Zivilisiertheit des Menschen aus; man könnte sagen, daß diese drei Prinzipien den höchsten Verhaltensmaßstab darstellen. Wenn man die Regeln von Lha, Nyen und Lu einhält, ist das Leben in Harmonie mit der Ordnung der phänomenalen Welt. Manche Menschen möchten sich über solche Grundregeln hinwegsetzen und sagen: «Ich stelle mir die Schuhe auf den Kopf, na und?» Aber jeder weiß, daß das nicht in Ordnung ist, auch wenn man nicht direkt triftige Gründe dafür angeben kann. Ein Instinkt sagt uns, daß bestimmte Dinge an bestimmte Plätze gehören, und solche Normen sind durchaus sinnvoll. Das ganze Haus wird bedeutend ordentlicher und wohnlicher, wenn die Dinge an ihrem Platz sind. Rhythmus und Ordnung übertragen sich von hier aus auf unsere gesamte Erfahrung.

Es kann sehr destruktiv sein, wenn die Ordnung von Lha, Nyen und Lu gestört wird. Folgte auf den Herbst beispielsweise gleich der Sommer anstatt des Winters, oder auf den Sommer gleich wieder der Frühling, so wäre die ganze kosmische Ordnung durcheinandergebracht. Nichts würde mehr richtig wachsen, die Tiere könnten sich nicht vermehren, und es würden verheerende Dürren und Überschwemmungen über uns hereinbrechen. Das gleiche gilt für die Gesellschaft: Wird hier die Ordnung von Lha, Nyen und Lu verletzt, so geht alle Kraft verloren, und ein Chaos entsteht.

Manchmal führen unsere politischen Führer uns die Verletzung von Lha, Nyen und Lu recht drastisch vor Augen: Der Präsident der Vereinigten Staaten im Oval Office mit den Füßen auf dem Tisch; oder die legendär gewordene Szene am Sitz der Vereinten Nationen, als Chruschtschow mit dem Schuh aufs Rednerpult schlug. Nicht dieses Handeln selbst ist das eigentliche Problem, sondern was daran sichtbar wird. Die Gesetze von Lha, Nyen und Lu zu beachten, ist nicht bloß eine Frage von guten Manieren. Wirklich problematisch ist vielmehr die ganze Einstellung, die der Heiligkeit des Lebens spottet: daß man seine Persönlichkeit zum Ausdruck bringen oder einer Aussage Nachdruck verschaffen kann, indem man die Welt auf den Kopf stellt und ihre Regeln ignoriert. Man verliert dadurch sein Vertrauen in die Welt und wird selbst ein vertrauensunwürdiger Mensch, der sich seinen Weg durchs Leben zu erkaufen oder zu erschleichen versucht und das für die Straße zum Erfolg hält. Kann sein, daß ihm auf diesem Weg vorübergehend Erfolg beschieden ist, doch letztlich wirft er sich damit selbst in die Gosse.

Es ist also sehr wichtig, die Ordnung von Lha, Nyen und Lu zu beachten. Es ist nicht mit einem Lippenbekenntnis getan, und auch ein ordentlicher Haushalt muß nicht unbedingt ein Beweis für die richtige Haltung sein. Es fängt damit an, daß du diese Welt wirklich in dich aufnimmst, sie wieder mit völlig unvoreingenommenem Blick betrachtest. Wenn du das kannst, dann fühlst du die Gegenwart von Lha, Nyen und Lu in deinem Körper, in deinem ganzen Sein. Du fühlst die Wachheit und Vision des Lha, die Festigkeit und Sanftheit von Nyen, die von Lu bestimmten Möglichkeiten des Kontakts mit der Erde. Wenn du diese Grundlage des würdigen Verhaltens entdeckt hast, geht dir allmählich auf, wie du die richtige Ordnung von Lha, Nyen und Lu wahren kannst, indem du dich anderen gibst und der Welt dienst.

Die Verbindung von Lha, Nyen und Lu ist abgebildet in der traditionellen Begrüßungsform vieler östlicher Kulturen, der Verbeugung. Für den Shambhala-Krieger ist die Verbeugung Symbol seiner Bereitschaft, sich anderen hinzugeben und ihnen zu dienen. Sie ist äußeres Abbild seiner ganzen Einstellung gegenüber dem Leben, seiner Grundhaltung des selbstlosen Dienens. Wenn ein Krieger sich verbeugt, so beginnt das mit einer gestrafften Haltung, in der Kopf und Schultern aufgerichtet sind. Man sackt nicht einfach zu einem «Bückling» zusammen, sondern richtet sich zuvor ganz auf. Das stellt die Verbindung mit Lha her und entfesselt Windpferd. Der Krieger ist wie ein schneebedeckter Berg, und dann beginnt sich sein Kopf aus der klaren, frischen Gletscherzone herab zu senken. Auf Schulterhöhe erreicht er den Bereich von Nyen, dem der Krieger so seine Achtung bezeugt. Dann vollendet er die Bewegung und beugt sich auch noch dem Bereich von Lu. Er unterwirft sich vollkommen. Er bietet sich selbst während dieser Verbeugung durch alle drei Bereiche ganz und rückhaltlos dar.

Mit der Verbeugung gibt man grundlegendes Gutsein und Windpferd an andere weiter. Damit ist ein tiefes Empfinden des Verzichts auf jede Form potentieller Macht verbunden. Es ist ein dreifacher Prozeß: Halten, fühlen und geben. Zuerst bedarf es der Haltung, denn ohne richtigen Ausgangspunkt kann keine glaubwürdige Äußerung zustandekommen. Eine Verbeugung ohne Ausgangspunkt ist eine leere Gebärde, die kein Herz hat. Derjenige, dem die Verbeugung gilt, wird dich kaum für eine vertrauenswürdige Person halten. Die Magie und Kraft der Verbeugung gilt im Grunde beiden Menschen. Wenn du dich vor einem Freund oder einem guten, vertrauenswürdigen Menschen verbeugst, so habt ihr beide an etwas teil und seid darin verbunden. Verbeugst du dich vor der untergehenden Sonne oder vor Witzfiguren, so entwürdigst du dich selbst. Ein Krieger tut so etwas niemals. Eine Verbeugung bekundet deine Wertschätzung für den anderen, und du unterstreichst diese Achtung, indem du dich erst wieder aufrichtest, wenn dein Gegenüber es tut.

Die Verbeugung ist ein gegenseitiger Energieaustausch, aber auch ein Zeichen von Kultur, Loyalität und Hingabe. An ihr zeigt sich beispielhaft, wie Lha, Nyen und Lu zu einer Einheit verbunden werden können. Letztlich geht es darum, der Welt zu dienen. Auch die Werkzeuge, mit denen wir unsere Welt gestalten, sind dazu da, Lha, Nyen und Lu zu verbinden, und verdienen besondere Achtung. Dasselbe gilt für Menschen, die anderen dienen und damit zur Gestaltung ihres Lebens beitragen. Ein Lehrer, der seine Schüler zur Vereinigung von Lha, Nyen und Lu führt, verdient unsere Hochachtung. Eigentlich kommt auch Politikern und Staatsbediensteten diese Rolle zu. Der Krieger schließlich fühlt sich gänzlich dieser Aufgabe verpflichtet, Lha, Nyen und Lu zu vereinigen, um seinen Mitmenschen zu helfen.

Ein Leben in Übereinstimmung mit der natürlichen Ordnung hat nichts mit starren Regeln und Tagesordnungen oder mit leblosen Verhaltensnormen zu tun. Die Ordnung, Kraft und Fülle dieser Welt kann uns aber die

Augen öffnen für ein umsichtig geführtes Leben voller Freundlichkeit und Aufmerksamkeit nach außen und innen. Das bloße Studium von Lha, Nyen und Lu reicht dazu jedoch nicht aus. Die Entdeckung der natürlichen Hierarchie oder Ordnung muß eine persönliche Erfahrung sein – das Magische ist etwas, das man selbst erleben muß. Wenn dieser Kontakt hergestellt und gefestigt ist, wird es dir unvorstellbar, den Hut auf den Boden zu legen, geschweige denn, deine Nachbarn oder Freunde zu betrügen. Du spürst in dir den Drang, deiner Welt zu dienen und dich ihr gänzlich hinzugeben.

18. Regentschaft

Wenn hier vom «Regieren» unserer Welt die Rede ist, so soll damit gesagt sein, daß es möglich ist, ein würdevolles, diszipliniertes Leben ohne Nachlässigkeit zu führen und sich zugleich am Leben zu freuen. Der Alltag und das Fest des Lebens sind durchaus miteinander vereinbar.

Die Reise des Kriegers, auf der er die natürliche Ordnung und seinen Platz in der Welt entdeckt, ist etwas Erhabenes und zugleich etwas sehr Einfaches. Einfach deshalb, weil hier alles so unmittelbar und hautnah ist. Es berührt deinen Ursprung – deinen Platz in dieser Welt, den Ort, von dem du kommst und an den du gehörst. Es ist wie ein langer Abendspaziergang durch den Wald. Du hörst die Vögel singen und siehst am Himmel das schwindende Licht. Die Mondsichel taucht auf, und Sternbilder treten hervor. In der Ferne Hundegebell, Kindergeschrei und gelegentlich das Brummen eines Autos oder Lastwagens auf der Landstraße. Der Wind streicht über dein Gesicht und trägt dir die Gerüche des Waldes zu. Hin und wieder schreckst du auf deinem Weg Vögel oder ein Kaninchen auf. Im letzten Licht kommen dir Erinnerungen an deinen Mann oder deine Frau, an deine Kinder, deine Großeltern, deine ganze Welt. Du erinnerst dich an dein erstes Klassenzimmer, in dem du lesen und schreiben lerntest. Du siehst dich noch die Buchstaben nachziehen, *i* und *o, m* und *a*. Du gehst durch den Wald der Dralas und spürst doch deutlich, daß in seiner Umgebung noch andere Menschen leben. Doch wenn du lauschst, hörst du nur den

Wald und deine eigenen Schritte – rechts, links, rechts, links, ein Knacken, wenn du auf einen dürren Zweig trittst.

Wenn du in diese Welt der Wirklichkeit, in die große oder kosmische Welt hineinwanderst, wirst du herausfinden, wie du dein Leben regieren kannst – doch zugleich wirst du dort ein tiefes Alleinsein finden. Diese Welt kann ein Palast oder Königreich für dich werden, aber du wirst darin ein König oder eine Königin mit gebrochenem Herzen sein. Und das ist durchaus nicht das Schlechteste. Es ist sogar die beste Art, wahrhaft Mensch zu sein, ein Mensch, der anderen helfen kann.

Dieses Alleinsein ist schmerzlich, aber zugleich auch schön und wirklich. Aus der Traurigkeit erwächst ganz natürlich ein Verlangen und eine Bereitschaft, mit anderen zu arbeiten. Du siehst, daß es gut ist, so zu sein, wie du bist. Weil du für dich selbst sorgst, beginnst du dich jetzt auch für andere zu interessieren, die dein Leben ermöglicht haben oder den Weg der Kriegerschaft schon gegangen sind und ihn für dich geebnet haben. Du fühlst dich diesem uralten Geschlecht der Krieger verbunden und verpflichtet – allesamt unerschrockene Menschen, wer sie auch gewesen sein mögen. Zugleich nimmst du aber auch Anteil an all jenen, die diesen Weg noch vor sich haben: Was für dich möglich war, kann mit der richtigen Hilfe auch für andere möglich werden.

Du erkennst, daß es auch in deinem Leben «Jahreszeiten» gibt wie in der Natur. Es gibt Zeiten des Bauens und Erschaffens, in denen du deine Welt fruchtbar machst, neue Ideen hervorbringst und Unternehmungen beginnst. Dann gibt es die Zeiten des Wachsens und des Überflusses, in denen das Leben voll erblüht scheint und sich kraftvoll reckt. Dann die Zeit der Reife, in der die Dinge sich ihrer Erfüllung und ihrem Ende nähern. Alles erreicht seinen Höhepunkt und muß geerntet werden, bevor es wieder vergeht. Und dann gibt es natürlich die Zeiten der kalten, schneidenden Leere, in denen der Frühling des Neubeginns wie ein ferner Traum erscheint. Solche Lebensrhythmen sind naturgegeben. Sie flechten sich ineinander wie Tag und Nacht und enthalten keine Botschaften der Hoffnung oder Furcht, sondern zeigen einfach, wie die Dinge *sind*. Wenn du erkannt hast, daß alle Lebensphasen natürliche Rhythmen sind, brauchst du dich nicht mehr von den wechselnden Umständen und den schwankenden Stimmungen des Lebens mitschleifen zu lassen. Du hast jederzeit die Möglichkeit, ganz in dieser Welt zu sein und dich unter allen Umständen als mutiger und stolzer Mensch zu bewähren.

Sich um die Belange des täglichen Lebens zu kümmern und gleichzeitig das Leben wie ein Fest zu feiern – ist das überhaupt möglich? Die Erfordernisse des Alltags sind für uns meist rein praktischer Natur und allzu oft nur mühsame Plackerei. Und unter Feiern verstehen wir im allgemeinen etwas Extravagantes, das wir uns eigentlich nicht leisten können. Wenn hier aber vom «Regieren» unserer Welt die Rede ist, so soll damit gesagt sein, daß es möglich ist, ein würdevolles, diszipliniertes Leben ohne Nachlässigkeit zu führen und sich zugleich am Leben zu freuen. Der Alltag und das Fest des Lebens sind durchaus miteinander vereinbar. Das Königreich, das du regierst, ist dein eigenes Leben, das Reich des Haushälters. Dein tägliches Leben hat eine Struktur, ob du verheiratet bist und Kinder hast oder nicht. Viele Menschen empfinden die Regelmäßigkeit des Lebens als Zwangsjacke, sie wünschen sich ständig ein anderes Leben, ständig neue Gerichte auf dem Tisch. Es ist jedoch notwendig, irgendwo zur Ruhe zu kommen und sich um ein regelmäßiges, diszipliniertes Leben zu bemühen. Und seltsam: Je größer die Disziplin wird, desto mehr ist das Leben von Freude erfüllt. Die

Grundstruktur des Lebens kann also Freude sein und muß nicht bloß aus Pflichterfüllung bestehen. Das ist mit dem Regieren im Königreich deines eigenen Lebens gemeint.

Das Leben – jedes Leben – kann reich und gut sein, das beinhaltet der Ausdruck «Königreich». Unter Reichtum wird meist nicht mehr als ein Vermögen an Geld und Gütern verstanden, wirklicher Reichtum besteht jedoch in dem Wissen, wie man dem ganzen Leben den Glanz des Goldes verleihen kann. Auch wenn man nur ein paar Mark auf der Bank hat, kann das Leben voller Reichtum sein.

Es ist eine Binsenweisheit, aber halten wir sie uns ruhig noch einmal vor Augen: Wenn du dich in der Wüste verirrst und deine Nahrungs- und Wasservorräte aufgebraucht hast, kannst du noch so viel Gold im Rucksack haben, damit läßt sich gegen Hunger und Durst nichts ausrichten. So geht es vielen reichen Menschen in der Wüste ihres Lebens: Ihren wirklichen Hunger und Durst können sie mit all ihrem Geld nicht stillen. Zufriedenheit und Freiheit von Schmerz sind mit Geld nicht zu erkaufen. Wer steinreich ist, kann trotzdem unfähig sein, sich an einem einfachen Mahl zu freuen.

Wahrer Reichtum kommt nicht von selbst. Man muß ihn sich verdienen, sonst bleibt man vor vollen Töpfen hungrig. Wer seine Welt wirklich regieren will, muß sich davor hüten zu denken, das habe mit großen Ausgaben zu tun. Wahrer Reichtum erwächst aus dem Einsatz der eigenen Kräfte. Gib deine Wäsche nicht in die Wäscherei, sondern reinige sie selbst, das ist nicht nur billiger, sondern auch besser für dich selbst. Kümmere dich um deine Welt, mit eigener Kraft und ganzem Einsatz. Der goldene Schlüssel zum Reichtum besteht in der Einsicht, daß du arm an materiellen Mitteln sein und dich trotzdem gut fühlen kannst, weil das Gefühl des Reichtums in dir selbst liegt. Das ist der Schritt zum Reichtum und zur Regentschaft im eigenen Leben: zu sehen, daß einem beides zuwächst, wenn man nur wahrhaft Mensch ist.

Dieser Zusammenhang ist nicht nur sehr interessant, sondern auch von größter Bedeutung für den Umgang mit den Problemen der Welt. Politik hat heute mehr und mehr einen überwiegend ökonomischen Hintergrund. Wo materielle Armut herrscht, möchte man von denen etwas haben, die mehr besitzen, aber die Besitzenden möchten nichts von ihrem Besitz hergeben, weil auch ein kleiner Verzicht schon die Angst vor drohender Armut in ihnen weckt. Angesichts dieser Mentalität beider Seiten kann man sich in der Tat kaum vorstellen, wie sich jemals etwas grundlegend ändern soll. Und wenn sich doch einmal etwas ändert, dann nur aufgrund von überschäumendem Haß, der in Gewalt mündet, weil beide Seiten erbittert an dem festhalten, was sie für wichtig halten.

Kein Zweifel, wenn man hungert, will man etwas zu essen und man braucht etwas zu essen. Die echten Bedürfnisse der Menschen sind jedoch manipulierbar, und das geschieht auch – skrupellos. Kriege aus Gier hat es in dieser Welt immer wieder gegeben. Die Reichen waren bereit, unzählige Menschenleben zu opfern, um ihren Besitz zu wahren, und die Armen scheuten sich nicht, ihre Mitmenschen für ein Stück Brot oder die Hoffnung auf ein paar Münzen in der Tasche umzubringen.

Mahatma Gandhi forderte sein Volk zum Gewaltverzicht auf, aber auch zum Verzicht auf fremdländische Gepflogenheiten, die für die Inder gleichbedeutend mit Reichtum und Wohlstand waren. Sie sollten ihr eigenes Tuch weben, anstatt Kleidung aus britischen Stoffen zu tragen, lautete sein Rat. Mit dieser Proklamation der Autarkie und Genügsamkeit wollte Gandhi seinem Volk zu einem Leben in Würde verhelfen – einer Würde, die nicht auf materiellem Reichtum, sondern auf dem inneren

Sein des Menschen beruhen sollte. Wir dürfen Gandhis Aufruf zur Gewaltfreiheit, die er Satyagraha, wörtlich «das Ergreifen der Wahrheit», nannte, jedoch nicht als Aufforderung zu extremer Askese interpretieren. Um den inneren Reichtum zu finden, braucht man nicht aller materiellen Besitztümer und Vorhaben zu entsagen.

Die Shambhala-Tradition lehrt uns, daß das Beste im menschlichen Leben unter ganz gewöhnlichen Umständen verwirklicht werden kann. In dieser Welt, so wie sie ist, können wir ein gutes und sinnvolles Leben führen, das auch anderen nützt. Darin besteht unser wahrer Reichtum. In einer Zeit, in der die Welt vom nuklearen Untergang bedroht ist und Hunger und Armut für viele Millionen Menschen die tägliche Wirklichkeit sind, bedeutet Regentschaft im eigenen Leben den Entschluß zu einem Dasein als ganz normaler, aber wahrhaft menschlicher Bewohner dieser Erde. Genau das beinhaltet das Bild der Kriegerschaft im Alltag.

Wie können wir nun Reichtum und Regentschaft in unserem normalen Leben praktisch verwirklichen? Wenn ein Krieger die Grundprinzipien der Würde und Sanftheit erst einmal zutiefst erfaßt hat, wenn er das Drala-Prinzip und die Ordnung von Lha, Nyen und Lu erfahren hat, muß er sich mit dem Aspekt des Reichtums in seinem Leben befassen. Reichtum beginnt damit, daß du das grundlegende Gutsein in dir selbst ans Licht bringst und nach außen leuchten läßt. Dieses Gutsein zeigt sich in der Art, wie du dich kämmst, wie du dich kleidest, wie dein Wohnzimmer aussieht – in allem, was deine unmittelbare Welt ausmacht. Von da aus können wir weitergehen und das entdecken, was in der Shambhala-Tradition als «die sieben Reichtümer des universalen Monarchen» (von dem im nächsten Kapitel die Rede sein wird) bezeichnet wird. Das sind sehr alte Kategorien, die zuerst in Indien zur Beschreibung der

Eigenschaften eines Herrschers dienten. In unserem Zusammenhang geht es um die persönliche Verwirklichung dieser Eigenschaften.

Der erste Reichtum eines Herrschers ist seine Königin. Die Königin – für uns die Ehefrau oder der Ehemann – ist Sinnbild dafür, daß in deinem Haushalt alles seine rechte Ordnung hat. Wenn du mit jemandem dein Leben teilst, deine guten und schlechten Seiten, findest du eher den Mut, nichts mehr zu verstecken, sondern dich so zu zeigen,wie du bist. Ein Shambhala-Mensch muß jedoch nicht unbedingt verheiratet sein – auch alleinstehend kann man ein Krieger sein. Man ist sich selbst ein Freund, hat aber auch noch einen Kreis anderer Freunde. Es kommt vor allem darauf an, Anstand und Vernunft in allen Beziehungen walten zu lassen.

Der zweite Reichtum des universalen Monarchen ist der Minister. Der Minister ist Sinnbild des loyalen Beraters. Ein Minister, also ein Freund, der dir mit Rat zur Seite steht, sollte unergründlich sein. Das heißt aber nicht, daß Freunde verschlagen oder schwer einzuschätzen sein sollen, sondern daß sie im Gegenteil nichts «im Schilde führen», das ihre Freundschaft mit dir überschattet. Ihr Rat und ihre Hilfe sind unvoreingenommen.

Der dritte Reichtum ist der General, der für Furchtlosigkeit und Schutz steht. Der General ist auch ein Freund, und zwar ein furchtloser Freund, der rückhaltlos zu dir steht und stets das tut, was die Situation gerade erfordert. Ein General ist ein Freund, der nicht nur Rat gibt, sondern sich wirklich um dich kümmert.

Der vierte Reichtum ist die Stute, das Reitpferd. Die Stute ist Symbol für deine Bereitschaft, dich in jeder Situation voll einzusetzen. Du verfällst nicht der Trägheit, sondern gehst vorwärts und stellst dich allen Situationen deines Lebens.

Der fünfte Reichtum ist der Elefant, Symbol der Standfestigkeit. Die Winde der Täuschung und Verwirrung können dich nicht umherwirbeln – du bist standfest wie ein Elefant. Ein Elefant steht aber nicht bloß standfest herum wie ein Baum, sondern bewegt sich auch. In der Bewegung bleibst du also stets fest und sicher – wie auf dem Rücken eines Elefanten.

Der sechste Reichtum des Herrschers ist das wunscherfüllende Juwel, Symbol der Großzügigkeit. Du hältst nicht an dem Reichtum fest, den du mit den anderen Prinzipien gewonnen hast, sondern läßt los und gibst – aufgeschlossen, offen und humorvoll.

Der siebente Reichtum ist das Rad. Nach der Überlieferung hält der Herrscher des ganzen Universums ein goldenes Rad in der Hand, während der Regent der Erde ein eisernes Rad erhält. Die Könige von Shambhala sollen eiserne Räder gehabt haben, weil sie Herrscher dieser Erde waren. Für uns bedeutet das Rad Herrschaft über unsere Welt. Du nimmst deinen Platz im Leben ohne Vorbehalt und in der richtigen Haltung ein, so daß alle Prinzipien zusammenwirken können, um Reichtum und Würde deines Lebens zu fördern.

Die Anwendung dieser sieben Prinzipien des Reichtums ermöglicht uns den richtigen Umgang mit unserer unmittelbaren Umwelt. Du hast einen Mann oder eine Frau und wirst durch diesen Partner in deiner Lauterkeit bestärkt. Du hast gute Freunde, die dich beraten, und du hast Beschützer, die dich furchtlos lieben und zu dir stehen. Du begibst dich mit vollem Einsatz auf deine Reise und an deine Arbeit – das ist deine Stute. Du reitest stets auf deiner Energie, und niemals gibst du irgend etwas resignierend auf. Zugleich mußt du dabei aber auch erdhaft und standfest wie ein Elephant sein. Und wenn du all das hast, sonnst du dich nicht einfach in deinem Reichtum, sondern wirst großzügig gegenüber anderen, wie ein wunscherfüllendes Juwel. Erst dadurch regierst du dein Leben ganz, bekommst das Rad der Herrschaft. Das alles zusammengenommen, ist «erleuchtete Haushaltsführung».

Du fühlst jetzt, daß dein Leben ganz zu seiner ureigenen Form gefunden hat. Unaufhörlich scheint ein goldener Regen zu fallen. Du gewinnst ein Gefühl der Festigkeit, Einfachheit und Geradlinigkeit, zugleich aber auch ein Gefühl der Sanftheit und Offenheit – als hätte sich eine wunderschöne Blüte glückverheißend in deinem Leben geöffnet. In allem, was du tust, ob du annimmst oder ablehnst, öffnest du dich dem Schatz der Shambhala-Weisheit. Wo Harmonie ist, nur darauf kommt es an, da ist auch Reichtum. Es mag Situationen geben, wo du ohne einen Pfennig dastehst, aber das ist kein Problem. Du bist jetzt für immer reich.

Wer die Probleme der Welt lösen will, muß zuerst den eigenen Haushalt, das eigene persönliche Leben in Ordnung bringen. Das ist für manchen schwer einzusehen. Viele Menschen haben den echten Wunsch, über ihr eigenes festgefahrenes Leben hinauszugehen, um der Welt zu helfen. Doch wenn man damit nicht bei sich zu Hause anfängt, *muß* es ein Fehlschlag werden. Wenn das eigene Leben, die unmittelbare Umwelt in Ordnung gebracht ist, wird der nächste Schritt sich ganz natürlich ergeben. Wo das nicht geschieht, wird man nur das Chaos der Welt vergrößern.

Dritter Teil:
Authentische Gegenwart

Dem würdigen Shambhala-Menschen dämmert der
Morgen
einer niemals schwindenden authentischen Gegenwart

19. Der universale Monarch

Aus dem Kokon in den Raum hinauszutreten, mutig und zugleich sanft zu sein – das ist die Herausforderung der Kriegerschaft.

Im zweiten Teil dieses Buches haben wir darüber gesprochen, wie wir Drala, das Magische, entdecken können und wie diese Entdeckung uns befähigt, unser Dasein in eine Manifestation der heiligen Welt zu verwandeln. All diese Lehren basieren zwar auf sehr einfachen und gewöhnlichen Erfahrungen, doch diese neue Perspektive kann trotzdem zunächst überwältigend sein, so als stünde man einer monumentalen Weisheit gegenüber. Und gewiß wird es zur Verwirklichung der Kriegerschaft noch manche Fragen geben.

Wie findet man den Mut, dem Pfad des Shambhala-Kriegers zu folgen – einfach durch persönliche Willensanstrengung? Oder soll man sich einfach vorstellen, daß man die Große Östliche Sonne sieht, und dann inständig hoffen, daß das, was man sieht, ES ist? Beides funktioniert nicht. Schon manch einer hat versucht, im Hauruck-Verfahren ein Krieger zu werden. Damit stürzt man sich nur in noch tiefere Verwirrung und legt immer neue Schichten von Feigheit und Unfähigkeit frei. Wenn es unterwegs keine Freude gibt, wenn die Erfahrung des Magischen fehlt, steuert man schnurstracks auf die hohe Mauer des Wahnsinns zu.

Auf dem Weg des Kriegers kommt man mit amateurhaften Versuchen und mit der Hoffnung, sich eines Tages zum Profi zu mausern, nicht weiter. Man kann Kriegerschaft nicht nach*machen*; man kann nur wirklichen Kriegern, die den Weg schon weit genug gegangen sind, nach*eifern*. Auf diesem Weg des Nacheiferns durchläuft der Krieger-Schüler viele Stadien disziplinierter Schulung und blickt sich dabei immer wieder nach seinen eigenen Spuren um. Manchmal findet er dabei Zeichen der Entwicklung, manchmal aber auch Zeichen, die ihm sagen, daß er auf dem Holzweg ist. Nur so kommt man auf dem Pfad des Kriegers voran.

Die Erfüllung der Kriegerschaft liegt in der Erfahrung des ursprünglichen, unbedingten elementaren Gutseins. Diese Erfahrung entspricht dem Zustand der völligen Verwirklichung der Ichlosigkeit, der reinen, bezugspunktlosen Wahrheit. Die Erfahrung der Bezugspunktlosigkeit kann sich jedoch erst nach intensiver Arbeit mit den vielen Bezugspunkten des Lebens einstellen. Mit Bezugspunkten meinen wir hier einfach alle Umstände und Situationen, vor die wir uns auf unserer Reise durchs Leben gestellt sehen: Wäsche waschen, Frühstück, Mittag-, Abendessen, Rechnungen bezahlen. Die Woche fängt mit Montag an, und dann kommen Dienstag, Mittwoch, Donnerstag, Freitag, Samstag und Sonntag. Man steht um sechs Uhr auf, der Vormittag vergeht, und es wird Mittag, Nachmittag, Abend und schließlich Nacht. Man weiß, wann man aufzustehen hat, wann man duscht, wann man zur Arbeit geht, wann man ißt und wann man zu Bett geht. Selbst beim schlichten Teetrinken spielen viele Bezugspunkte eine Rolle. Du schenkst den Tee ein, nimmst einen Löffel Zucker, führst ihn zur Tasse hin, senkst ihn hinein und rührst um; du legst den Löffel ab, nimmst die Tasse am Henkel und hebst sie an den Mund; du trinkst einen

Schluck Tee und setzt die Tasse wieder ab. All das sind einfache, alltägliche Bezugspunkte, an denen wir uns auf unserer Reise durchs Leben orientieren.

Solche Bezugspunkte gibt es auch im emotionalen Bereich. Du hast Liebesabenteuer, du hast Streit, manchmal langweilst du dich und greifst zur Zeitung oder schaltest den Fernseher ein. All diese Stimmungslagen sind Bezugspunkte in deinem Leben.

Kriegerschaft beginnt damit, all diese Vorgänge, diese alltäglichen Bezugspunkte zunächst einmal ganz anzunehmen und wertzuschätzen. Doch dann, wenn du mit den gewöhnlichen Umständen deines Lebens richtig in Kontakt gekommen bist, wirst du vielleicht eine schockierende Entdeckung machen. Während du deine Tasse Tee trinkst, taucht plötzlich das Gefühl auf, daß du in einem Vakuum Tee trinkst. Es ist nicht einmal *du*, der da Tee trinkt. Die Leerheit des Raums trinkt den Tee. Während einer ganz normalen Verrichtung, die normalerweise einen Bezugspunkt darstellt, kann sich also unvermittelt die Erfahrung der Bezugslosigkeit einstellen. Wenn du Hose und Hemd anziehst, fühlt es sich so an, als würdest du Raum bekleiden. Beim Schminken das Gefühl, daß du Raum verschönerst, ein reines Nichts.

Normalerweise stellen wir uns «Raum» als etwas Leeres oder gar Totes vor. In diesem Fall ist Raum jedoch eine weite Welt, die aufnehmen, annehmen und beherbergen kann. Man kann diesen Raum schminken, man kann Tee mit ihm trinken, Kekse mit ihm essen oder die Schuhe in ihm putzen. Es ist etwas da, zweifellos, doch wenn du es anschaust, findest du nichts. Willst du den Finger darauflegen, so stellst du fest, daß du nicht einmal einen Finger dazu hast! Das ist das ursprüngliche Wesen des grundlegenden Gutseins, das dem Menschen ermöglicht, ein wirklicher Krieger zu werden.

Ein Krieger, das ist im Grunde jemand, der keine Angst vor Raum hat. Der Feigling lebt dagegen in ständigem Grauen vor dem Raum. Wenn er allein im Wald ist und keine Geräusche zu hören sind, glaubt er, daß irgendwo Gespenster lauern. In der Stille beschwört er selbst alle möglichen Ungeheuer und Dämonen in sich herauf. Er hat Angst vor der Dunkelheit, weil er da nichts sieht. Er hat Angst vor der Stille, weil er da nichts hört. Feigheit macht durch erfundene Bezugspunkte aus dem Unbedingten Angstsituationen. Der Krieger läßt das Unbedingte, wie es ist, und färbt es nicht mit irgendwelchen Vorstellungen, interpretiert es weder positiv noch negativ.

Die Sonnenuntergangswelt hat Angst vor dem Raum, Angst vor der Wahrheit der Bezugspunktlosigkeit. In dieser Welt fürchtet man nichts so sehr, wie verwundbar zu sein. Man hat Angst, sich der Welt mit Haut und Haaren auszusetzen. Man hat Angst, den Rahmen von Bezugspunkten zu verlassen, die man selbst gesetzt hat. Es ist eine Welt des absoluten Glaubens an die einmal gesetzten Bezugspunkte. Hier öffnen sich die Menschen nicht, denn das käme ihnen so vor, als würden sie eine offene Wunde Krankheitskeimen aussetzen. Vielleicht lauert auch in der Nähe ein hungriger Vampir, und wenn der das Blut riecht ... Die Sonnenuntergangswelt lehrt, daß man Fleisch und Blut stets schützen muß, daß man am besten dauernd eine Rüstung trägt. Aber wovor schützt man sich hier wirklich? Vor dem *Raum*.

Wem es gelingt, sich vollständig zu verbarrikadieren, der wird sich vielleicht einigermaßen sicher fühlen, aber auch entsetzlich einsam sein. Und das ist nicht das Alleinsein des Kriegers, sondern die Einsamkeit des Feiglings – die Einsamkeit des Kokons, des Ausgeschlossenseins von wahrhaft menschlichem Empfinden. Man weiß irgendwann nicht mehr, wie die Rüstung abzulegen ist. Man weiß nicht mehr, wie man ohne all die Bezugspunkte der Sicherheit überhaupt noch zurechtkommen soll. Aus dem Kokon in den Raum hinauszutreten, mutig und zugleich sanft zu sein – das ist die Herausforderung der Kriegerschaft. Es ist möglich, sich ganz und gar, mit allen wunden Punkten, der Welt auszusetzen.

Wenn man eine Wunde hat, klebt man normalerweise ein Pflaster darüber. Nach einer Weile nimmt man es wieder ab und setzt die geheilte Stelle der Umwelt aus. In diesem Fall exponiert man eine offene Wunde, bedingungslos. Man ist gegenüber allen Menschen, denen man begegnet – ob es der Ehepartner, ein Bankangestellter oder der Vermieter ist – vollkommen offen und ungeschützt.

Wenn das der Fall ist, wird eine Geburt stattfinden, die Geburt des universalen Monarchen. Die Shambhala-Tradition beschreibt den Monarchen als jemanden, der ganz ungeschützt und empfänglich ist, der bereit ist, anderen sein Herz zu öffnen. So wirst du ein König oder eine Königin, Herrscher deiner Welt. Der Weg zur Regentschaft besteht darin, das eigene Herz bloßzulegen, so daß andere sehen können, wie es schlägt und das Blut durch deine Adern treibt.

Normalerweise stellen wir uns unter einem König jemanden vor, der andere nicht an sich heranläßt und ein Reich um sich her aufbaut, um vor allem sich selbst gegen die Welt abzusichern. Hier meinen wir genau das Gegenteil: sich anderen Menschen zu öffnen, um das Wohl der Menschheit zu fördern. In der Shambhala-Welt rührt die Macht des Königs daher, daß er sehr weich, sehr offen für andere ist und sein Herz mit ihnen teilt. Er hat nichts zu verbergen und trägt keine Rüstung. Nichts schützt sein bloßgelegtes Herz vor der Unmittelbarkeit seiner Erfahrung.

Das ist die Erfüllung der Kriegerschaft, die tiefe Erfahrung ursprünglichen, grundlegenden Gutseins. Hier gibt es keinen Zweifel mehr über das grundlegende Gutsein und deshalb auch nicht über dich selbst. Du bietest dich völlig nackt dem Universum dar und fragst nicht mehr: «Bin ich zu nackt? Soll ich lieber eine zweite Haut anziehen?» Hier gibt es keinen Raum mehr für solche Gedanken. Du hast nichts zu verlieren und nichts zu gewinnen – also öffnest du einfach dein Herz vollkommen rückhaltlos.

Kalligraphie «Authentische Gegenwart»
von Chögyam Trungpa

20. Authentische Gegenwart

An diesem Punkt der Reise ringt der Krieger nicht mehr ständig um den nächsten Schritt, sondern hat nichts weiter zu tun, als in seiner Kriegerschaft zu verweilen. Er kann sich darin entspannen, und das hat nichts mit Selbstgefälligkeit angesichts seiner Errungenschaften zu tun, sondern ist einfach ein Ruhen in bedingungslosem Vertrauen, frei von Aggression. Der Weg entfaltet sich wie eine Blüte – ein natürlicher Expansionsprozeß.

Der universale Monarch wird geboren, wenn der Krieger «authentische Gegenwart» verwirklicht hat. Das tibetische Wort für diesen Ausdruck ist *Wangthang*, was wörtlich soviel wie «Kraftfeld» bedeutet. Da wir mit diesem Wort hier jedoch ein spezifisch menschliches Vermögen ansprechen, übersetzen wir es frei als «authentische Gegenwart». Der Ausdruck beinhaltet, daß alle wertvollen Eigenschaften, die wir in uns verwirklichen, sich in unserem ganzen Sein, in unserer Präsenz oder Gegenwart widerspiegeln. Authentische Gegenwart hat also etwas mit Ursache und Wirkung zu tun: Die verwirklichten Tugenden oder Verdienste sind die Ursache, authentische Gegenwart ist die Folge.

Es gibt eine gewöhnliche oder äußere Form authentischer Gegenwart, die jeder von uns erfahren kann. Wenn ein Mensch bescheiden und redlich ist und sich Mühe gibt, wird er für andere in seiner Umgebung etwas Gutes und Gesundes ausstrahlen. Der tiefere Sinn authentischer Gegenwart erschließt sich jedoch erst auf dem Weg der Shambhala-Kriegerschaft. Für die innere authentische Gegenwart genügt es nicht, ein redlicher, guter Mensch im gewöhnlichen Sinn des Wortes zu sein, sondern man muß den ursprünglichen Raum, die Ichlosigkeit verwirklichen. Leerwerden und Loslassen sind die Tugenden oder Ursachen, die zu dieser tieferen authentischen Gegenwart führen. Man darf an nichts mehr haften, man tauscht sich mit anderen aus, fühlt sich eins mit ihnen, ist in allen Beziehungen großzügig und frei von Fixierungen. Man muß also einen freien, an nichts mehr haftenden Geist haben, wenn man die tiefere authentische Gegenwart erfahren will.

Wenn wir einem Menschen begegnen, der in dieser tiefen authentischen Gegenwart lebt, so erfahren wir ihn als überwältigend, fast erschreckend echt und aufrichtig. Etwas Beherrschtes und Beherrschendes strahlt von solch einem Menschen aus. Er kann Müllmann oder Taxifahrer sein, hat dabei aber etwas so Aufgerichtetes an sich, daß er unsere Aufmerksamkeit wie ein Magnet anzieht. Das ist nicht bloßes Charisma. Dieser Mensch hat an sich gearbeitet, er ist seinen Weg richtig und ganz gegangen. Er hat losgelassen, seinen persönlichen Komfort aufgegeben, seinen Geist von allen Fixierungen befreit und sich dadurch die authentische Gegenwart verdient.

Authentische Gegenwart ist das Ergebnis zweier stets zusammenwirkender Prozesse, nämlich des allmählichen Loslassens von Ichverhaftungen im Verlauf eines langen Entwicklungsprozesses und der plötzlichen, wunderbaren Lösung von geistigen Fixierungen. Der spontane, plötzliche Prozeß ist die Entfesselung von Windpferd oder Lungta, bei der die Energie des grundlegenden Gutseins sich zu einem Wind der Freude und Kraft erhebt. Wie die Praxis, die zur Entfesselung von Windpferd führt, aussieht, können wir im Rahmen dieses Buchs nicht im einzelnen darstellen; nach allem, was wir über Windpferd gesagt haben, hoffe ich aber, daß der Leser sich zumindest grundsätzlich vorstellen kann, worum es dabei geht. Die Entfesselung von Windpferd ist eine Möglichkeit, Depression und Zweifel auf der Stelle auszuräumen. Das ist kein Exorzismus, sondern ein Vorgang, der Furchtlosigkeit und Mut weckt, die wiederum heitere Gelassenheit nach sich ziehen. Zweifel und Zaghaftigkeit weichen durch diese Praxis einer vollkommenen geistigen Wachheit. Wenn Lungta entfesselt ist, stellt sich die authentische Gegenwart ein.

Anfangs erfahren wir nur ein kurzes Aufblitzen der authentischen Gegenwart, Augenblicke, die es dann mit Hilfe von Disziplin zu stabilisieren gilt, bis wir wahrhaft gegenwärtig sind. Diesen disziplinierten Entwicklungsprozeß des Kriegers bezeichnen wir als den Pfad der *vier edlen Tugenden*. Auf diesem Pfad lernen wir, mehr und mehr Raum in unsere Welt einzubeziehen, so daß schließlich die Geburt des universalen Monarchen möglich wird. Je weiter unsere Welt wird, desto deutlicher zeigt sich, wie abwegig ein ichbezogenes Dasein ist. Der Weg der vier edlen Tugenden ist demnach auch ein Weg zur Ichlosigkeit. Die vier edlen Tugenden sind *sanftmütig, munter, unerhört* und *unergründlich*. Jeder Mensch kennt diese Tugenden in irgendeiner Form. Sanftmütigkeit bezeichnet eine demütige und gütige Verfassung, während mit Munterkeit frische und jugendliche Energie gemeint ist. Das Unerhörte steht für Wagemut und die Bereitschaft, sich ohne Furcht und Hoffnung auf alle Situationen des Lebens einzulassen. Unergründlichkeit bezeichnet Erfüllung, ein spontanes Gelingen ohne alle Kunstgriffe.

Zwar kennt, wie gesagt, jeder diese Ausdrucksformen der Energie, doch solange man ihnen nicht mit Disziplin und Gewahrsein begegnet, gibt es keine wirkliche Fortentwicklung, und die vier edlen Tugenden verschwinden irgendwo zwischen unseren Gewohnheitsmustern, anstatt ein Weg zur Ichlosigkeit zu werden. Die vier edlen Tugenden müssen also in den Pfad der Kriegerschaft einbezogen werden. Sie bilden sogar ein fortgeschrittenes Stadium

dieses Weges. Der Krieger kann die vier edlen Tugenden erst verwirklichen, wenn er unerschütterliches Vertrauen zum grundlegenden Gutsein gefaßt hat und in der Erfahrung der heiligen Welt die Große Östliche Sonne widergespiegelt sieht. An diesem Punkt wird er mit einer Energiequelle verbunden, die sich nie erschöpft, mit der Energie von Windpferd, die seinen Weg zu einer Reise der Kraft macht. Windpferd ist die Energie der vier edlen Tugenden, und authentische Gegenwart ist das Fahrzeug.

Das mag etwas verwirrend anmuten: Einerseits sind die vier edlen Tugenden das, woraus sich die authentische Gegenwart entwickelt, andererseits ist authentische Gegenwart die Voraussetzung für den Weg der vier edlen Tugenden. Um diesen scheinbaren Widerspruch aufzulösen, können wir sagen, daß Ichlosigkeit sowohl der tragende Grund als auch die Erfüllung dieser Reise ist. Wir haben irgendwo bereits ein tiefes Empfinden davon, was es heißt, von sich selbst loszulassen, sonst könnten wir die Reise der Kriegerschaft gar nicht erst antreten. Wenn wir dann aber wirklich und bewußt loslassen, stellen wir fest, daß eine weit umfassendere Sicht und ein ebenso weiter Geist in uns Platz haben. Ichlosigkeit ist also für die ganze Reise das Leitmotiv allumfassender Weite. An diesem Punkt der Reise ringt der Krieger nicht mehr ständig um den nächsten Schritt, sondern hat nichts weiter zu tun, als in seiner Kriegerschaft zu verweilen. Er kann sich darin entspannen, und das hat nichts mit Selbstgefälligkeit angesichts seiner Errungenschaften zu tun, sondern ist einfach ein Ruhen in bedingungslosem Vertrauen, frei von Aggression. Der Weg entfaltet sich wie eine Blüte – ein natürlicher Expansionsprozeß.

Der Krieger der Sanftmütigkeit

Sanftmütigkeit ist die erste Tugend. Gemeint ist damit natürlich nicht schwächliche Weichheit, sondern das Ruhen in einem Zustand der Einfachheit, Unkompliziertheit und Zugänglichkeit. Wie feindselig oder freundlich andere auch sein mögen, der sanftmütige Krieger bleibt stets freundlich gegenüber sich selbst und gütig gegenüber anderen. Sein Geist ist nicht von gewöhnlichen Belangen in Anspruch genommen, und er läßt sich nie von trivialen Situationen verführen. Sein Gewahrsein bewahrt ihn vor allem Handeln, das ihm die Große Östliche Sonne verdunkeln würde. Er bleibt stets sanftmütig und diszipliniert.

Das Prinzip der Sanftmütigkeit hat drei Ebenen. Die erste Ebene beinhaltet, daß der Krieger nie von Hochmut verblendet und vergiftet wird, weil er stets bescheiden bleibt. Bescheidenheit bedeutet nicht, daß er sich für klein hält, sondern ist die Empfindung seiner Echtheit und Lauterkeit. Der Krieger ist sich selbst genug, er braucht keine äußeren Bezugspunkte, die ihn bestätigen. Die Bescheidenheit bringt ein Strahlen zum Vorschein: Er ist sich selbst genug, aber leuchtet nach außen. Sein Gewahrsein strahlt als große Wißbegierde nach außen, als tiefes Interesse an allem, was ihn umgibt. Er beginnt die Dinge als natürliche, eigenständige Botschaften zu betrachten, nicht mehr als Bezugspunkte für sein eigenes Dasein. Die Wißbegierde des Kriegers der Sanftmütigkeit unterscheidet sich von gewöhnlicher Wißbegierde dadurch, daß sein Gewahrsein stets mit Disziplin verbunden ist. Deshalb übersieht er nichts, nimmt alle Details wahr. Solch diszipliniertes Gewahrsein ebnet den Boden für die Erfahrung der großen Welt.

Die zweite Ebene der Sanftmütigkeit ist das bedingungslose Vertrauen. Das Bild dieser Sanftmütigkeit ist ein Tiger in der Zeit seiner höchsten Kraftentfaltung, der langsam und wachsam durch den Dschungel streicht. Er sucht nicht nach Beute. Er schleicht nicht, um andere Tiere anzufallen. Mit dem Bild des Tigers ist hier eine Mischung aus Selbstgenügsamkeit und Bescheidenheit angesprochen. Und weil der Tiger seinen Körper und dessen Spannkraft genießt, ist seine Bewegung rhythmisch und entspannt. Keine Probleme, von der Nase bis zur Schwanzspitze. Seine Bewegungen sind wie Wellen, er schwimmt durch den Dschungel. Seine Wachsamkeit ist gepaart mit Entspannung und Selbstvertrauen. Für den Krieger der Sanftmütigkeit ist Vertrauen ein natürlicher Zustand des Gewahrseins und der Achtsamkeit in allem, was er tut.

Die dritte Ebene der Sanftmütigkeit besteht darin, daß der Geist des Kriegers ungeheuer weit wird, weil er kein Zögern mehr kennt. Sein Geist ist erhoben und sieht über die Grenzen des Himmels hinaus. Weite des Geistes bedeutet nicht, daß man eine große Zukunft vor sich sieht, in der man «munter», «unerhört» und «unergründlich» sein wird, um schließlich der größte aller Krieger zu werden. Weite des Geistes besteht darin, daß man die Großartigkeit des eigenen Platzes in der Welt sieht. Das beinhaltet, daß man keinen Gedanken mehr an die Frage nach dem eigenen Bewußtseinszustand verschwendet noch an die Shambhala-Vision oder die Große Östliche Sonne. So werden sowohl Ehrgeiz, als auch das Gefühl der geistigen Armut überwunden. Auch das Ausstrahlen der Erfahrung von Drala trägt zur Weite des Geistes bei. Der Krieger springt in den großen Ozean des Magischen, und das mag schmerzhaft oder schön sein, es ist immer auch voller Freude.

Die Erfüllung der Sanftmütigkeit ermöglicht es dem Krieger, alles zu erreichen, was er anstrebt, weil er außerordentlicher Anstrengungen fähig ist. Seine Anstrengung hat jedoch nichts mit Hast, Aggression oder Gewalttätigkeit zu tun. Wie der Tiger im Dschungel ist er entspannt und kraftvoll zugleich. Er ist wißbegierig, dabei aber von diszipliniertem Gewahrsein, so daß er alles, was er beginnt, ohne Schwierigkeiten ausführt und andere in seiner Umgebung inspiriert, es ihm gleichzutun.

Der sanftmütige Krieger hat Gewinn, Sieg und Ruhm weit hinter sich gelassen. Er ist nicht mehr von der Bestätigung durch andere abhängig, weil er nicht mehr an sich selbst zweifelt. Zustimmung und Ablehnung berühren ihn nicht mehr, und deshalb braucht er anderen auch nicht mehr seinen Wert zu demonstrieren. Selbstachtung ist in der Sonnenuntergangswelt etwas sehr Seltenes. Aber wer Windpferd entfesselt hat, der fühlt sich gut und vertraut sich selbst. Und wer sich selbst achtet, der ist nicht mehr von Gewinn und Sieg abhängig. Er vertraut sich selbst und braucht sich nicht mehr vor anderen zu fürchten. Ein sanftmütiger Krieger hat es nicht nötig, andere mit Tricks zu hintergehen; seine Würde erleidet nie einen Abbruch.

Sanftmütigkeit sorgt also für einen weiten Blick und Selbstvertrauen. Mit dieser bescheidenen und pflichtbewußten Betrachtungsweise, die unbegrenzt ist, aber zugleich so präzise, daß ihr keine Einzelheit entgeht, beginnen die vier Tugenden. Am Anfang der Reise steht dieses natürliche Gefühl des Erfülltseins, das sich von nirgendwoher etwas erbetteln muß.

Der Krieger der Munterkeit

Das Bild der Munterkeit ist der Schneelöwe, der sich in der Frische des Hochgebirges tummelt. Er ist jung und strotzt vor Kraft und Lebenslust. Er durchstreift das Hochland, wo die Atmosphäre klar und die Luft frisch ist. Felsen und Klüfte sind seine Welt, dazwischen hin und wieder Blumenwiesen und ein paar Bäume. Etwas Gutes und Fröhliches liegt hier in der Luft. Munterkeit ist kein gelegentliches «Aufgekratztsein» durch irgendwelche Umstände, sondern un-bedingte Fröhlichkeit, die aus ständiger Disziplin erwächst. Der Krieger der Munterkeit läßt nie in seiner Disziplin nach und freut sich an seiner Disziplin – wie ein Schneelöwe. Für ihn ist Disziplin nichts Auferlegtes, sondern ein Vergnügen.

Munterkeit hat zwei Ebenen. Die erste ist gekennzeichnet durch die Erfahrungen eines erhobenen und freudigen Geistes. Freude ist hier ein Grundzustand, also durch nichts Bestimmtes verursacht. Grundlage dieser Freude ist die Sanftmütigkeit, die der Krieger bereits verwirklicht hat. Bescheiden, achtsam und strahlend, wie seine Sanftmütigkeit ist, bringt sie einen natürlichen Frohsinn mit sich. Der freudige Geist bewirkt, daß alles, was der

Krieger der Munterkeit beginnt, von Können, Schönheit und Würde geprägt ist.

Die zweite Ebene der Munterkeit besteht darin, daß der Krieger niemals in die Falle des Zweifels geht. Der Ur-Zweifel ist der Zweifel an sich selbst, der einsetzt, wenn Körper und Geist nicht in Einklang sind (siehe 5. Kapitel). Seine Folgen sind Angst, Eifersucht oder Hochmut oder gar die Verleumdung anderer aus mangelndem Selbstvertrauen. Der Krieger der Munterkeit ruht in dem Vertrauen, das ihm aus seiner Sanftmütigkeit erwächst. Er hat keine Zweifel und fällt daher nie in die sogenannten niederen Bereiche zurück. Die niederen Bereiche bezeichnen ein Leben, in dem es ausschließlich um das bloße Überleben geht. Die niederen Bereiche sind einerseits charakterisiert durch rein animalische Instinkte, ein Leben, in dem es einzig darauf anzukommen scheint, andere zu töten und zu fressen. Dann gibt es das Leben der Mangel-Mentalität, in dem man ständig nach irgend etwas hungert und sein Leben zu verlieren fürchtet. Die dritte Möglichkeit ist ein Dasein in ständigem innerem Aufruhr, in dem man sich mit seinem Verfolgungswahn selbst quält. Frei von Zweifeln und nie in seiner Disziplin nachlassend, ist der Krieger der Munterkeit frei von den niederen Bereichen und kann sich am Gutsein der höheren Bereiche freuen. In den höheren Bereichen sind Klarheit und Entschiedenheit die Hauptzüge des Lebens. Der Krieger ist stets hellwach und nie im Zweifel darüber, was anzunehmen und was abzulehnen ist.

Von der Sanftmütigkeit, die am Beginn der Reise steht, setzt sich der Weg fort zur Munterkeit. Der Krieger der Munterkeit gerät nie in die Ausweglosigkeit des Zweifels, sondern ist stets freudig und erfinderisch. Er wird nie zum Sklaven der niederen Bereiche und kennt daher weder Verwirrung noch Trübsinn. Das führt zu einem guten, gesunden Leben, in dem Geist und Körper miteinander im Einklang sind. Der Krieger der Munterkeit ist ebenso bescheiden wie aufgerichtet – und er verliert seine Jugend nie.

Der Krieger des Unerhörten

«Unerhört» heißt nicht, daß man unvernünftig sein oder sich wie verrückt gebärden soll, sondern bezeichnet hier die Kraft, die uns aus der Kriegerschaft erwächst. Unerhörtheit beruht auf der Verwirklichung von Furchtlosigkeit, und um alle Furcht ganz zu überwinden, muß man sich auch von aller Hoffnung befreien. Wenn man auf etwas hofft, und es tritt nicht ein, dann ist man enttäuscht oder verärgert. Tritt es aber doch ein, so ist man erleichtert und freudig erregt. So geht es ständig auf und ab, wie auf der Achterbahn. Der Krieger des Unerhörten kennt keinen Zweifel an sich selbst und braucht daher auf nichts zu hoffen und nichts zu fürchten. Er gerät nie in den Hinterhalt der Hoffnung, und so gelangt er zur Furchtlosigkeit.

Symbol des Unerhörten ist der *Garuda*, ein legendärer tibetischer Vogel, der in der Überlieferung als der König der Vögel angesehen wird. Der Garuda schlüpft voll ausgewachsen aus seinem Ei und schwingt sich auf in den Weltraum, wo er seine Schwingen über alle Grenzen hinaus dehnt und spreizt. Auch der Krieger des Unerhörten, der alle Hoffnung und Furcht überwunden hat, empfindet ein Gefühl grenzenloser Freiheit. Zum Unerhörten gehört also ein sehr weiter Geist, der die ganze Tiefe des Alls ausloten kann. Dieser Geist kennt nicht die Möglichkeit der Selbsteinschränkung, er weitet sich unaufhörlich, um sich ganz zu entfalten. Wie der Garuda-Vogel findet der Krieger des Unerhörten nichts, was seinem Geist Einhalt gebieten könnte.

Weil es keine Hindernisse gibt, hat der Krieger des Unerhörten gar nicht die Absicht, das All zu ermessen. Er sorgt sich nicht darum, wie weit er gehen kann und wie weit er sich zurückhalten muß. Er schielt nicht mehr nach Bezugspunkten, an denen er seinen Fortschritt ablesen kann. Er ist vollkommen entspannt. Unerhörtheit ist ein unermeßlich weiter Geist, der jenseits aller Vorstellungen vom Jenseitigen ist. Er ist wie ein scharfes Schwert, das nur stumpfer wird, sobald man es zu schärfen versucht. Wenn man der Erfahrung des weiten Geistes mit der Logik des Leistungs- und Konkurrenzdenkens beizukommen versucht – indem man sich herauszufinden bemüht, wieviel Raum man schon ausgelotet hat, wieviel noch auszuloten bleibt oder wieviel ein anderer ausgelotet hat –, so macht man nur das eigene Schwert stumpf. Es ist eitel und hinderlich, man erreicht nichts damit. Im Gegensatz dazu bezeichnet das Unerhörte ein Erreichen ohne alle Bezugspunkte, also ohne den Gedanken an einen Erreichenden.

Der Krieger des Unerhörten ist frei von Furcht und Hoffnung, und wie der Garuda-Vogel schwingt er sich auf ins All. Hier gibt es keine Furcht und nichts Unvollkommenes. Er erfährt die große Welt und den großen Geist. Zuvor muß er in seiner Schulung natürlich die Sanftmütigkeit und Munterkeit verwirklicht haben – nur dann kann er unerhört sein. Er empfindet auch großes Mitleid mit anderen. Seine Vision, durch nichts blockiert, weitet sich beständig und gibt ihm eine unerschöpfliche Fähigkeit, für andere zu arbeiten. Er hilft ihnen, indem er die Umstände schafft, die jeweils gerade erforderlich sind.

Der Krieger der Unergründlichkeit

Unergründlichkeit wird durch den Drachen symbolisiert. Seine Kennzeichen sind Energie, Kraft und Unerschütterlichkeit. Diese Eigenschaften stehen jedoch nie allein, nie ohne die Sanftmütigkeit des Tigers, die Munterkeit des Schneelöwen und die Unerhörtheit des Garuda.

Wir können die Unergründlichkeit auf zweierlei Weise betrachten, nämlich als Zustand und in ihren Ausdrucksformen. Der Zustand oder die Haltung, die wir als Unergründlichkeit bezeichnen, beruht auf Furchtlosigkeit. Normalerweise denkt man bei diesem Begriff an eine ausweichende oder total abweisende Haltung. Der Krieger des Unerhörten, der durch die früheren Stufen seiner Schulung Furchtlosigkeit erlangt hat, ist sanft und mitfühlend geworden; in dieser Haltung bleibt er zurückhaltend neutral und stets humorvoll. Dieser Seinszustand erinnert an einen Drachen, der sich am Himmel in Wolken und Wind wohlfühlt. Das ist allerdings kein statischer Zustand. Wie selbst eine starke Eiche sich im Wind wiegt, so gibt der Humor dem Menschen eine spielerische Leichtigkeit. Unergründlichkeit ist demnach sowohl ein methodischer als auch ein freudiger Zustand.

Nach der Überlieferung verbringt der Drachen den Sommer am Himmel und hält während des Winters in der Erde seinen Winterschlaf. Im Frühjahr erhebt er sich mit den Nebeln vom Boden. Ist ein Gewitter notwendig, so schnaubt er Blitze und brüllt den Donner hervor. Das gibt dem Verhalten des Drachen in all seiner Unvorhersagbarkeit auch wieder etwas Vorhersagbares.

Unerforschlichkeit bedeutet auch, im Selbstvertrauen zur Ruhe zu kommen, fest und zugleich entspannt zu sein. Man ist offen und furchtlos, frei von Verlangen und Zweifel, und zeigt zugleich ein waches Interesse an allen

Bewegungen der Welt. In dieser intelligenten Wachheit vertraut man sich selbst und ist sich selbst genug – es bedarf keiner Bestätigung von außen mehr. Man empfindet sich selbst als echten und aufrichtigen Menschen, der weder sich selbst noch andere täuscht.

Unergründlichkeit ist ein ungebrochener Zustand ohne Lücken und ohne Zögern. Man hat darin das Gefühl, wirklich zu leben, das eigene Leben wirklich zu *führen*; es ist ein Gefühl unerschütterlicher Festigkeit, in dem doch zugleich die Intelligenz immer weiter geschärft wird. Unergründlichkeit ist kontinuierlich, Fragen und Antworten treten in ihr zugleich auf. Und sie gibt niemals nach, man wird in ihr nie wankelmütig. Ist der Fortgang einer Unternehmung bedroht, so reagiert der Geist der Unergründlichkeit mit tödlicher Präzision, aber nicht aus Aggression, sondern aus unerschütterlichem Selbstvertrauen.

Betrachten wir nun den zweiten Aspekt, nämlich wie Unergründlichkeit im Handeln zum Ausdruck kommt. Das Wichtigste ist, unbeteiligt zu bleiben, sich nicht einer Sache zu verschreiben und trotzdem jedes begonnene Vorhaben konsequent durchzuführen. Man kann unbeteiligt sein, wenn man nicht mehr von Bestätigung abhängig ist. Das heißt nicht, daß man Angst davor hat, von den eigenen Aktivitäten aufgefressen zu werden – man fühlt sich einfach nicht mehr als Mittelpunkt der Szene. Dabei wahrt man jedoch jederzeit die Loyalität gegenüber anderen und verfolgt alle Projekte mit Sympathie für diese anderen.

Unergründlichkeit manifestiert sich als methodisches und weltgewandtes Vorgehen. Sie wird dadurch wirksam, daß wir die Wahrheit nicht aussprechen. Die Wahrheit bleibt stillschweigend im Handeln impliziert, und du beobachtest mit heimlichem Vergnügen, wie dieses Handeln Früchte trägt. Aber wozu die Wahrheit für sich behalten? Wenn du die Wahrheit aussprichst, verliert sie ihr Wesen und wird «meine» Wahrheit oder «deine» Wahrheit, sie wird zum Selbstzweck. Wenn du die Wahrheit aussprichst, verschleuderst du dein Kapital, und niemand hat etwas davon. Sie wird entwürdigt, wird billige Münze. Bleibt die Wahrheit aber impliziert, so wird sie nicht jedermanns Privateigentum.

Wenn der Drachen einen heftigen Schauer will, so macht er Blitz und Donner, und das bringt den Regen. Die Wahrheit wird in ihrem Zusammenhang hervorgebracht, nur dann wird sie eine machtvolle Wirklichkeit. So betrachtet, ist es wichtiger, die Spuren und Eindrücke der Wahrheit zu betrachten als die Wahrheit selbst. Die Wahrheit selbst braucht keinen Griff, an dem man sie fassen kann.

Die Vision der Unergründlichkeit ist es, eine geordnete und kraftvolle Welt voller sanfter Energie zu schaffen. Der Krieger der Unergründlichkeit hat es nicht eilig. Du beginnst ganz am Anfang und suchst einen Zündfunken. Um diesen Anfang auszubauen, schaffst du eine hilfreiche Umgebung, in der du deine Arbeit aufnehmen kannst. Du unterläßt alle voreiligen Schlußfolgerungen und entdeckst dadurch positive und negative Bedingungen. Jetzt findest du weitere Ansatzpunkte. Du klammerst dich nicht an das, was du hast, sondern arbeitest beharrlich weiter daran, günstige Bedingungen, eine günstige Umwelt, herzustellen, und gelangst so spielerisch zum nächsten Schritt. Wie erfrischend diese Vorgehensweise ist: Ein einmal eingeschlagener Aktionskurs muß nicht zentnerschwer auf dir lasten. Ein Krieger wird nie zum Sklaven seines eigenen Tuns.

Unergründlichkeit schafft also eine Umgebung der Furchtlosigkeit, Wärme und Aufrichtigkeit. Wo es am Interesse für die Welt, an der Würdigung der Welt fehlt, ist es schwer, Unergründlichkeit zu erlangen. Ängstlichkeit und Feigheit haben Depressionen zur Folge. Und wer keine

Freude empfindet, findet auch für Unergründlichkeit keinen Platz.

Durch authentische Gegenwart gelangen wir zu Sanftmütigkeit, Munterkeit, Unerhörtheit und schließlich zu Unergründlichkeit. All das ist natürlich nur durch disziplinierte Schulung zu erreichen, und die beginnt mit der richtigen Lebenseinstellung. Diese Einstellung muß nicht beinhalten, daß man die Welt für einen Vergnügungspark hält, aber es gehört doch Freude dazu und das Gefühl, ein gutes Leben zu führen. Schmerz und Depression, aber auch Vergnügen können Übungsmaterial sein. Ein Gefühl von Ganzheit und Gesundheit macht das Leben lebenswert; das Gefühl der Echtheit und Aufrichtigkeit bringt Vertrauen mit sich.

Unergründlichkeit ist ohne Berechnung. Es geht hier nicht darum, einen neuen Trick zu lernen oder irgendwen zu imitieren. Wenn du dich wohlfühlst, findest du zu einem wahrhaft gesunden Geisteszustand. Zur Unergründlichkeit gelangt man, indem man lernt zu sein. Man sagt, daß jeder Mensch die Anlage hat zu vertrauen. Wenn wir hier von Vertrauen sprechen, so meinen wir erleuchtetes Vertrauen – nicht *auf* irgend etwas vertrauen, sondern einfach *vertrauen*. Das ist ein bedingungsloses Vertrauen. Unergründlichkeit ist ein Funke, der sich jedem analytischen Schema entzieht. Jede Situation bedeutet eine Herausforderung und weckt das Interesse. Man agiert mit offenem Geist und direkt. Es ist ein Handeln, das sich spontan und natürlich entwickelt, ein Handeln in Freude.

Unergründlichkeit erwächst aus dem Geben, nicht aus dem Nehmen. Wenn wir geben, sind die Dinge uns ganz von selbst zu Diensten – so erobert ein Krieger die Welt. In dieser Großzügigkeit liegt die Befreiung von allen Hemmnissen und damit die Möglichkeit der Entspannung.

Ein Krieger braucht sich nicht voranzukämpfen, das ist nicht der Stil der Unergründlichkeit. Ein Krieger-Schüler kann auch mal ungeduldig sein oder sich unzulänglich fühlen. In dem Fall muß er für sich selbst unergründlich sein. Man beginnt am besten damit, daß man den eigenen Impulsen nicht mehr einfach nachgibt. Wenn der Krieger Hierarchie und Ordnung in der Welt zu empfinden beginnt, so ist damit ein erster Durchbruch geschafft. Die verrammelte Welt mit ihrer Armuts-Mentalität bricht auseinander, und in dem Gefühl einer neugewonnenen Freiheit bildet sich in uns ein Sinn für natürliche Hierarchie – eine Hierarchie, von der wir selbst ein Teil sind. Unergründlichkeit wird unsere natürliche Daseinsweise, und in dieser Unergründlichkeit ist Platz für Achtung vor den Alten, Sympathie für unseresgleichen, Vertrauen zu Kollegen. Das Lernen ist kein Kampf mehr, und Hindernisse werden überwunden.

Wenn wir von Hierarchie sprechen, meinen wir die Struktur und Ordnung des Universums – sie stellen ein Erbe dar, das der Krieger annehmen und wertschätzen muß. Doch das genügt noch nicht. Es muß noch Disziplin hinzukommen, und diese Disziplin erwächst aus der Erkenntnis, daß diese Welt für dich geschaffen wurde, daß Menschen ihre Kraft aufgewendet haben, um dich großzuziehen, daß du in Augenblicken der Schwäche Hilfe gefunden hast und daß dir, als schließlich deine Zeit kam, inspiriert zu werden, diese Inspiration zuteil wurde. Kurz gesagt, die Disziplin aufrichtiger Arbeit für andere erwächst aus dem rechten Verständnis für Hierarchie.

Die Unergründlichkeit ist strahlend und furchtlos, weil sich der Krieger von seiner Vision der Großen Östlichen Sonne leiten läßt. Mit vollem Einsatz und in ungebrochener Freude kannst du dich selbst aufrichten und authentische Gegenwart erlangen, um schließlich in den Seinszustand des universalen Monarchen einzutreten. Öffne dich und gib furchtlos, dann trägst du dazu bei, eine machtvolle Welt von Kriegern zu schaffen.

21. Die Übertragungslinie der Shambhala-Lehre

Die Idee der Übermittlung oder Nachfolge in der Shambhala-Lehre bezieht sich auf die Verbindung, die man zur ursprünglichen Weisheit hat. Diese Weisheit ist uns zugänglich, und sie ist äußerst einfach, aber zugleich auch ungeheuer weit und tief.

Wenn einer den Weg der Kriegerschaft gehen will, muß er zuerst und vor allem die Echtheit und das grundlegende Gutsein in sich selbst verwirklichen. Um dann aber die Reise fortzusetzen zur authentischen Gegenwart und den vier Edlen Tugenden, braucht er einen Führer, einen Meisterkrieger, der ihm den Weg zeigt. Die Ichbezogenheit aufzugeben oder vom Ego loszulassen, ist nur möglich, wenn man ein lebendiges Vorbild hat – jemanden, der es schon getan hat und uns anleiten kann, es ihm nachzutun.

In diesem Kapitel werden wir von der Übertragungslinie der Shambhala-Lehre sprechen. Wir werden noch einmal ihren Ursprung aufzeigen und dann den Weg nachvollziehen, auf dem die Verwirklichung der vollkommenen geistigen Gesundheit dem einzelnen Menschen «übertragen» werden kann, so daß er sie zu verkörpern vermag und dann selbst in der Lage ist, auch andere zu dieser Verwirklichung zu führen. Wir werden also in diesem Kapitel über die Eigenschaften des Meisterkriegers sprechen und betrachten, wie ihm diese Eigenschaften übermittelt werden und wie er sie weitervermittelt.

Grundsätzlich soll mit dem Begriff «Übermittlung» oder

«Übertragungslinie» der Shambhala-Lehre zum Ausdruck gebracht werden, daß die Weisheit des kosmischen Spiegels ins menschliche Dasein übertragen und dort weitervermittelt werden kann. Rufen wir uns kurz ins Gedächtnis, was über den kosmischen Spiegel bereits gesagt wurde: Er ist un-bedingter, allumfassender offener Raum. Er ist ewig und grenzenlos offener Raum, Raum jenseits aller Fragen. Auf der Ebene des kosmischen Spiegels weitet sich die geistige Schau unermeßlich und transzendiert alle Zweifel. Vor allen Gedanken, vor dem Einsetzen des Denkens besteht die Aufnahmefähigkeit des kosmischen Spiegels, der keine Grenzen hat – weder eine Mitte noch einen Rand. Der Weg zur Erfahrung dieses Raums ist die sitzende Meditation.

Wie wir im 12. Kapitel dargestellt haben, bringt die Erfahrung des kosmischen Spiegels Weisheit hervor – die Weisheit einer weiten, tiefen und konfliktfreien Wahrnehmung, die wir *Drala* nannten. Es gibt verschiedene Ebenen der Drala-Erfahrung. Die ursprüngliche und höchste Ebene besteht darin, unmittelbar die Weisheit des kosmischen Spiegels zu erfahren. Wer diese Weisheit erfährt, ist in Kontakt mit dem Ursprung der Shambhala-Übermittlungslinie gekommen, er hat die Quelle der Weisheit erreicht.

Im ersten Kapitel haben wir über die Mythen und Legenden um das Shambhala-Reich und seine Könige gesprochen und erwähnt, daß manche Menschen glauben, Shambhala existiere immer noch in irgendeinem verborgenen Winkel der Erde, während andere es für eine bloße Metapher halten oder sogar glauben, es sei irgendwann zum Himmel aufgestiegen. Für uns ist das Königreich Shambhala, der Ursprungsort der Shambhala-Lehre, weder ein Himmelreich noch ein irdisches Königreich – aber doch etwas sehr Reales. Es ist der ursprüngliche Bereich des kosmischen Spiegels, der allen Menschen zugänglich ist, wenn sie ihren Geist entspannen und weiten. Die Herrscher von Shambhala, die Rigden-Könige, sind demnach die Bewohner des kosmischen Spiegels. Sie sind die ungeschaffenen und ewigen Manifestationen der Weisheit des allumfassenden Geistes, weshalb sie auch als das höchste Drala bezeichnet werden.

Dieses höchste Drala hat drei Merkmale. Erstens ist es ursprünglich, und das bedeutet nicht, daß es aus der Steinzeit stammt oder prähistorischen Ursprungs ist, sondern daß es stets einen Schritt vor oder jenseits von allem Denken und Denkbaren steht – also auch jenseits der Zeit. Das ist der Seinszustand der Rigden-Könige in ihrem Königreich des kosmischen Spiegels. Das zweite Merkmal ist Unwandelbarkeit. Es gibt keine Vorbehalte und Bedenken im Reich der Rigden-Könige. Bedenken sind Produkte eines schwankenden und unschlüssigen Geistes, der seiner eigenen Wahrnehmung nicht traut. Im Reich des kosmischen Spiegels gibt es dieses Schwanken nicht, er ist unwandelbar. Das dritte Merkmal des höchsten Drala ist Mut. Mut bedeutet, daß man keinerlei Zweifel nachgibt; in diesem Bereich ist kein Platz für irgendwelche Zweifel.

Wer also mit der Weisheit des kosmischen Spiegels in Berührung kommt, der begegnet den höchsten Dralas, den Rigden-Königen von Shambhala. Sie bilden den Hintergrund für alles menschliche Handeln, den offenen, unbedingten Raum des Geistes an sich. Man könnte sagen, sie wachen über die Menschheit und beschützen sie. Damit ist jedoch nicht gemeint, daß sie irgendwo in einem Himmelsreich wohnen und zur Erde herunterschauen.

Wenn die Verbindung zum höchsten Drala hergestellt ist, kann die ursprüngliche Weisheit der Rigden-Könige auf die Ebene der menschlichen Wahrnehmung übermittelt werden. Wie wir im 12. Kapitel gesagt haben, kann die ganze Weite und Tiefe der Wahrnehmung in einem einzigen, einfachen Wahrnehmungsakt, hier und jetzt, enthalten sein. Wenn wir diese Weite in unserer Wahrnehmung zulassen, manifestiert sie sich als Drala – leuchtend, strahlend, magisch. Auf diese Erfahrung aufbauend, begegnen wir den sogenannten inneren Dralas. Ihre Kraft beruht auf der Weisheit des kosmischen Spiegels, der Rigden-Könige, und sie durchtränken diese Welt der Phänomene mit Licht und Schönheit. Die inneren Dralas gliedern sich in eine Mutter-Linie und eine Vater-Linie. Die Mutter-Linie repräsentiert Sanftheit, während die Vater-Linie für Furchtlosigkeit steht. Sanftheit und Furchtlosigkeit sind die Grundqualitäten des inneren Drala. Wenn jemand wirklich in der Lage ist, in dieser Welt zu verweilen, wo es kein Annehmen und kein Ablehnen gibt und wo er Drala in allen Phänomenen erfährt, so werden Sanftheit und Furchtlosigkeit nie von ihm weichen.

Die dritte Qualität des inneren Drala ist Intelligenz oder unterscheidendes Gewahrsein, das Sanftheit und Furchtlosigkeit miteinander verbindet. Unterscheidendes Gewahrsein verwandelt normale Sanftheit in eine Erfahrung der heiligen Welt. Und Furchtlosigkeit wird unter dem Einfluß des unterscheidenden Gewahrseins mehr als bloßes Draufgängertum, nämlich die Verwirklichung von Schönheit und Erfüllung im Leben eines Menschen. Die dem unterscheidenden Gewahrsein eigene Präzision vereinigt Sanftheit und Furchtlosigkeit miteinander und schafft so die Welt des Kriegers, eine Welt grenzenloser und durchdringender Wahrnehmung.

Die Weisheit des höchsten und inneren Drala kann schließlich einem Menschen übermittelt werden. Indem er das Prinzip des kosmischen Spiegels, die Unbedingtheit, in sich verwirklicht und durch die strahlend klare Wahrnehmung der Wirklichkeit vollkommen wachruft, wird er selbst zu lebendigem Drala, lebendiger Magie. So gliedert man sich in die Übermittlungslinie der Shambhala-Kriegerschaft ein und wird ein Meisterkrieger: Man muß Drala nicht nur wachrufen, sondern *verkörpern*. Der Meisterkrieger verkörpert das äußere Drala-Prinzip.

Das Kennzeichen des Meisterkriegers besteht darin, daß seine Gegenwart die Erfahrung des kosmischen Spiegels und die Magie der Wahrnehmung in anderen wachruft. Er hat alle Dualität überwunden und lebt in vollkommener authentischer Gegenwart. Durch seine überwältigende Echtheit und Offenheit gibt er Krieger-Schülern den Anstoß, ihre Ichverhaftung zu überwinden.

Da dies vermutlich nicht ohne weiteres zu verstehen ist, sollten wir noch näher auf die Eigenschaften eines Meisterkriegers eingehen. Die Geburt des Meisterkriegers vollzieht sich im Bereich des kosmischen Spiegels, wo es weder Anfang noch Ende gibt – nur unendliche Weite. Seine Verwirklichung, sein Geisteszustand, ist nicht ausschließlich ein Ergebnis von Schulung und Philosophie. Er hat sich vielmehr vollkommen in die unbedingte Reinheit des kosmischen Spiegels fallenlassen und dadurch unbedingte Wachheit und Ichlosigkeit erfahren. Er hat ständig Zugang zu diesem unbedingten Raum und verfällt deshalb niemals der Verwirrung und Dumpfheit der Ichverhaftung. Er ist vollkommen wach. Die Energie des Meisterkriegers ist stets an das höchste Drala, an die grenzenlose Schau der Rigden-Könige angeschlossen.

Durch die vollkommene Identifikation mit dem Weisheits-Erbe der Rigden-Könige reifen in dem Meisterkrieger Liebe und tiefes Mitgefühl, die einfach darin bestehen, daß er in allen Dingen das grundlegende Gutsein zu erkennen vermag. Wenn er die Welt um sich her betrachtet, so *weiß* er, daß alle Menschen grundlegendes Gutsein «besitzen» und daß es ihr Geburtsrecht ist, zumindest ihre eigene

Echtheit zu verwirklichen. Und darüber hinaus kann in jedem einzelnen der universale Monarch geboren werden.

Der Meisterkrieger spürt, daß die Große Östliche Sonne ganz in sein Herz eingedrungen ist, so daß er jetzt ihr Licht ausstrahlt und es allen fühlenden Wesen sichtbar macht, die im Zwielicht des Sonnenuntergangs leiden. Er überschaut den ganzen Weg der Kriegerschaft und hat die Befähigung, anderen diesen Weg zugänglich zu machen – allen, die sich danach sehnen, diese kostbare Geburt als Mensch zu ihrer Erfüllung zu bringen.

Aufgrund seines tiefen Mitgefühls für alle Menschen ist der Meisterkrieger in der Lage, Himmel und Erde zu vereinigen. Wir können auch sagen: Die Kraft des Meisterkriegers vereinigt das Ideal des Menschseins mit dem Boden, auf dem der Mensch steht. Wenn das geschieht, beginnen Himmel und Erde miteinander zu tanzen, und die ewige Streitfrage, wer den besten Teil des Himmels und den schlechtesten Teil der Erde besitze, wird gegenstandslos.

Um Himmel und Erde zu vereinigen, braucht man Selbstvertrauen, das aber von aller Ichhaftigkeit frei sein muß. Wenn jemand sich sagt: «Hurra, jetzt habe ich es geschafft», geht er schon in die Irre. Himmel und Erde kann nur vereinigen, wer alles ichhafte Streben hinter sich zurückläßt, denn sonst hat er weder Himmel noch Erde, sondern bleibt hilflos in seiner selbstgezimmerten, künstlichen Plastikwelt stecken. Erst wenn man alles ichhafte Verlangen und Streben abgelegt hat, wenn man leidenschaftslos geworden ist, kann man Himmel und Erde vereinigen. Wäre der Meisterkrieger von seiner Verwirklichung der authentischen Gegenwart berauscht, so wäre das eine Katastrophe. Deshalb ist der Meisterkrieger bescheiden, sehr bescheiden und demütig. Seine Demut erwächst ihm aus der Arbeit mit anderen. Bei dieser

Arbeit wird ihm deutlich, daß er geduldig sein muß, daß er den anderen Zeit lassen muß, ihr eigenes Verständnis von Gutsein und Kriegerschaft zu finden. Wer fanatisch ist und anderen das grundlegende Gutsein gewaltsam nahezubringen versucht, erzeugt nur noch größeres Chaos. Deshalb muß er demütig und geduldig sein. Er läßt einfach zu, daß die Dinge zu ihrer Zeit ihre eigene Gestalt annehmen. Geduld besteht also darin, den anderen unablässig Sanftheit und Vertrauen entgegenzubringen. Der Meisterkrieger verliert nie das Vertrauen in das grundlegende Gutsein der anderen, in ihre Fähigkeit, Jetztheit und Heiligkeit zu verwirklichen und wirkliche Krieger zu werden.

Der Meisterkrieger führt seine Schüler nicht nur mit Geduld und Milde, sondern auch durch seine Wahrhaftigkeit, seine Verläßlichkeit und Festigkeit. Wäre die Wahrheit eine Fahne im Wind, so würde sie je nach den Umständen mal so und mal anders aussehen. Die Wahrheit oder Wahrhaftigkeit eines Meisterkriegers steht fest wie ein Berg. Man kann auf ihn bauen, er schwankt nie, er ist vollkommen echt.

Für den Meisterkrieger gibt es weder Furcht noch Trägheit. Er öffnet sich furchtlos für andere, und seine Bereitschaft zu helfen erfährt nie eine Unterbrechung. Jederzeit nimmt er Anteil an allem, was seine Schüler angeht – sei es die Zusammenstellung ihres Mittagessens oder ihre Geistesverfassung, seien sie glücklich oder traurig, fröhlich oder deprimiert. All das führt dazu, daß der Umgang des Meisterkriegers mit seinen Schülern von gegenseitiger Achtung und Humor geprägt ist.

Das Wichtigste ist jedoch, daß in allem, was der Meisterkrieger tut, Magie liegt. *Jede* seiner Aktionen ist dazu angelegt, den Geist seiner Schüler auf den Bereich des kosmischen Spiegels zu lenken. Er ist eine ständige Herausforderung für seine Schüler, über sich selbst hinauszugehen und in die weite, strahlende Welt einzutreten, in der er selbst wohnt. Die Herausforderung, die er darstellt, besteht aber nicht darin, daß er seinen Schülern ständig Hürden setzt oder sie antreibt; vielmehr ist seine authentische Gegenwart für seine Schüler die Herausforderung, selbst echt und wahr zu sein.

Alles in allem bezieht sich also die Idee der Übermittlung oder Nachfolge in der Shambhala-Lehre auf die Verbindung, die man zur ursprünglichen Weisheit hat. Diese Weisheit ist uns zugänglich, und sie ist äußerst einfach, aber zugleich auch ungeheuer weit und tief. Ohne den Zugang zu jenem reinen Bereich, in dem es weder Hoffnung noch Furcht gibt, bleibt uns nur das Haften an bloßen Begriffen, und das führt zu Herrschsucht und Verfall. Im Reich des kosmischen Spiegels ist das Haften an Begriffen und Zweifeln vollkommen unbekannt, und alle, die jemals die wahre Güte, das eingeborene, ursprüngliche Gutsein des Menschen verkündet haben, hatten in irgendeiner Form Zugang zu diesem Reich.

Im Lauf der Geschichte hat es viele gegeben, die nach dem höchsten Gut strebten und es anderen Menschen mitzuteilen versuchten. Makellose Disziplin und unerschütterliches Vertrauen sind dazu erforderlich. Ein jeder, der furchtlos gesucht und furchtlos verkündet hat, gehört der Linie der Meisterkrieger an, was auch seine Philosophie oder sein Glaubensbekenntnis gewesen sein mag. Für diese Führer der Menschheit und Bewahrer der Weisheit ist kennzeichnend, daß sie der Sanftheit und Echtheit furchtlos Ausdruck geben – zum Wohl aller fühlenden Wesen. Ihnen gebührt unsere Verehrung und unser Dank für den Weg, den sie uns geebnet haben. Sie sind die Väter und Mütter von Shambhala, denen wir verdanken, daß es mitten in diesem Zeitalter des Niedergangs möglich ist, an eine erleuchtete Gesellschaft zu denken.

Der Autor

Chögyam Trungpa, der Initiator der Shambhala-Schulung, ist Gründer und Präsident des Naropa Institute. Außerdem ist er Präsident von Vajradhatu, einer Vereinigung von über hundert buddhistischen Meditations- und Studienzentren in den Vereinigten Staaten, Kanada und Europa.

Als Linienhalter und Meditationsmeister der Kagyü-Schule des tibetischen Buddhismus war Chögyam Trungpa oberster Abt der Surmang-Klöster in Tibet, wo er auch den Titel des Khyenpo erhielt, der in etwa dem Doktor der Theologie gleichkommt. Zu dieser Ausbildung in Tibet gehörten auch Studium und Praxis traditioneller künstlerischer Disziplinen wie Kalligraphie, Verskunst, Tanz und Thanka-Malerei.

1959 mußte der Autor aus seinem Heimatland fliehen und kam nach Indien. Dort wurde er von Seiner Heiligkeit dem Dalai Lama zum spirituellen Berater der Schule für junge Lamas ernannt. 1963 reiste er nach England, wo er als ein Spaulding Stipendiat die Universität von Oxford besuchte. Hier studierte er westliche Philosophie, Religion, Kunst und Sprache. In dieser Zeit nahm er auch Unterricht im traditionellen japanischen Blumenstecken und erwarb den Titel eines Lehrers der Sogetsu-Schule des Blumensteckens.

1970 wurde Chögyam Trungpa in die Vereinigten Staaten eingeladen. Seitdem ist er in Boulder, Colorado, zu Hause und lehrt in vielen Orten der Vereinigten Staaten, Kanadas und Europas. Er ist Autor vielgelesener Bücher über den Buddhismus und den Weg der Meditation, darunter *Aktive Meditation, Spiritueller Materialismus, Das Märchen von der Freiheit* und *Feuer trinken, Erde atmen*. Dies ist sein erstes Buch über die Shambhala-Lehre. Chögyam Trungpa, der vielen als Meditationsmeister, Lehrer und Gelehrter bekannt ist, arbeitet auch künstlerisch und hat seine Kalligraphien, Blumenarrangements und Umweltdesigns in Galerien in San Francisco, Los Angeles und dem Gebiet von Denver und Boulder ausgestellt. Ein Film mit dem Titel «Discovering Elegance», der seine künstlerische Arbeit beschreibt, ist über Centre Productions in Boulder, Colorado, erhältlich.

Informationen über die Programme des Naropa Institute kann man direkt beim Institut anfordern: 2130 Arapahoe, Boulder, Colorado 80302, Telefon 303-444 - 7881.

Informationen über die Durchführung von Shambhala-Trainingsprogrammen in Europa und die Aktivitäten der Vajradhätu-Meditationszentren erhalten Sie bei:

Shambhala Training
Zwetschenweg 23
D - 3550 Marburg

Telefon (06421) 34244.

Im Vertrauen auf die Goldene Sonne des Ostens –
Möge der Rigden-Könige Lotosgarten der Weisheit erblühen,
Möge das Dunkel der Unwissenheit aller fühlenden Wesen vertrieben werden,
Mögen alle Wesen sich vollkommener, strahlender Herrlichkeit erfreuen.

« LA FONTAINE DES SCIENCES »
Collection dirigée par Gérard Klein

JAMES LOVELOCK

LES ÂGES DE GAÏA

Traduit de l'anglais par Bernard Sigaud

ÉDITIONS ROBERT LAFFONT
PARIS

Le Commonwealth Fund Book Program remercie le Memorial Sloan-Kettering Cancer Center pour l'aide qu'il lui a apportée dans la mise en place de son entreprise éditoriale

Titre original : THE AGES OF GAIA

ISBN 2-221-06585-9
(édition originale :
ISBN 0-393-02583-7 W.W. Norton & Company, New York)

Vue à la distance de la Lune, la Terre a quelque chose d'étonnant, à vous couper le souffle : elle est vivante. Les photographies montrent la surface sèche, criblée d'impacts, de la Lune au premier plan, aussi morte qu'un vieil os. En plein espace, flottant librement sous la membrane humide et luisante d'un éclatant ciel bleu, voici la Terre à son lever, unique objet exubérant de cette partie du cosmos. Si vous pouviez regarder assez longtemps, vous verriez tourbillonner les grands courants nuageux, qui couvrent et découvrent alternativement les masses terrestres à moitié cachées. Si vous aviez regardé pendant la durée quasi infinie des temps géologiques, vous auriez pu voir les continents eux-mêmes en mouvement dériver sur les plaques de l'écorce terrestre, soulevés par le feu interne. La Terre a l'apparence organisée et autonome d'une créature vivante, pleine d'informations, merveilleusement habile à tirer partie du Soleil.

LEWIS THOMAS, The Lives of a Cell.

Avant-propos

La plupart des scientifiques en exercice connaissent et respectent l'histoire des domaines dans lesquels ils œuvrent, mais ils entendent généralement par là une série de tentatives qui s'égrènent au fil des volumes des publications spécialisées conservées dans les rayons des bibliothèques – et pas du tout la somme de temps et de travail beaucoup plus considérable qu'exigeraient des chercheurs professionnels pour écrire correctement l'histoire de la science.

Ce n'est pas que les chercheurs eux-mêmes aient la mémoire courte, mais qu'ils n'apprennent et ne retiennent que les événements qui ont bouleversé avant toute chose le paysage de leur spécialité. Et actuellement, dans la plupart des domaines de la science, et peut-être dans tous, les grands changements qui ont lancé la vaste transformation du savoir humain de ce siècle ne remontent pas plus loin que son début, du moins en apparence. Le possesseur actuel d'un doctorat en poste dans un laboratoire qui fait, par exemple, des recherches en biologie moléculaire, ne se sent pas lié à des générations de prédécesseurs remontant à plus d'une vingtaine d'années. Les physiciens contemporains peuvent trouver leurs sources un siècle en arrière, avec les débuts de la théorie quantique, mais ce sont les concepts qui ont émergé dans les dix dernières années seulement qui sont considérés comme l'histoire véritable de cette branche. Les cosmologistes sont sur un terrain totalement vierge; ils considèrent avec étonnement des espèces bizarres, inattendues, d'espace et de temps, hasardent des théories prudentes pour expliquer des phénomènes sis bien au-delà de la banlieue du système solaire ou de la galaxie locale, et vont même jusqu'à spéculer sur des univers en formation aux frontières du nôtre.

Nous sommes, tout à fait littéralement, dans un monde nouveau, un endroit bien plus étrange qu'il ne le semblait il y a quelques siècles, plus difficile à expliquer, qui suscite des spéculations plus risquées, et plein d'une information qui devient à la fois de plus en plus accessible et de plus en plus déconcertante. On a parfois l'impression que non seulement on a encore plus de choses à apprendre, mais qu'on a tout à apprendre.

Nous sommes donc loin de la conception de la science répandue dans le grand public et qui est reflétée dans les suppléments scientifiques des journaux et revues. Le non-spécialiste a tendance à penser que la technologie est si étroitement associée à la science qu'elle est au centre de toute l'entreprise. Le progrès de la science et celui de la technologie semblent ne faire qu'un – les machines, l'électronique, les puces informatiques, l'envoi de sondes sur Mars, les plastiques non biodégradables, le trou de l'ozone, la bombe, tout le reste de ce qui apparaît maintenant comme la culture du XXe siècle.

Ce qu'on ne voit pas clairement, c'est la nouveauté de l'information scientifique elle-même, son étrangeté et, là où on peut la discerner, sa signification. Il y a une grande différence entre le produit intellectuel de la science moderne et les diverses technologies qui parfois (mais jamais aussi souvent que le grand public le croit) en dérivent.

Les ouvrages de cette collection, produite sous le patronage du Commonwealth Fund, représentent une tentative pour clarifier cette distinction, et essaient aussi de faire voir de plus près ce qui se passe dans l'esprit des savants dans l'exercice de leur recherche.

Le livre de James Lovelock décrit un ensemble d'observations sur la vie de notre planète qui sera peut-être un jour reconnu comme l'une des principales discontinuités de la pensée humaine. S'il se révèle que Lovelock ait, comme je le crois, raison dans sa vision des choses, nous envisagerons la Terre comme un système vivant cohérent, autorégulé, auto-évolutif, une sorte d'immense organisme. À mon avis, il est peu probable que cette idée conduise directement ou indirectement à quelque avancée technologique que ce soit qu'on pourrait mettre à profit, quoiqu'elle puisse très bien commencer à influencer, selon des modes nouveaux et moins brutaux, les autres sortes de technologies que nous serions susceptibles de choisir à l'avenir.

Le choix de ce livre, entre autres ouvrages édités sous le patronage du Commonwealth Fund Book Program, a été la responsabilité d'un comité consultatif formé par le Dr Alexander G. Bearn, le Dr Donald S. Fredrickson, le Pr Lynn Margulis, le Dr Maclyn McCarty, Lady Jean Medawar, Berton Roueché, le Pr Frederick Seitz et le Dr Otto Westphal. L'éditeur est représenté par Edwin Barber, premier vice-président de W.W. Norton & Company. Antonina W. Bouis a la responsabilité éditoriale de la collection, assistée de Stephanie Hemmert, secrétaire de rédaction. Margaret Mahoney, présidente du Commonwealth Fund, a soutenu activement le travail du comité consultatif à chaque étape.

Dr Lewis Thomas, éditeur-conseil
pour le compte du Commonwealth Fund Book Program.

Préface

J'écris ces lignes dans une pièce rajoutée à ce qui était jadis un moulin qui tirait son énergie de la Carey avant qu'elle ne rejoigne la Tamar, et la mer. Coombe Mill est toujours un lieu de travail, mais c'est maintenant un laboratoire, un refuge, et un lieu de rencontre où je passe le plus clair de mon temps. Cette pièce donne sur la vallée avec ses petites parcelles et ses haies typiques du paysage du Devon.

La description de l'endroit où ce livre a été écrit contribue à sa compréhension. C'est ici que je vis et travaille. Il n'y a pas d'autre moyen de travailler sur un sujet aussi peu conventionnel que Gaïa. Les recherches et les expéditions entreprises pour découvrir Gaïa ont occupé presque vingt ans de ma vie, et ont été financées par les revenus que je tire de l'invention et de la mise au point d'instruments scientifiques. Je suis très reconnaissant à Helen Lovelock de me laisser ainsi disposer de la plus grande partie de nos revenus communs, et également à la société Hewlett Packard, pour sa fidélité et sa constance, elle qui a été le meilleur client de mes inventions et a véritablement rendu cette recherche possible.

Contrairement à d'autres activités intellectuelles, la science ne se pratique pas à domicile. La science moderne est devenue aussi professionnelle que l'industrie de la publicité. Et, comme cette industrie, elle s'appuie sur une technique onéreuse et suprêmement raffinée. Il n'y a pas de place pour l'amateur dans la science moderne, et pourtant, comme c'est souvent le cas dans les professions libérales, la science exerce plus souvent son expertise dans le domaine du trivial que dans celui du sublime. Là où la science diffère des médias, c'est dans l'absence d'un partenariat avec des individus indépendants. Les peintres, les poètes et les compositeurs font facilement l'aller et retour entre leur propre monde et la publicité, et l'un et l'autre monde en sont enrichis. Mais où sont les scientifiques indépendants?

Vous croyez peut-être que l'universitaire qui fait carrière dans la science est analogue à l'artiste indépendant. En fait, presque tous les savants sont employés par quelque grande organisation – un ministère, une université ou une société multinationale. Ce n'est que rarement qu'ils sont libres d'exprimer leur science sous forme d'opinion personnelle. Ils croient peut-être qu'ils sont libres, mais en réalité ils sont, dans leur quasi-totalité, des employés; ils ont échangé la liberté de penser contre de bonnes conditions de travail, des revenus réguliers, une chaire et une retraite. Ils sont aussi bridés par une armée de forces bureaucratiques, des institutions de financement aux organismes veillant sur la santé et la sécurité. Les savants sont également bridés par les règles tribales de la discipline à laquelle ils appartiennent. Un physicien aurait du mal à faire de la chimie, et un biologiste ne pourrait pratiquement pas faire de physique. Pour couronner le tout, depuis quelques années, la « pureté » de la science est de plus en plus étroitement surveillée par une instance inquisitoriale que les savants se sont imposée eux-mêmes, le jugement des pairs. Possessive comme une nounou, pleine de bonnes intentions, mais bornée, cette institution fait en sorte que les savants travaillent selon la sagesse conventionnelle et ne se laissent pas porter par la curiosité ou l'inspiration. Manquant de liberté, ils courent le risque de tomber dans une méticuleuse prétention ou de devenir, à l'instar des théologiens médiévaux, des créatures dogmatiques.

Si j'avais été rattaché à une université, il m'aurait été pratiquement impossible de faire des recherches à temps complet sur la Terre considérée comme une planète vivante. Pour commencer, personne n'aurait autorisé le financement d'une recherche aussi spéculative. Si j'avais persévéré en travaillant pendant la pause de midi ou pendant mon temps libre, je n'aurais pas tardé à recevoir une convocation de la part du directeur du laboratoire. Dans son bureau, on m'aurait averti des dangers que courrait ma carrière si je persistais à faire des recherches sur un sujet aussi peu conventionnel. Si cet avertissement n'avait pas eu d'effet et que je continue obstinément dans la même direction, j'aurais été convoqué une seconde fois et on m'aurait averti que mon travail mettait en péril la réputation du service et la propre carrière de son directeur.

J'ai écrit le premier livre sur Gaïa de manière telle que le lecteur ne doive avoir recours qu'au seul dictionnaire, et c'est ainsi que j'ai essayé d'écrire le présent ouvrage. Je suis troublé par la réaction de certains de mes collègues qui me reprochent de présenter la science de cette manière. Les choses ont pris un tour bizarre ces derniers temps; c'est presque une inversion de la fameuse lutte de Galilée contre l'institution théologique. C'est l'institution scientifique qui devient ésotérique et qui pourchasse les hérétiques.

Il n'en a pas toujours été ainsi. Vous pouvez très bien vous demander : Qu'est-il advenu de ces personnages romantiques hauts en couleur, des savants fous, des Drs Folamour? Des savants qui semblaient libres de parcourir toute la gamme des disciplines scientifiques sans empêchements ni contraintes? Ils existent encore, et à certains égards j'écris ce livre en tant que membre de leur espèce rare et en voie de disparition.

Plus sérieusement, si j'ai été forcé de devenir un savant anticonformiste, c'est aussi parce que la communauté scientifique hésite à reconnaître la validité des théories nouvelles, et ce non sans raison. Il a fallu environ cent cinquante ans pour que l'idée que la chaleur mesure la vitesse des molécules devienne une réalité scientifique, et quarante ans pour que la tectonique des plaques soit acceptée par la communauté scientifique.

Maintenant, vous voyez peut-être pourquoi je travaille chez moi et assure ma subsistance et celle de ma famille par tous les moyens disponibles. Ce n'est pas une pénitence, mais plutôt un genre de vie agréable que peintres et romanciers ont connu de tout temps. Amis savants, rejoignez-moi, vous n'avez rien d'autre à perdre que vos subventions.

La partie principale de ce livre, les chapitres 2 à 6, concerne une nouvelle théorie de l'évolution qui ne nie pas la grandiose vision de Darwin, mais la complète en faisant observer que l'évolution des différentes espèces d'organismes n'est pas indépendante de l'évolution de leur environnement matériel. De fait, les espèces et leur environnement sont étroitement liés et évoluent comme un système unique. Je me propose de décrire l'évolution du plus grand organisme vivant, Gaïa.

J'ai eu pour la première fois l'idée de Gaïa lorsque je travaillais au Jet Propulsion Laboratory, dans le département des sciences biologiques dirigé par Norman Horowitz, où nous avions pour tâche de détecter la vie sur les autres planètes. Ces idées préliminaires furent brièvement exprimées dans le compte rendu d'une réunion de la Société américaine d'astronautique tenue en 1968 et, plus précisément, dans une lettre de 1971 à la revue Atmospheric Environment. *Mais ce ne fut que deux ans plus tard, à la suite d'une intense et profitable collaboration avec la biologiste Lynn Margulis, que l'hypothèse Gaïa, d'abord fragmentaire, prit corps et vit le jour. Les premiers articles furent publiés dans les revues spécialisées* Tellus *et* Icarus, *dont les rédacteurs en chef n'avaient point de préjugés et étaient disposés à voir s'ouvrir un débat sur nos idées.*

Lynn Margulis est la plus dévouée et la meilleure de mes collègues. J'ai aussi la chance qu'elle soit unique parmi les biologistes de par sa vaste compréhension du monde vivant et de son environnement. À une époque où la biologie s'est divisée en au moins une trentaine de spécialités étroitement définies, fières de leur ignorance d'autres sciences, voire même d'autres disciplines biologiques, il lui fallait quelqu'un doué de l'amplitude de vision peu répandue de Lynn pour établir le contexte biologique de Gaïa.

Quelquefois, lorsque je suis assailli par un excès de sentimentalisme à propos de la vie sur Terre, je suis l'exemple de Lynn et tiens le rôle du délégué d'atelier, du représentant syndical des micro-organismes et des formes de vie inférieures et sous-représentées qui travaillent depuis trois milliards et demi d'années à maintenir cette planète dans un état propre à la vie. On peut vénérer les mignons animaux, les fleurs sauvages et les gens, mais ils ne seraient quasi rien sans la vaste infrastructure des microbes.

Il serait difficile, après avoir passé près de vingt ans à développer une théorie qui fait de la Terre un organisme vivant – où l'évolution des espèces et celle de leur environnement matériel sont étroitement liées mais évoluent toujours par sélection naturelle –, d'éviter d'avoir des opinions sur les problèmes de la pollution et de la dégradation par les humains de l'environnement naturel.

La théorie Gaïa impose une perspective planétaire. C'est la santé de la planète qui compte, et non celle de quelques espèces ou organismes individuels. C'est ici que Gaïa et le mouvement écologiste, qui se préoccupe au premier chef de la santé des humains, se séparent. La santé de la Terre est essentiellement menacée par de grands changements dans les écosystèmes naturels. L'agriculture, l'exploitation des forêts et, dans une moindre mesure, la pêche sont considérées comme les sources les plus préoccupantes de ce genre d'atteinte, avec en seconde position l'inexorable augmentation de la concentration du gaz carbonique, du méthane et d'autres gaz à effet de serre. Les géophysiologistes n'ignorent pas la dégradation de la couche d'ozone stratosphérique avec le risque associé d'un accroissement du rayonnement ultraviolet de courte longueur d'onde, ni le problème des pluies acides. Ils font figure de dangers réels et potentiellement graves, mais ils menacent principalement les gens et les écosystèmes du monde industrialisé – région qui, d'un point de vue gaïen, peut très bien disparaître. Il y a seulement 10 000 ans, c'était une toundra gelée là où elle n'était pas ensevelie sous des glaciers. Quant à ce qui semble causer le plus d'inquiétude, les radiations nucléaires, elles ne représentent pas grand-chose pour Gaïa, même si elles font peur aux individus humains. De nombreux lecteurs ont peut-être l'impression que je tourne en dérision tous ces savants spécialistes de l'environnement qui consacrent leur vie à l'étude de ce qui menace la vie des hommes. Telle n'est pas mon intention. Je ne désire que parler au nom de Gaïa, parce que très peu de gens le font, comparés aux multitudes qui s'expriment au nom des humains.

À cause de l'accent mis moins sur notre bien-être que sur celui de la planète, j'ai fini par me rendre compte qu'il faudrait peut-être créer une nouvelle profession, la médecine planétaire. Je remercie l'historien Donald McIntyre de m'avoir écrit pour me dire que c'était James Hutton qui avait le premier introduit l'idée d'une physiologie planétaire, au XVIII*e siècle. Hutton était à la fois médecin et géologue. La physiologie était la première science médicale, et l'un des buts de ce livre est d'établir la « géophysiologie » comme fondement de la médecine planétaire. À ce stade précoce de notre appréhension de la Terre comme entité physiologique, nous avons besoin de généralistes, non de spécialistes. Nous sommes comme des médecins avant l'usage des antibiotiques ; même dans les années trente, ils ne pouvaient pas offrir grand-chose de plus qu'un soulagement symptomatique aux malades souffrant d'infection. À présent, les causes principales de mortalité dans la première partie de ce siècle – tuberculose, diphtérie, coqueluche et pneumonie – ont grandement reculé, et les médecins s'occupent essentiellement de maladies de dégénérescence – les affections cardio-vasculaires et néoplasiques. Il est vrai que l'apparition du virus HIV a ébranlé notre conviction que la médecine pouvait guérir tous les maux, mais nous avons quand même progressé bien au-delà de l'impuissance d'avant les années quarante.*

En ce qui concerne la santé de la Terre, nous sommes actuellement dans la même position que les premiers médecins. Des spécialités telles que la biogéochimie, l'écologie théorique et la biologie évolutive existent bien, mais elles n'ont pas plus à offrir au médecin environnementaliste consciencieux ou à la malade que ne le pouvait au XIX*e siècle la science analogue fondée sur la biochimie et la microbiologie.*

Pour obtenir leur diplôme, les médecins doivent prêter le serment d'Hippocrate. Il comporte l'injonction de ne rien faire qui puisse mettre le malade en danger. Un serment similaire doit être exigé des médecins planétaires putatifs pour qu'ils évitent des erreurs iatrogènes : un serment qui empêcherait ceux qui sont trop zélés de donner un traitement qui ferait plus de mal que de bien. Considérons par exemple une catastrophe industrielle qui contaminerait toute une zone géographique avec des niveaux aisément mesurables de quelque agent cancérigène qui ferait courir un risque calculable à toute la population de la région. Faudrait-il détruire l'intégralité des récoltes et du bétail de la région pour éviter les risques découlant de leur consommation? Faudrait-il, au lieu de cela, laisser faire la nature? Ou faudrait-il choisir une solution intermédiaire moins drastique? Une catastrophe récente démontre comment, faute de pouvoir entendre la voix du médecin planétaire, on risque d'appliquer un traitement dont les conséquences seront plus sévères que celles du poison. Je veux parler de la tragédie qui a affecté la Laponie suédoise dans le sillage de l'accident de Tchernobyl : des milliers de rennes, gibier de subsistance des Lapons, furent sacrifiés parce qu'on estimait qu'ils étaient trop radioactifs pour être mangés. Etait-il justifié d'infliger ce traitement brutal à une culture fragile et à son écosystème associé pour un empoisonnement radioactif bénin? Les conséquences de ce « traitement » ont-elles été pires que les risques lointains et théoriques de cancer chez une petite proportion des habitants?

En plus d'un chapitre sur ces problèmes écologiques, la dernière partie de cet ouvrage comporte quelques spéculations sur l'établissement d'un système géophysiologique sur Mars. Le premier livre consacré à Gaïa a également suscité de l'intérêt pour les aspects religieux de Gaïa, et j'ai donc essayé dans un autre chapitre de répondre à quelques-unes des questions difficiles qui m'ont été posées. Sur ce terrain peu familier, j'ai bénéficié du puissant soutien moral du Groupe de Lindisfarne, notamment de ses fondateurs, William Irwin Thompson et James Morton, et de l'amitié d'autres membres, comme Mary Catherine Bateson, John et Nancy Todd, et Stewart Brand, qui dirigea pendant de longues années la revue CoEvolution Quarterly.

Depuis l'époque où j'ai commencé à écrire sur Gaïa et à y penser, on m'a constamment rappelé combien de fois la même idée générale avait déjà été avancée. Je ressens une sympathie particulière pour les écrits de l'écologiste Eugene Odum. Si sans le vouloir j'offense des « géophysiologistes » antérieurs en omettant de signaler leurs écrits, je leur en demande pardon. Je sais qu'il doit y avoir de nombreux penseurs, comme le philosophe bulgare Stephan Zivadine, qui ont longuement étudié la question avant moi et ont été ignorés.

J'ai eu la chance d'avoir des amis qui ont lu et critiqué les chapitres de ce livre à mesure que je l'écrivais. Peter Fellgett, Gail Fleischaker, Robert Garrels, Peter Liss, Andrew Lovelock, Lynn Margulis, Euan Nisbet, Andrew Watson, Peter Westbroek et Michael Whitfield – tous m'ont abondamment prodigué leur avis réfléchi sur le contenu scientifique. Je sais tout autant gré aux amis qui ont critiqué cet ouvrage sur le plan de sa lisibilité : Alex et Joyce Andrews, Stewart Brand, Peter Bunyard, Christine Curthoys, Jane Gifford, Edward Goldsmith, Adam Hart-Davis, Mary McGowan et Elizabeth Satchouris. Depuis 1982, l'université des Nations unies, par l'intermédiaire de son directeur de programme, Walter Shearer, m'a apporté un soutien moral et matériel surtout pour la notion de médecine planétaire.

Livré à moi-même, j'ai tendance à écrire des blocs de texte qui, comme les dessins d'une mosaïque, n'ont de sens que vus de loin. J'ai grandement apprécié la compétence amicale avec laquelle Jackie Wilson a redisposé les mots de mon texte quand elle a corrigé le manuscrit pour le rendre lisible.

Le Commonwealth Fund Book Program, par son soutien généreux, m'a donné l'occasion de prendre le temps nécessaire au développement des idées de ce livre et à sa rédaction. Je remercie tout particulièrement Lewis Thomas et les deux responsables de la collection Helcne Friedman et Antonina Bouis pour la chaleur de leurs encouragements et de leur appui moral.

Mais ce livre n'aurait jamais pu être écrit sans le soutien et l'amour qu'Helen et John Lovelock m'ont si libéralement prodigués.

1

Introduction

> *Tout au long de mon enfance j'eus la profonde conviction que j'étais un bon à rien, que je perdais mon temps, que je gaspillais mes talents, que je me comportais avec une folie, une méchanceté et une ingratitude monstrueuses – et tout cela, semblait-il, était inévitable, parce que je vivais au milieu de lois qui étaient absolues, comme la loi de la pesanteur, mais qu'il m'était impossible de respecter.*
>
> George ORWELL, Essais choisis.

De toutes les récompenses qu'on gagne à survivre plus de cinquante ans, la plus belle est la liberté d'être excentrique. Quelle joie que de pouvoir explorer les limites physiques et mentales de l'existence confortablement et sans risque, sans m'inquiéter de savoir si mon apparence ou mon discours sont ridicules! Les jeunes trouvent habituellement les contraintes de la convention trop lourdes pour qu'on y échappe, sauf quand elles font partie d'un culte. Les hommes d'âge mûr n'ont pas de temps à perdre, occupés qu'ils sont à suivre la routine de la vie. Seuls les vieux peuvent gaiement se rendre ridicules.

L'idée que la Terre est vivante est à l'extrême limite de la crédibilité scientifique. J'ai commencé à y songer, puis à écrire sur le sujet au début de ma cinquantaine. J'étais juste assez vieux pour être anticonformiste sans être soupçonné de délinquance sénile. Le romancier William Golding, mon contemporain et voisin, suggéra que tout ce qui est vivant mérite d'avoir un nom – quoi de mieux pour une planète vivante que Gaïa, le nom donné par les Grecs à la déesse de la Terre?

Le concept selon lequel la Terre est activement entretenue et régulée par la vie à sa surface a pour origine la recherche de la vie sur Mars. Tout a commencé un beau matin de printemps en 1961 lorsque le facteur m'apporta une lettre qui était pour moi presque aussi pleine de promesses et d'excitation qu'une

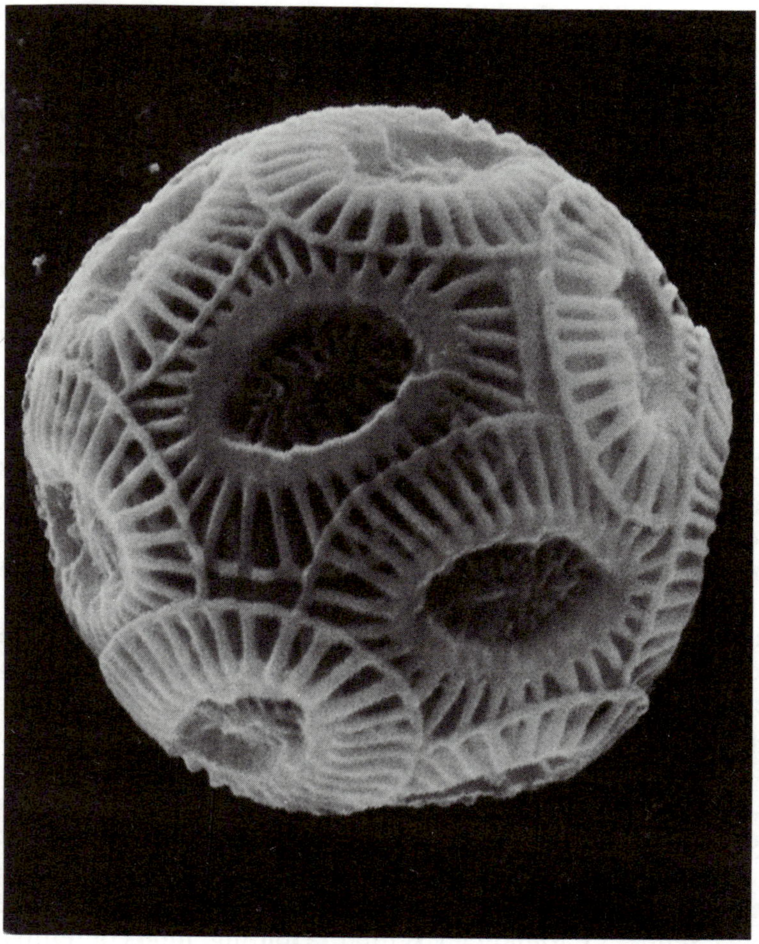

Emiliana huxleyii, connue de ses admirateurs sous le nom d'Emily, est l'un des membres les plus importants du biote. Les colonies de ce phytoplancton couvrent de vastes surfaces océaniques; leur présence affecte puissamment l'environnement par la faculté qu'elles ont de faciliter l'élimination du gaz carbonique de l'air, et par leur production de sulfure de diméthyle (qui permet la nucléation des nuages au-dessus des océans).

première lettre d'amour. C'était une invitation de la NASA me proposant de concevoir des expériences pour sa première mission instrumentale lunaire. La lettre était signée Abe Silverstein, directeur des vols spatiaux à la NASA. Je me souviens encore de mon incrédulité joyeuse et durable.

L'espace est à moins de deux cents kilomètres et est désormais devenu un endroit comme les autres, un lieu commun. Mais 1961, c'était quatre ans seulement après le lancement par l'Union soviétique du premier satellite artificiel, *Spoutnik*. Je l'avais écouté répéter avec son bip-bip ce simple message qui prouvait que nous pouvions nous échapper de la Terre. Six ans seulement auparavant, lorsqu'on lui avait demandé ce qu'il pensait de la possibilité d'un satellite artificiel, un astronome distingué avait répondu : « Tout ça c'est du bidon. » Recevoir une invitation officielle à participer à la première exploration de la Lune fut comme une légitimisation et une reconnaissance de mon univers imaginaire personnel. Mes lectures d'enfant avaient suivi un chemin bien connu, passant des *Contes* de Grimm à *Alice au pays des merveilles* pour aboutir à Jules Verne et H.G. Wells. J'avais souvent dit pour rire que la tâche des scientifiques était de mettre la science-fiction en pratique. Quelqu'un m'avait écouté et m'avait pris au mot.

Mon premier contact avec la science spatiale de la NASA fut ma visite de cette cathédrale à plat de la science et de l'ingénierie, le Jet Propulsion Laboratory, juste à côté de Pasadena dans la grande banlieue de Los Angeles. Peu après que j'eus commencé à travailler avec la NASA sur la sonde lunaire, je changeai d'affectation pour m'atteler à la tâche encore plus passionnante consistant à concevoir des instruments sensibles pour analyser la surface et l'atmosphère des planètes. J'avais toutefois une formation biologique et médicale, et je voulus en savoir plus sur ces expériences destinées à déceler des traces de vie sur les autres planètes. Je m'attendais à voir des biologistes occupés à concevoir des expériences et des instruments aussi étonnants et aussi délicatement construits que les engins spatiaux eux-mêmes. La réalité fut une déception qui marqua la fin de mon euphorie. J'eus l'impression que leurs expériences avaient peu de chances de détecter la vie sur Mars, même si cette planète grouillait de vie.

Lorsqu'un important organisme doit résoudre un problème difficile, la procédure normale est d'engager quelques experts, et c'est ce que fit la NASA. C'est une procédure excellente si vous avez besoin de concevoir un moteur de fusée plus performant. Mais, si le but est de détecter des traces de vie sur Mars, il n'y a pas d'experts pour cela. Il n'y avait pas de titulaires de chaires de biologie martienne, aussi la NASA dut-elle se contenter d'experts en biologie terrestre, lesquels étaient en général de ces biologistes qui connaissent bien la gamme limitée d'êtres vivants sur lesquels ils travaillent dans leurs laboratoires ici-bas. Il n'y avait pas de raison de supposer que pareilles formes de vie existent sur Mars, même s'il y avait abondance de vie.

Du début jusqu'à la fin, les expériences de détection de vie sur Mars eurent un côté passablement irréel. Laissez-moi en faire l'illustration avec une fable. Le Dr X., biologiste éminent, me montra son détecteur de vie martienne : une cage cubique en acier inoxydable, superbement construite, de un centimètre environ de côté. Quand je lui demandai comment il fonctionnait, il répondit : « C'est un piège à puces. Les puces sont attirées par l'appât qui est à l'intérieur, et hop! elles entrent et ne peuvent pas s'échapper. » Je lui demandai alors comment il pouvait être sûr qu'il y avait des puces sur Mars; sa réponse fut : « Mars est le plus grand désert du système solaire – c'est une planète pleine de déserts. Partout où il y a des déserts, il y a des chameaux, et aucun animal n'a autant de puces que le chameau. Sur Mars, mon détecteur ne pourra manquer de trouver de la vie. » Je pense que les autres scientifiques du Jet Propulsion Laboratory me toléraient en tant qu'avocat du diable. Ils étaient sous pression, devaient faire avancer leur travail, et donc avaient peu de temps pour réfléchir à la nature réelle de ce travail. Ils réagissaient à mes questions sur les puces martiennes avec un scepticisme amusé.

J'étais persuadé qu'il y avait une meilleure méthode. C'est à ce moment-là que Dian Hitchcock, une philosophe, rendit visite au Jet Propulsion Laboratory, où la NASA l'avait engagée pour apprécier la cohérence logique des expériences. Nous tombâmes d'accord pour penser que le moyen le plus sûr de détecter la présence de vie sur les planètes était d'analyser leur atmosphère. Nous publiâmes deux articles suggérant que la vie sur une planète serait obligée d'utiliser l'atmosphère et les océans comme vecteurs de matières premières et comme dépôts pour les produits de son métabolisme. Ce qui changerait la composition chimique de l'atmosphère suffisamment pour la rendre manifestement différente de l'atmosphère d'une planète sans vie. Même sur Terre, la sonde *Viking* aurait pu ne pas détecter de vie si elle avait atterri sur la glace de l'Antarctique. En revanche, une analyse atmosphérique complète, ce pour quoi *Viking* n'était pas équipé, aurait fourni une réponse claire; en fait, même dans les années soixante, il était possible d'analyser l'atmosphère martienne avec des télescopes qui examinaient Mars en lumière infrarouge et non en lumière visible. Ces analyses révélaient une atmosphère dominée par le gaz carbonique et pas très loin de l'état d'équilibre chimique. Les gaz de l'atmosphère terrestre, par contre, sont dans un état de déséquilibre persistant. Ce qui nous suggéra fortement qu'il n'y avait pas de vie sur Mars.

Cette conclusion ne ravit pas nos commanditaires de la NASA. Ils avaient absolument besoin de raisons pour financer le coût d'une expédition sur Mars, et quel but serait plus alléchant que la découverte de la vie là-bas? Un certain sénateur Proxmire, farouche gardien des deniers publics, aurait été intéressé d'apprendre que la NASA préparait activement une expédition sur Mars, et à grands frais, alors même qu'au sein de cet organisme des scientifiques avaient déclaré qu'on n'y trouverait pas de vie. Il aurait pu être scandalisé s'il avait découvert que dans le cadre de notre recherche, subventionnée par la NASA, Dian Hitchcock et moi-même avions braqué un télescope imaginaire sur notre propre planète pour démontrer qu'il y avait abondance de vie sur Terre.

À cette époque passionnante, nous débattions souvent de la nature de la vie qui pourrait exister sur Mars et de l'importance de sa couverture de la surface. À la fin des années soixante, la NASA envoya ses engins *Mariner* en orbite autour de la planète pour en examiner la surface. Leurs photos montraient que Mars, comme la Lune, est criblée de cratères, et tendaient à confirmer la triste prédiction que Dian Hitchcock et moi-même avions faite à partir d'une étude des composants de son atmosphère – qu'elle était probablement sans vie. Je me rappelle une aimable discussion avec Carl Sagan, qui croyait qu'à la rigueur la vie pouvait encore exister dans des oasis où les conditions locales seraient plus favorables. Longtemps avant que *Viking* ne quitte la Terre, j'avais eu l'intuition que sur une planète la vie ne pouvait exister à faible densité; elle ne pouvait pas se maintenir dans quelques oasis, sauf au début ou à la fin de son existence. À mesure que se développait la théorie Gaïa, cette intuition se fortifia; je la considère à présent comme un fait établi.

On discuta beaucoup pour savoir s'il fallait stériliser les engins avant de les envoyer sur Mars. Je n'arrivai jamais à comprendre pourquoi on trouvait si mal de prendre le petit risque d'ensemencer accidentellement Mars avec de la vie; il se pouvait même que cela soit la seule occasion que nous ayons de transmettre la vie à une autre planète. La discussion prenait parfois un tour féroce et macho, pleine de masculinité adolescente. En tout cas, comme j'avais l'impression que Mars était morte, l'image du viol, quelquefois utilisée, ne s'imposait plus; au pis, l'acte ne serait qu'un exemple de cette triste aberration solitaire, la nécrophilie. Plus sérieusement, en tant que concepteur d'instruments, je savais que la stérilisation rendait pratiquement impossible la tâche déjà surhumaine consistant à construire les *Viking* et menaçait l'intégrité de leur homéostase interne si délicatement agencée.

J'apprécie encore aujourd'hui la tolérance et la générosité de mes collègues du Jet Propulsion Laboratory et de la NASA, et tout particulièrement la gentillesse personnelle de Norman Horowitz, qui était alors chef de l'équipe des biologistes spatiaux. Malgré la « mauvaise nouvelle » que j'avais apportée, ils continuèrent de soutenir mes recherches jusqu'à ce que les missions Viking soient prêtes à partir pour Mars. L'atterrissage en douceur sur Mars en 1975 de ces deux robots complexes et dotés d'une intelligence quasi humaine fut un succès. Leur mission était de trouver la vie sur Mars, mais les messages qu'ils renvoyèrent à la Terre sous forme de signaux radio ne transmirent que la froide nouvelle de son absence. Mars, sauf pendant la journée et en été, était un endroit d'une frigidité impitoyable, implacablement hostile à la vie chaude et humide de la Terre. Les deux *Viking* sont encore là-haut à ruminer leur solitude en silence, eux qui n'ont plus le droit de donner des nouvelles de Mars, et ils attendent leur destruction finale par le vent chargé de poussière abrasive et d'acide corrosif. Nous avons accepté la stérilité du système solaire. La recherche de la vie sur une autre planète n'est plus une priorité scientifique, mais, depuis la confirmation par les *Viking* de l'absolue stérilité de Mars, une toile de fond sombre flotte derrière les nouveaux modèles, les nouvelles images de la Terre. Nous savons maintenant que notre planète est très différente de ses deux sœurs mortes, Mars et Vénus.

Voici donc comment est née l'hypothèse Gaïa. Nous avons regardé la Terre avec notre imagination, et donc avec un regard neuf, et nous avons trouvé beaucoup de choses, et notamment l'émission par la Terre d'un signal infrarouge caractéristique de la composition chimique anormale de son atmosphère. Cette chanson ininterrompue de la vie est audible pour quiconque possède un récepteur, même à l'extérieur du système solaire. J'essaierai de démontrer dans les chapitres qui suivent qu'à moins que la vie ne prenne en main sa planète, et l'occupe massivement, les conditions de son maintien ne sont pas réunies. La vie planétaire doit être capable de réguler son climat et son état chimique. Une occupation à temps partiel ou incomplète, ou de simples visites occasionnelles ne suffiront pas pour triompher des forces inéluctables qui déterminent l'évolution chimique et physique d'une planète. L'exercice imaginaire consistant à ensemencer Mars avec de la vie, ou même à faire vivre Mars, est étudié au chapitre 8. Il s'agit de l'effort nécessaire pour amener Mars à un état favorable à la vie et pour la maintenir dans cet état jusqu'à ce que la vie ait pris le contrôle de la planète. Il démontre à quel point terrifiant l'essentiel de notre environnement terrestre est toujours parfait et favorable à la vie. L'énergie solaire est si bien répartie que la régulation est absolument gratuite.

L'hypothèse Gaïa suppose que la Terre est vivante, et examine les faits qui confirment ou contredisent cette supposition. Je l'ai présentée pour la première fois à mes collègues de la communauté scientifique en 1972 dans une communication intitulée « Gaia as Seen Through the Atmosphere » (Gaïa révélée par l'atmosphère). Texte bref, qui n'occupait qu'une page de la revue *Atmospheric Environment*. Les preuves étaient essentiellement tirées de la composition de l'atmosphère terrestre et de son état de déséquilibre chimique. Ces données sont rassemblées dans le tableau 0.1 qui les compare avec ce qu'on sait actuellement de la composition des atmosphères de Mars et de Vénus, et avec la composition hypothétique de l'atmosphère que la Terre pourrait avoir maintenant si elle n'avait jamais connu la vie. Après de longues et intenses discussions, Lynn Margulis et moi-même fîmes paraître des articles plus détaillés, mais concis, dans les revues *Tellus* et *Icarus*. Puis, en 1979, mon livre *Gaia : A New Look at Life on Earth* *, qui rassemblait toutes nos idées jusqu'à cette date, parut chez Oxford University Press. J'avais commencé à écrire ce livre en 1976, lorsque les engins *Viking* de la NASA étaient sur le point d'atterrir sur Mars. Je me servis de leur présence sur la planète en tant qu'explorateurs pour planter le décor de la découverte de Gaïa, le plus grand organisme vivant du système solaire.

Dix ans se sont écoulés, il est temps de reprendre la plume; il s'agit cette fois-ci d'apprendre à connaître Gaïa et de découvrir quel genre de forme de vie elle est. Le moyen le plus simple

Tableau 0.1. Composition des atmosphères planétaires

Gaz	PLANÈTE			
	Vénus	*Terre sans vie*	*Mars*	*Terre actuelle*
Gaz carbonique	96,5 %	98 %	95 %	0,03 %
Azote	3,5 %	1,9 %	2,7 %	79 %
Oxygène	traces	0,0	0,13 %	21 %
Argon	70 ppm *	0,1 %	1,6 %	1 %
Méthane	0,0	0,0	0,0	1,7 ppm *
Températures en surface (°C)	459	240-340	– 53	13
Pression totale (bars)	90	60	0,0064	1,0

* ppm : parties par million.

* *La Terre est un être vivant : l'hypothèse Gaïa*, Paris, Le Rocher, 1986, trad. Paul Couturiau & Christel Rollinat.

d'explorer Gaïa est de le faire à pied. Y a-t-il meilleur moyen de faire partie de son ambiance? De l'atteindre avec tous les sens? J'ai été donc enchanté de lire, il y a quelques années, l'histoire d'un autre homme qui aimait se promener à pied dans la campagne et qui lui aussi croyait que la Terre était vivante.

Yevgraf Maximovitch Korolenko vécut il y a plus de cent ans à Kharkov, en Ukraine. C'était un savant et philosophe indépendant. Lui aussi abordait la soixantaine lorsqu'il a commencé d'exprimer et de discuter des idées beaucoup trop avancées pour un simple quinquagénaire. Korolenko était un érudit; il avait beau être autodidacte, il connaissait les œuvres des grands savants naturalistes de son époque. Il ne reconnaissait aucune autorité, ni philosophique, ni religieuse, ni scientifique, mais tentait de trouver des réponses par lui-même. L'un de ceux avec qui il faisait ses promenades dans la campagne et partageait ses idées avancées était son jeune cousin, Vladimir Vernadsky. Vernadsky, qui devait devenir un savant soviétique de premier plan, avait été profondément impressionné par cette affirmation du vieil homme : « La Terre est un organisme. » Mais pour son biographe, R.K. Balandine, « il s'agit d'un des nombreux aphorismes de Korolenko. Il est douteux que le jeune Vladimir Vernadsky ait pu se souvenir de cet aphorisme un demi-siècle plus tard. Néanmoins, la naïve analogie de Korolenko – la Terre comme organisme vivant – ne pouvait qu'exciter l'imagination de son jeune ami ».

L'idée que la Terre est vivante est probablement aussi vieille que l'humanité. Mais sa première expression publique en tant que fait scientifique est due à un savant écossais, James Hutton. En 1785, il déclara lors d'une réunion de la Royal Society d'Edimbourg que la Terre était un superorganisme et qu'il revenait à la physiologie d'en faire son objet d'étude. Il poursuivait en comparant le recyclage des éléments nutritifs dans le sol et le mouvement de l'eau des océans vers la Terre avec la circulation du sang. James Hutton est à juste titre révéré en tant que père de la géologie, mais son idée d'une Terre vivante fut oubliée, ou niée, dans l'intense réductionnisme du XIXe siècle – sauf dans l'esprit de philosophes isolés comme Korolenko.

Aujourd'hui, nous utilisons tous le mot « biosphère », mais nous reconnaissons rarement que c'est Eduard Suess qui le premier a en 1875 utilisé ce terme, en passant, dans une description de son travail sur la structure géologique des Alpes. Vernadsky développa ce concept, et l'utilisa dans son acception moderne à partir de 1911. Vernadsky disait : « La biosphère est l'enveloppe de la vie, c'est-à-dire le lieu de la matière vivante... on peut considérer la biosphère comme la région de la croûte terrestre occupée par des transformateurs qui convertissent le rayonnement cosmique en énergie terrestre active : électrique, chimique, mécanique, thermale, etc. »

Quand j'ai pour la première fois formulé l'hypothèse Gaïa, j'ignorais entièrement les idées parallèles de ces théoriciens antérieurs, surtout celles de Hutton, Korolenko et Vernadsky. Je n'étais pas non plus au courant d'idées similaires exprimées récemment par de nombreux scientifiques, comme Alfred Lotka, fondateur de la biologie des populations, Arthur Redfield, spécialiste de la chimie des océans et le biologiste J.Z. Young. Je ne reconnaissais que l'inspiration de G.E. Hutchinson, un limnologiste célèbre de l'université de Yale, et du géochimiste suédois Lars G. Sillén. Mais je n'étais pas seul dans cette ignorance; dans les vigoureuses objections faites à la théorie par mes collègues de toutes les branches de la science ou dans les déclarations lui apportant leur soutien, aucun d'eux ne faisait remarquer que ce qui était dit découlait naturellement de la vision du monde de Vernadsky. Même en 1983, l'ouvrage monumental *La Biosphère primitive de la Terre,* où le géologue J.W. Schopf rassemblait des essais signés par vingt des spécialistes américains et européens les plus distingués des sciences de la Terre, ne faisait encore aucune allusion ni à Hutton ni à Vernadsky.

Le refus bien trop répandu de ceux qui parlent anglais d'essayer de comprendre toute autre langue a soustrait à notre connaissance les avancées de la science au quotidien dans le monde russophone. Il serait facile d'attribuer l'oubli de la contribution de Vernadsky aux divisions politiques actuelles, mais, bien qu'elles puissent avoir joué un certain rôle, j'estime qu'il est mineur par rapport aux effets pervers de la division de la science, au XIXe siècle, en compartiments bien délimités où spécialistes et experts pouvaient complaisamment exercer leur métier. Combien de physiciens sont fiers de leur ignorance de ce qu'ils appellent les « sciences douces »? Combien de biochimistes peuvent nommer les fleurs sauvages de leur campagne? Dans un tel climat d'opinion, il n'est pas étonnant que le biographe de Vernadsky ait trouvé naïve l'affirmation de Korolenko : « La Terre est un organisme vivant. » La plupart des scientifiques contemporains seraient d'accord avec Balandine; et pourtant bien peu d'entre eux seraient capables de proposer une définition satisfaisante de la vie en tant qu'entité ou processus.

En science, une hypothèse n'est vraiment rien de plus qu'un « supposons ». Le premier livre sur Gaïa était hypothétique, et écrit d'une plume légère – une grossière esquisse au crayon qui tentait de saisir une image de la Terre vue sous une perspective différente. Des critiques bien pensées de ce livre ont suscité des intuitions nouvelles et plus profondes sur la nature de Gaïa. Au sens physiologique, la Terre était vivante. De nombreuses preuves nouvelles se sont accumulées, et j'ai fait de nouveaux modèles théoriques. Nous pouvons maintenant ajouter certains détails, sans qu'il y ait heureusement besoin d'effacer les contours originaux. Par conséquent, ce second livre est une énonciation de l'hypothèse Gaïa; la base d'une nouvelle vision unifiée des sciences de la Terre et de la vie. Parce que Gaïa était vue de l'extérieur comme un système physiologique, j'ai appelé la science de Gaïa « géophysiologie ».

Pourquoi mettre ensemble les sciences de la Terre et de la vie? Je demanderais pour ma part pourquoi elles ont été séparées de force par l'impitoyable dissection de la science en disciplines séparées aveugles les unes aux autres. Les géologues ont essayé de nous convaincre que la Terre n'était qu'un morceau de rocher, mouillé par les océans; que rien, si ce n'est une couche d'air ténue, n'exclut le vide absolu de l'espace; et que la vie n'est qu'un accident, un passager tranquille qui se trouve voyager sur cette boule de pierre qui circule dans l'espace et le temps. Les biologistes n'ont pas fait mieux. Ils ont affirmé que les organismes vivants sont tellement adaptables qu'ils ont pu suivre tous les changements matériels qui ont eu lieu tout au long de l'histoire de la Terre. Mais supposons que la Terre soit vivante. Alors l'évolution des organismes et l'évolution des roches n'ont plus besoin d'être considérées comme la matière de sciences séparées étudiées dans des bâtiments séparés de l'université. À la place, une seule science de l'évolution décrit l'histoire de toute la planète. L'évolution des espèces et l'évolution de leur environnement sont étroitement liées et ne forment qu'un processus unique et indissociable.

La science n'est pas obsédée par la véracité des faits. La pratique scientifique consiste à tester des hypothèses et, par une répétition sans fin de l'opération, à s'approcher de l'inaccessible absolu de la vérité. Pour les scientifiques, Gaïa est une hypothèse de plus à mettre à l'épreuve ou un « bioscope » inédit permettant de regarder la vie sur Terre. Dans certaines sciences, les idées gaïennes sont convenables, et même parfois désirables, parce que la vision du monde au travers des anciennes théories n'est plus nette et distincte. C'est particulièrement vrai de l'écologie théorique, de la biologie évolutive et des sciences de la Terre en général.

Depuis quarante ans – depuis qu'Alfred Lotka et Vito Volterra ont élaboré leurs modèles simples d'un monde peuplé uniquement de lapins et de renards –, les écologistes théoriques tentent de comprendre les interactions complexes entre une vraie forêt et son large éventail d'espèces. Leurs modèles mathématiques, même s'ils réussissent à simuler des pathologies, n'arrivent pas à expliquer la stabilité à long terme des écosystèmes complexes des forêts tropicales humides. Leurs modèles semblent aller à l'encontre de l'intuition; ils suggèrent que la fragilité des écosystèmes augmente avec leur diversité. Ils impliquent que l'agriculteur qui fait une rotation de ses cultures et garde intacts ses bois et ses haies n'est pas seulement moins efficace, mais moins stable écologiquement que l'exploitation industrielle en monoculture.

Les biologistes évolutionnistes se sont récemment lancés dans une chaude bataille. Les pages habituellement placides des publications plutôt froides que sont *Nature* et *Science* ont flambé comme des ghettos urbains lorsque les conservateurs qui défendaient le changement graduel ordonné ont réagi contre une révolution réclamant le droit d'interpréter les grandes intuitions de Darwin. L'évolution a-t-elle été progressive ou a-t-elle avancé, ainsi que le proposent Stephen Jay Gould et Niles Eldredge, par de longues périodes de stase ponctuées par des changements de nature catastrophique?

Les géologues qui s'intéressent à l'évolution des roches, de l'océan et de l'atmosphère commencent à se poser des questions sur la persistance des océans sur Terre comparée à l'extrême sécheresse de Mars et de Vénus. Et puis il y a cette mystérieuse constance du climat, en dépit d'un rayonnement calorifique sans cesse accru du Soleil.

Ces choses et d'autres qui semblent obscures à l'intérieur de leur spécialité scientifique individuelle s'éclairent dès lors qu'elles sont considérées comme les phénomènes d'une planète vivante. La théorie Gaïa prédit que le climat et la composition chimique de la Terre sont maintenus en homéostase pendant de longues périodes jusqu'à ce que quelque contradiction interne ou force externe provoque un saut vers un nouvel état stable. Sur pareille planète vivante, nous verrons que l'évolution ponctuée et l'abondance des océans sont choses normales et attendues.

Ce livre n'est ni holistique ni réductionniste dans son exposition d'une théorie de la Terre vivante. Il n'y a pas de sections consacrées à la climatologie, à la géochimie, etc. Les deux prochains chapitres exposent la théorie Gaïa. Viennent ensuite trois chapitres qui proposent une vision géophysiologique de l'histoire de la Terre des débuts de la vie jusqu'à aujourd'hui. Ils sont dans l'ordre chronologique, au lieu d'être dispersés par discipline scientifique. La séquence commence avec les débuts de la vie, à l'Archéen, lorsque les seuls organismes sur Terre étaient les bactéries, que l'atmosphère était dominée par le méthane et que l'oxygène n'existait qu'à l'état de traces. Vient ensuite ce moyen âge, que les géologues appellent le Protérozoïque, qui va de la première apparition de l'oxygène comme gaz atmosphérique dominant jusqu'au moment où des communautés de cellules se rassemblent pour former de nouveaux collectifs doués chacun de leur identité propre. Le chapitre suivant concerne le Phanérozoïque, l'époque des plantes et des animaux. Dans chacun des trois, les archives géologiques sont interprétées au travers de la théorie Gaïa et la nouvelle interprétation est comparée à la conception conventionnelle des sciences de la Terre et de la vie. Les derniers chapitres concernent le présent et l'avenir de Gaïa, en insistant sur la présence humaine, d'abord sur Terre, puis sous la forme qu'elle pourrait éventuellement prendre sur Mars. Que faudrait-il pour amener la vie sur Mars?

Le caractère arbitraire de ces divisions, même dans la chronologie, est souligné par la persistance du biote archéen; son monde n'a jamais eu de fin, mais survit dans nos entrailles. Ces bactéries accompagnent Gaïa depuis près de quatre milliards d'années, et elles vivent encore sur toute la surface de la Terre dans les boues, les sédiments et les intestins – partout où elles sont à l'abri de ce poison mortel qu'est l'oxygène.

Toute théorie nouvelle concernant la Terre ne peut pas rester un secret scientifique. Elle va forcément attirer l'attention des humanistes, des militants écologistes, et de tous ceux qui ont des croyances et des fois religieuses. La théorie Gaïa est aussi dérangeante pour le monde humaniste au sens large qu'elle l'est pour la science traditionnelle. Sur Gaïa, nous ne sommes qu'une espèce parmi les autres, nous ne sommes ni les possesseurs ni les gardiens de cette planète. Notre avenir dépend beaucoup plus de nos bons rapports avec Gaïa que de l'issue de l'interminable drame des intérêts humains.

Lorsque notre famille habitait le village de Bowerchalke dans le Wiltshire, Helen et moi-même passions des matins de printemps à rechercher des espèces rares d'orchidées sauvages. À cette époque-là, avant qu'elle ne soit détruite par les machines des vandales de l'agriculture industrielle, la campagne anglaise était un jardin paradisiaque. Les orchidées poussaient à profusion dans les collines, mais seules les espèces les plus rares étaient excessivement difficiles à trouver. Il fallait une importante programmation préalable de l'esprit pour repérer une orchidée musquée dans l'herbe. C'était un passe-temps ésotérique. C'est ainsi que se font la plupart des découvertes scientifiques, et on peut prendre plaisir à découvrir de nouveaux composés chimiques ou de nouveaux concepts mathématiques – et même d'en retrouver d'anciens – dans des endroits inattendus. Mais ces découvertes exigent habituellement une préparation mentale et physique rigoureuse, et souvent l'apprentissage d'un nouveau langage.

La théorie Gaïa revient aux fondements, à la genèse. Même la géophysiologie est une science trop jeune pour avoir son langage. Aussi ce second livre est-il écrit comme le premier, de manière à ce que tous ceux qui s'intéressent à l'idée que la

Terre est vivante puissent le lire. Ce n'est ni un texte scientifique ni un manuel technique destiné à l'ingénieur planétaire, c'est une vision personnelle du monde qui est le nôtre. La majeure partie de cet ouvrage est faite pour vous divertir, comme elle m'a diverti. Il reflète dans son écriture un mode de vie qui laissait du temps pour aller se promener dans la campagne et évoquer entre amis, comme le faisait Korolenko, l'idée d'une Terre vivante.

2

Qu'est-ce que Gaïa?

On ne doit pas... être trop précis ni trop scientifique quand on parle des oiseaux, des arbres et des fleurs...

Walt WHITMAN, Specimen Days.

Sur les ailes du souvenir, remontez jusqu'au moment où vous vous êtes éveillé pour la première fois, cet exquis moment de l'enfance, la première fois que vous êtes venu à la vie – cet afflux soudain de son et de lumière, comme si un récepteur de télévision venait de s'allumer et était sur le point d'apporter des nouvelles d'une importance capitale. Je crois me souvenir de la lumière du soleil et de la douceur de l'air frais; et puis de savoir tout à coup qui j'étais et comme c'était bon d'être en vie.

Retrouver les toutes premières impressions de ma vie personnelle peut sembler ne pas avoir de rapports avec notre tentative pour comprendre Gaïa. Mais c'est inexact. En tant que savant, j'observe, je mesure, j'analyse et je décris des phénomènes. Avant de pouvoir faire ces opérations, j'ai besoin de savoir ce que j'observe. Dans la pratique courante, il n'est peut-être pas nécessaire de reconnaître un phénomène quand on l'observe, mais les savants ont presque toujours des idées préconçues sur l'objet de leur étude. L'enfant que j'étais avait reconnu la vie intuitivement. L'adulte qui se posait des questions sur l'étrange atmosphère de la Terre – mélange fait de gaz incompatibles comme l'oxygène et le méthane qui coexistent comme des renards et des lapins dans le même terrier – a été forcé de reconnaître Gaïa, d'en deviner l'existence intuitivement, bien avant de pouvoir la décrire en termes scientifiques corrects.

Le concept de Gaïa est intimement lié au concept de vie. Donc, pour comprendre ce qu'est Gaïa, j'ai d'abord besoin d'explorer ce concept difficile, la vie. C'est de très mauvaise grâce que les spécialistes des sciences de la vie, que ce soit les naturalistes du XIXe siècle ou les biologistes du XXe, admettent qu'ils ne peuvent pas expliquer ce qu'est la vie en termes scientifiques. Or tous savent ce qu'elle est, de même que nous le savons depuis notre enfance; mais, à mon avis, aucun d'eux n'a encore réussi à la définir. De tous les concepts que nous rencontrons, l'idée de vie et la sensation de la vie sont les plus familiers et les plus difficiles à comprendre. J'ai longtemps pensé que la réponse à la question : « Qu'est-ce que la vie? » était considérée comme tellement importante pour notre survie qu'elle était classée *top secret* et qu'elle était enfermée sous forme d'instinct aux niveaux automatiques de l'esprit. Au cours de l'évolution, il y a eu une grande pression sélective poussant à l'action immédiate : la distinction instantanée entre proie et prédateur, entre ennemi et membre de la même espèce, et la reconnaissance d'un partenaire sexuel potentiel sont des éléments cruciaux de notre survie. Nous ne pouvons nous permettre d'être retardés par une pensée consciente ou un débat dans les commissions de l'esprit. Il nous faut calculer à la plus grande vitesse possible les impératifs de la reconnaissance, donc dans les profondeurs inconscientes de l'esprit, celles qui ont évolué le plus tôt. C'est pourquoi nous savons tous intuitivement ce qu'est la vie. On en mange, on l'aime, ou on en meurt.

Il est beaucoup plus difficile d'aborder la vie comme objet d'investigation scientifique exigeant une définition précise. Même les savants, dont l'indécente curiosité est bien connue, reculent devant une définition de la vie. Dans le *Dictionnaire de biologie* compilé par M. Abercrombie, C.J. Hickman et M.L. Johnson, ces trois éminents biologistes définissent succinctement des termes de toutes sortes comme *ontogénie* (développement), *ptéridophytes* (fougères) et *ecdysis* (un stade du développement chez les insectes). À la lettre L, on trouve *leptotène* (le premier signe d'accouplement des chromosomes dans la méiose) et *limnologie* (l'étude des lacs), mais la vie n'est mentionnée nulle part. Lorsque le mot *vie* apparaît effectivement en biologie, c'est pour être rejeté, comme chez le biologiste et philosophe N.W. Pirie qui, en 1937, fit paraître un article intitulé « The Meaninglessness of the Terms " Life " and " Living " » (L'absence de sens des termes « vie » et « vivant »).

Les dictionnaires *Webster* et *Oxford* ne sont pas d'un grand secours. L'un et l'autre nous rappellent que le mot anglais *life* vient de l'anglo-saxon *lif.* Ce qui explique peut-être pourquoi certains biologistes et universitaires hésitent un peu à se colleter avec un concept aussi élémentaire que la vie. La guerre tribale entre Normands et Saxons perdura longtemps; les érudits médiévaux, sachant bien où se trouvaient le pouvoir et la préférence, choisirent de soutenir l'Etat normand vainqueur et de conserver comme langue le latin. *Lif* était encore un de ces mots anglo-saxons grossiers et peu civilisés, que la politesse recommandait de taire en société. L'équivalent latin de *lif*, *anima*, était encore plus inutile. Il se rapprochait par le sens de cette autre obscénité gothique, *soul.*

Pour revenir au *Webster,* il définit la vie ainsi :

> Propriété des plantes et des animaux (qui se termine à la mort et les distingue de la matière inorganique) par quoi ils peuvent ingérer de la nourriture, en tirer de l'énergie, croître, etc.

L'*Oxford* dit à peu près la même chose :

> Propriété qui différencie un animal ou une plante vivants, ou une portion vivante d'un tissu organique, de la matière morte ou inanimée; l'ensemble des activités fonctionnelles par lesquelles se manifeste cette propriété.

Si des définitions de la vie si manifestement insuffisantes sont tout ce dont je dois disposer pour mon travail, puis-je faire beaucoup mieux en tentant de définir l'organisme vivant qu'est Gaïa? J'ai trouvé l'entreprise très difficile, mais si je dois vous en parler il faut bien que j'essaie. Je peux commencer par des définitions et classifications assez simples. Des objets vivants comme les arbres, les chevaux et même les bactéries peuvent être facilement perçus et reconnus parce qu'ils sont délimités par des parois, des membranes, de la peau ou des enveloppes cireuses. Utilisant directement l'énergie solaire et indirectement celle de leur nourriture, les systèmes vivants agissent en permanence pour maintenir leur identité et leur intégrité. Alors même qu'ils croissent et se transforment, qu'ils croissent et se reproduisent, nous ne cessons de les percevoir en tant qu'entités visibles et reconnaissables. Bien qu'il y ait d'innombrables millions d'organismes individuels qui tous changent et grandissent, leurs traits communs nous permettent de les grouper et de reconnaître leur appartenance à une espèce – les paons, les chiens ou le blé. On estime qu'il existe environ dix millions d'espèces. Lorsqu'un individu quelconque vient à manquer d'énergie et de nourriture et n'agit pas pour maintenir son identité, nous nous rendons compte qu'il est moribond, ou mort.

Une étape importante de notre compréhension consiste à reconnaître la signification des assemblages d'objets vivants. Vous et moi sommes composés chacun d'un assemblage d'organes et de tissus. Les nombreux bénéficiaires de transplantations cardiaques, de greffes du foie et des reins témoignent éloquemment du fait que chacun de ces organes peut exister indépendamment du corps qui les a maintenus au chaud et leur a fourni des substances nutritives. Les organes eux-mêmes sont composés de milliards de cellules vivantes, dont chacune peut aussi vivre séparément. Puis les cellules elles-mêmes, ainsi que Lynn Margulis l'a démontré, sont des communautés de micro-organismes qui ont par le passé existé à l'état libre. Les entités transformatrices d'énergie des cellules animales (les mitochondries) et celles des plantes (les mitochondries et les chloroplastes) furent jadis des bactéries existant à l'état libre.

La vie est un fait social. Elle existe sous forme de communautés et de collectivités. Il y a en physique un terme bien utile pour décrire les propriétés des assemblages : *colligatif.* Il est nécessaire, car il n'y a pas moyen d'exprimer ou de mesurer la température ou la pression d'une molécule isolée. La température et la pression, disent les physiciens, sont les propriétés colligatives d'un assemblage conséquent de molécules. Tous les assemblages d'objets vivants ont des propriétés qu'on ne saurait attendre de la connaissance d'un objet individuel. Nous autres humains, et quelques autres animaux, conservons une température constante quelle que soit la température ambiante. Ce fait n'aurait jamais pu être déduit de l'observation d'une cellule isolée prélevée sur un être humain. Cette tendance à la constance a été notée pour la première fois par le physiologiste français Claude Bernard au XIXe siècle. Son successeur américain en ce siècle-ci, Walter Cannon, l'a appelée *homéostase* ou sagesse corporelle. L'homéostase est une propriété colligative de la vie.

Nous ne sommes pas gênés par l'idée que d'aussi nobles entités que les humains soient faites d'un ensemble de communautés cellulaires aux interconnexions complexes. Nous ne trouvons pas trop difficile d'envisager une nation ou une tribu comme une entité faite de sa population et du territoire qu'elle occupe. Mais que dire d'entités à grande échelle, comme les écosystèmes et Gaïa? Il fallut le spectacle de la Terre vue de l'espace, soit directement par les yeux d'un astronaute, soit indirectement au travers des représentations médiatiques, pour nous donner personnellement l'impression d'une planète véritablement vivante sur laquelle les objets vivants, l'air, les océans et les roches ne font qu'un, l'entité Gaïa.

Le nom de la planète vivante, Gaïa, n'est pas synonyme de biosphère. La biosphère est définie comme cette partie de la Terre où normalement existent les êtres vivants. Gaïa est encore moins synonyme du biote, qui est simplement l'ensemble de tous les organismes vivants individuels. Le biote et la biosphère pris ensemble ne forment qu'une partie de Gaïa. Tout comme la coquille fait partie de l'escargot, de même les roches, l'air et les océans font partie de Gaïa. Gaïa, comme nous allons le voir, remonte sans solution de continuité vers le passé, jusqu'aux origines de la vie, et s'étendra dans l'avenir aussi longtemps que la vie persistera. Gaïa, envisagée comme être planétaire total, a des propriétés qui ne sont pas nécessairement mises en évidence par la simple connaissance d'espèces individuelles ou de populations d'organismes vivant en commun.

L'hypothèse Gaïa, lorsque nous l'avons introduite dans les années soixante-dix, supposait que l'atmosphère, les océans, le climat et la croûte terrestres sont régulés pour maintenir un état favorable à la vie par le comportement des organismes vivants. Plus précisément, l'hypothèse Gaïa disait que la température, l'état d'oxydation, l'acidité et certains aspects des roches et des eaux sont maintenus constants, et que cette homéostasie est maintenue par des processus de rétroaction active déterminés automatiquement et inconsciemment par le biote. L'énergie solaire maintient des conditions favorables à la vie. Ces conditions ne sont constantes qu'à court terme et évoluent en même temps que les besoins changeants du biote au cours de sa propre évolution. La vie et son environnement sont si étroitement liés que l'évolution concerne Gaïa, et non les organismes ou l'environnement pris séparément.

Le plus clair de mon activité scientifique s'est déroulé en marge des sciences de la vie, mais je ne me considère pas comme un biologiste, et je ne crois pas non plus que les biologistes m'accepteraient comme l'un des leurs. Vue de l'extérieur, la biologie semble être pour une grande part l'élaboration de bases de données – l'établissement du « catalogue intégral du vivant ». Parfois, lorsque je me plonge dans mes pensées, j'imagine que, pour les biologistes, le monde vivant est un vaste ensemble de collections de livres conservées dans des bibliothèques interconnectées. Dans ce rêve, les biologistes sont comme des bibliothécaires compétents qui conçoivent pour chaque nouvelle bibliothèque qu'ils découvrent la classification la plus complexe, mais ne lisent jamais les livres. Ils sentent qu'il manque quelque chose à leur existence, et cette impression s'intensifie à mesure que de nouvelles collections se révèlent de plus en plus difficiles à trouver. Je vois les biologistes éprouver un soulagement presque palpable lorsqu'ils sont rejoints par les biologistes moléculaires qui osent s'attaquer à la tâche encore plus importante qui consiste à classer les mots que contiennent les livres. Ce qui signifie que la recherche de la réponse à la redoutable question du contenu des livres peut être laissée en suspens tant que cette nouvelle classification moléculaire, infiniment détaillée, n'est pas achevée.

Mon monde imaginaire, peuplé de biologistes bibliophiles, ne vise aucunement à ridiculiser les sciences de la vie. Livré à moi-même dans un monde pareil, j'aurais été beaucoup moins constructif. Impatient d'obtenir une réponse à la question : « Quel est le sens des livres? », je me serais emparé de quelques-uns d'entre eux pour faire des expériences – par exemple, les faire brûler dans un calorimètre et mesurer avec précision la chaleur qu'ils libèrent. Mon impression de frustration n'aurait pas été moindre lorsque j'aurais découvert que les pages à la typographie serrée des encyclopédies ne dégagent pas plus de chaleur que la même masse de papier ordinaire. Tout comme la classification des biologistes, cette expérience physique aurait été profondément décevante parce qu'elle n'aurait pas posé la bonne question à la nature.

Pouvons-nous en tant que scientifiques, et à quelque titre que ce soit, faire mieux dans notre tentative de comprendre la vie? Il y a trois manières d'aborder la question, toutes les trois également puissantes : la biologie moléculaire, la compréhension de toutes ces substances chimiques qui traitent de l'information et qui sont la base génétique de toute vie sur Terre; la physiologie, science qui s'intéresse aux systèmes vivants considérés holistiquement; la thermodynamique, cette branche de la physique qui traite du temps et de l'énergie et qui relie les processus vivants aux lois fondamentales de l'univers. De ces trois sciences, c'est cette dernière qui peut aller le plus loin dans la recherche d'une définition de la vie, et pourtant c'est celle qui a jusqu'à maintenant fait le moins de progrès. La thermodynamique s'est développée à partir d'origines terre à terre, la recherche par les ingénieurs d'un moyen d'augmenter le rendement des machines à vapeur. Elle s'est épanouie au siècle dernier, fatiguant et divertissant à la fois les plus grands esprits scientifiques.

Le premier principe de la thermodynamique concerne l'énergie ou, en d'autres termes, la capacité à faire un travail. L'énergie, dit le premier principe, se conserve. L'énergie sous la forme du rayonnement solaire qui tombe sur les feuilles d'un arbre est utilisée de plus d'une manière. Une certaine proportion est réfléchie, ce qui fait que nous voyons les feuilles vertes, une certaine proportion est absorbée et les réchauffe, et une certaine partie est transformée en nourriture et en oxygène; en fin de compte, nous mangeons la nourriture, nous la consommons avec l'oxygène que nous respirons, et par conséquent nous utilisons l'énergie du Soleil pour nous déplacer, penser et nous maintenir au chaud. Le premier principe dit que cette énergie se conserve toujours et que, quel que soit son degré de dispersion, l'énergie totale reste constante. Le deuxième principe concerne la dissymétrie de la nature. Lorsque la chaleur produit un travail, une certaine proportion est perdue. La redistribution de la quantité totale d'énergie dans l'univers se fait dans une direction précise, dit le second principe. Elle se dégrade toujours. Les objets chauds refroidissent, mais les objets froids ne se réchauffent jamais spontanément. La loi semble être violée lorsqu'une quelconque réserve métastable d'énergie interne est utilisée, comme lorsqu'on frotte une allumette, ou quand un morceau de plutonium subit une fission nucléaire, mais, une fois utilisée, cette énergie ne peut plus être récupérée. La loi n'a pas été violée, l'énergie a simplement été redistribuée et a continué de se dégrader. L'eau ne remonte pas les fleuves de la mer aux montagnes. Les processus naturels vont toujours vers une augmentation du désordre, et ce désordre est mesuré par l'entropie. C'est une quantité qui augmente toujours, inexorablement.

L'entropie est bien réelle, ce n'est pas quelque notion fumeuse inventée par de doctes examinateurs pour corser la difficulté des questions posées aux étudiants. Comme la longueur d'un bout de ficelle ou la température du vin dans un verre, c'est une grandeur physique mesurable. Et, de fait, comme la température, l'entropie d'une substance est dans la pratique égale à zéro, au zéro absolu, – 273 °C. Lorsqu'on ajoute de la chaleur à une substance matérielle, sa température augmente, et l'entropie avec. Malheureusement, il y a une complication : alors qu'on peut mesurer la température avec un thermomètre, on ne peut pas mesurer directement l'entropie avec un « entropimètre ». L'entropie, mesurée en calories par gramme par degré, est la quantité totale de chaleur ajoutée, divisée par la température.

Considérons la perfection inanimée d'un flocon de neige, cristal si merveilleusement ordonné dans sa configuration fractale qu'il est l'un des objets non vivants les plus complexes. La quantité de chaleur nécessaire pour faire fondre un flocon de neige et le transformer en goutte de pluie est quatre-vingts fois plus grande que la quantité nécessaire pour réchauffer la goutte de pluie d'un seul degré. L'accroissement de l'entropie lorsqu'un flocon de neige fond est quatre-vingts fois plus grand que lorsqu'il passe de – 1 °C au point de fusion. Inversement, la formation de la glace qui exprime la perfection ordonnée d'un flocon de neige représente une diminution d'entropie du même ordre. L'entropie est reliée quantitativement à la structure ordonnée des choses. Plus il y a d'ordre, moins il y a d'entropie.

Il me plaît d'envisager l'entropie comme la quantité qui exprime la propriété la plus certaine de notre univers actuel : sa tendance à se dégrader, à se consumer. D'autres la voient comme la direction de la flèche temporelle, une progression inéluctable de la naissance à la mort. Loin d'être quelque chose de tragique ou une cause de chagrin, cette tendance universelle au déclin nous est profitable. Sans la dégradation de l'univers, il n'y aurait pas pu avoir de Soleil, et sans la consommation surabondante de ses réserves énergétiques, le Soleil n'aurait jamais pu fournir la lumière qui nous a permis d'exister.

Le deuxième principe est la loi la plus fondamentale et la plus incontestable de l'univers; il est donc tout à fait normal que toute tentative pour appréhender la vie ne puisse l'ignorer. Le premier livre que j'aie lu sur le sujet de la vie était celui du physicien autrichien Erwin Schrödinger. Il s'intéressait à la biologie et se demandait si le comportement des molécules fondamentales de la vie pouvait s'expliquer par la physique et la biologie. Son célèbre petit livre, intitulé *Qu'est-ce que la vie?,* rassemble le texte des conférences publiques qu'il fit sur ce sujet à Dublin, où il s'était exilé pendant la Seconde Guerre mondiale. Il décrit son objectif dans la première page :

> La question très importante et très discutée est celle-ci : comment les événements dans le temps et l'espace qui se produisent à l'intérieur des limites spatiales d'un organisme vivant peuvent-ils s'expliquer par la physique et la biologie?

Il écrit un peu plus loin :

> L'incapacité manifeste de la physique et de la biologie actuelles à rendre compte de pareils événements n'est pas une raison suffisante pour douter qu'ils puissent être expliqués par ces deux sciences.

À cette époque, les physiciens avaient l'habitude d'explorer le monde mort, en quasi-équilibre, des « cristaux périodiques » – cristaux dont la régularité est prévisible, où un atome d'une certaine espèce suit toujours un autre atome d'une autre espèce selon une configuration répétitive. Ces structures relativement simples étaient déjà assez complexes pour pousser à sa limite le matériel rudimentaire dont on disposait alors. Les chimistes organiques découvraient les structures complexes des « cristaux apériodiques » de la matière vivante, comme les protéines, les polysaccharides et les acides nucléiques. Ils étaient encore loin de l'appréhension actuelle de la nature chimique du matériau génétique. Schrödinger conclut que, métaphoriquement, la propriété et caractéristique la plus étonnante de la vie était sa capacité à remonter le cours du temps. La vie est la contradiction paradoxale du deuxième principe, selon lequel tout décline, a décliné et déclinera vers l'équilibre et la mort. Et pourtant la vie évolue vers une complexité sans cesse croissante et se caractérise par l'omniprésence d'une improbabilité à côté de laquelle gagner le tiercé tous les jours pendant un an paraîtrait trivial. Fait encore plus remarquable, cet état instable, apparemment illégal de la vie, a persisté sur la Terre pendant une fraction importante de l'âge de l'univers lui-même. La vie ne contrevient aucunement au deuxième principe; elle a évolué avec la Terre dans un système étroitement lié de façon à favoriser la survie. Elle est comme un habile comptable, qui ne sursoit jamais au paiement obligatoire de l'impôt, mais qui d'autre part ne manque jamais aucune échappatoire fiscale. Le livre de Schrödinger est essentiellement une prédiction optimiste portant sur la possibilité de connaître la vie. L'éminent biologiste moléculaire Max Perutz a dit récemment qu'il n'y a pas grand-chose d'original dans le livre de Schrödinger, et que ce qui est original est souvent erroné. C'est peut-être vrai; mais, comme nombre de mes collègues, je suis toujours reconnaissant à Schrödinger d'avoir orienté notre réflexion dans une direction féconde.

Le grand physicien Ludwig Boltzmann a exprimé la signification du deuxième principe dans une équation d'une grande élégance et d'une grande simplicité : $S = k(logP)$, dans laquelle S est cette bizarre quantité, l'entropie; k est une constante appelée à juste titre constante de Boltzmann; et $logP$ est le logarithme naturel de la probabilité. Ce qui veut évidemment dire que plus une chose est improbable, plus son entropie est faible. La chose la plus improbable de toutes, la vie, doit donc être associée à l'entropie minimale. Schrödinger répugnait à associer une chose aussi chargée de sens que la vie avec la diminution d'une grandeur, l'entropie. Au lieu de cela, il proposa le terme « néguentropie », l'inverse de l'entropie – c'est-à-dire 1 divisé par l'entropie ou $1/S$. La néguentropie est évidemment importante pour des objets aussi improbables que les organismes vivants. Faire usage du terme « improbable » pour décrire la vie en plein essor de notre planète peut sembler bizarre. Mais imaginons que quelque grand cuisinier cosmique prenne tous les ingrédients de la Terre actuelle sous leur forme atomique, les mélange, et les laisse reposer. La probabilité que ces atomes reforment les molécules qui sont à la base de la vie sur Terre est égale à zéro. Le mélange réagirait toujours chimiquement pour former une planète morte comme Mars ou Vénus.

La même idée scientifique est souvent envisagée dans des contextes différents en différents points du globe. Ce qui n'a rien d'occulte : les idées sont continuellement utilisées comme monnaie d'échange entre savants et, comme l'argent, elles peuvent servir à acheter des choses très diverses. Tandis que Schrödinger donnait ses conférences sur la néguentropie à Dublin, Claude Shannon faisait des recherches sur la même grandeur aux Etats-Unis, mais dans une perspective radicalement différente. Shannon, dans les laboratoires des Téléphones Bell, était en train d'élaborer la théorie de l'information. Ce fut d'abord une simple recherche technologique des facteurs physiques qui faisaient perdre de l'information à un message envoyé par câble ou par radio lorsqu'il passait de l'émetteur au récepteur. Shannon ne tarda pas à découvrir une grandeur qui avait toujours tendance à augmenter; l'importance de cette augmentation mesurait la perte d'information. Aucune expérience ne mit en évidence une diminution de cette grandeur. Sur les conseils du physicien et mathématicien John Von Neumann, Shannon nomma cette grandeur entropie à cause de sa grande ressemblance avec l'entropie des thermodynamiciens. L'inverse de l'entropie de Shannon est la grandeur souvent appelée information. Si nous supposons que l'entropie découverte par Shannon est la même que celle des thermodynamiciens, alors cette grandeur élusive que Schrödinger associait à l'improbabilité de la vie – la néguentropie – est comparable à l'information de Shannon. En termes mathématiques, si S est l'entropie, il s'ensuit que la néguentropie et l'information sont toutes les deux représentées par 1/S.

La récompense qui nous est donnée pour avoir sans relâche réfléchi à ces concepts ardus est l'intuition qui va éclairer nos efforts pour appréhender la vie et Gaïa. La contribution de la théorie de Shannon est que l'information n'est pas seulement du savoir. L'information, en termes thermodynamiques, mesure une absence d'ignorance. Mieux vaut tout savoir sur un système simple que savoir seulement beaucoup de choses sur un système complexe. Moins il y a d'ignorance, plus l'entropie est faible. C'est pourquoi il est si difficile de saisir le concept de Gaïa à partir de la somme volumineuse, mais isolée, des connaissances apportées par une seule discipline scientifique.

Si le deuxième principe nous dit que l'entropie dans l'univers augmente, comment la vie évite-t-elle la tendance universelle au déclin? Le physicien britannique J.D. Bernal a essayé de sortir de ce paradoxe. Il écrivait en 1951, dans une terminologie quelque peu obscure : « La vie fait partie de cette classe de phénomènes qui sont des systèmes ouverts ou à réaction continue capables de faire diminuer leur entropie interne aux dépens de l'énergie libre empruntée au milieu et subséquemment rejetée sous une forme dégradée. »

De nombreux autres savants ont exprimé cette phrase sous forme d'équation mathématique, dont on trouvera l'une des formulations les plus claires et les plus lisibles dans l'ouvrage succinct du chimiste et physicien K.G. Denbigh, *La Thermodynamique de l'état stable.* On peut la reformuler de façon moins rigoureuse mais plus compréhensible comme suit. Par le fait de vivre, un organisme crée continuellement de l'entropie, et il y aura un flot d'entropie s'écoulant de l'intérieur vers l'extérieur. Vous-même, tandis que vous lisez ces mots, créez de l'entropie en consommant de l'oxygène et les graisses et sucres emmagasinés dans votre corps. En respirant, vous excrétez dans l'air des déchets à fort taux d'entropie, comme le gaz carbonique, et votre corps chaud émet autour de vous un rayonnement infrarouge à fort taux d'entropie. Si votre excrétion d'entropie est aussi importante ou plus importante que votre création interne d'entropie, vous continuerez à vivre et demeurerez une exception miraculeuse, improbable, mais encore licite, au deuxième principe de l'univers. « Excrétion d'entropie » n'est qu'une manière plaisante d'exprimer les concepts déplaisants d'excrément et de pollution. Au risque de me faire retirer ma carte de membre de l'association des Amis de la Terre, je dis que ce n'est que par la pollution que nous survivons. Nous autres animaux polluons l'air avec du gaz carbonique, et les plantes le polluent avec de l'oxygène. La pollution des uns est la nourriture des autres. Gaïa est plus subtile et, du moins avant l'apparition des humains, a pollué cette région du système solaire avec rien de plus que la douce chaleur du rayonnement infrarouge.

Récemment, des intuitions intéressantes sont nées des recherches d'Ilya Prigogine et de ses collègues sur la thermodynamique des remous, des tourbillons et de nombreux autres systèmes transitoires à faible entropie. Des phénomènes comme les remous et les tourbillons se développent spontanément lorsqu'il y a un flux d'énergie libre suffisant. C'est au XIXe siècle qu'un physicien britannique, Osborne Reynolds, voulant connaître les conditions qui déterminaient des turbulences dans l'écoulement des fluides, découvrit que le déclenchement des remous dans un ruisseau ou dans un flux gazeux n'a lieu que lorsque le flux dépasse un seuil critique. Une bonne analogie est celle de la flûte : aucun son n'en sort si vous soufflez trop doucement. Mais si vous soufflez assez fort, des remous d'air se forment et s'intègrent au système qui produit le son. Prolongeant les recherches mathématiques de leur prédécesseur, le chimiste et physicien américain Lars Onsager, Prigogine et ses collègues ont appliqué la thermodynamique de l'état stable au développement de ce qu'on pourrait appeler la thermodynamique de « l'état instable ». Ils rangent ces phénomènes dans la catégorie des « structures dissipatives ». Ils ont la structure, mais non la permanence des solides ; ils se dissipent lorsque la source d'énergie est épuisée. Les organismes vivants comprennent des structures dissipatives, mais ce terme a une acception très large. Il comprend de nombreux objets manufacturés, comme les réfrigérateurs, et des phénomènes naturels tels que les flammes, les tourbillons, les ouragans et certaines réactions chimiques bizarres. Les objets vivants sont d'une complexité tellement infinie par comparaison avec les structures dissipatives de l'état fluide que nombre d'auteurs pensent que, tout en étant sur la bonne voie, la thermodynamique actuelle a beaucoup de chemin à faire si elle veut définir la vie. Les physiciens, les chimistes et les biologistes, même s'ils ne rejettent pas ces notions, ne les intègrent pas à ce qui les inspire dans leur vie professionnelle. Leur réaction est comparable à celle d'un public de nantis devant les exhortations d'un prêtre leur rappelant les vertus de la pauvreté.

On a l'impression que c'est une bonne chose, mais on ne va pas pour autant changer ses habitudes du jour au lendemain.

Une intuition cruciale qui dérive des généralisations de Schrödinger à propos de la vie est que les systèmes vivants ont des limites. Les organismes vivants sont des systèmes ouverts au sens où ils prennent et rejettent de l'énergie et de la matière. En théorie, ils sont ouverts jusqu'aux frontières de l'univers; mais ils sont aussi enfermés dans une hiérarchie de frontières internes. À mesure que l'on se rapproche de la Terre en venant de l'espace, on voit d'abord la frontière atmosphérique qui renferme Gaïa; puis les limites d'un écosystème comme les forêts; puis l'écorce ou la peau des plantes et animaux vivants; encore plus près, on trouve les membranes cellulaires; et finalement le noyau de la cellule et son ADN. Si la vie est définie comme un système auto-organisé caractérisé par une faible entropie activement préservée, alors, vu de l'extérieur de chacune de ces frontières, ce qui est à l'intérieur est vivant.

Vous pouvez trouver difficile à accepter l'idée qu'une chose aussi vaste et aussi inanimée en apparence que la Terre puisse être vivante. La Terre n'est-elle pas, direz-vous, presque entièrement faite de roches et à l'état incandescent dans sa quasi-totalité? C'est au physicien Jerome Rothstein que je dois d'avoir été éclairé sur ce point, entre autres. Dans une communication profonde sur le concept d'une Terre vivante (donnée lors d'un congrès de l'Audubon Society en 1985), il fit observer que la difficulté peut être diminuée si vous laissez entrer dans votre esprit l'image d'un séquoia géant. L'arbre est sans aucun doute vivant, alors même qu'il est mort à 99 %. Cet arbre gigantesque est une très vieille tour de bois mort, édifiée en lignine et en cellulose par les ancêtres de la mince couche de cellules vivantes qui constituent son écorce. Quelle ressemblance avec la Terre! Surtout quand on se rend compte que nombre des atomes des roches au tréfonds du magma firent jadis partie de la vie ancestrale dont nous sommes tous issus.

Lorsque la Terre fut pour la première fois vue de l'extérieur et comparée en tant que planète avec ses partenaires sans vie Mars et Vénus, il fut impossible d'ignorer l'impression que la Terre était une étrange et belle anomalie. Et pourtant cette planète non conformiste aurait probablement été reléguée aux cuisines, comme Cendrillon, si la NASA, dans le rôle du Prince Charmant, ne lui avait offert une échappatoire par le biais du programme d'exploration planétaire. Comme nous l'avons vu au chapitre 1, les questions soulevées par la science de l'espace furent d'abord étroitement limitées à une question pratique : Comment reconnaître la présence de vie sur une autre planète? C'est parce que ce problème ne pouvait être résolu par les seules biologie ou géologie conventionnelles que je me suis préoccupé d'une autre question : et si la différence de composition atmosphérique entre la Terre et ses voisines Mars et Vénus était une conséquence du fait que la Terre soit la seule à porter la vie?

La partie la moins complexe et la plus accessible d'une planète est son atmosphère. Bien avant que les engins *Viking* atterrissent sur Mars, ou que la sonde russe *Venera* atterrisse sur Vénus, nous connaissions la composition chimique de leurs atmosphères. Au milieu des années soixante, des télescopes travaillant dans le rayonnement infrarouge réfléchi par les molécules des gaz atmosphériques furent utilisés pour examiner Mars et Vénus. Ces observations révélèrent l'identité et les proportions de ces gaz avec une précision acceptable. Mars et Vénus avaient toutes les deux des atmosphères dominées par le gaz carbonique, avec seulement de petites quantités d'oxygène et d'azote. Plus important encore, l'une et l'autre avaient des atmosphères proches de l'état d'équilibre chimique; si l'on prenait un volume d'air de chacune de ces planètes et qu'on le porte à l'incandescence en présence d'un échantillon représentatif des roches de leur surface, puis le laisse se refroidir lentement, il n'y aurait que peu de changements dans la composition, voire même aucun, après l'expérience. La Terre, en revanche, a une atmosphère dominée par l'azote et l'oxygène. Le gaz carbonique n'est présent qu'à l'état de traces, bien en dessous des attentes de la chimie planétaire. Il y a des gaz instables comme le protoxyde d'azote, et des gaz comme le méthane qui réagissent facilement avec l'oxygène abondant. Si la même expérience de chauffage et de refroidissement était pratiquée sur un échantillon de l'air que vous respirez en ce moment, il serait modifié. Il deviendrait comme les atmosphères de Mars et de Vénus : prépondérance du gaz carbonique, forte réduction de la proportion d'oxygène et d'azote, absence de gaz comme le protoxyde d'azote et le méthane. Il n'est pas excessif de comparer l'air au mélange gazeux qui entre dans les chambres d'un moteur à explosion : une mixture de gaz combustibles, d'hydrocarbures et d'oxygène. Les atmosphères de Mars et de Vénus sont comme les gaz d'échappement – après dissipation de toute l'énergie.

La fascinante improbabilité de l'atmosphère terrestre révèle la néguentropie et la présence de la main invisible de la vie. Prenons par exemple l'oxygène et le méthane. Ils sont tous les deux présents dans notre atmosphère en quantités constantes; et pourtant, ils réagissent chimiquement à la lumière du soleil pour former du gaz carbonique et de la vapeur d'eau. Où que vous alliez sur la surface de la Terre pour la mesurer, la concentration de méthane est environ de 1,5 partie par million. Près d'un milliard de tonnes de méthane par an doivent être introduites dans l'atmosphère pour maintenir cette concentration à un niveau constant. En outre, l'oxygène qui sert à oxyder le méthane doit être remplacé – deux milliards de tonnes par an au bas mot. La seule explication valable de la persistance de cette atmosphère instable à composition constante, et pour des périodes immensément plus longues que les temps de réaction de ses gaz, est l'influence d'un système de contrôle, Gaïa.

Il est souvent difficile de reconnaître l'entité qui nous dépasse et dont nous faisons partie; comme dit le proverbe, « l'arbre cache la forêt ». Il en était ainsi de la Terre elle-même avant que nous contemplions à distance avec les astronautes cette vision terrifiante et stupéfiante; cette sphère impeccable qui ponctue la division entre le passé et le présent. Cette faculté qui nous fut donnée de voir la Terre de loin fut si révélatrice qu'elle imposa dans la biologie planétaire une nouvelle approche hiérarchisée de haut en bas. La biologie conventionnelle appliquée à la Terre elle-même avait toujours été obligée de procéder de bas en haut, vu l'énormité de la Terre comparée à nous ou à tout autre objet vivant connu. Les deux méthodes sont complémentaires. Pour comprendre un microbe, un animal ou une plante, la vision physiologique « partant du haut » de la vie prise globalement fusionne harmonieusement avec la vision « partant du bas » fournie par la biologie moléculaire : la vie est un assemblage fait d'un vaste ensemble de parties ultramicroscopiques.

Depuis James Hutton, il y a eu une « opposition loyale » de savants qui mettaient en doute l'idée conventionnelle que l'évolution de l'environnement est uniquement déterminée par des forces chimiques et physiques. Vernadsky emprunta à Suess le concept de biosphère pour délimiter le domaine du biote. Depuis Vernadsky, il y a une tradition ininterrompue (appelée biogéochimie) en Union soviétique – et, à un moindre degré, dans d'autres pays – qui a reconnu l'interaction entre les sols, les océans, les lacs, les fleuves et la vie qu'ils portent. Elle est bien définie par un Russe, M.M. Yermolaev, dans son *Introduction à la géographie physique* : « La biosphère est comprise comme étant cette partie de l'enveloppe géographique de la Terre à l'intérieur des limites de laquelle les conditions physico-géographiques assurent le fonctionnement normal des enzymes. » Cette opposition scientifique a compté parmi ses membres plus récents Alfred Lotka, de l'université John Hopkins, et Eugene Odum, le seul parmi les écologistes qui ait adopté une vision physiologique des écosystèmes; deux Américains d'origine européenne, le limnologiste G. Evelyn Hutchinson et le paléontologue Heinz A. Lowenstam; l'océanographe britannique A. Redfield et un géochimiste suédois, L.G. Sillén. Tous ont reconnu l'importance du rôle de la vie dans l'évolution de l'environnement. Toutefois, la plupart des géologues ont négligé la participation active éventuelle des organismes vivants dans leurs théories sur l'évolution de la Terre.

La contrepartie de cet apartheid géologique est l'incapacité des biologistes à reconnaître que l'évolution des espèces est étroitement associée à l'évolution de leur environnement. Par exemple, en 1982 paraissait une *Actualité de l'évolution un siècle après Darwin,* sous la direction de John Maynard Smith, recueil d'essais écrits par d'éminents biologistes sur les questions les plus controversées de la biologie évolutive. Dans ce recueil, la seule (et énigmatique) mention de l'environnement se trouve dans un essai de Stephen Jay Gould : « Les organismes ne sont pas des boules de billard qui, frappées d'une manière déterministe par la queue de la sélection naturelle, rouleraient vers les positions optimales sur le tapis vert de la vie. Ils influencent leur propre destin selon des modes intéressants et compréhensibles. Nous devons réintroduire ce concept de l'organisme dans la biologie évolutive. »

À part Lynn Margulis, le seul autre biologiste dont je sache qu'il a tenu compte de l'environnement dans son approche de la vie est J.Z. Young. En 1971, cet éminent physiologiste éprouva le besoin d'écrire, sans sollicitation extérieure, dans un chapitre sur l'homéostase de son *Introduction à l'étude de l'homme* : « L'entité qui est maintenue intacte, et dont nous tous faisons partie, n'est pas la vie de l'un d'entre nous, mais en dernière analyse toute la vie de la planète. » La conception de Young sert de lien entre la théorie Gaïa et le consensus scientifique généralement admis. Par la théorie Gaïa, je vois la Terre et la vie qu'elle porte comme un système, système qui a la faculté de réguler la température et la composition de la surface de la Terre et de la maintenir propice à l'existence des organismes vivants. L'autorégulation de ce système est un processus actif fonctionnant grâce à l'énergie fournie sans contrepartie par le rayonnement solaire.

La première réaction, peu après l'introduction de l'hypothèse Gaïa au début des années soixante-dix, fut l'ignorance, au sens propre du terme. L'idée gaïenne fut ignorée par la majeure partie des scientifiques de profession. Ce ne fut qu'à la fin des années soixante-dix qu'elle fut critiquée.

Une bonne critique est comme un bain dans une mer glacée. Le soudain refroidissement dû à l'immersion dans ce qui de prime abord semble un milieu hostile fait bientôt circuler le sang et augmente l'acuité de tous les sens. Ma première réaction à la lecture de la critique de l'hypothèse Gaïa publiée en 1979 par W. Ford Doolittle dans la revue *CoEvolution Quarterly* fut un état de choc accompagné d'une incrédulité incohérente. L'article était splendidement argumenté et fort bien écrit, mais cela n'en diminuait pas la froideur. Une eau glacée peut être transparente, mais elle n'en est pas moins froide. Toutefois, après un plongeon glacial vient cette douce impression de détente et de chaleur qu'on a en s'étendant au soleil sur la plage. Au bout d'un moment, je commençai à comprendre que la critique de Ford Doolittle pouvait être considérée moins comme une attaque contre Gaïa que comme une critique des insuffisances de sa présentation.

Gaïa avait été vue pour la première fois de l'espace et l'argumentation faisait appel à la thermodynamique. Il était évident pour moi que la Terre était vivante au sens où c'était un système auto-organisé et autorégulé. Pour Ford Doolittle, de son point de vue de biologiste moléculaire, il était tout aussi évident que l'évolution par sélection naturelle ne pouvait jamais aboutir à un « altruisme » à l'échelle du globe. Il fut soutenu par les écrits pareillement énergiques et efficaces de Richard Dawkins dans son livre de 1982, *Le Phénotype étendu.* Dans leur univers de microscopes, comment les intérêts « égoïstes » des cellules vivantes pouvaient-ils s'exprimer d'un bout à l'autre de la planète? Pour ces biologistes compétents et consciencieux, postuler la régulation de l'atmosphère par la vie microbienne semblait aussi absurde que de s'attendre à ce que les décrets de quelque gouvernement humain affectent l'orbite de Jupiter. Je les remercie tous les deux d'avoir clairement démontré que je tenais beaucoup trop de choses pour acquises, et qu'il manquait à Gaïa une base théorique ferme.

Les biologistes moléculaires ne furent pas les seuls à critiquer Gaïa. Deux autres objecteurs de valeur furent le climatologue Stephen Schneider, du Colorado, et le géochimiste H.D. Holland, de Harvard. Comme la plupart de leurs confrères, ils préféraient expliquer l'évolution des roches, de l'océan, de l'air et du climat uniquement par des forces chimiques et physiques. Dans son livre *Evolution chimique de l'atmosphère et des océans,* Holland écrivait : « Cette hypothèse intrigue, et ne manque pas de charme, mais en définitive elle n'est pas satisfaisante. Les archives géologiques semblent s'accorder beaucoup plus avec l'idée que les organismes les plus aptes à rester dans la course ont fini par avoir le dessus, et que l'environnement et les processus périsuperficiels de la Terre se sont adaptés aux changements créés par l'évolution biologique. Beaucoup de ces changements ont dû être fatals ou quasi fatals à certaines parties du biote contemporain. Nous vivons sur une Terre qui est le meilleur des mondes, mais seulement pour ceux qui s'y sont adaptés. » L'objection de Stephen Schneider – exprimée dans son livre écrit avec Randi Londer, *Coévolution du climat et de la vie* – s'adressait à l'idée implicite dans les premiers articles sur Gaïa que l'homéostasie était le seul moyen de régulation climatique. Je remercie tous ces critiques d'avoir relevé mes excès d'optimisme et les faiblesses théoriques de l'hypothèse Gaïa. J'ai une dette encore plus grande envers Stephen Schneider, qui fit en sorte que Gaïa soit le sujet d'un débat en règle dans la communauté scientifique en convoquant une conférence Chapman de l'Union géophysique américaine pour mars 1988.

Pour de nombreux savants, Gaïa était un concept téléologique, qui exigeait du biote un sens de la prévision et du projet. Comment donc les bactéries, les arbres et les animaux de ce monde pouvaient-ils tenir une conférence pour décider des conditions de vie optimales? Comment les organismes pouvaient-ils maintenir l'oxygène à 21 % et la température moyenne à 20°C? Ne voyant pas de mécanisme de contrôle planétaire, ils en réfutaient l'existence en tant que phénomène et refoulaient l'hypothèse Gaïa dans la téléologie. Cette condamnation était sans appel. Dans le monde de la science, les explications téléologiques sont un péché contre le saint esprit de la rationalité scientifique; elles nient l'objectivité de la nature.

Mais lesdits savants n'avaient peut-être pas mesuré l'étendue de leurs propres erreurs lorsqu'ils critiquaient si sévèrement Gaïa. L'usage innocent du concept insaisissable d'« adaptation » peut mener aussi à la damnation. La Terre est certes le meilleur des mondes pour ceux qui s'y sont adaptés. Mais l'excellence de notre planète prend un sens différent à la lumière des preuves rassemblées par les géochimistes eux-mêmes. Des preuves qui démontrent que la croûte terrestre, les océans et l'air sont soit directement produits par les objets vivants, soit grandement modifiés par leur présence. Par exemple : l'oxygène et l'azote de l'air proviennent directement des plantes et des micro-organismes, la craie et le calcaire sont les coquilles d'objets vivants qui jadis flottaient dans la mer. La vie ne s'est pas adaptée à un monde inerte déterminé par la main morte de la chimie et de la physique. Nous vivons dans un monde qui a été construit par nos ancêtres, anciens et modernes, entretenu en permanence par le biote actuel dans sa totalité. Les organismes s'adaptent à un monde dont l'état matériel est déterminé par les activités de leurs voisins; ce qui signifie que changer l'environnement fait partie du jeu. Penser autrement exigerait que l'évolution soit un jeu doté de règles comme le cricket où le base-ball – règles qui interdiraient de modifier l'environnement. Si, dans le monde réel, l'activité d'un organisme modifie son environnement matériel dans un sens qui le favorise, et que par conséquent il a une descendance plus abondante, alors l'espèce et la modification vont croître l'une et l'autre jusqu'à ce qu'un nouvel état stable soit atteint. À une échelle locale, l'adaptation est le moyen par lequel les organismes peuvent survivre dans des environnements défavorables, mais à l'échelle planétaire l'association entre la vie et son environnement est tellement étroite que la notion tautologique d'« adaptation » est proprement évacuée. L'évolution des roches et de l'air, et l'évolution du biote ne doivent pas être séparées.

Le fait qu'aujourd'hui la plupart des spécialistes des sciences de la Terre conviennent que les gaz réactifs de l'atmosphère sont des produits biologiques atteste du succès de la biogéochimie. Mais la plupart d'entre eux contesteraient le fait que le biote puisse d'une manière quelconque contrôler la composition de l'atmosphère ou n'importe laquelle des variables majeures, comme la température globale et la concentration d'oxygène, qui dépendent de l'atmosphère. Il y a deux objections principales à l'hypothèse Gaïa, la première qu'elle est téléologique, et que, pour la régulation du climat et de la composition chimique à une échelle planétaire, un genre de prévision, de don de voyance serait nécessaire. La seconde objection, exprimée avec le plus de clarté chez Stephen Schneider, est que la régulation biologique n'est que partielle, et que le monde réel est une « coévolution » de la vie et de l'inorganique. La seconde objection est la plus sérieuse, et par plus d'un côté le but de cet ouvrage est d'essayer d'y répondre. La première, l'objection de la téléologie, est, ce me semble, fausse, et je vais maintenant essayer de montrer pourquoi.

Je savais qu'il ne servait pas à grand-chose de rassembler des preuves supplémentaires de la faculté maintenant évidente qu'a la Terre de réguler son climat et sa composition. On ne pouvait s'attendre à ce que par elles-mêmes ces preuves persuadent les savants traditionnels que la Terre était régulée par la vie. Les savants veulent d'ordinaire savoir comment les choses fonctionnent; ils veulent un mécanisme. Ce qu'il fallait, c'était un modèle gaïen. Dans ces sciences hybrides que sont la biogéochimie et la biogéophysique, les modèles de modifications de l'environnement ne permettent pas au biote de tenir un rôle de régulateur. Les praticiens de ces sciences présupposent que les limites opérationnelles du système sont fixées par des propriétés physiques et chimiques. Par exemple, la neige fond ou se forme à 0°C. La réflexion de la lumière du soleil par la couverture neigeuse peut fournir une puissante rétroaction positive vers un refroidissement, et un système de régulation du climat pourrait être basé sur la fonte ou la formation de la neige. Mais le point de fusion de la neige, qui est une des caractéristiques de la glace en tant que substance, ne peut aucunement évoluer vers une chaleur plus confortable, 20°C par exemple. Tout au contraire, les limites fonctionnelles d'un organisme vivant sont toujours fixées à des niveaux favorables.

En quoi les modèles gaïens diffèrent-ils des modèles biogéochimiques conventionnels? Est-ce que la présupposition d'une étroite association entre la vie et l'environnement change la nature du système tout entier? L'homéostasie est-elle une prédiction raisonnable de la théorie Gaïa? Il n'est pas facile de répondre à ces questions, d'abord à cause de la complexité du biote et de l'environnement, ensuite parce qu'elles sont liées de plus d'une façon. C'est à peine s'il y a un aspect de leur interaction que nous pourrions en confiance décrire par une équation mathématique. Il fallait une simplification radicale. Je me suis efforcé de réduire la complexité de la vie et de son environnement à un schéma simple qui pourrait éclairer sans déformer. La réponse fut Floréale (*Daisyworld*, le « petit monde des pâquerettes »). J'ai décrit ce modèle pour la première fois en 1982 lors d'une conférence sur la biominéralisation à Amsterdam, et j'ai publié un article, « La parabole de *Daisyworld* » dans la revue *Tellus* en 1983, avec mon collègue Andrew Watson, que je remercie pour sa façon claire et imagée d'exprimer ce concept en termes mathématiques formels.

Représentez-vous une planète à peu près de la taille de la Terre, en rotation sur son axe et qui tourne à la même distance que la Terre autour d'une étoile de la même masse et de la même luminosité que le Soleil. Cette planète diffère de la Terre en ce qu'elle a plus de terres et moins d'océans, mais elle est bien arrosée, et la végétation pousse presque partout sur les terres si le climat est favorable. C'est la planète Floréale, ainsi nommée parce que les espèces principales de plantes sont des fleurs, en l'occurrence des pâquerettes de couleurs variées : certaines sont claires, certaines sont sombres, avec quelques couleurs neutres entre les deux. L'étoile qui réchauffe et illumine Floréale partage avec notre Soleil la faculté d'augmenter sa production de chaleur en vieillissant. Lorsque la vie a commencé sur Terre il y a 3,8 milliards d'années, le Soleil était environ 30 % moins lumineux qu'actuellement. Dans quelques milliards d'années, il deviendra si impitoyablement brûlant que toute la vie que nous connaissons mourra ou sera obligée de chercher asile sur une autre planète.

L'augmentation avec l'âge de la luminosité du Soleil est une propriété générale et attestée des étoiles. Tandis que l'étoile brûle de l'hydrogène (son combustible nucléaire), l'hélium s'accumule. L'hélium, sous forme de cendre gazeuse, est plus opaque à l'énergie rayonnée que l'hydrogène et fait donc écran au flux de chaleur émis par le brasier nucléaire au centre de l'étoile. La température centrale s'élève, ce qui à son tour augmente la quantité d'hydrogène brûlé jusqu'à ce qu'il y ait un nouvel équilibre entre la chaleur produite au centre de l'étoile et la chaleur perdue à sa surface. Contrairement aux feux ordinaires, des feux nucléaires à l'échelle stellaire brûlent de plus en plus violemment à mesure que la cendre s'accumule et finissent même quelquefois par exploser.

Floréale est simplifiée – réduite, si vous préférez – comme suit. L'environnement est réduit à une seule variable, la température, et le biote à un genre unique, les pâquerettes. S'il fait trop froid, en dessous de 5°C, les pâquerettes ne pousseront pas; elles réussissent le mieux à une température voisine de 20°C. Si la température dépasse 40°C, il fera trop chaud pour les pâquerettes, qui vont se flétrir et mourir. La température moyenne de la planète est un simple équilibre entre la chaleur reçue de l'étoile et la chaleur dissipée dans les froides profondeurs de l'espace sous forme de rayonnement infrarouge de grande longueur d'onde. Sur Terre, cet équilibre thermique est compliqué par les effets des nuages et de gaz comme le gaz carbonique. La lumière du soleil peut être réfléchie et renvoyée dans l'espace par les nuages avant de pouvoir atteindre la surface et la réchauffer. Inversement, la déperdition de chaleur à la surface de la planète peut être réduite parce que les nuages et les molécules de gaz carbonique réfléchissent le rayonnement vers le sol. On postule que Floréale possède une réserve constante de gaz carbonique, assez pour faire pousser les pâquerettes, mais pas trop, pour ne pas compliquer le climat. De même, il n'y a pas de nuages dans la journée pour ne pas gâcher la simplicité du modèle, et toutes les précipitations tombent la nuit.

La température moyenne de Floréale est donc simplement déterminée par la teinte moyenne de la planète, ou, dans la terminologie astronomique, son albédo. Si la planète est sombre, son albédo est faible, elle absorbe plus de chaleur solaire et sa surface se réchauffe. Si elle est de couleur claire, comme une surface enneigée, alors 70 ou 80 % du rayonnement solaire peut être renvoyé dans l'espace. Pareille surface est froide comparée à une surface sombre sous une illumination solaire similaire. La valeur de l'albédo est comprise entre 0 (noir absolu) et 1 (blanc absolu). On estime que le sol nu de Floréale a habituellement un albédo de 0,4, donc qu'il absorbe 40 % de la lumière solaire qu'il reçoit. Les teintes des pâquerettes s'échelonnent entre la teinte sombre (avec un albédo de 0,2) et la teinte claire (avec un albédo de 0,7).

Imaginons une époque dans le lointain passé de Floréale. L'étoile qui la réchauffe était moins lumineuse, si bien que c'est seulement dans la région équatoriale que la température moyenne du sol nu atteignait le minimum de 5 °C rendant possible la vie végétale. Les graines de pâquerette mettraient alors longtemps à germer et fleuriraient. Postulons qu'à la première floraison les espèces multicolores, claires et sombres étaient également représentées. Avant même la fin de la croissance des fleurs de la première saison, les pâquerettes sombres auraient été favorisées. Leur plus grande absorption du rayonnement solaire sur le site où elles poussaient les aurait réchauffées à plus de 5 °C. Les pâquerettes de couleur claire seraient désavantagées. Leurs fleurs blanches se seraient flétries et seraient mortes parce que, réfléchissant, comme elles le font, la lumière du soleil, elles seraient tombées en dessous de la température critique de 5 °C.

À la saison suivante, les pâquerettes sombres auraient une

longueur d'avance, car leurs graines seraient les plus abondantes. Bientôt, leur présence ne se contenterait pas de réchauffer la seule végétation, mais, au fur et à mesure de leur croissance et de leur propagation sur le sol nu, elle augmenterait la température du sol et de l'air, localement d'abord, régionalement ensuite. Avec cette élévation de température, la vitesse de croissance, la longueur de la saison chaude et l'étendue couverte par les pâquerettes noires exerceraient toutes une rétroaction positive et amèneraient la colonisation par les pâquerettes noires de la majeure partie de la planète. L'avance des pâquerettes noires finirait par être contrariée par une élévation globale de la température au-delà du niveau optimal pour la croissance. Toute avancée supplémentaire des pâquerettes noires amènerait un déclin de la production de graines. En plus, lorsque la température globale est élevée, les pâquerettes blanches vont pousser et se répandre en concurrençant les espèces sombres. La croissance et l'extension des fleurs blanches est favorisée par leur capacité naturelle à repousser la chaleur.

À mesure que l'étoile qui éclaire Floréale s'échauffe en vieillissant, le rapport entre les pâquerettes noires et blanches évolue jusqu'à ce que, finalement, le flux thermique soit tellement important que même les fleurs les plus blanches ne peuvent maintenir une portion suffisante de la planète en dessous de la limite critique supérieure de 40°C. À ce moment-là, le pouvoir des fleurs n'est plus suffisant. La planète redevient stérile, et tellement chaude que toute reprise de la vie devient impossible pour les pâquerettes.

Il est facile de faire un modèle numérique de Floréale assez simple pour tourner sur un ordinateur individuel. Les populations de pâquerettes sont modélisées par des équations différentielles empruntées à l'écologie théorique (Carter et Prince, 1981). La température moyenne de la planète est calculée directement à partir de l'équilibre entre la chaleur reçue de l'étoile et la chaleur perdue sous forme de rayonnement dans les profondeurs froides de l'espace. La figure 2.1 montre l'évolution de la température et la croissance des pâquerettes pendant l'augmentation progressive du flux thermique émis par l'étoile selon la physique et la biologie classiques, et selon la géophysiologie.

Quand j'ai essayé pour la première fois le modèle Floréale,

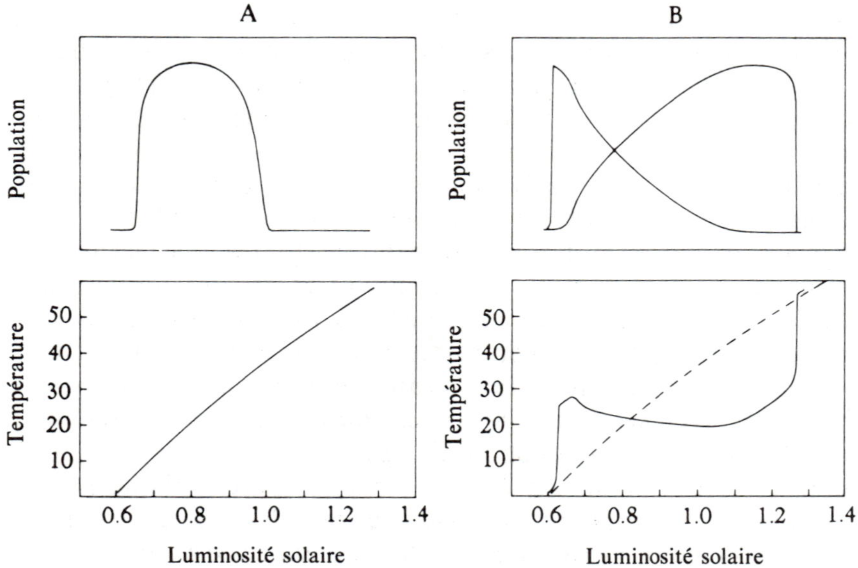

Fig. 2.1. Modèles de l'évolution de Floréale selon la science conventionnelle (A) et selon la géophysiologie (B). Les graphiques du haut représentent les populations de pâquerettes exprimées en unités arbitraires; les graphiques du bas donnent les températures en degrés Celsius. En allant de gauche à droite sur l'axe horizontal, la luminosité de l'étoile passe de 60 à 140 % de celle de notre propre Soleil. *A* illustre comment les physiciens et les biologistes, complètement isolés, calculent leur conception de l'évolution de la planète. Selon cette perspective conventionnelle, les pâquerettes ne peuvent que réagir ou s'adapter à des changements de température. Quand il fait trop chaud pour subsister, elles meurent. Mais dans la Floréale gaïenne *(B)*, l'écosystème peut réagir par la croissance compétitive des pâquerettes sombres et claires, et réguler la température sur une gamme étendue de luminosités solaires. La ligne pointillée dans la partie inférieure de *B* montre comment la température s'élèverait sur une Floréale sans vie.

j'ai été surpris et enchanté par la forte régulation de la température planétaire provenant de la simple croissance compétitive de plantes aux teintes claires et foncées. Je n'ai pas inventé ces modèles parce que je croyais que les pâquerettes ou d'autres genres de plantes à espèces sombres et claires régulaient la température en modifiant l'équilibre entre la chaleur reçue du Soleil et celle perdue dans l'espace. Je les ai conçus pour répondre aux critiques de Ford Doolittle et de Richard Dawkins, à savoir que l'hypothèse Gaïa était téléologique. Sur Floréale, on démontre qu'une propriété de l'environnement global, la température, est efficacement régulée, sur une gamme étendue de luminosités solaires, par un biote planétaire imaginaire sans invoquer la prescience ou la prévision. C'est une réfutation définitive de l'accusation selon laquelle l'hypothèse Gaïa serait téléologique, et elle n'a jusqu'à présent pas été contestée.

Alors qu'est-ce que Gaïa? Si le monde réel que nous habitons est autorégulé comme Floréale, et si le climat et l'environnement dont nous jouissons et que nous exploitons librement sont la conséquence d'un système orienté vers un but, automatique, mais sans volonté, alors Gaïa est la plus grande manifestation de la vie. Le système étroitement lié de la vie et de l'environnement, Gaïa, comprend :

1. Des organismes vivants qui croissent vigoureusement en exploitant toutes les opportunités écologiques qui s'ouvrent à eux.

2. Des organismes sujets aux règles de la sélection naturelle darwinienne : les espèces d'organismes qui ont le plus de descendants survivent.

3. Des organismes qui affectent leur environnement physique et chimique. Ainsi les animaux modifient-ils l'atmosphère en respirant : ils prennent de l'oxygène et rejettent du gaz carbonique. Les plantes et les algues font l'inverse. Toutes les formes de vie modifient continuellement l'environnement physique et chimique par nombre d'autres moyens.

4. L'existence de contraintes ou de frontières qui délimitent la vie. Il peut faire trop chaud ou trop froid; il y a entre les deux une confortable tiédeur, l'état de prédilection de la vie. Il peut y avoir trop d'acidité ou trop d'alcalinité; la neutralité est préférable. Presque toutes les substances chimiques existent dans une gamme de concentrations tolérées ou exigées par la vie. Pour de nombreux éléments, comme l'iode, le sélénium et le fer, l'excès est synonyme de poison, l'insuffisance de famine.

Une eau pure et décontaminée aura peu de valeur nutritive; mais la saumure saturée de la mer Morte n'en aura pas plus.

Peu de savants contesteraient une quelconque de ces quatre conditions, prise soit isolément, soit en association. Prises toutes les quatre dans un ensemble étroitement soudé, elles semblent former la recette d'un système gaïen. Cet ensemble est une source féconde de modèles de systèmes autorégulés comme Floréale. La quatrième condition, qui établit les limites chimiques et physiques de la vie, est celle que je trouve la plus intéressante – inattendue et riche d'intuitions. Pensons seulement à l'analogue social de la famille ou de la communauté qui existe entre des limites fermes, mais raisonnables, comparée à celle où les limites du comportement sont mal définies. La stabilité et des limites bien définies semblent aller de pair. Les physiciens conviennent que la vie est un système ouvert. Mais, comme une de ces poupées russes qui contiennent une série de poupées de plus en plus petites, la vie existe à l'intérieur d'un ensemble de limites. La limite extérieure est le bord atmosphérique de la Terre, au contact de l'espace. À l'intérieur de la limite planétaire, la taille des entités diminue, mais elles deviennent de plus en plus intenses à mesure qu'on progresse vers l'intérieur, de Gaïa aux écosystèmes, des plantes et des animaux aux cellules et à l'ADN. La frontière extérieure de la planète circonscrit donc un organisme vivant, Gaïa, système composé de tous les objets vivants et de leur environnement. Il n'y a nulle part sur Terre une distinction nette entre matière vivante et matière non vivante. Il y a simplement une hiérarchie dans l'intensité qui va de l'environnement « matériel » des roches et de l'atmosphère aux cellules vivantes. Mais dans les abysses en dessous de la surface, les effets de la présence de la vie s'atténuent. Il se peut que le noyau de notre planète soit resté inchangé à cause de la vie; mais il serait imprudent de le présupposer.

En explorant la question : « Qu'est-ce que la vie? », nous avons progressé quelque peu. En examinant la vie au travers du télescope de Gaïa, nous la voyons comme un phénomène à l'échelle planétaire dont la durée de vie est à l'échelle du cosmos. Gaïa en tant que la plus vaste manifestation de la vie diffère des autres organismes vivants de la Terre, de la même manière que vous et moi différons de notre population de cellules vivantes. À un certain moment, au début de l'histoire de la Terre, avant l'existence de la vie, la Terre solide, avec son atmosphère et ses océans, évoluait encore sous la seule action des lois de la physique et de la chimie. Elle descendait à toute allure la pente qui menait à l'état stable et sans vie d'une planète en quasi-équilibre. Pendant une courte période, au milieu de sa course effrénée à travers la gamme des états physiques et chimiques, elle est passée par un stade favorable à la vie. À un moment particulier de ce stade, les cellules vivantes nouvellement formées se multiplièrent jusqu'à ce que leur présence affecte l'environnement de la Terre au point d'arrêter sa folle dégringolade vers l'équilibre. À cet instant, les objets vivants, les roches, l'air et les océans fusionnèrent pour former la nouvelle entité, Gaïa. Tout comme lorsque le spermatozoïde fusionne avec l'ovule, une vie nouvelle fut conçue.

La recherche d'une définition de la vie pourrait se comparer à l'assemblage d'un puzzle dans lequel un paysage est découpé en mille morceaux imbriqués. Les morceaux épars jonchent la table dans le plus grand désordre. C'est par la classification qu'on pourra le reconstituer. Il est facile de séparer le ciel bleu de la terre brune et des arbres verts. Les joueurs experts savent qu'une étape capitale est de retrouver et de relier les morceaux rectilignes qui définissent le bord, les limites de la scène. C'est la découverte que les couches extérieures de l'atmosphère font partie de la vie planétaire qui a de même défini les limites de notre image brouillée de la Terre. Une fois que l'assemblage des bords est terminé, on connaît au moins les dimensions de l'image, et le placement des groupements internes en est facilité. Gaïa n'est pas une image statique. Elle change continuellement à mesure que la vie et la Terre évoluent conjointement mais, dans la brève durée de notre existence, elle s'immobilise assez longtemps pour que nous puissions commencer à l'appréhender et à prendre toute la mesure de sa beauté.

3

À la découverte de Floréale

Donnez-moi quand vous voudrez une erreur féconde, pleine de semence, gonflée de ses propres corrections.

Vilfredo PARETO, à propos de Kepler.

Le mot *théorie* a la même racine grecque que le mot *théâtre.* Dans l'un et l'autre cas, il est question de monter un spectacle. Une théorie scientifique n'est rien d'autre que ce qui semble à son auteur être une manière plausible d'habiller les faits et de les présenter au public. Comme les pièces de théâtre, les théories sont jugées selon des critères multiples sans beaucoup de rapports entre eux. Le contenu artistique est important; une théorie élégante, qui donne à penser, et qui est présentée dans les règles de l'art est universellement appréciée. Mais les savants besogneux mettent au-dessus des autres les théories pleines de prédictions qu'on peut facilement vérifier. Peu importe que l'hypothèse du théoricien soit juste ou fausse : l'investigation et la recherche sont stimulées, des faits nouveaux sont mis en évidence, de nouvelles théories sont élaborées. Le fait qu'elle soit fausse n'a pas tellement affecté le succès de la théorie de la création continue mise en avant par les astronomes Hoyle, Bondi et Gold. Elle est désormais abandonnée, mais en son temps ce fut un concept intellectuel profondément satisfaisant. Les seules mauvaises théories sont celles qu'on ne peut ni contester ni soumettre à vérification. À quoi bon une théorie selon laquelle l'univers aurait été créé dans son intégralité, avec tous ses habitants, qui tous auraient des souvenirs d'un passé inexistant, le 27 octobre 1917 à 15 h 37 GMT? Il n'y a pas moyen de la prouver ni de la réfuter, et elle ne fait pas de prédictions utiles.

De prime abord, la théorie Gaïa pourrait sembler impossible

à tester. Manifestement, il serait malcommode et irresponsable de tenter une vivisection sur toute une planète vivante. Le style « garçon boucher » en vogue chez les investigateurs du vivant au siècle dernier appartient au passé. Nous avons appris des ingénieurs, qui attachent plus de valeur à leurs machines que la majeure partie d'entre nous n'en attachent aux mécanismes infiniment plus complexes et plus beaux des organismes vivants, qu'on peut apprendre tellement de choses par la technique non invasive qui consiste à tester un système que la vivisection est inutile. À bien des égards, la théorie Gaïa s'ouvre largement à l'investigation expérimentale.

La preuve la plus directe est apportée par le monde réel dans son état actuel. De même que nous pouvons observer le pouls, la pression sanguine, l'activité électrique du cœur, etc., sans interférer avec la physiologie normale du sujet, de même pouvons-nous observer la circulation de l'air, les océans et les roches. Nous pouvons mesurer la pulsation saisonnière du gaz carbonique de l'air tandis que les plantes l'absorbent et que les consommateurs le rejettent. Nous pouvons suivre le cycle des éléments nutritifs des roches à l'océan puis à la mer et encore aux roches, et voir comment à chaque stade sont affectés des systèmes distincts mais interconnectés.

Il y a aussi une vaste quantité de preuves historiques préservées dans les roches. Pendant la durée de sa vie, notre planète a souffert des impacts des planétoïdes. Nous avons été touchés par près de trente petites planètes, allant jusqu'à quinze kilomètres de diamètre et voyageant jusqu'à soixante fois la vitesse du son. Ces impacts libèrent à peu près mille fois plus d'énergie qu'il n'en serait libéré si toutes les puissances nucléaires faisaient exploser la totalité du stock d'armes actuel. Pareils événements créent des cratères de trois cents kilomètres et peuvent détruire jusqu'à 90 % de tous les organismes vivants, du microscopique au macroscopique. Ces collisions font résonner la Terre comme une cloche, et les réverbérations de l'événement résonnent, métaphoriquement, dans tous les systèmes de la Terre, pendant peut-être un million d'années ou plus. L'histoire de notre planète est ponctuée par ces perturbations; c'est à partir de ces archives que nous pouvons apprendre beaucoup de choses sur la manière dont fonctionne le système et dont l'homéostase est totalement restaurée. Au cas où vous douteriez que la Terre ait été frappée si souvent, jetez un coup d'œil à la carte de la répartition des cratères sur les vieilles roches superficielles du Canada (fig. 3.1).

C'est comme si vous regardiez la surface de la Lune. Toutefois, sur la plupart des zones continentales, et sur toute la surface des fonds marins, la rapidité des processus de lissage dus à l'érosion et au recouvrement des fonds enlève promptement toutes traces de ces impacts, sauf celles des plus récents.

Tous les événements catastrophiques ne sont pas d'origine externe; certains, comme l'apparition du gaz oxygène, sont produits par des contradictions internes inhérentes au système et peuvent être comparés aux crises affectant les organismes vivants, comme la puberté, la ménopause ou la métamorphose d'une chrysalide en papillon. Les archives géologiques, même si elles sont incomplètes et rendues floues par le temps, donnent encore quelques indications sur l'état physique et chimique de la Terre, et sur la répartition des espèces avant et après chacune

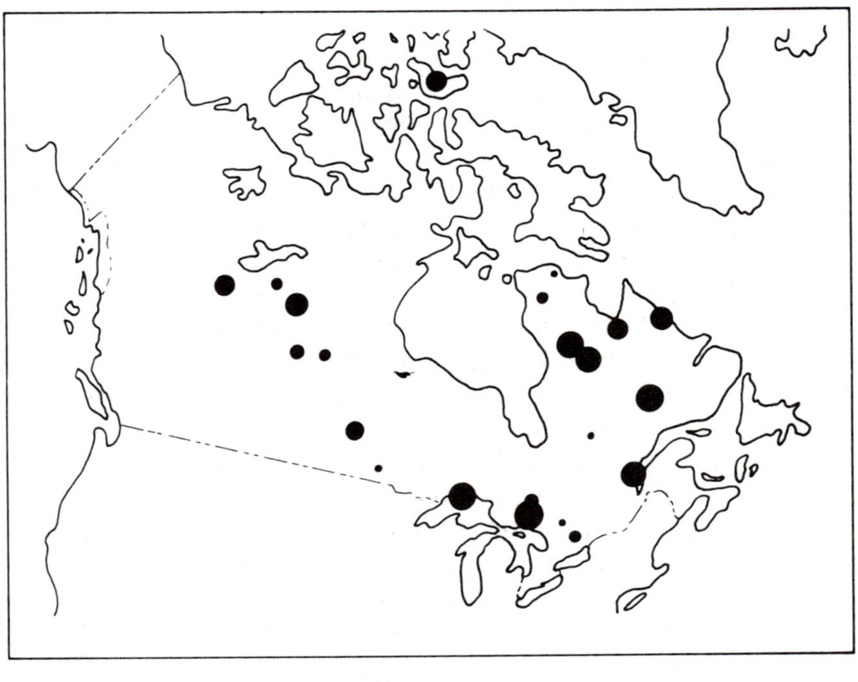

Fig. 3.1. Carte du Canada montrant les grands cratères de météores.

de ces perturbations. Mais décrypter ces archives est comme tenter de retrouver des traces de l'identité d'un terroriste à partir des décombres de l'immeuble que sa bombe a détruit.

La critique la plus convaincante de la théorie Gaïa est qu'une homéostase planétaire, entretenue par les organismes vivants et à leur profit, est impossible parce qu'elle exigerait l'évolution de la communication entre espèces et une faculté de prévision et de planification. Les auteurs de cette critique provocante et pour moi utile ne s'intéressaient pas aux preuves pratiques du fait que la Terre a maintenu un climat favorable à la vie en dépit d'importantes perturbations, ou du fait que l'atmosphère a actuellement une composition stable malgré l'incompatibilité chimique des gaz qui la constituent. Ils faisaient leurs critiques à partir des certitudes de leurs connaissances en biologie. Un organisme aussi grand et, croyaient-ils, doué de sensibilité ne pouvait absolument pas exister. Je pense que cette critique est dogmatique et, comme nous l'avons vu au chapitre précédent, il est facile d'y répondre. Le simple modèle de Floréale illustrait comment Gaïa pouvait fonctionner. Il décrivait une planète imaginaire en rotation sur elle-même tout en tournant, comme la Terre, autour de l'étoile qui la réchauffait, étoile qui était une copie conforme de notre propre Soleil. Sur cette planète, la concurrence territoriale entre deux espèces de pâquerettes, l'une de couleur sombre, l'autre de couleur claire, avait conduit à une régulation précise de la température planétaire dans les limites favorables à la croissance de plantes comme les pâquerettes. On n'invoquait nulle prévision ni planification. Floréale est la vision théorique d'une planète en homéostasie. Nous pouvons à présent commencer à envisager Gaïa comme une théorie, quelque chose qui va un peu plus loin que le « supposons » d'une hypothèse.

Floréale est bien plus que la simple réponse à une critique. Je l'ai d'abord faite dans ce but, mais au fur et à mesure qu'elle s'est développée j'ai découvert en elle une source d'inspiration et une réponse à des questions concernant non seulement Gaïa, mais aussi l'écologie théorique et le darwinisme. Une propriété importante de ce modèle est sa docilité et sa stabilité en termes mathématiques. Plus je continue à travailler sur ces modèles, plus je trouve que le nombre des espèces qui peuvent y figurer n'est apparemment limité que par la vitesse et la capacité de l'ordinateur utilisé et ma patience personnelle. Quels que soient les détails du modèle, l'inclusion d'une rétroaction de l'environnement semble stabiliser le système d'équations différentielles employé pour simuler la croissance des espèces et leur concurrence. La plus grande partie de ce qui suit est le récit de mes explorations de Floréale et un exposé des découvertes que j'y ai faites. J'ai présumé que nombre de mes lecteurs sont insensibles aux charmes des expressions mathématiques et donc je ne les ai pas fait figurer ici. Pour ceux que ne peut satisfaire une théorie qui n'est pas exprimée dans le pur langage des mathématiques, Andrew Watson et moi-même avons décrit l'aspect mathématique de Floréale dans l'article publié dans *Tellus*. La stabilité de Floréale ne dépend aucunement d'un choix particulier de valeurs initiales, ou de constantes de vitesse et, comme nous le verrons dans les chapitres suivants, le modèle est général dans son application.

Il se peut encore que certains schémas utilisés pour illustrer la géophysiologie de la planète modèle soient difficiles à comprendre pour des lecteurs peu familiarisés avec ce type d'explication graphique. Pour vous, donc, j'ai écrit ce livre de façon que ce chapitre puisse être sauté sans trop de pertes, pourvu que vous soyez déjà convaincus que la théorie Gaïa donne une représentation juste de la Terre. Mais je demande à mes critiques de poursuivre leur lecture, car ici je tenterai de répondre en détail aux objections qu'ils ont soulevées.

La réaction des scientifiques au modèle Floréale fut révélatrice. Les météorologues et les climatologues furent les plus intéressés et, après eux, les géologues et les géochimistes. À de rares exceptions près, les biologistes soit ignorèrent le modèle, soit restèrent plus sceptiques que jamais. Une critique persistante des biologistes était que, sur une vraie planète, les pâquerettes seraient obligées d'utiliser un peu de leur énergie pour fabriquer du pigment et donc seraient désavantagées par rapport aux pâquerettes grises non pigmentées. Sur pareille planète il n'y aurait pas de régulation de température. « Les pâquerettes grises tricheraient », disaient-ils.

Stimulé par leurs critiques, j'ai fait un modèle avec trois espèces de pâquerettes. Tout ce dont le nouveau modèle avait besoin était un nouveau jeu d'équations pour décrire la température et la croissance de l'espèce grise. Il s'agissait d'introduire des cadres moyens en complet sobre dans un monde d'excentriques hauts en couleur. Je fis payer aux pâquerettes sombres et claires un impôt sur la croissance de 1 % pour la fabrication des pigments. J'ai le plaisir d'annoncer que la vision cynique du monde des biologistes n'est pas confirmée par ce nouveau modèle, ainsi que vous pouvez le voir d'après les résultats donnés dans la figure 3.2.

Une fois de plus, la luminosité passe de 60 à 140 % de celle de notre propre Soleil. En haut, les populations de pâquerettes : les fleurs sombres à gauche, les fleurs grises au milieu et les

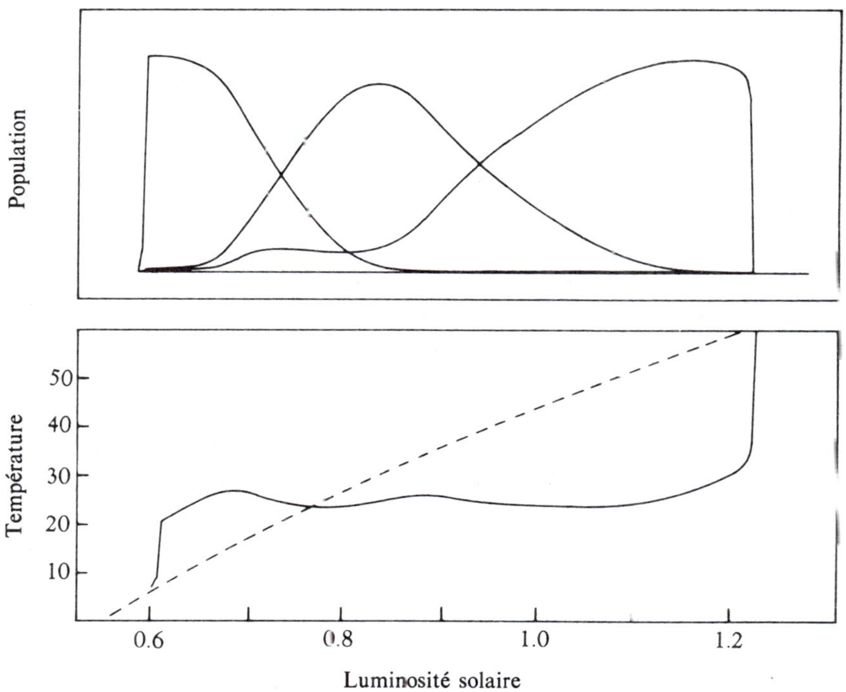

Fig. 3.2. Évolution du climat sur une Floréale à trois espèces de pâquerettes : sombres, grises et claires. À titre de comparaison, la ligne pointillée dans la partie inférieure représente l'évolution de la température en l'absence de vie.

fleurs claires à droite. Le fait que les pâquerettes grises n'utilisent pas d'énergie pour fabriquer du pigment ne leur donne aucun avantage lorsque leur planète est trop chaude ou trop froide pour leur permettre de pousser. Mais les pâquerettes noires peuvent s'épanouir dans le froid, et les blanches dans la chaleur. Les pâquerettes grises réussissent le mieux lorsque le climat est tempéré et qu'une régulation ne s'avère pas nécessaire. En d'autres termes, ces différentes espèces poussent lorsqu'elles et leur environnement sont mutuellement adaptés.

Il aurait suffi d'ajouter des pâquerettes grises pour répondre aux critiques, mais, puisque j'avais commencé, je me suis aperçu qu'il était presque aussi facile de faire un modèle intégrant un nombre quelconque d'espèces compris entre un et vingt. Et c'est ce que je fis, construisant le modèle de manière telle que, quel que soit le nombre d'espèces, la teinte des pâquerettes varie par degrés constants du sombre au clair. La figure 3.3 illustre l'évolution de la température, de la population des pâquerettes et d'autres propriétés d'une planète à vingt espèces de pâquerettes. Comme dans le modèle à trois espèces, il s'agit d'une planète dont l'étoile se réchauffe en vieillissant. La partie inférieure montre l'évolution de la température, la partie centrale l'évolution des populations des différentes espèces, et la partie supérieure la biomasse totale et la diversité de l'écosystème représenté dans le modèle. La diversité de l'écosystème est maximale lorsque les contraintes sont minimales. Lorsque le Soleil fournit exactement la chaleur requise pour la croissance des fleurs et qu'aucun effort n'est nécessaire pour réguler la température, c'est alors que peuvent coexister le plus grand nombre d'espèces. Lorsque le système est soumis à des contraintes, lorsqu'il vient de commencer d'évoluer ou qu'il est sur le point de mourir, il y a alors une diversité minimale et la population est presque entièrement composée des espèces les plus sombres ou les plus claires. Et, de fait, si une espèce est avantagée dans ces périodes critiques, c'est l'espèce la plus sombre ou la plus claire, et non la grise.

Mais ce modèle est bien plus qu'une réponse aux critiques de biologistes incrédules. Lorsque je l'ai construit, j'ignorais tout de l'écologie théorique, cette branche de la biologie mathématique qui s'intéresse aux interactions entre les espèces d'un

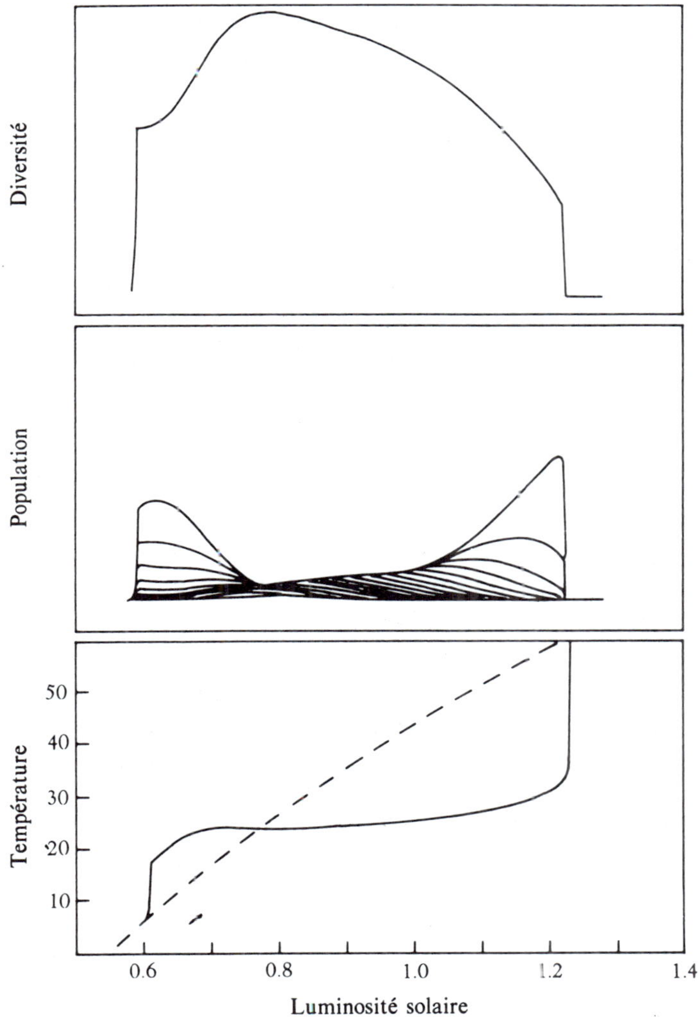

Fig. 3.3. Évolution du climat sur une Floréale à vingt espèces. La partie inférieure illustre la température planétaire – la courbe en pointillé en l'absence de vie, la courbe continue en présence des pâquerettes. La partie centrale montre les populations de vingt espèces de pâquerettes aux couleurs variées, dont les plus sombres apparaissent les premières (à gauche) et les plus claires les dernières (à droite). La partie supérieure illustre la diversité, qui est maximale lorsque la température du système est la plus proche de sa valeur optimale.

écosystème. Comme nous allons le voir, Floréale fournit une échappatoire à une science qui est restée pendant des années prisonnière de ses théories.

Dans les années vingt, les biologistes et mathématiciens Lotka et Volterra introduisirent leur célèbre modèle de la concurrence entre les lapins et les renards. Comme Floréale, c'était un modèle simple, mais il était différent dans la mesure où l'environnement était supposé neutre et infini. La croissance des populations de lapins ou de renards n'affectait pas l'environnement, et aucune modification de l'environnement ne pouvait affecter les populations de lapins et de renards. Les deux équations définissant ce monde peuvent s'exprimer ainsi : le nombre des renards augmente à mesure que le nombre des lapins augmente, mais le nombre des lapins diminue à mesure que le nombre des renards augmente. Dans cette relation, il y a un seul point de stabilité où les deux espèces coexistent dans un rapport constant. Mais une seule mauvaise saison qui élimine quelques lapins (en fait toute modification de la population autre que celles induites par le modèle lui-même) condamne ce monde bien simple à une fluctuation cyclique dont il ne pourra jamais ressortir pour retrouver un rapport stable entre les deux populations. Voyez comme cela peut se produire. Si une épidémie cause la mort soudaine d'un certain nombre de lapins, il en résultera qu'un certain nombre de renards vont mourir de faim. Les lapins se reproduisent rapidement, et bientôt leurs effectifs retrouvent le niveau d'avant l'épidémie et le dépassent. Mais maintenant, les renards commencent à se multiplier, et la croissance de la population des lapins se ralentit puis décline dès lors qu'un excès de renards se met à éclaircir leurs rangs. Bientôt, il y a trop peu de lapins pour nourrir les renards, les renards meurent, et le cycle recommence.

Ce monde modèle rend-il compte des fluctuations de population observées dans la nature? Oui. Les écologistes de terrain ont montré que des cycles de population se produisent dans des écosystèmes simples, mais lorsqu'on y regarde de plus près, il semble que les observations sur le terrain sont presque toujours choisies dans des systèmes malades ou créés par l'homme, où il y a un petit nombre d'espèces principales, et qui sont en interaction, et lorsqu'on ne considère que deux espèces (par exemple, les nuisibles qui s'attaquent à une monoculture, ou une maladie bactérienne affectant des plantes et des animaux). Dans ces exemples à deux espèces, les populations évoluent soit selon des cycles périodiques, soit d'une manière chaotique et imprévisible, et peuvent être modélisées avec succès par les successeurs mathématiques du célèbre modèle des renards et des lapins de Lotka et Volterra. Ce que ces modèles écologiques et la science de l'écologie théorique ont jusqu'ici été incapables d'expliquer, c'est la grande stabilité d'écosystèmes naturels complexes comme les forêts tropicales ou la berge touffue décrite par Darwin, « où volait le thym sauvage et poussaient la grande primevère et la violette penchée ».

Les écologistes ont tenté de pallier les insuffisances de leurs modèles simples en leur intégrant une hiérarchie structurée d'espèces désignées sous le nom de « réseau alimentaire ». Dans pareille hiérarchie, il y a une pyramide dominée par le prédateur suprême, le lion, par exemple, espèce qui a le plus petit nombre d'individus. Le nombre d'individus augmente à mesure qu'on descend d'un niveau « trophique » à un autre, jusqu'à la base de la pyramide où se trouvent les producteurs primaires les plus nombreux, les plantes, qui alimentent le système tout entier. Malgré des années d'efforts et de calculs sur ordinateur, les écologistes n'ont pas vraiment progressé vers la modélisation d'un écosystème naturel complexe comme la forêt pluviale tropicale ou l'écosystème tridimensionnel de l'océan. Aucun des modèles tirés de l'écologie théorique ne peut rendre compte en termes mathématiques de la stabilité manifeste de ces vastes systèmes naturels.

D'ailleurs, un éminent écologiste, Robert May, écrit dans le chapitre « Patterns in Multispecies Ecosystems » (Tendances des écosystèmes à plusieurs espèces) de son *Écologie théorique* :

> Lorsqu'on fait ce type d'études, une grande variété de modèles mathématiques suggèrent qu'à mesure qu'un système devient plus complexe, au sens où il contient plus d'espèces et que ses structures interdépendantes sont plus riches, il devient plus fragile du point de vue dynamique. (...) Ainsi, en tant que généralité mathématique, une complexité accrue entraîne-t-elle une fragilité plutôt qu'une robustesse dynamique.

May écrit encore :

> Cela ne veut pas dire que dans la nature les écosystèmes complexes doivent paraître moins stables que les systèmes simples. Un système complexe dans un environnement caractérisé par un faible niveau de fluctuations aléatoires et un système simple dans un environnement caractérisé par un niveau élevé de fluctuations aléatoires peuvent très bien avoir autant de chances l'un que l'autre de se perpétuer, chacun ayant la stabilité dynamique appropriée à son environnement. (...) Une conclusion générale importante est que des perturbations à grande échelle et sans précédent, imposées par l'homme, ont des chances d'être plus traumatisantes pour des écosystèmes complexes que pour des systèmes simples. Ce qui renverse l'idée naïve, même si elle est bien intentionnée, que « la complexité engendre la stabilité » et la morale qui l'accompagne, selon laquelle nous devrions préserver, voire même créer, des systèmes complexes pour servir de tampons contre les agressions humaines. Je soutiendrais que les écosystèmes naturels complexes actuellement attaqués dans les zones tropicale et subtropicale sont moins capables de résister à nos assauts que les systèmes relativement simples des zones tempérée et boréale.

Il y a dans cette mise en garde une reconnaissance de la stabilité des écosystèmes complexes dans le monde réel; mais on reste sur l'impression que la diversité est en règle générale un handicap et que la nature, en méprisant les mathématiques élégantes de l'écologie théorique, a en quelque sorte triché.

Manifestement, si j'avais eu connaissance de ces travaux, je n'aurais jamais tenté quelque chose d'aussi fou qu'un modèle à vingt espèces de pâquerettes. Heureusement pour moi, j'ai été formé par cette école scientifique qui croit en la lecture des livres après plutôt qu'avant l'expérience. Qu'est-ce donc qui confère aux modèles de Floréale leur grande stabilité et les libère des cycles et du chaos? La réponse est que sur Floréale les espèces ne peuvent jamais pousser d'une manière incontrôlée; si cela leur arrive, le milieu devient défavorable et leur multiplication est arrêtée. De même, tant que les pâquerettes vivent, le milieu physique ne peut évoluer vers des états défavorables; la multiplication consécutive des pâquerettes de la couleur appropriée l'en empêche. C'est l'étroitesse de l'appariement de ces relations contraignantes à la fois pour la croissance des pâquerettes et la température planétaire qui oblige le modèle à bien se comporter. On peut évoquer ici une métaphore tirée de notre propre expérience d'une famille et d'une société qui fonctionnent mieux avec des règles fermes, mais appliquées avec justice, qu'une liberté sans restrictions.

Curieux de voir si cette explication était correcte, j'élaborai une Floréale supplémentaire. Dans celle-là, les pâquerettes étaient broutées par des lapins, lapins qui à leur tour étaient mangés par des renards – soit une combinaison du modèle de Lotka et Volterra avec Floréale. Pour tester la stabilité de ce modèle plus complexe, je le soumis à des catastrophes périodiques; à quatre reprises pendant l'évolution du modèle, 30 % de la population de pâquerettes furent brutalement détruits par une épidémie et je laissai alors le système se reconstituer (voir la figure 3.4). Fait remarquable : ni l'addition d'herbivores ni l'introduction d'épidémies n'affectent sérieusement la capacité des pâquerettes à réguler le climat. Durant le cours normal de l'évolution, toutes les populations sont stables et se remettent promptement des perturbations causées par les épidémies. Finalement, le système ne peut plus faire face à la production énergétique sans cesse croissante du soleil et est mis en échec. Comme on pouvait peut-être s'y attendre, plus l'échec est proche, plus l'effet des perturbations est important.

La différence entre les conceptions géophysiologique et écologique réside dans l'interprétation de la perturbation. Les géophysiologistes considèrent la température, les précipitations, la fourniture des substances nutritives, etc., comme des variables susceptibles d'être éventuellement perturbées. Pour eux, le système gaïen a évolué avec son environnement physique et chimique, et est très capable de résister à des changements de ce type. Les forêts des régions tropicales humides sont normalement bien arrosées et ombragées par leur couverture nuageuse; durant leur existence, elles ne sont jamais soumises à une sécheresse prolongée comme dans une région désertique. Les écologistes théoriques, par contre, ignorent l'environnement physico-chimique;

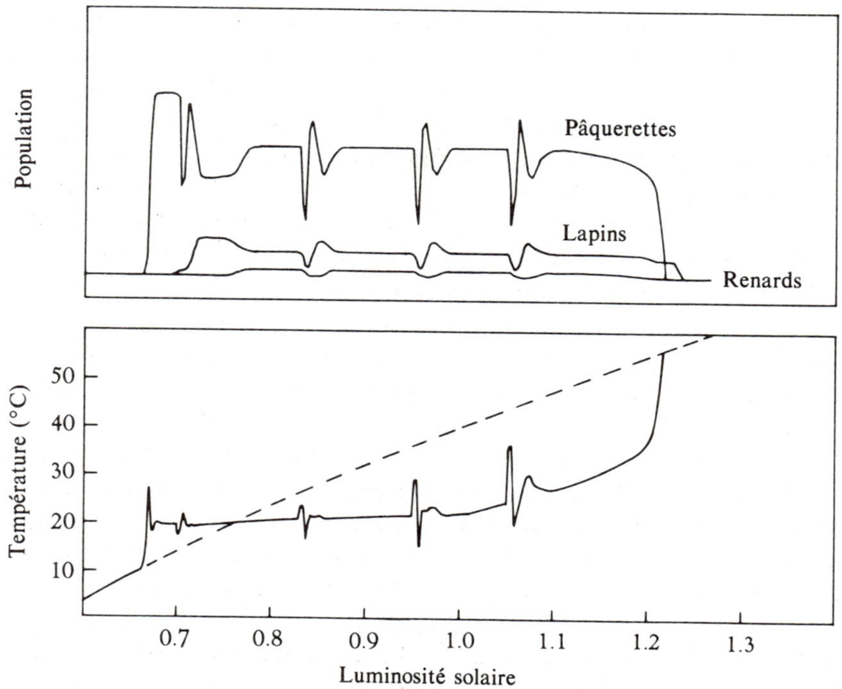

Fig. 3.4. Floréale avec des lapins et des renards, perturbée par quatre épidémies qui ont tué à chaque fois 30 % des pâquerettes.

pour eux, l'environnement signifie l'ensemble des espèces elles-mêmes et une « niche » écologique est une portion de territoire négociée entre espèces, un peu comme si on pouvait considérer l'environnement de la Suisse comme intégrant la population de l'Italie, de la France et de l'Allemagne. Vues sous cet angle, les perturbations sont la concurrence ou les guerres.

L'invasion d'une forêt tropicale par des humains armés de tronçonneuses qui voudraient la remplacer par un écosystème agricole est un acte traumatisant. C'est comme si on détruisait l'écosystème du modèle à vingt espèces et qu'on le remplace par une monoculture de pâquerettes sombres. Sur Floréale comme dans la forêt, pareil acte pourrait amener une mort prématurée par surchauffe, surtout s'il était perpétré dans une zone chaude ou à une époque de grande intensité solaire. Géophysiologistes et écologistes conviennent que les systèmes complexes ne pourraient pas facilement se remettre de semblables atteintes; nos opinions divergent sur la stabilité de la monoculture, ou celle de l'espèce unique de pâquerette. La géophysiologie dit que, parce que ces écosystèmes sont limités dans leurs capacités à interagir avec l'environnement physique, ils sont incapables de maintenir leur environnement lorsqu'ils sont exposés à une grande perturbation. Les régions tropicales humides ont conservé leurs forêts en dépit de modifications du climat de la Terre qui paraîtraient importantes en termes humains mais qui sont triviales à l'échelle planétaire. La présence d'une grande diversité d'espèces contribue à cette saine aptitude à résister aux changements climatiques.

Dans la plupart des exemples pris sur Floréale, le Soleil a été décrit comme une étoile dont la production énergétique croît régulièrement, perturbation extérieure dont l'intensité augmente sans relâche jusqu'à ce que la vie ne puisse plus continuer. Une autre façon d'illustrer la stabilité de Floréale est de permettre à la vie de se dérouler normalement sous une intensité constante du rayonnement solaire puis de perturber brusquement la planète par un changement de climat ou quelque catastrophe comme une épidémie ou l'impact d'un planétoïde. La figure 3.5 montre une Floréale à dix espèces de pâquerettes colorées dont l'existence stable est brutalement perturbée par une épidémie qui tue 60 % des fleurs, quelle que soit leur couleur. Dans la partie inférieure, la ligne pointillée représente la température planétaire en l'absence de pâquerettes; à 40°C, elle est à la limite supérieure de la vie. La ligne continue illustre l'évolution climatique en présence des pâquerettes avant, pendant et après la perturbation. La température se maintient aux alentours de 25°C, sauf tout au début de l'attaque par l'épidémie des populations de pâquerettes. Lorsque la perturbation se dissipe, le système retrouve rapidement son statu quo. La partie supérieure illustre la variation de la répartition des espèces avant, pendant et après la catastrophe.

Avec cette perturbation, le système répugne à s'éloigner de l'état confortable qui existait avant le changement. L'effet le plus marqué de la perturbation est dans la répartition des différentes espèces de pâquerettes. La réponse rapide de Floréale au changement exige une rétroaction positive et implique la

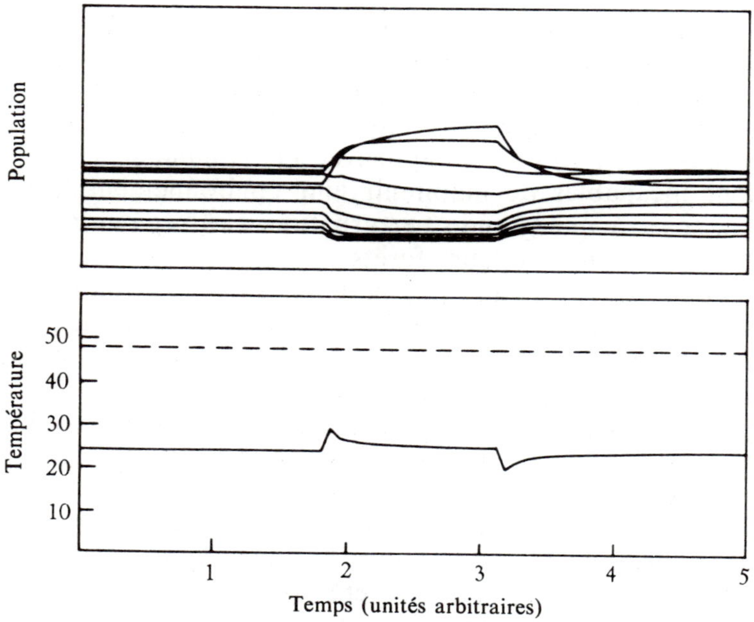

Fig. 3.5. Effets sur le climat d'une épidémie qui tue 60 % des pâquerettes sur Floréale avec une luminosité solaire constante. On remarquera que l'homéostase est restaurée à la fois dans la population et la température pendant et après la perturbation.

multiplication explosive des espèces dont l'interaction avec le climat est la plus favorable. Ce modèle comporte dix espèces de pâquerettes dans une gamme fixe, uniformément répartie, de teintes qui vont du foncé au clair. Un prolongement manifeste de la recherche serait de faire intervenir des mutations et la possibilité de modifications évolutives chez les espèces. Le changement abrupt de la répartition des espèces au début de l'événement perturbateur puis à son terme indique l'intensité de la pression sélective à ces moments-là. Cette expérience s'accorde beaucoup avec les observations de Stephen Jay Gould et Niles Eldredge sur l'évolution ponctuée. Au lieu d'un changement progressif et régulier, comme dans la conception darwinienne conventionnelle, il y a des périodes d'évolution abrupte et rapide : des ponctuations. La théorie Gaïa s'attendrait à ce que l'évolution de l'environnement physico-chimique et celle des espèces aillent toujours de pair. Il y aurait de longues périodes d'homéostase avec peu de changement du milieu ou de la spéciation, interrompues par de brusques changements de l'un et de l'autre. Ces ponctuations pourraient être provoquées de l'intérieur par suite de l'évolution de quelque espèce puissante, comme les humains, dont la présence modifie l'environnement, soit de l'extérieur, comme par exemple après l'impact d'un planétoïde.

Les expériences de perturbation et les expériences de changement progressif pourraient être combinées, comme dans la figure 3.6. Ici notre planète à dix espèces de pâquerettes évolue comme avant, mais il y a maintenant une épidémie récurrente qui affecte également les fleurs de toutes couleurs. L'épidémie touche 10 % des pâquerettes, qu'on laisse ensuite récupérer pour

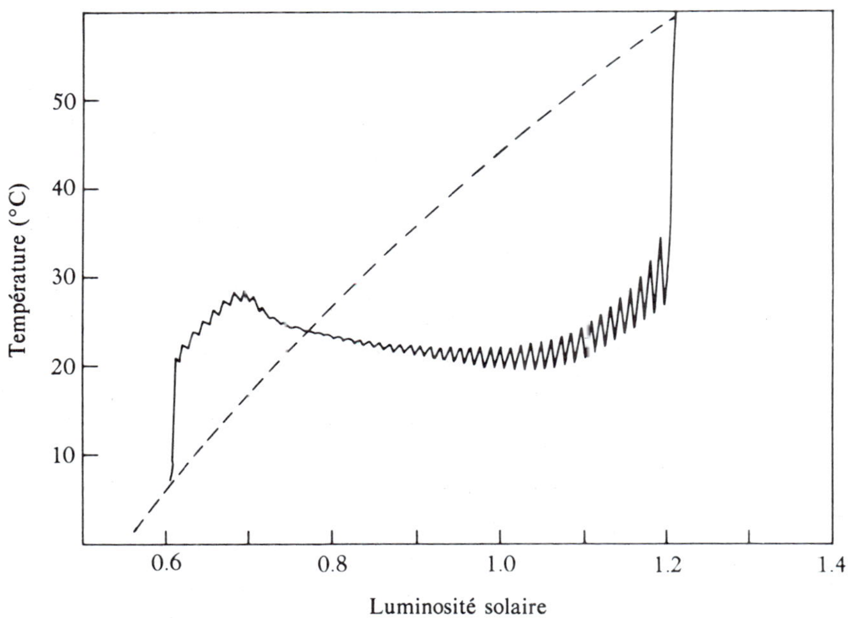

Fig. 3.6. Effets d'une épidémie périodique d'intensité constante sur la capacité des pâquerettes à contrôler le climat. On notera que la perturbation due à l'épidémie s'amplifie aux moments de contrainte maximale près du début et de la fin de la vie des pâquerettes. L'amplitude croissante des oscillations dans la dernière partie de la courbe rappelle l'évolution de la série actuelle de périodes glaciaires et interglaciaires.

être victimes d'une nouvelle forme du virus. Et le cycle continue ainsi tout au long de l'évolution du modèle. Cette expérience illustre d'une manière spectaculaire comment la stabilité, mesurée par l'aptitude à réguler le climat, est corrélée avec la diversité. Les fluctuations de température sont maximales à la naissance et juste avant la mort de Floréale lorsque le nombre d'espèces est minimal. Dans la fleur de son âge, Floréale résiste presque totalement aux effets des perturbations.

Nous reviendrons sur cette expérience au chapitre 6, en liaison avec la régulation actuelle de la température par le biote au travers de son aptitude à affecter la concentration de gaz carbonique dans l'air. Ce système particulier de contrôle climatique approche de la fin de son fonctionnement normal, et on peut soutenir que l'oscillation climatique récente entre ères glaciaires et ères interglaciaires est comparable à la fin de Floréale représentée sur la figure 3.6. Les perturbations relativement mineures du mouvement de toupie de la Terre sur son orbite qui causent de petites variations de la quantité de chaleur reçue du Soleil sont amplifiées par l'instabilité d'un système moribond. Ces arguments ne s'appliquent pas nécessairement aux glaciations des époques plus reculées, qui sont susceptibles d'avoir eu d'autres causes.

Les modèles de Floréale que je viens de décrire sont complets, mais sont décrits dans la langue de tous les jours. De nombreux scientifiques ne se satisfont pas de pareille expression d'une théorie et préfèrent la « rigueur » de l'expression mathématique formelle. C'est pour eux que l'essence du modèle Floréale est exprimée dans le graphique succinct de la figure 3.7 conçu par mon collègue et ami James Watson. Ce modèle est basé sur une Floréale où seules sont présentes des pâquerettes blanches. Comme elles sont plus claires que le sol sur lequel elles poussent, elles ont tendance à élever l'albédo de leur localité, qui par conséquent est plus froide qu'une surface comparable de sol nu. Là où les pâquerettes recouvrent une portion substantielle de la surface planétaire, elles influenceront la température moyenne de cette surface. La relation entre la surface couverte par les pâquerettes blanches et la température de surface moyenne de la planète est donnée par la courbe *A*. La ligne pointillée parallèle (*A1*) montre comment la relation pourrait être infléchie en cas

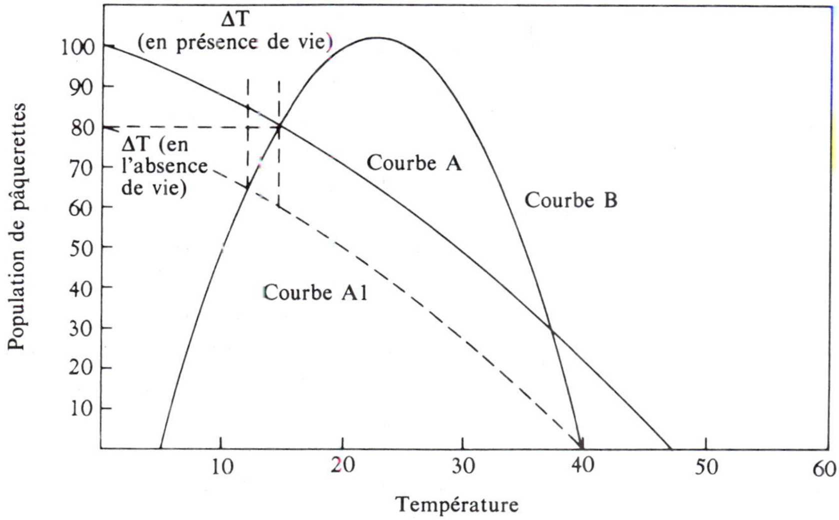

Fig. 3.7 Régulation climatique par les pâquerettes blanches. La courbe parabolique *(B)* décrit la réaction des pâquerettes à l'augmentation de la température, les courbes *A* et *A1* décrivent la réaction de la température planétaire à la surface couverte par les fleurs. La courbe *A1* correspond à une production de chaleur solaire moindre. En l'absence de pâquerettes, le changement de la température planétaire (ΔT) serait de presque 15°C alors qu'il n'est que de 3°C environ en leur présence.

de modification d'une variable extérieure influençant la température planétaire – par exemple, au cas où l'étoile qui réchauffe Floréale réduirait son rayonnement calorifique.

Comme chez la plupart des plantes, la croissance maximale des pâquerettes se fait dans une gamme limitée de températures. Elle passe par un maximum aux alentours de 20°C et tombe à zéro en dessous de 5°C et au-dessus de 40°C. La relation entre la température planétaire de surface et la population en état stable des pâquerettes sera comme dans la courbe *B*, courbe en forme de casque. Les courbes *A* et *B* décrivent le rapport entre la température planétaire et la population de Floréale à l'état stable; et l'état stable du système tout entier est déterminé par le point d'intersection de ces deux courbes. Dans notre exemple, on voit qu'il y a deux solutions possibles pour l'état stable. Il se trouve que la solution stable est à l'intersection où l'évolution de la population et celle de la température se font dans des directions opposées. En termes mathématiques, là où les dérivées des deux courbes sont de signe opposé. L'autre intersection ne donne pas de solution stable. Si l'on fait démarrer Floréale à une température arbitraire mais tolérable, elle montera jusqu'au point d'intersection supérieur et s'y maintiendra.

Qu'arrive-t-il à cet état stable lorsqu'il y a un changement quelconque dans l'environnement extérieur? Supposons par exemple que l'étoile se réchauffe comme notre Soleil. Si on maintenait artificiellement constante la population de pâquerettes, la température planétaire suivrait simplement l'évolution de la production thermique de l'étoile; le changement de température serait beaucoup plus important que si on laissait les pâquerettes pousser et retrouver un nouvel état stable naturel, où elles s'opposeraient aux effets d'un changement dans la production énergétique de l'étoile.

Ce modèle implique très peu de présuppositions. Il n'est pas nécessaire d'invoquer chez les pâquerettes des dons de prévision ou de planification. On suppose simplement que la multiplication des pâquerettes peut affecter la température de la planète, et vice versa. On remarquera que le mécanisme fonctionne aussi bien, quelle que soit la direction des effets. Des pâquerettes noires auraient tout aussi bien fait l'affaire. Tout ce qu'on demande, c'est qu'en présence des pâquerettes l'albédo soit différent de celui du sol nu. La présupposition que la croissance des pâquerettes a lieu à l'intérieur d'une étroite gamme de températures est cruciale pour le bon fonctionnement du modèle, mais l'observation montre que tous les êtres vivants ordinaires survivent à l'intérieur de ces mêmes limites étroites. La courbe de croissance (*B*) est commune à d'autres variables que la température, par exemple le pH (il peut être trop acide ou trop alcalin : la neutralité est préférable). Des restrictions comparables s'appliquent à la plupart des éléments nutritifs; un excès empoisonne, une carence fait mourir de faim.

Le choix d'une relation parabolique pour la croissance des pâquerettes en fonction de la température est arbitraire, et certains ont suggéré que dans la réalité cette relation prend des formes différentes, ou plus complexes. Pour tester cette objection, le modèle Floréale fut essayé avec différentes relations entre croissance et température. Toutes conservaient les limites de 5 et 40°C, mais leur forme allait du rectangle (croissance constante à toutes les températures) au triangle (accroissement linéaire jusqu'à un maximum, puis décroissance linéaire). Des relations semi-circulaires et rhombiques furent également essayées. La seule limitation observée fut que les modèles devenaient instables lorsqu'une section horizontale était présente. Revenons à la figure 3.7 et imaginons que la courbe en casque est remplacée par une courbe de type chapeau haut de forme. La section horizontale, le dessus du chapeau, impliquerait une croissance constante à toute température comprise entre 5 et 40°C; par conséquent il ne pourrait y avoir aucune régulation de température. Pareils modèles ressemblent beaucoup aux modèles concurrentiels simples de la biologie des populations, où l'environnement est ignoré et qui sont notoirement instables. Tant que la vitesse de croissance des pâquerettes varie avec la température jusqu'à un maximum avant de retomber, même la courbe émoussée du haut d'un demi-cercle fournit un modèle fonctionnel.

Dans la nature, la forme de la relation qui associe la croissance à une variable environnementale quelconque vient fréquemment de la combinaison d'une poussée logarithmique dépassée par une chute logarithmique. Aux chapitres 5 et 6, cette relation fait partie du modèle de la régulation de l'oxygène atmosphérique. À mesure que l'oxygène devient plus abondant, les consommateurs se multiplient, mais un excès d'oxygène est toxique. L'excès ou l'insuffisance d'oxygène sont également nocifs; il existe une suffisance désirable.

Floréale diffère profondément des tentatives antérieures pour modéliser les espèces ou la Terre. C'est un modèle qui se rapproche de ceux de la théorie du contrôle, plus connue sous l'appellation de cybernétique. Pareils modèles concernent les systèmes autorégulés; ingénieurs et physiologistes s'en servent pour concevoir des pilotes automatiques en aviation, ou pour comprendre la régulation de la respiration des animaux, et ils savent que les éléments du système doivent être étroitement accouplés pour qu'il puisse fonctionner. Dans leur jargon, Floréale est un modèle à boucle fermée. Les dispositifs qui ne sont pas autorégulés sont souvent instables. Les ingénieurs parlent à leur propos de « boucle ouverte »; les boucles sont les liaisons rétroactives entre les éléments du système. Floréale n'est pas, dans sa forme, identique à un dispositif créé par un ingénieur; une différence capitale est l'absence, sur Floréale, et peut-être aussi sur Gaïa, de « points fixes ». Dans les systèmes industriels, l'utilisateur fixe la température, la vitesse, la pression ou toute autre variable. La valeur choisie est le point fixe, et le but du système est de conserver cette valeur, quels que soient les changements du milieu extérieur. Floréale n'a pas de but clairement établi qu'on pourrait comparer à un point fixe; elle se contente de s'installer, comme un chat, dans une position confortable, et de résister aux tentatives faites pour l'en déloger.

À cause du tribalisme qui isole les membres des disciplines scientifiques, les biologistes qui ont fait des modèles de la croissance concurrentielle des espèces ont décidé d'ignorer l'environnement physique et chimique. Les géochimistes qui ont fait des modèles des cycles des éléments et les géophysiciens qui ont modélisé le climat ont choisi d'ignorer les interactions dynamiques des espèces. Il en résulte que leurs modèles, quelque détaillés qu'ils puissent être, sont incomplets. C'est comme si, dans la figure 3.7, la biologie de la relation entre la population de pâquerettes et la température était considérée sans référence à la géophysique complémentaire de la relation entre la température et la population de pâquerettes. Un ingénieur ou un physiologiste reconnaîtrait instantanément qu'une pareille approche est du type « à boucle ouverte », et par conséquent de peu de valeur, sauf comme exemple d'un état extrême ou pathologique. Il y a aussi quelque chose de pathologique dans l'arrogance des savants qui se vantent de leur savoir particulier et du peu de considération qu'ils ont pour celui des autres disciplines scientifiques. Il y a soixante ans, Alfred Lotka, ce biologiste théorique américain avisé, aux idées généreuses, décrivit le modèle de la concurrence entre renards et lapins dans ses *Eléments de biologie physique*. Il n'a depuis cessé d'inspirer d'innombrables chercheurs en biologie des populations, et pourtant aucun n'a pu tenir compte de son avertissement en page 16 :

> Le fait mérite qu'on y insiste. Il est coutumier de débattre de « l'évolution d'une espèce d'organismes ». Au fur et à

> mesure de notre progression, nous verrons de nombreuses raisons d'avoir constamment à l'esprit l'évolution, prise globalement, du système (organisme plus environnement). Il peut à première vue sembler que cela puisse se révéler un problème plus compliqué que si l'on ne considérait qu'une partie du système. Mais il deviendra apparent, plus nous avancerons, que les lois physiques qui gouvernent l'évolution prennent selon toute probabilité une forme plus simple lorsqu'elles se rapportent au système tout entier qu'à l'une de ses quelconques parties.

Durant les trois générations qui suivirent, les écologistes théoriques ont modélisé l'évolution des écosystèmes tout en ignorant l'environnement physique; et trois générations de biogéochimistes ont modélisé les cycles des éléments sans jamais y introduire les organismes comme éléments d'un système dynamique et réactionnel. À l'époque d'Alfred Lotka, la résolution des systèmes d'équations non linéaires, même pour un modèle simple comme Floréale, était une tâche intimidante. Avec la disponibilité actuelle des ordinateurs, on n'a plus besoin de continuer à se servir de modèles bridés par les limites étroites d'une discipline scientifique unique.

L'intuition de Lotka – que la modélisation serait plus simple pour le système tout entier que pour une quelconque de ses parties – est amplement confirmée par les mathématiques modernes. Les équations qui décrivent les modèles de systèmes en écologie théorique et en biogéochimie sont réputées pour leur comportement chaotique, à un point tel qu'elles semblent maintenant avoir plus d'intérêt comme jeux mathématiques ou formes nouvelles d'illustration graphique. Les mathématiques des phénomènes naturels, lorsqu'on les enferme dans les limites d'une seule discipline, peuvent devenir si complexes qu'on découvre un nouvel univers d'abstractions pittoresques chaque fois qu'on descend d'un niveau dans l'investigation. Rien d'étonnant alors que les praticiens de ces différentes disciplines imaginent que dans ces univers imaginaires ils entrevoient le monde réel, alors qu'en réalité ils sont perdus dans les dimensions fractales d'un ensemble de Mandelbrot, illimité à tous les niveaux, de moins l'infini à plus l'infini. Cette illusion est encouragée par les mathématiciens professionnels qui trouvent des ressemblances entre leurs théories mathématiques et les pathologies du monde réel, et par ces nombreux spécialistes des mathématiques modernes pour qui la contemplation des démons de l'hyperespace – les « attracteurs étranges » du chaos – est beaucoup plus séduisante que la platitude du bon vieux monde naturel.

Floréale fournit une explication plausible du fonctionnement de Gaïa et indique pourquoi la régulation planétaire n'exige pas de facultés de prévision ou de planification. Mais de quelles preuves pratiques disposons-nous? Quelles prédictions de la théorie Gaïa ont été confirmées? Est-il possible de la tester? Le premier test a été la mission Viking envoyée vers Mars. L'expédition a confirmé la prédiction, basée sur des analyses atmosphériques faites par des observations astronomiques dans l'infrarouge, que Mars était sans vie. Michael Whitfield, Andrew Watson et moi-même avons prédit que la régulation à long terme du gaz carbonique et du climat se fait par le contrôle biologique de l'érosion des roches. Ces expériences et d'autres sont décrites dans les trois chapitres qui suivent. Peu importe que la théorie Gaïa soit juste ou fausse; elle fournit déjà une vision inédite et plus constructive de la Terre et des autres planètes. La théorie Gaïa suscite une conception de la Terre dans laquelle :

1. La vie est un phénomène à l'échelle planétaire. À cette échelle, elle est presque immortelle et n'a pas besoin de se reproduire.

2. Il ne peut y avoir occupation partielle d'une planète par des organismes vivants. Elle serait aussi éphémère qu'une moitié d'animal. La présence d'un nombre suffisant d'organismes vivants sur une planète est indispensable à la régulation de l'environnement. Là où il y a occupation incomplète, les forces inéluctables de l'évolution physique et chimique la rendraient vite inhabitable.

3. Notre interprétation de la grande vision de Darwin est modifiée. Gaïa attire l'attention sur la faillibilité du concept d'adaptation. Il ne suffit plus de dire que « des organismes mieux adaptés que d'autres ont plus de chances d'avoir une descen-

dance ». Il est nécessaire d'ajouter que la croissance d'un organisme affecte son environnement physique et chimique; l'évolution de l'espèce et l'évolution des roches sont donc étroitement associées pour ne former qu'un seul processus indivisible.

4. L'écologie théorique prend une nouvelle ampleur. En prenant ensemble les espèces et leur environnement physique dans un système unique, nous pouvons, pour la première fois, construire des modèles écologiques qui sont mathématiquement stables et qui pourtant comportent un grand nombre d'espèces concurrentes. Dans ces modèles, une diversité d'espèces accrue conduit à une meilleure régulation.

Nous avons enfin justifié notre colère instinctive devant la destruction irréfléchie des espèces; une réponse à ceux qui disent qu'il n'y a là qu'une simple sentimentalité. Nous n'avons plus à justifier la préservation de la riche variété d'espèces des écosystèmes naturels, comme ceux de la forêt tropicale humide, sous le mince prétexte humaniste qu'ils pourraient comporter des plantes contenant des substances utiles en médecine. La théorie Gaïa nous oblige à nous demander s'ils ont beaucoup plus à offrir. Par leur capacité à faire évaporer de grands volumes d'eau au travers de la surface de leurs feuilles, les arbres contribuent à maintenir au frais les écosystèmes de la zone tropicale humide et la planète elle-même en fournissant un parasol de nuages blancs réfléchissants. Leur remplacement par des cultures pourrait précipiter un désastre régional dont les conséquences seraient à l'échelle du globe.

4

L'Archéen

Au commencement il n'y avait rien, pas même l'espace ni le temps.

John GRIBBIN, Genesis.

La vie a commencé il y a longtemps. La date de cet événement n'est pas connue, mais c'était au moins trois milliards six cents millions d'années avant notre naissance. Des chiffres aussi grands sont peu esthétiques et paralysent l'imagination. Une échelle différente pour l'évaluation du temps serait nécessaire pour remonter à ces bactéries, nos ultimes grands-parents. En science, la manière habituelle de domestiquer des chiffres scandaleux est de les exprimer en puissances de dix. Chaque degré est dix fois plus grand ou plus petit que le précédent. Dans *La Durée : un atlas de la quatrième dimension*, Nigel Calder illustre ainsi l'histoire de la Terre. Il nous rappelle la faculté qu'a cette temporalité logarithmique de nous empêcher de reconnaître depuis combien de temps la vie occupe la Terre; il ne sert à rien de dire que la vie a commencé il y a $3,6 \times 10^9$ années. Sur une échelle de mesure linéaire, l'origine de la vie est environ mille fois plus lointaine que l'origine des humains. Dans le présent ouvrage je me servirai de milliards d'années. La vie a commencé il y a au moins 3,6 milliards d'années, durant la période que les géologues appellent l'Archéen, période qui va de la formation de la Terre il y a 4,5 milliards d'années à 2,5 milliards d'années – lorsque l'oxygène a pour la première fois dominé la chimie de l'atmosphère.

Gaïa est aussi vieille que la vie; et, de fait, si le *Big Bang* par lequel l'univers a commencé date de 15 milliards d'années, Gaïa a déjà vécu un quart de la vie du temps lui-même. Elle est tellement vieille que sa naissance a eu lieu dans ces parages du temps où l'ignorance est un océan et où le territoire de la connaissance se limite à quelques petites îles, dont la possession donne une impression illusoire de certitude. Dans ce chapitre, je vous invite à me rejoindre dans mes spéculations sur la petite enfance de Gaïa et les problèmes qu'elle a affrontés lorsqu'elle a reçu la Terre en héritage. Quand nous regardons la période archéenne à la lumière de la théorie Gaïa, nous voyons une planète radicalement différente de celle décrite par la sagesse conventionnelle de la science actuelle. C'est une planète où la vie ne se contente pas de s'adapter à la Terre sur laquelle elle se trouve, mais qui adapte aussi la Terre pour y élire domicile.

Le meilleur moyen d'illustrer la puissante présence de Gaïa est d'envisager ce que serait la Terre en l'absence de vie. On avancera que la Terre actuelle pourrait être une planète aride comme Mars ou Vénus si la vie n'était pas apparue à sa surface. Nous ne pouvons faire pareille comparaison pour l'Archéen parce que nous savons trop peu de choses sur la Terre telle qu'elle était alors. Par conséquent, ce que nous devons faire, c'est d'essayer de deviner au mieux ce qu'était l'état de la Terre avant la vie, puis d'envisager les changements qu'il y aurait eus lorsque la vie a pris les choses en main. En nous demandant comment la Terre était avant l'apparition de la vie, nous installons en quelque sorte une toile de fond neutre devant laquelle les changements dus à la vie apparaîtront dans toute leur richesse multicolore.

L'ennui, c'est que cette toile de fond est tellement vieille qu'elle est pratiquement réduite en poussière. Regarder vers le passé équivaut à se servir d'un télescope pour observer les limites de l'univers. On y voit des objets faiblement lumineux. Les astronomes ont démontré que ces objets sont tellement éloignés que la lumière que nous voyons actuellement a commencé son voyage vers la Terre il y 3,8 milliards d'années. Ce qui se rapproche de l'époque où, d'après les géologues, les premières cellules bactériennes sont apparues. Ils ont probablement raison, mais la seule certitude qui nous reste concernant ces lieux et ces époques reculés vient du fameux second principe de la thermodynamique, lequel déclare énigmatiquement qu'il est impossible de connaître le commencement et la fin de l'univers. À mesure qu'augmente l'éloignement temporel et spatial, le beau visage jadis intact du savoir se creuse de cratères d'ignorance, jusqu'au moment où ses traits finissent par être méconnaissables.

La théorie de l'information nous enseigne qu'en présence d'une quantité de bruit constante, la puissance requise pour faire traverser à un signal le gouffre de l'espace et du temps croît d'une manière exponentielle avec la distance à parcourir. Plus simplement, lorsque le temps ou la distance augmente, il faut beaucoup plus de puissance pour transmettre le même message. Les événements qui se sont produits sur Terre il y a seulement 5 000 ans sont loin d'être connus avec certitude. Essayez donc d'imaginer la puissance qu'il faudrait à un signal pour transmettre des informations sur le commencement de l'univers il y a 15 milliards d'années. C'est peut-être pourquoi la théorie du *Big Bang* qui fait commencer l'univers par l'explosion d'une particule initiale est inévitable. Rien de moins que l'explosion de l'univers lui-même pourrait envoyer un signal si éloigné dans le temps. Actuellement, il n'en reste plus que le faible bruit de fond du rayonnement cosmique à micro-ondes. Et aucune autre théorie de l'origine de l'univers n'a reçu de preuves.

Il y a un moyen astucieux de recueillir des informations sur des événements aussi anciens que l'apparition de la vie et qui échappe à la tendance par ailleurs universelle qu'ont les messages à vieillir et mourir. Il découle de la propriété quasi miraculeuse qu'a la matière vivante de surmonter la tendance atténuatrice du temps. Gaïa ne s'est pas contentée de rester en vie depuis le début; elle a aussi fourni un canal dépourvu de bruit pour des messages chimiques remontant à ces époques reculées.

Si vous montez au sommet d'une colline pour crier, votre voix ne portera pas à plus d'un kilomètre et demi. En utilisant un système d'amplification, vous pourriez peut-être faire entendre votre message à huit kilomètres. Et même si vous faisiez exploser une bombe H, vous ne seriez pas compris à plus de quelques centaines de kilomètres à la ronde. L'autre solution est de dire votre texte à un ami qui se chargera de faire passer le message de bouche à oreille. Par ce moyen, le message pourrait sans problème faire le tour du monde. De même, les organismes vivants transmettent les programmes inscrits dans leurs cellules d'une génération à l'autre. On a toutes les raisons de croire que nous avons toute une chimie en commun avec les bactéries primitives, et les restrictions naturelles portant sur l'existence de ces bactéries primitives nous indiquent ce qu'était l'environnement de la Terre à ses débuts. En transmettant des messages codés dans le matériau génétique des cellules vivantes, la vie agit comme un relais, et chaque génération restaure et renouvelle le message spécifiant les caractéristiques chimiques de la Terre des premiers âges. Ce canal d'information est très supérieur aux archives des roches. Il est précis, mais il est malheureusement inexact à la manière d'un message transmis de bouche à oreille qui est précis et doué de sens, mais qui se déforme inévitablement. C'est ainsi que le message « Mieux vaut tard que jamais » peut devenir « Vieux motard que j'aimais ». Il y a du vrai derrière cette plaisanterie de collégien. Si nous désirons connaître les origines de la vie à partir de l'information génétique, nous devons nous préparer à reconstituer la vérité à partir d'erreurs de ce genre.

En revanche, la plus grande part de l'information géologique concernant la Terre primitive est issue d'une autre explosion originelle. Il fallait qu'elle soit assez importante pour transmettre un signal aussi loin. C'était l'explosion d'une bombe de la taille d'une étoile, une supernova. Nous autres originaux, qui utilisons la combustion comme source d'énergie, avons tendance à oublier que nous habitons un univers où règne l'énergie nucléaire. Les centrales (les étoiles) fonctionnent durant des milliards d'années avec une fiabilité extrême. Mais tout comme les systèmes les plus sûrs que nous concevons ne sont pas à l'abri d'un accident occasionnel, il arrive que certaines sortes d'étoiles explosent. Heureusement pour nous, c'est arrivé à l'une d'entre elles et c'est elle qui nous a donné l'élan nécessaire pour démarrer. Heureusement encore, notre Soleil n'est pas du genre explosif : il n'est ni assez gros ni assez vieux.

Comment pouvons-nous être si sûrs que l'origine de la Terre est liée à l'explosion d'une supernova? Nous en sommes sûrs parce que, même aujourd'hui, la Terre est radioactive, et aussi parce que la Terre est faite d'éléments comme le fer, le silicium et l'oxygène qui ne peuvent être fabriqués lors des processus normaux de l'évolution stellaire. Chez le Soleil et les étoiles similaires, l'hydrogène subit une fusion et devient de l'hélium, réaction qui libère le gigantesque flux thermique qui nous réchauffe alors même que nous sommes à 160 millions de kilomètres du Soleil. Mais aucun processus ordinaire de fusion ne peut fabriquer des éléments comme le fer ni des éléments plus lourds, comme l'uranium. Il faut de l'énergie pour les fabriquer. Faire fonctionner une étoile en produisant de l'uranium par fusion du fer revient à essayer d'alimenter une chaudière en y brûlant de la glace. Nous ne pouvons ici examiner en détail la synthèse des éléments dans les étoiles en cours d'explosion, nous nous contenterons de dire que dans un certain type d'explosion la partie essentielle du processus est l'effondrement gravitationnel de l'étoile. Le cœur de l'astre soutient la fantastique pression de toute la masse de l'étoile qui essaye de tomber vers l'intérieur. Pendant la vie active de l'étoile, la chaleur générée par les réactions nucléaires en son centre engendre une pression juste suffisante pour contrebalancer la force centripète de la pesanteur. Exactement comme une fusée spatiale au moment de son décollage : le poids du véhicule est soutenu par la poussée des tuyères. Mais les couches externes de l'étoile ne peuvent échapper à l'attraction gravitationnelle et elles s'effondrent lorsque l'astre est à court de combustible. C'est alors que sont synthétisés les éléments lourds. Une certaine proportion d'entre eux est violemment éjectée tandis qu'explosent les couches externes et encore intactes de l'étoile.

Nous ne savons toujours pas comment le Système solaire et la Terre se sont créés à la suite de l'explosion de cette supernova; ni comment ses débris radioactifs sont devenus une part si importante de notre planète. Mais la radioactivité est une horloge d'une prodigieuse précision, et elle a décompté régulièrement le temps écoulé depuis cette explosion il y a 4,55 milliards d'années. Nous sommes tellement habitués à envisager la radioactivité comme un phénomène artificiel qu'il nous est facile d'ignorer le fait que nous sommes nous-mêmes naturellement radioactifs. Toutes les minutes, en chacun de nous, quelques millions d'atomes de potassium se désintègrent. L'énergie qui met en branle ces minuscules événements atomiques est enfermée dans les atomes de potassium depuis cette lointaine explosion stellaire originelle. L'élément potassium est radioactif, mais il est aussi indispensable à la vie. S'il était supprimé et remplacé par le sodium, qui lui est très similaire, nous mourrions sur-le-champ. Le potassium, comme l'uranium, le thorium et le radium, est un déchet nucléaire radioactif à longue vie de la bombe supernova. Lorsque les atomes de potassium se désintègrent, ils se transmutent pour former des atomes de calcium et d'argon, l'un des gaz nobles. C'est ainsi qu'au cours de l'histoire de la Terre le potassium a été la principale source du 1 % d'argon qui entre dans la composition de l'atmosphère. Les éléments radioactifs uranium et thorium sont présents dans les roches à raison de plusieurs parties par million. Leur vitesse de désintégration est si lente que l'essentiel des quantités présentes à l'origine subsiste, sauf pour l'isotope U^{235} de l'uranium, dont la quasi-totalité s'est désintégrée. C'est la chaleur engendrée par la désintégration de ces éléments radioactifs qui conserve à la Terre sa haute température interne et qui suscite les mouvements de la croûte.

Les données géologiques suggèrent que la vie a commencé entre 600 millions et 1 milliard d'années après que la Terre fut devenue un corps planétaire digne de ce nom. La preuve en est la variation de la répartition des atomes de l'élément stable carbone; les atomes de carbone existent sur Terre sous trois formes : la forme commune a une masse atomique de 12, mais il y a une certaine quantité d'atomes de masse atomique 13 et une proportion infime de carbone radioactif de masse atomique 14. Ces atomes de masse atomique différente sont appelés isotopes. La proportion des isotopes 12 et 13 dans le carbone des roches constituées en l'absence de la vie est sensiblement différente de la proportion des carbones trouvés dans les roches qui furent jadis de la matière vivante; la raison en est que la chimie de la matière vivante opère une ségrégation des isotopes. En mesurant la composition isotopique des roches primitives, il est possible de distinguer celles qui ont été créées lorsque la vie était présente de celles qui se sont formées avant l'arrivée de la vie. Les roches d'avant la vie les plus incontestables dont nous disposons ne viennent pas de la Terre, mais de la Lune ou des météorites. Leur âge peut atteindre 4,55 milliards d'années. Par leur répartition isotopique, ces roches de matière morte se distinguent facilement de celles déposées sur Terre il y a 3,6 milliards d'années. Les plus vieilles roches sédimentaires qu'on ait trouvées jusqu'ici ont 3,8 milliards d'années et proviennent d'un endroit appelé Isua au Groenland. Je me souviens d'une conférence en 1973 où le géochimiste allemand Manfred Schidlowski avait décrit ces roches primitives et spéculé que les atomes de carbone présents à l'intérieur au moment de leur formation montreraient une distribution isotopique suggérant la présence de la vie.

La période d'avant la vie n'a pas laissé de roches qui auraient pu nous permettre de reconstituer les détails de l'environnement dans lequel elles se sont formées : quatre milliards d'années au bas mot d'érosion par les intempéries et d'autres agents en ont effacé toute trace. Il est vraisemblable que ce fut une période d'une violence inimaginable, au cours de laquelle de petites planètes, vestiges de la condensation du Système solaire, continuaient de s'écraser sur la Terre. (L'impact d'un planétoïde d'une dizaine de kilomètres seulement de diamètre peut laisser un cratère de 300 kilomètres de diamètre, et projeter des roches en fusion et des gaz loin dans l'espace.) La Terre en est restée aussi criblée de cratères que la Lune. Cette période a été à juste titre nommée l'Hadéen.

On ne peut que faire des hypothèses sur les conditions physico-chimiques de la période précédant immédiatement l'apparition de la vie, et il sera intéressant d'observer la floraison des spéculations concernant l'histoire prodigieuse et turbulente de la Terre à ses débuts. Cependant, on voit bien qu'il n'est pas facile de tisser la toile de fond neutre évoquée plus haut. Aussi devrons-nous tirer le meilleur parti de l'information disponible, en commençant par l'atmosphère.

L'atmosphère est le visage de la planète, visage qui indique, tout comme chez les humains, son état de santé, et peut même dire si elle est morte ou vivante. Comme nous l'avons vu au chapitre 1, la vie planétaire est obligée d'utiliser tous les milieux mobiles disponibles – l'air ou les océans, en l'occurrence – comme vecteurs de matières premières et comme éliminateurs de déchets. Pareille utilisation de ces milieux fluides conduit à des changements profonds de leur composition chimique et à leur abandon de l'état stable en quasi-équilibre caractéristique d'une planète morte. Dian Hitchcock et moi-même avons utilisé l'absence de tels changements dans l'atmosphère de Mars et de Vénus comme preuve de l'absence de vie bien avant que les sondes *Viking* et *Venera* partent à sa recherche et reviennent bredouilles. Ces planètes mortes sont, visuellement et chimiquement, un fond neutre devant lequel la planète vivante Terre resplendit comme un saphir pailleté.

L'atmosphère est beaucoup plus révélatrice de la présence de la vie que l'océan ou les roches de la croûte, et ce pour plus d'une raison. Elle est le siège d'un changement chimique rapide sous l'influence de la lumière solaire; aucun mélange gazeux capable de réagir chimiquement ne peut rester longtemps dans l'atmosphère sans se modifier. Si nous trouvons un gaz combustible comme le méthane en présence d'oxygène dans une atmosphère soumise au rayonnement solaire, nous savons avec certitude qu'il y a quelque chose qui les fabrique en permanence. On ne pourrait tirer pareille conclusion de l'air enfermé dans une grotte souterraine étanche. C'est la lumière solaire qui maintient en état d'allumage permanent toutes les combustions chimiques possibles. Ensuite, de tous les compartiments rencontrés par la vie, c'est l'atmosphère qui a la plus petite masse; hormis la petite concentration de gaz rares comme l'argon et l'hélium, tous les autres gaz de l'air sont présents depuis peu comme éléments des solides et des liquides des cellules vivantes. L'atmosphère a également un effet immédiat sur le climat et l'état chimique de la Terre, facteurs d'une importance fondamentale pour la vie. Un échange similaire a lieu entre la vie et les océans et les roches, mais il est beaucoup plus lent et les cycles vitaux sont dilués dans des matériaux employés il y a très longtemps et désormais inutiles.

Juste avant qu'elle devienne l'habitat de la vie, la Terre devait donc être une planète morte dont l'atmosphère était proche de l'état d'équilibre. À cette époque, juste avant la vie, avant Gaïa, l'atmosphère devait être dans ce que les savants appellent « l'état stable abiotique ». Cette expression abstruse permet de différencier la vraie planète – avec ses ouragans et ses tempêtes, ses volcans et ses tourbillons – de la fiction d'une planète en équilibre en état de repos absolu.

On pense que la Terre primitive avait à sa surface les composés chimiques à partir desquels s'est formée la vie, composés chimiques appelés « organiques » – comme les acides aminés, éléments des protéines; les nucléosides, éléments des molécules de nos cellules qui transmettent leur information génétique; les sucres, éléments des polysaccharides, et de nombreuses autres pièces essentielles qui attendent le montage final. Il est important de reconnaître que ces substances chimiques, même si nous les considérons comme caractéristiques de la vie, sont également les produits de l'état stable abiotique. La seule présence de pareils composés sur une planète sans oxygène n'est pas en elle-même preuve de vie. Elle ne témoigne que de la possibilité de sa formation.

Non seulement l'état chimique, mais aussi le climat de la Terre ont dû être favorables à l'apparition de la vie. Certaines roches primitives conservent des preuves de leur formation par une sédimentation de particules. Leur structure stratifiée suggère une origine dans un lac ou une mer peu profonde, et donc la présence d'eau libre. L'existence de la vie et de composés chimiques prébiotiques exige des températures comprises entre 0 et 50 °C. La Terre ne pouvait pas être gelée, et elle ne pouvait pas non plus être assez chaude pour faire bouillir les océans.

Dans un article important publié en 1979, trois climatologues et chimistes de l'atmosphère, T. Owen, R.D. Cess et V. Ramananathan, ont exposé leurs calculs pour déterminer la température moyenne de la Terre au moment de l'apparition de la vie. Ils sont partis de l'opinion communément admise chez les astrophysiciens que les étoiles se réchauffent en vieillissant, et ont supposé que la production de chaleur émanant du Soleil était inférieure de 25 % à sa valeur actuelle. Ils ont déterminé des valeurs pour la quantité approximative de gaz carbonique qui se serait échappée (ou dégazée) de l'intérieur de la Terre. De là, ils ont pu calculer que la température moyenne à la surface de la Terre était de 23 °C, ce qui correspond actuellement à la zone tropicale. Leurs calculs exigeaient la présence de 200 à 1 000 fois plus de gaz garbonique dans l'air qu'actuellement – cette amplitude dépendant essentiellement de la quantité d'azote présente. Si comme aujourd'hui l'azote était le gaz atmosphérique principal, alors le chiffre inférieur aurait suffi pour la pression du gaz carbonique. Tout aussi importante, selon mon amie la climatologue Ann Henderson-Sellers, aurait été la répartition de l'eau sous forme d'océans, de neige, de glace, de nuages et de vapeur d'eau. Rien d'étonnant alors qu'on discute encore du climat à l'époque des débuts de la vie. Les calculs faits par le climatologue R.J. Dickinson en 1987 suggèrent une température inférieure de quelques degrés, en d'autres termes à peu près celle qui règne actuellement.

L'idée était que le manque de chaleur d'un Soleil plus froid aurait pu être compensé par une couche de gaz « à effet de serre ». Les gaz dont les molécules comportent plus de deux atomes ont la propriété d'absorber la chaleur rayonnante, les radiations infrarouges qui s'échappent de la surface de la Terre. Ces gaz, qui comprennent le gaz carbonique, la vapeur d'eau et l'ammoniac, sont transparents aux radiations visibles, et aux radiations quasi visibles du proche infrarouge, portions du spectre du Soleil qui transmettent la majeure partie de son énergie; sous cette forme, la chaleur rayonnante pénétrera l'air et réchauffera la surface de la planète. Ces mêmes gaz sont opaques aux radiations infrarouges de plus grande longueur d'onde émises par la surface de la Terre et la basse atmosphère. L'emprisonnement de cette chaleur, qui autrement s'échapperait dans l'espace, constitue l'« effet de serre », ainsi nommé parce qu'il est comparable, même s'il ne lui est pas identique, à l'effet calorifique du vitrage d'une serre de jardin. La notion d'un effet de serre gazeux qui réchaufferait la Terre a été avancée pour la première fois par un éminent savant suédois, Svante Arrhenius, au siècle dernier.

H.D. Holland, dans son *Evolution chimique de l'atmosphère et des océans*, donne un exposé clair et lisible de l'état probable de la Terre juste avant l'éveil de Gaïa. En bref, il propose une Terre dotée d'une atmosphère riche en gaz carbonique, avec la présence d'azote, mais une absence d'oxygène, et la présence à l'état de traces de gaz comme l'hydrogène sulfuré et l'hydrogène. Les océans étaient chargés de fer et d'autres éléments et composés qui ne peuvent se trouver qu'en solution en l'absence d'oxygène. Il aurait pu y avoir parmi eux des composés réduits du soufre et de l'azote. La présence de ces gaz et de ces substances est importante, parce que ce sont des agents réducteurs – ils réagissent facilement avec l'oxygène, et par là même l'éliminent. Pareille Terre aurait une grande capacité à absorber l'oxygène et empêcher son apparition à l'état libre. Cette proposition me semble si raisonnable que je la considérerai comme un fait établi et m'en servirai de clef pour la compréhension de l'évolution de la période archéenne de l'histoire de la Terre.

Une autre condition de la naissance de Gaïa est que la quantité de chaleur interne produite était trois fois plus grande qu'actuellement. C'était parce que la Terre était plus radioactive; moins de temps s'était écoulé depuis l'explosion de la supernova qui l'avait créée, et les retombées étaient encore chaudes. Toutefois, ce serait une erreur que de croire que cette chaleur interne avait un effet appréciable sur la température à la surface de la Terre. Le flux thermique issu des profondeurs était trivial par rapport à celui reçu du Soleil. Le principal effet d'une plus grande production de chaleur interne aurait été un volcanisme plus vigoureux, une plus grande injection de gaz dans l'atmosphère, et des réactions plus rapides des roches volcaniques avec les eaux des océans. L'une de ces réactions, celle de l'ion ferreux de la roche basaltique avec l'eau, peut produire de l'hydrogène gazeux. La production continue d'hydrogène aurait eu deux conséquences importantes. Premièrement, le maintien d'une atmosphère et d'une surface sans oxygène favorables à l'accumulation des composés chimiques de la vie. Deuxièmement, la déperdition de l'hydrogène dans l'espace. Le champ gravitationnel de la Terre n'est pas assez fort pour retenir les atomes d'hydrogène, très légers. Si l'hydrogène avait continué à s'échapper, nous aurions pu perdre une grande partie des océans, voire même aboutir à l'état aride de Mars et de Vénus. (Une telle fuite ne peut se produire maintenant car l'hydrogène réagirait biochimiquement dans les océans et avec l'abondant oxygène atmosphérique pour former de l'eau. Bien qu'elle comporte deux atomes d'hydrogène, la molécule d'eau est trop lourde pour s'échapper directement dans l'espace. Un autre frein à la perte directe de l'eau est sa tendance à geler dans les couches froides de l'air et à retomber sous forme de cristaux de glace.)

Telle était donc la Terre d'avant la vie. Nous pouvons tenir pour raisonnable l'idée que la vie a pris naissance à partir des équivalents chimiques moléculaires des trombes et tourbillons. L'énergie qui les animait était le flux énergétique du Soleil auquel s'ajoutait l'énergie libre d'une Terre jeune et chaude. Prigogine et Eigen ont donné une formulation plausible des mécanismes physiques par lesquels les composés chimiques et les réactions cycliques s'associent sous forme de structures dissipatives de la protovie. Le passage par degrés de la protovie à la première cellule vivante selon un processus de sélection naturelle ne me semble pas une pilule intellectuelle trop dure à avaler. Il serait intéressant de savoir si la protovie était étroitement liée à son environnement et possédait la faculté de régulation. Deux géochimistes, A.G. Cairns-Smith et Leila Coyne, ont par ailleurs suggéré que les solides présents dans l'environnement avaient joué un rôle crucial dans l'origine de la vie. Leurs idées contribuent pour ainsi dire à cristalliser des querelles sursaturées, même si elles sont contestées dans le détail. Le problème des structures dissipatives de l'état fluide est qu'elles se dissipent trop vite. Si elles doivent évoluer pour devenir des structures plus permanentes, il faut quelque chose de solide pour les ancrer ou les contenir. Une fois de plus, c'est l'image mentale d'un instrument à vent tel que la flûte qui nous aide à voir clair dans ce contexte plutôt confus. Le simple fait de souffler fait siffler les remous récalcitrants qui se dissipent. Mais lorsque le flûtiste souffle latéralement dans l'anche de l'instrument, les remous sont capturés et apprivoisés à l'intérieur des limites solides de ce tube creux résonnant et émergent sous forme de notes de musique cohérentes. Au cours de leur évolution, les organismes vivants eux aussi semblent avoir utilisé la sécurité de l'état solide de la matière pour stocker le message de l'existence et le transmettre à leurs descendants. L'état solide particulier des cristaux apériodiques de l'ADN leur permet de stocker les programmes de la cellule, et confère aux organismes une durée de vie qui dépasse de loin celle d'un tourbillon dissipatif ou d'un cycle chimique.

Les premières cellules vivantes ont pu utiliser comme nourriture les composés chimiques organiques qui existaient à profusion autour d'elles, et aussi les corps morts de leurs concurrents moins chanceux et les corps de ceux, plus chanceux, qui étaient morts de causes naturelles. Ces sources de matières premières et d'énergie ont pu très vite se raréfier, et à une certaine époque reculée les organismes ont découvert comment profiter de l'énergie abondante et inépuisable du rayonnement solaire pour fabriquer leur propre nourriture. On pense que les premiers photosynthétiseurs firent usage de la dissociation photochimique peu exigeante de l'hydrogène sulfuré. Et ils ne tardèrent pas à découvrir l'ultime secret : comment utiliser l'énergie lumineuse pour casser les solides liaisons associant l'oxygène à l'hydrogène et au carbone. C'est exactement ce que firent les bactéries qu'on appelle maintenant cyanobactéries, à cause de leur couleur bleu-vert, et qui sont les prédécesseurs de toutes les plantes qui existent à présent.

Il y avait à l'Archéen un système planétaire complet. À la surface – exposés aux rayons solaires – se trouvaient les producteurs primaires, les cyanobactéries (les ancêtres de celles de la figure 4.1), qui utilisaient l'énergie solaire pour fabriquer des composés organiques et se reproduire par réplication. Ils auraient aussi fabriqué de l'oxygène, mais l'abondance dans leur environnement de substances chimiques inorganiques réactives aurait maintenu ce gaz près de son lieu de production. Dans cet écosystème primitif se trouvaient aussi les méthanogènes qui produisaient de la matière et un peu d'énergie en réarrangeant les produits moléculaires des producteurs primaires. La présence de ces organismes « récupérateurs » aurait assuré l'élimination permanente des produits des photosynthétiseurs et de leurs cadavres, et le retour à l'environnement du carbone, élément essentiel, sous forme de méthane et de gaz carbonique. Ils ne pouvaient pas, contrairement à nous et aux animaux, manger les cyanobactéries et se servir de la nourriture qu'elles avaient synthétisée; pour ce faire, il leur aurait fallu de l'oxygène.

Je soupçonne que l'origine de Gaïa a été distincte de l'origine de la vie. Lorsque Gaïa s'éveilla, les bactéries avaient déjà colonisé la majeure partie de la planète. Une fois éveillée, la vie planétaire opposerait une résistance permanente et assidue aux changements susceptibles de lui être contraires et ferait en sorte de maintenir la planète dans un état favorable à la vie. Une vie clairsemée repliée sur des oasis ne pourrait jamais avoir assez de force pour réguler le milieu, ou s'opposer aux changements défavorables qui sont inévitables sur une planète sans vie. Sous sa forme clairsemée, la vie ne se rencontrerait qu'à la naissance ou à la mort d'un système gaïen.

Le succès de l'évolution des photosynthétiseurs aurait pu conduire à la première crise environnementale sur Terre et, il

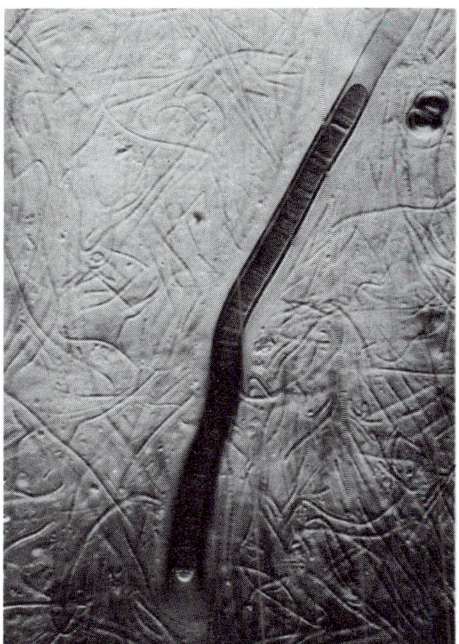

Fig. 4.1. Cyanobactéries vues au microscope. Elles furent les premiers organismes à utiliser l'énergie lumineuse solaire pour produire des matières organiques et de l'oxygène. Elles ont été les producteurs primaires, soit à l'état libre, soit sous forme endosymbiotique, depuis le commencement de l'Archéen jusqu'à l'époque contemporaine. (Photos : Michael Enzien)

me plaît de le croire, la première preuve de l'éveil de Gaïa. Pour obtenir leur énergie, les photosynthétiseurs se seraient servis du gaz carbonique de l'air et des océans comme source de carbone. Ils auraient pu avoir un problème de gaz carbonique, tout comme nous actuellement. Nous commençons à nous rendre compte que les bénéfices qu'il y a à faire brûler des combustibles fossiles comme source d'énergie sont annulés par les dangers inhérents à l'accumulation du gaz carbonique; on pourrait aller à un réchauffement excessif. Les photosynthétiseurs affrontaient le danger inverse. Les cyanobactéries se nourrissaient de gaz carbonique. Elles dévoraient la couverture qui tenait la Terre au chaud. Il y avait à cette époque une vigoureuse production de gaz carbonique d'origine volcanique, mais la capacité potentielle du gouffre bactérien pouvait de loin dépasser celle de cette source. S'il n'y avait eu que des photosynthétiseurs, leur prolifération à la surface des océans et des terres aurait pu en l'espace de quelques millions d'années réduire les taux de gaz carbonique à des niveaux dangereusement bas. Bien avant que les cyanobactéries n'aient plus de gaz carbonique à absorber, la Terre se serait refroidie jusqu'à geler et l'eau ne se serait maintenue qu'aux endroits où la chaleur interne pouvait faire fondre la glace, ou alors elle aurait entamé un cycle de gel et de dégel au fur et à mesure que le gaz carbonique émis par les volcans s'accumulait et disparaissait. Je ne crois pas que l'une ou l'autre de ces catastrophes se soit jamais produite. La présence permanente de roches sédimentaires depuis 3,8 milliards d'années jusqu'à l'époque actuelle suggère que l'eau à l'état liquide a toujours été présente et que la Terre n'a jamais été totalement gelée. Ce que j'aimerais proposer, c'est une interaction dynamique entre les photosynthétiseurs primitifs, ces organismes qui fabriquaient leurs produits, et l'environnement planétaire. Il se serait ensuivi un système stable autorégulé, système qui aurait maintenu la Terre à une température constante et favorable à la vie.

Avant de m'aventurer plus loin dans cette reconstitution imaginaire de la vie avec Gaïa à l'époque archéenne, je dois souligner que ce ne sera qu'une vue de l'esprit. Les témoignages solides datant des premiers temps de l'Archéen sont rares, et on peut en tirer bien des modèles différents. Robert Garrels, l'éminent géologue, me rappelle souvent que dans son modèle de la Terre primitive le gaz carbonique était resté abondant (environ 20 % en volume) et que la Terre était très chaude (40°C ou plus). L'intérêt de mon modèle n'est pas de défendre l'une ou l'autre conception de l'écosystème planétaire à l'Archéen, mais plutôt d'illustrer comment la théorie Gaïa fournit un ensemble différent de règles applicables aux modèles planétaires. Les climatologies et géologies possibles sur une planète vivante sont totalement différentes de celles d'une planète morte sur laquelle la vie ne fait que passer. Cela dit, revenons à notre hypothèse.

À l'Archéen, les photosynthétiseurs se servaient du gaz carbonique et le convertissaient en matière organique et en oxygène (ou son équivalent); tout comme le font les plantes actuellement. L'oxygène aurait été immédiatement épongé par les matériaux oxydables omniprésents dans l'environnement : le fer et le soufre des océans. Il n'y avait pas de population significative de consommateurs oxydants pour ingérer les photosynthétiseurs et restituer le carbone à l'environnement sous forme de gaz carbonique. Il n'y avait, sauf en juxtaposition avec les producteurs, pas d'oxygène que des consommateurs pourraient respirer. À leur place, il y avait les méthanogènes, ces récupérateurs qui descendaient des décomposeurs originaux des substances chimiques organiques. Ces bactéries des premiers âges, capables de n'exister qu'en l'absence d'oxygène, vivaient de la décomposition de la matière organique dont elles convertissaient le carbone en gaz carbonique et en méthane qu'elles restituaient à l'atmosphère. À l'instar des consommateurs actuels, elles servaient, à l'époque archéenne, à restituer à l'air presque autant de carbone que les photosynthétiseurs en avaient absorbé.

Et le méthane alors? Comme le gaz carbonique, le méthane est un gaz à effet de serre, mais il est beaucoup moins stable dans l'atmosphère; il se décompose sous la lumière ultraviolette du soleil et réagit avec les radicaux hydroxyles – de petites molécules, comportant chacune un atome d'hydrogène et un atome d'oxygène, qui ont d'étonnantes propriétés réactives et qui pillent dans l'atmosphère toutes les molécules, sauf les plus stables. On peut raisonnablement supposer qu'à l'Archéen cette zone de réactions photochimiques se serait située assez haut dans l'atmosphère, mais à une altitude où l'air était encore suffisamment dense pour absorber l'ultraviolet. Lorsque l'ultraviolet casse la molécule de méthane, les produits se combinent et se recombinent avec d'autres molécules pour former une suite de composés organiques complexes. En suspension dans la stratosphère, ces produits pourraient comprendre des gouttelettes et des particules – un genre de *smog* de la haute atmosphère. Pareille couche aurait pu changer profondément l'environnement archéen. Elle aurait par sa présence absorbé les radiations visibles et ultraviolettes du Soleil, et la région où se serait produite l'absorption se serait réchauffée. La présence dans l'atmosphère de cette couche chaude aurait placé un « couvercle d'inversion » sur la basse atmosphère, et aurait inversé sa tendance normale à baisser de température avec l'altitude. En d'autres termes, le *smog* méthanique aurait été l'équivalent archéen de la couche d'ozone et aurait agi, tout comme l'ozone actuellement, à la fois pour stabiliser l'existence de la stratosphère et pour éliminer par filtrage les rayons ultraviolets.

L'existence d'un couvercle, la « tropopause », au-dessus de la basse atmosphère, aurait limité le flux de méthane vers les régions où il serait détruit par les ultraviolets; tout comme l'air vicié est emprisonné sous la couche d'inversion des *smogs* de la pollution atmosphérique contemporaine. La concentration de méthane aurait ainsi suffisamment augmenté pour qu'il puisse induire un effet de serre; de plus, les produits de ses réactions dans la stratosphère, notamment la vapeur d'eau, auraient agi dans le même sens. Le filtrage des ultraviolets par la couche de *smog* aurait protégé d'autres gaz instables comme l'ammoniac et l'hydrogène sulfuré, et leur aurait permis de s'accumuler jusqu'à un certain point dans la basse atmosphère. Normalement, les ultraviolets décomposent l'hydrogène sulfuré et d'autres gaz similaires à la fois directement et par d'autres réactions photochimiques qui produisent les radicaux hydroxyles. On peut concevoir que la basse atmosphère, protégée par le *smog* méthanique, ait pu contenir un peu d'oxygène libre coexistant avec un excès de méthane; tout comme il y a du méthane libre en petite quantité coexistant avec un excès d'oxygène dans l'air que nous respirons maintenant. Ce serait encore plus probable si les photosynthétiseurs existaient à la surface de la planète sous forme de communautés autonomes. Un peu de l'oxygène fabriqué par elles se diffuserait alors dans l'air et persisterait beaucoup plus longtemps que celui libéré dans l'eau des océans avides d'oxygène. Un modèle détaillé complet devrait comprendre des gaz comme le protoxyde d'azote, le sulfate de carbonyle et le chlorure de méthyle, qui entrent tous dans la composition de notre atmosphère actuelle. Il suffira de garder à l'esprit cette possibilité de les inclure dans ce modèle et la série étonnante et complexe de réactions et de conséquences qui pourraient découler de leur présence.

Quelle serait la stabilité d'un écosystème planétaire composé de photosynthétiseurs utilisant le gaz carbonique et de décomposeurs qui reconvertissent la matière organique en gaz carbonique et en méthane? À de nombreux égards, les photosynthétiseurs sont comme les pâquerettes blanches; leur prolifération refroidit la Terre en absorbant du gaz carbonique. Les décomposeurs méthanogènes sont comme les pâquerettes sombres; leur prolifération réchauffe la Terre en ajoutant à l'air des gaz à effet de serre. Il n'est pas difficile d'élaborer un modèle du monde tout simple que je viens de décrire, construit à l'image de la Floréale des chapitres 2 et 3. La figure 4.2 illustre l'évolution dans le temps de la température moyenne de la Terre, des gaz atmosphériques et de la population de l'écosystème bactérien. Ce modèle utilise l'estimation faite par H.D. Holland de la quantité de gaz carbonique rejetée par les volcans, mais nous avons supposé que l'absorption du gaz carbonique par l'érosion des roches due aux intempéries augmentait au fur et à mesure que l'écosystème se développait. J'ai fait reposer la régulation du climat essentiellement sur la capacité du gaz carbonique et du méthane à induire l'effet de serre. On a supposé l'apparition d'un petit effet secondaire – la colonisation des surfaces terrestres augmenterait la nébulosité et aurait tendance à augmenter la proportion du rayonnement solaire réfléchie vers l'espace.

La partie supérieure de la figure 4.2 illustre l'évolution dans le temps de la température de ce monde anoxique en présence de la vie et en son absence. La ligne pointillée représente l'augmentation de température attendue sur une planète sans vie disposant d'assez de gaz carbonique pour obtenir une pression atmosphérique de 100 millibars, soit environ un dixième de la pression atmosphérique totale actuelle. On suppose que le composant principal de l'atmosphère était l'azote, comme aujourd'hui. On suppose que l'étoile était de 25 à 30 % moins lumineuse que le Soleil actuel, mais qu'elle se réchaufferait avec le temps à la même vitesse que le Soleil. La ligne continue représente la température de la planète modèle où les photosynthétiseurs coexistent avec les méthanogènes. On notera la chute abrupte et soudaine de température d'environ 28°C à 15°C après le début de la vie. Cela est dû à un déclin rapide de l'abondance du gaz carbonique et de son effet de serre à mesure que les photosynthétiseurs s'en servent pour construire leurs corps. La chute s'arrête avant le gel de la planète parce que le nouveau gaz à effet de serre, le méthane, ainsi qu'un peu de gaz carbonique sont restitués à l'atmosphère par les méthanogènes. Une fois qu'un état stable est établi, ce système cybernétique simple régule la température planétaire jusqu'à la fin de l'Archéen. La brusque chute de température il y a environ 2,3 milliards d'années marque la fin de l'Archéen dans le modèle et l'apparition d'un excès d'oxygène libre dans l'air. Cet événement aurait amené une diminution du méthane jusqu'à un niveau proche de son abondance actuelle, supprimant par là même son effet de serre. Le modèle coïncide avec l'histoire de la Terre primitive. Il n'y a pas de preuves de changements de température insolites durant l'Archéen, et la période glaciaire froide d'il y a 2,3 milliards d'années a pu coïncider avec l'apparition de l'oxygène atmosphérique. La partie inférieure de la figure 3.2 montre comment la population totale des bactéries et la quantité de gaz carbonique et de méthane changent avec l'évolution du modèle. On voit que le début de la vie coïncide avec une chute du taux de gaz carbonique et une élévation du taux de méthane. La fin de l'Archéen est marquée par la disparition du méthane.

Comme Floréale, ce modèle simple est robuste et n'est pas facilement déstabilisé par des modifications de l'énergie solaire, de la population bactérienne ou par l'apport de gaz carbonique de source volcanique. Il est sensible à des changements dans l'amplitude ou la forme de la relation entre la prolifération des bactéries et la température de leur environnement. Ce modèle est fondé sur l'hypothèse que la croissance de l'écosystème bactérien cesse en dessous de 0°C, est maximale à 25°C et

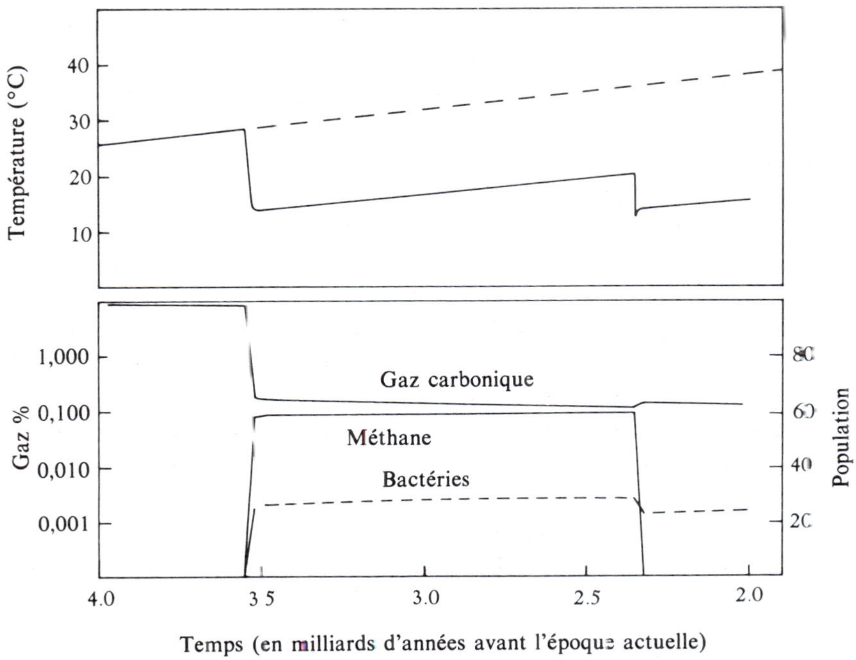

Fig. 4.2. Modèle de l'Archéen avant et après l'apparition de la vie. La partie supérieure représente le climat avec et sans vie et la partie inférieure représente l'évolution des volumes des gaz atmosphériques et de la population bactérienne. L'échelle représentant les volumes de gaz est logarithmique; l'échelle de la population est en unités arbitraires.

cesse à nouveau au-dessus de 50°C. Comme sur Floréale, il y a un changement climatique brutal lorsque la vie apparaît. Les organismes vivants prolifèrent rapidement jusqu'à ce que soit atteint un état stable où croissance et extinction s'équilibrent. Cette tendance rapide, quasi explosive, à s'étendre pour remplir une niche écologique fait effet d'amplificateur. Le système évolue rapidement par rétroaction positive pour se rapprocher d'un point d'équilibre. La stabilité est vite atteinte, et la planète fonctionne dans une confortable homéostase.

L'atmosphère dans ce nouveau modèle de l'Archéen serait comme une version quelque peu diluée du gaz au-dessus d'une fosse septique ou d'un générateur de gaz biologique – nauséabond et toxique pour nous, mais délicieux pour les habitants de cette époque reculée. La concentration atmosphérique du gaz carbonique comme du méthane serait entre 1 et 0,1 %. Il est intéressant de constater que H.D. Holland avait des doutes quant à la possibilité qu'aurait eue une atmosphère riche en gaz carbonique de se maintenir durant l'Archéen. Les vitesses d'érosion des roches données par les archives géologiques ne cadrent pas avec le maintien d'un taux de 10 % ou plus de gaz carbonique. L'élimination rapide du gaz carbonique par les écosystèmes bactériens résout élégamment ce problème. Il faut noter que de nombreuses sortes de bactéries, et non pas seulement les photosynthétiseurs, s'activent à prélever le gaz carbonique et à en faire des composés chimiques.

Selon ce modèle, l'atmosphère de l'Archéen a changé totalement de composition après l'apparition de la vie. Le tableau 3.1 illustre les proportions respectives des principaux gaz atmosphériques avant et après l'apparition de la vie. Il montre un accroissement du taux d'azote après le début de la vie : j'ai spéculé qu'auparavant un peu d'azote était présent dans les océans sous la forme de l'ion ammonium $(NH_4)+$. La mer était plus acide à cause d'un excès de gaz carbonique, et était riche en fer sous forme d'ions ferreux. Dans ces circonstances, les ions ferreux ont très bien pu séquestrer une grande partie des ions ammonium pour faire un composé complexe stable ferro-ammoniacal, sous la forme duquel aurait existé la majeure partie de l'élément azote. La chute du taux de gaz carbonique comme l'utilisation de l'azote par la vie auraient pu faire pencher la balance en faveur de la présence de l'azote gazeux dans l'air. Bien que l'azote ne produise pas par lui-même d'effet de serre, l'augmentation du taux d'azote aurait doublé la pression atmosphérique, ce qui aurait augmenté l'effet de serre dû au gaz carbonique et au méthane. La raison de ce phénomène est un peu obscure, mais elle a un rapport avec une augmentation de la quantité d'infrarouges absorbée par les gaz à effet de serre lorsque les pressions atmosphériques totales sont plus élevées.

Il est important de noter qu'il existe d'autres modèles de l'Archéen, tout aussi plausibles que celui-ci. La sagesse conventionnelle est exprimée dans l'ouvrage de Holland, pour qui l'environnement antérieur à la vie se maintient sans changement. Robert Garrels préfère voir dans l'Archéen une période au cours

Tableau 4.1. Estimation de la composition atmosphérique à l'Archéen avant et après l'apparition de la vie

GAZ	AVANT LA VIE	APRÈS LA VIE
Gaz carbonique	dominant	0,3 %
Azote	inconnu	99,0 %
Oxygène	0	1 ppm
Méthane	0	100 ppm
Hydrogène	traces	1 ppm

de laquelle de hautes températures étaient soutenues par de fortes concentrations de gaz carbonique atmosphérique. Il faudra vraisemblablement attendre longtemps avant de connaître avec certitude l'histoire de la Terre primitive. Le but du présent chapitre, toutefois, n'est pas d'énoncer rigidement un exposé des conditions régnant à l'Archéen; il est de démontrer comment la théorie Gaïa peut servir à élaborer, à partir du peu d'éléments dont on dispose, une image différente de cette période.

Je me plais à imaginer quelque chimiste extraterrestre débarquant dans le Système solaire il y a très longtemps et examinant l'atmosphère de la Terre prébiotique. Le spectromètre infrarouge de son vaisseau spatial reconnaîtrait une planète en état stable abiotique – une planète pas encore vivante, mais douée du potentiel de porter vie. À l'occasion d'une seconde visite, beaucoup plus tard, à l'Archéen, lorsque la vie a pris les choses en main, une analyse similaire montrerait un degré de déséquilibre chimique impossible pour une planète sans vie. Le gaz carbonique, le méthane, l'hydrogène sulfuré et l'oxygène ne peuvent coexister dans les proportions figurant sur le tableau 4.1 en présence de rayonnement solaire. Etant donné les effets destructeurs des radiations ultraviolettes solaires sur le méthane, l'oxygène et l'hydrogène sulfuré, l'extraterrestre saurait qu'il y aurait une source importante et permanente de ces gaz. Aucune source volcanique concevable ne pourrait maintenir pareille atmosphère. Le visiteur conclurait que la Terre est maintenant vivante.

Je me demande souvent quelle impression nous aurait faite la Terre archéenne. J'imagine que d'un vaisseau spatial en orbite nous ne verrions pas cette sphère bleu et blanc familière avec des bouts de terre et de mer fugitivement aperçus sous le manteau de nuages. Plus vraisemblablement, nous verrions une planète d'un rouge brunâtre, nimbée de brumes trop abondantes pour qu'on en voie la surface, comme Vénus ou Titan. La couleur bleue et la limpidité du ciel que nous voyons actuellement résultent d'une abondance d'oxygène. L'oxygène est l'agent blanchissant qui éclaircit et rafraîchit l'air en permanence.

Sur une plage au bord d'un continent archéen, nous verrions des vagues se briser sur le sable fin, et les douces courbes des dunes en arrière-plan. Spectacle familier, mis à part les couleurs. Au zénith, l'astre du jour aurait la teinte orange que nous associons plutôt au coucher de soleil. Le ciel serait rosâtre et la mer, cette grande copiste, présenterait toute la gamme des bruns. Il n'y aurait sur le sable ni coquilles ni traces d'objets en mouvement. À marée basse, les vagues déferlantes se retireraient pour révéler des récifs de ces bizarres stromatolithes en forme de champignons formés par le carbonate de calcium sécrété par des colonies de cyanobactéries vivantes. À l'intérieur des terres, derrière les dunes de sable et de galets, il y aurait des étendues d'eau stagnante parsemées des taches vert et noir des tapis bactériens. Hormis le bruit du vent et des vagues, on n'entendrait que le plop! des bulles de méthane venant crever à la surface après s'être échappées de leur gangue de boue. Au-delà de la lagune et sur la surface continentale, le même spectacle se répéterait partout où il y aurait des dépressions peu profondes où les eaux pourraient se rassembler. Sur la terre plus sèche et au flanc des collines, une mince pellicule de vie microbienne travaillerait sans trêve à l'érosion des roches, libérant des éléments nutritifs et des minéraux dans les eaux d'écoulement pluviales et absorbant continuellement le gaz carbonique de l'air. Ce tranquille paysage aurait pu persister pendant la plus grande partie de l'Archéen. Mais il y aurait eu de violentes interruptions chaque fois qu'un planétoïde serait venu s'écraser à la surface de la planète. Il y a eu au moins dix collisions de ce genre, dont chacune fut une catastrophe assez importante pour détruire plus de la moitié de la vie planétaire. Elles auraient modifié l'environnement physicochimique suffisamment pour mettre en péril la vie à venir pendant des centaines, sinon des milliers d'années. Le fait que notre patrie planétaire ait été si promptement et si efficacement remise en état après ces événements témoigne de la force de Gaïa.

Sans la vie, ce spectacle aurait été très différent. Les forces inéluctables de l'évolution chimique et physique poussent les petites planètes telluriques vers un état d'oxydation, suite à la perte de leur hydrogène. Vénus a dû avoir un peu d'eau au début. Des estimations de l'abondance des gaz nobles neutres suggèrent que, lorsque les planètes se sont formées, Vénus a peut-être eu au moins un tiers de l'eau dont disposait la Terre. Où est-elle passée? Selon toute probabilité, il semble que les éléments réducteurs du fer et du soufre dans les roches de surface aient séquestré l'oxygène des molécules d'eau. Ces réactions libèrent l'hydrogène sous forme d'un gaz dont les atomes légers s'échappent dans l'espace. Le rayonnement solaire ultraviolet agissant à la périphérie de l'atmosphère a peut-être aussi dissocié un peu de vapeur d'eau en oxygène et hydrogène. D'une manière comme de l'autre, l'hydrogène et donc l'eau ont été perdues à jamais et la planète a été encore plus oxydée. La Vénus actuelle, avec sa chaleur de fournaise et son atmosphère sulfureuse, est un modèle de l'enfer. Par comparaison, la Terre est un paradis pour la vie qu'elle porte.

Comment avons-nous pu conserver nos océans? Il est vraisemblable que c'est à cause de la présence de la vie. Robert Garrels me dit que ses calculs suggèrent qu'en l'absence de vie la Terre aurait pu se dessécher en 1,5 milliard d'années, au milieu de l'Archéen. Il y a plusieurs moyens de retenir l'hydrogène sur une planète. L'un est d'ajouter de l'oxygène à l'atmosphère ou à l'environnement pour qu'il capture de l'hydrogène et forme ainsi de l'eau. La vie, dans l'acte de photosynthèse, dissocie le gaz carbonique en carbone et oxygène. Si un peu de carbone est absorbé par les roches de la croûte, le solde est nettement positif pour l'oxygène. Pour chaque atome de carbone enseveli, il reste deux atomes d'oxygène. Chaque atome de carbone enseveli correspond donc en fait au sauvetage de quatre atomes d'hydrogène ou de deux molécules d'eau. Puis il y a les réactions au fond des océans, entre l'eau de mer et les ions ferreux des roches basaltiques. L'hydrogène libre qu'elles produisent servirait à l'alimentation des espèces bactériennes qui pourraient en tirer de l'énergie en s'en servant pour fabriquer du méthane, de l'hydrogène sulfuré et d'autres composés moins volatils que l'hydrogène. Le méthane décomposé dans l'atmosphère par les ultraviolets pourrait stratifier l'atmosphère et ralentir la vitesse de combinaison des gaz de la basse atmosphère, ce qui ne faciliterait pas non plus la fuite de l'hydrogène dans l'espace. C'est par ces moyens, et d'autres, plus subtils, que la présence de la vie à l'Archéen a épargné à notre planète une mort poussiéreuse.

Elso Barghoorn et Stanley Tyler ont été les premiers à découvrir les bactéries fossiles qui ont conduit à la reconnaissance de la présence de la vie et de sa forme à l'époque de l'Archéen. J'ai visité un jour le laboratoire de Barghoorn à l'université de Harvard, et j'ai pu constater *de visu* l'exquise subtilité des techniques qu'il utilisait pour couper avec des scies au diamant de minces tranches transparentes de silex. C'est ainsi que lui et Tyler découvrirent des microfossiles de bactéries en Amérique du Nord, dans les silex anciens de la région des Grands Lacs. Mais tous ces fossiles primitifs proviennent d'endroits humides, et nous ne savons toujours pas s'il y avait de la vie au sec, sur la terre ferme. Il m'est difficile de croire qu'une forme de vie aussi entreprenante qu'une bactérie ait pu se désintéresser des terres. À ce point de mon exposé, j'aimerais faire un sort à ce que je crois être une présupposition erronée et tenace concernant cette période reculée. Nous utilisons une théorie nouvelle pour voir la scène; il n'est pas inutile d'avoir un linge propre pour y disposer nos quelques pièces à conviction authentiques.

Cette image fausse, qui persiste comme un mirage, est l'expression magique « le fragile bouclier de la Terre ». D'une certaine manière, ce sont les chimistes de l'atmosphère L.V. Berkner et L.C. Marshall qui en sont responsables. Il y a quelque trente ans, ils proposèrent leur célèbre théorie de l'évolution de l'oxygène atmosphérique, dont un point crucial était la présupposition qu'il y avait eu un flux mortel de rayons ultraviolets avant que l'oxygène soit présent dans l'air, ce qui avait empêché la vie de coloniser les surfaces émergées. Et, de fait, on soutenait que la vie avant l'oxygène avait dû être obligée d'exister au sein des mers à des profondeurs où les ultraviolets ne pouvaient pas l'atteindre. Ce ne fut qu'après l'apparition de l'oxygène dans l'air que l'ozone put se former et faire office de bouclier pour empêcher les rayons ultraviolets d'atteindre la surface de la planète. Cela fait, la voie était ouverte et une profusion de formes de vie pouvaient coloniser les terres, la concentration d'oxygène augmentant par accroissement de la photosynthèse jusqu'à atteindre son niveau actuel de 21 %. Nous soupçonnons maintenant que certains détails de cette théorie sont erronés, notamment le fait que l'oxygène puisse à certains moments avoir été plus abondant qu'actuellement. Mais elle n'en est pas discréditée pour autant : les informations indispensables pour tester ses hypothèses n'étaient pas encore disponibles. Nous avons une dette immense envers Berkner et Marshall pour l'effet stimulant que leurs idées ont eu sur le développement des sciences de la Terre. Comme Vernadsky et Hutchinson avant eux, c'étaient des savants qui présentaient un modèle du monde dans lequel la vie avait un rôle à jouer et n'était pas un simple spectateur obligé de s'adapter aux caprices climatiques et chimiques d'un monde purement physique et chimique. La communauté scientifique accepta leurs idées avec enthousiasme. L'une d'elles était le postulat mineur que la présence d'une couche d'ozone stratosphérique était une exigence essentielle pour la vie à la surface de la planète. Postulat désormais accepté par la quasi-totalité des savants comme si c'était un fait scientifiquement attesté.

Il n'a pas pu y avoir eu de couche d'ozone au début de la vie et pendant l'Archéen; des gaz comme l'hydrogène et le méthane étaient dominants dans la chimie de l'atmosphère, et même s'il y avait eu un peu d'oxygène dans l'air, il n'aurait pas pu servir à former de l'ozone. (L'ozone est produit quand dans la stratosphère les rayons ultraviolets cassent les molécules d'oxygène en deux atomes séparés, qui se recombinent alors avec d'autres molécules d'oxygène pour former une variété d'oxygène à trois atomes : O_3.) L'intensité du rayonnement ultraviolet en l'absence d'ozone aurait été 30 fois supérieure à celle qui touche maintenant la Terre. Pareille irradiation, dit-on, aurait stérilisé les terres émergées. Ceux qui croient le plus fermement à la puissance des ultraviolets soutiennent qu'il faut 10 à 30 mètres d'eau océanique pour filtrer ce rayonnement mortel. La vie, disent-ils, n'aurait pas pu exister dans les mers peu profondes, et encore moins à la surface.

Il est beaucoup plus probable que le « fragile bouclier de la Terre » ne soit qu'un mythe. Certes, la couche d'ozone existe actuellement, mais c'est pure illusion que de croire que sa présence est absolument nécessaire à la vie. Au sortir de l'université, j'eus mon premier poste à l'Institut national de la recherche médicale de Londres. Mon supérieur était un généraliste courtois et distingué, Robert Bourdillon. J'eus le privilège d'observer les expériences que lui-même et mon collègue Owen Lidwell faisaient pour tenter de tuer des bactéries en les exposant à un rayonnement ultraviolet non filtré, expériences auxquelles je participai plus tard. Notre objectif pratique était la prévention des infections croisées dans les services hospitaliers et les salles d'opération. Nous cherchions un moyen de tuer les bactéries aériennes et d'empêcher par là l'infection. Quelques espèces de bactéries, nues et lavées, en suspension dans l'air sous forme de fines gouttelettes, furent facilement détruites par les ultraviolets. Toutefois, il était impressionnant de constater que le film de matière organique le plus ténu donnait une protection quasi totale même à ces espèces sensibles. Dans le monde réel en dehors du laboratoire, les bactéries ne se présentent pas en suspension dans l'eau distillée ou une solution saline. Dans leurs habitats normaux, les bactéries sont revêtues de sécrétions muqueuses, ou des composants organiques ou minéraux de leur milieu. Elles ne sont pas plus nues que nous. On procéda à de nombreux essais pratiques avant de se rendre compte que les rayons ultraviolets ne constituent pas une méthode efficace pour éliminer du milieu hospitalier ces tendres et fragiles pathogènes. Une minime épaisseur de tissu suffit à arrêter les radiations ultraviolettes *.

Le souvenir de ces expériences me faisait accepter difficilement le fait que l'irradiation bien plus faible des terres émergées à l'Archéen par le rayonnement ultraviolet naturel puisse avoir

---

* Les sceptiques seront peut-être convaincus par la description de ces expériences dans le *Special Report n° 262*, « Studies in Air Hygiene », publié en 1948 par le Medical Research Council.

empêché leur colonisation. Les organismes existant à cette époque avaient l'habitude de vivre dehors à la lumière du soleil et disposaient de millions d'années pour s'adapter à la Terre ou vice versa. Il est également faux de supposer que l'ozone est le seul gaz atmosphérique susceptible de filtrer le rayonnement ultraviolet. De nombreux autres composés absorbent et éliminent les radiations ultraviolettes de courte longueur d'onde. À l'Archéen, les candidats les plus probables auraient été les *smogs* résultant de la décomposition du méthane ou de l'hydrogène sulfuré. Il y a encore plus de possibilités dans les océans. Les ions abondants d'éléments de transition comme le fer, le manganèse et le cobalt sont d'intenses absorbeurs d'ultraviolets, comme les ions de l'acide nitrique et de nombreux acides organiques. Mais même si les ultraviolets solaires avaient frappé sans filtrage aucun la surface de la planète, la vie n'en aurait pas tellement été gênée pour autant. Les organismes sont avant tout opportunistes. Ils auraient probablement mis à contribution le rayonnement ultraviolet dur pour en faire une source d'énergie de premier choix. C'est faire injure à la versatilité des systèmes biologiques que de supposer qu'un rayonnement faiblement pénétrant comme les ultraviolets solaires pourrait présenter un obstacle insurmontable à la vie en surface. Même les humains à la peau sombre sont presque insensibles à leurs effets; et ils sont utilisés dans la peau de tout un chacun pour la production photobiochimique opportuniste de la vitamine D.

La croyance que le rayonnement ultraviolet est obligatoirement mortel pour la vie sur Terre a engendré des visions déformées de l'Archéen et d'autres périodes de l'évolution de Gaïa. Et cette conception est encore fermement ancrée dans la pensée scientifique. Je découvris qu'elle était répandue chez les savants qui recherchaient la vie sur Mars. Je ne pouvais pas m'empêcher de me demander comment ils pouvaient croire qu'il y avait de la vie à la surface intensément irradiée de la planète Mars et en même temps croire que les terres sous l'épaisse et ténébreuse atmosphère archéenne étaient stériles. Comment arrivaient-ils à faire coexister dans leur esprit deux idées aussi contraires?

Je crois qu'à cette époque le besoin de pluie aurait représenté une menace plus sérieuse pour la santé des colonies terrestres.

Les précipitations sur les continents émergés de la Terre actuelle sont pour une part considérable dues à l'évapotranspiration : les arbres et les plantes de grande taille pompent l'eau du sol jusqu'à leurs feuilles, où elle s'évapore. Les panaches de vapeur d'eau qui s'élèvent au-dessus des forêts agissent comme des montagnes invisibles et forcent l'air qui souffle des océans à abandonner sous forme de pluie l'eau dont il est chargé. Même si la vie bactérienne proliférait jusqu'à former des stromatolithes, il est invraisemblable que ces structures coloniales qui s'élèvent au-dessus de la surface puissent faire tomber la pluie avec autant d'efficacité que les arbres. (Toutefois, malgré leurs dimensions minuscules, les bactéries disposent de bien des tactiques pour faire tomber la pluie. Des savants ont récemment découvert que des bactéries du genre *Pseudomonas* synthétisent une macromolécule qui peut déclencher la congélation des gouttelettes d'eau en surfusion en dessous de 0°C.)

Bien qu'une masse d'eau, dans une piscine ou même dans un verre, gèle dès que la température descend en dessous de 0°C, des gouttelettes d'eau qui se sont condensées à l'intérieur d'un nuage peuvent résister au gel jusqu'à une température de −40°C. Cette surfusion se produit en l'absence de noyaux de particules solides sur lesquels le premier cristal de glace microscopique pourrait se former et pousser. Pure, l'eau se refuse à geler; elle gèle dans nos réfrigérateurs parce que dans une masse d'eau il y a toujours au moins un noyau pour déclencher le processus de nucléation. Certaines substances chimiques, l'iodure d'argent, par exemple, ont des cristaux dont la forme se rapproche de la glace jusqu'à la contrefaire. Si on les répand sur un nuage en surfusion, ils déclencheront le processus de gel et parfois la chute de la pluie. La macromolécule synthétisée par les pseudomonades peut faire geler des gouttelettes d'eau refroidies à −2°C seulement; elle est donc bien plus efficace que l'iodure d'argent. (Ce qui a donné un intérêt commercial aux méthodes utilisées pour faire tomber la pluie. Le procédé à iodure d'argent marche tant bien que mal, et on cherche une manière efficace de produire la macromolécule des pseudomonades. Mais certains écologistes estiment que ce n'est pas souhaitable : il s'agit de subtiliser une pluie qui autrement serait tombée sur ceux qui en auraient peut-être eu plus besoin.)

L'histoire des pseudomonades remonte très loin dans le temps, et leur procédé de nucléation de la glace date peut-être de l'Archéen. S'il en est ainsi, ont-elles été les faiseurs de pluie qui ont amené la colonisation des terres? La question qui se pose toujours à ce stade de nos spéculations est : comment est-ce arrivé? Les bactéries n'ont sûrement pas pris la décision de fabriquer la macromolécule. C'est alors que les microbiologistes sérieux sont saisis d'angoissse et craignent le retour imminent de l'hérésie téléologique. Heureusement, nous pouvons aisément faire un modèle plausible de l'évolution des liens étroits qui associent un effet environnemental à grande échelle et l'activité locale d'une colonie de micro-organismes – modèle qui est en plus absolument neutre du point de vue des intentions.

Il est probable que les systèmes physiologiques régionaux et planétaires de Gaïa ont leurs origines dans quelque compétition et négociation entre espèces à l'échelon local. Une variété primitive de la bactérie glaçogène a peut-être découvert que pouvoir faire geler la rosée sur le site de la colonie lui donnait quelque avantage. C'était peut-être la destruction par le gel d'une espèce concurrente ou d'un prédateur, la possibilité de fendre la peau dure de quelque organisme comestible ou de produire des fractures dans la roche pour en tirer des éléments nutritifs ou augmenter la quantité de particules tombant sur le sol. N'importe lequel de ces effets, seul ou associé à un autre, donnerait un avantage à la variété glaçogène et, plus important encore, avantagerait la variété qui produirait les meilleures macromolécules nucléatrices, ou qui en produirait le plus. La meilleure variété possible de bactérie nucléatrice finirait par devenir omniprésente. Pour des raisons purement locales, ces bactéries poursuivraient leur production de gel partout où elles en tireraient avantage. Il est facile de voir que des écosystèmes de surface comportant des glaçogènes seraient favorisés en cas de sécheresse par rapport à ceux incapables de produire l'agent nucléateur. La poussière soulevée par le vent ou des tourbillons ascendants pourrait déclencher le gel des gouttelettes dans les nuages et ensuite la pluie.

Le rapport entre le gel des gouttelettes à l'intérieur des nuages et la chute subséquente de la pluie est bien connu. Une grande quantité de chaleur est libérée quand l'eau gèle; en d'autres termes, faire geler la moitié de la quantité d'eau contenue dans une gouttelette en surfusion à −40°C libère assez de chaleur pour élever la température du mélange eau-glace de 40°C jusqu'au point de fusion. Si dans un nuage une grande partie des gouttelettes surfondues gèle, la chaleur latente ainsi libérée réchauffe le nuage et le fait s'élever. Il y a encore plus de vapeur d'eau qui se condense et qui gèle, si bien que la glace et la neige qui tombent au travers du nuage accumulent de l'eau, s'alourdissent et tombent sous forme de pluie. Toute substance produite par les organismes vivants qui induit la nucléation des gouttelettes surfondues dans un nuage encouragera donc la pluie à tomber.

La nucléation de la vapeur d'eau sursaturée joue dans la régulation du climat un rôle encore plus important que la nucléation des gouttelettes d'eau surfondues. L'air au-dessus de l'océan est souvent sursaturé de vapeur d'eau. Mais il ne peut se former ni nuages ni gouttelettes d'eau avant que n'apparaissent de fines particules, les noyaux de condensation nébulogènes. Le climatologue Robert Charlson a soutenu que les émissions de composés sulfurés par le biote actuellement et dans un passé récent ont joué un rôle important en fournissant des noyaux de condensation. Mais cela exige la présence d'oxygène atmosphérique pour transformer par oxydation le soufre en acide sulfurique et en acide méthane sulfonique les agents nucléateurs. Cela n'aurait pas pu se produire à l'Archéen, mais d'autres types de molécules ont pu servir au même usage. L'aérosol salin des embruns marins peut jusqu'à un certain point déclencher une nucléation des nuages, mais ce pouvoir est bien faible comparé à celui des microgouttelettes d'acide sulfurique.

Bien que les précipitations soient essentielles à l'entretien de la vie sur les terres émergées, elles posent aussi un problème dans la mesure où elles emportent par ruissellement les substances nutritives. (La faible productivité des hautes terres très pluvieuses de la côte ouest des îles Britanniques est un exemple de ce problème.) Aujourd'hui, les fleuves apportent à l'océan des éléments utiles, voire indispensables, à la vie marine – azote, phosphore, calcium et silicium. Mais les rivières emportent aussi vers la mer des éléments plus rares – le soufre, le sélénium et l'iode – et la terre s'en trouve appauvrie. Ce qui nous amène à un autre mécanisme géophysiologique à grande échelle : le transfert d'éléments essentiels ou nutritifs de l'océan, où ils abondent, à la terre, où ils sont rares. Ce processus oblige la vie marine à synthétiser des composés chimiques particuliers qui servent à ces éléments de vecteurs aériens. L'élément soufre, par exemple, est transporté de l'océan à la terre par le sulfure de diméthyle produit par les algues marines. À l'Archéen, il y avait soit un environnement dépourvu d'oxygène, soit un excès de gaz réducteurs par rapport à l'oxygène. Dans pareille atmosphère, la synthèse du sulfure de diméthyle, qui semble n'avoir lieu qu'en milieu oxygéné, n'a aucune chance de se réaliser. Des composés comme l'hydrogène sulfuré et le bisulfure de carbone, qui sont instables dans notre air oxydant actuel, auraient pu tenir le rôle du sulfure de diméthyle en transportant l'élément essentiel soufre – et à l'Archéen la vie terrestre aurait pu en avoir moins besoin.

L'hydrogène sulfuré est omniprésent dans les zones anoxiques et réagit avec de nombreux métaux – le plomb, l'argent et le mercure, par exemple – qui sans cela pourraient s'accumuler et atteindre des concentrations toxiques. Il en résulte des sulfures non solubles dans l'eau qui se déposent sous forme de solides. Le géochimiste Wolfgang Krumbein a démontré que les gisements de minerai de ces éléments, superficiels ou proches aujourd'hui de la surface, sont les décharges de déchets de quelque ancien écosystème anoxique. Les organismes anaérobies qui convertissaient le mercure et le plomb, éléments potentiellement toxiques, en leurs dérivés méthyliques volatils, se multiplièrent avec succès et fournirent à l'écosystème un mécanisme pour éliminer les déchets toxiques. Les zones anoxiques sont perfusées en permanence par un flux de méthane qui sert à évacuer ces substances volatiles. Cette méthylation est partiellement bénéfique à une échelle régionale ou même planétaire. La production de diméthylsélénium sert d'une manière subtile, découverte pour la première fois par le chimiste atmosphérique F.S. Rowland, à annuler la toxicité du diméthyle mercurique. Elle sert également à faire recirculer l'élément essentiel sélénium dans tout l'environnement planétaire.

La vitesse d'ensevelissement du carbone à l'Archéen n'était pas sensiblement différente de celle d'aujourd'hui. Comme nous l'avons vu plus haut, le carbone fixé dans les roches sédimentaires les plus anciennes présente une différence subtile dans la répartition de ses isotopes avec les roches lunaires, qui n'ont jamais été exposées à la vie; cette différence prouve la présence de photosynthétiseurs. Le géologue Euan Nisbet me dit qu'il y a des dépôts de schistes archéens riches en carbone en Afrique australe. Ils sont comparables aux gisements houillers issus des arbres des forêts du Carbonifère, des milliards d'années plus tard. Ces dépôts carbonés sont tout ce qui reste des cadavres des micro-organismes qui jadis prospérèrent à l'Archéen. Les volcans rejetaient alors du gaz carbonique, comme maintenant. Les bactéries archéennes, photosynthétiques et autres, utilisaient ce gaz carbonique pour fabriquer les composés organiques de leurs cellules; ces organismes ont pu aussi faciliter la réaction du gaz carbonique avec le calcium et d'autres ions bivalents dissous dans la mer et à la surface des terres. Ces deux types de réactions absorbaient le trop-plein de gaz carbonique et maintenaient une concentration stable de ce gaz dans l'atmosphère, dans le cadre du système de régulation climatique illustré par la figure 4.2. Ces conséquences climatiques mises à part, les écosystèmes archéens auraient enseveli une certaine proportion, réduite mais constante, du carbone qu'ils faisaient circuler, ce qui aurait amené une addition continuelle d'oxygène, laquelle, toutefois, aurait été intégralement utilisée dans l'oxydation des composés réducteurs des milieux terrestres et océaniques, et de ceux émis par les volcans. C'était un peu comme l'une de ces expériences de chimie au lycée, où l'on ajoute progressivement une solution oxydante à une solution réductrice jusqu'à ce qu'un indicateur vire brusquement pour signaler le passage tout aussi brusque de la réduction à l'oxydation en fin de titrage. L'ensevelissement d'une faible proportion du carbone et du soufre, recyclés de leur vivant par les bactéries, a pour ainsi dire titré le matériau oxydable de l'environnement jusqu'à épuisement du surplus. Le matériau réducteur continua de s'intégrer à l'océan et à l'atmosphère, mais sa vitesse d'intégration était inférieure à celle de l'ensevelissement du carbone. L'oxygène libre commença à apparaître dans l'atmosphère à des niveaux plus que suffisants pour contrer la tendance réductrice du méthane, marquant ainsi la fin de cette époque.

Il paraît vraisemblable que la période où le méthane dominait la chimie atmosphérique a connu une fin abrupte. Mais il serait erroné d'envisager un brusque passage d'un monde totalement dépourvu d'oxygène à un monde où l'oxygène libre était présent dans l'air. Il est bien plus probable qu'il y a eu, dans la dernière partie de l'Archéen, une croissance progressive des organismes oxiques à la surface de la Terre. Ils auraient d'abord pu exister en surface, là où les phototrophes se prélassaient au soleil et produisaient localement assez d'oxygène pour les faire vivre. Il y aurait un écosystème encapsulé et séparé survivant dans un système par ailleurs mortel, un peu comme les anaérobies survivent dans le monde empoisonné actuel riche en oxygène. Dans cet écosystème oxique, il y aurait des consommateurs vivant des produits organiques des cyanobactéries, et aussi des organismes capables d'exploiter un milieu légèrement oxydant et d'accomplir des prouesses, comme la dénitrification (l'utilisation d'ions nitrate et nitrite à la place de l'oxygène, si bien que l'azote s'échappe dans l'air sous forme d'azote gazeux et de protoxyde d'azote).

Peu à peu, à mesure que dans les océans s'épuiseraient les composés avides d'oxygène, l'oxygène libéré par les phototrophes ne serait plus absorbé. Puis le rapport entre les flux atmosphériques de méthane et d'oxygène tendrait vers un excès d'oxygène. Les écosystèmes oxiques se répandraient et, juste avant que l'oxygène libre augmente sa concentration pour devenir l'oxydant dominant, ils auraient probablement recouvert la plus grande partie des océans. La situation nouvelle ferait plus penser à une hégémonie qu'à un génocide. Des scénarios encore plus étranges seraient envisageables si les colonies de surface généraient du protoxyde d'azote avant l'apparition de l'oxygène lui-même. Ce gaz est stable dans la troposphère et aurait pu laisser le méthane persister plus longtemps; il s'apparente un peu aux gaz à effet de serre et aurait pu contrebalancer le déclin du méthane. Il est actuellement fabriqué par les bactéries, et il est vraisemblable que des bactéries le fabriquaient déjà à cette époque.

En géophysiologie, la frontière archéenne coïncida avec la grande ponctuation marquée par la présence dans l'air de l'oxygène libre. Toutefois, pour les bactéries de l'Archéen, cette époque n'a jamais pris fin. Elles existent toujours partout où l'oxygène est absent de l'environnement. Elles animent les vastes écosystèmes, d'importance vitale, des zones anoxiques sous le fond des océans, dans les marais et les tourbières, et dans l'intestin de presque tous les consommateurs, nous-mêmes y compris. Au sens géologique strict, la période s'est terminée il y a 2,5 milliards d'années, et l'oxygène a pu arriver plus tard. L'apparition de l'oxygène dans l'air et à la surface des océans n'a pas éliminé les écosystèmes anoxiques; elle les a simplement parqués dans les eaux stagnantes et les sédiments. Par conséquent, les roches qui se sont formées à partir de ces sédiments ont pu ne pas conserver la trace de la présence de l'oxygène libre atmosphérique.

Voilà donc un exposé de quelques aspects de l'Archéen vus au travers de la théorie Gaïa. Ce fut une période où le système opératoire de la Terre était exclusivement peuplé de bactéries. Une longue période, durant laquelle les composants vivants de Gaïa pouvaient véritablement être considérés comme formant un tissu unique. Les bactéries, qui sont à la fois mobiles et motiles, auraient pu faire le tour du monde, portées par les vents et les courants océaniques. Elles peuvent aussi échanger facilement de l'information, sous forme de messages codés sur des chaînes d'acides nucléiques de faible masse moléculaire appelées *plasmides*. Toute la vie sur Terre était donc reliée par un réseau de communications lent mais précis. Le « village global » envisagé par Marshall McLuhan, avec ses humains reliés par un réseau bavard de télécommunications, est une nouvelle version de ce procédé archéen.

5

Le moyen âge

On sait peu de choses sur l'importante période transitoire entre – 2 et – 0,7 milliards d'années.

ROBERT GARRELS.

Pour qui s'intéresse à la Terre et s'interroge sur l'histoire des roches, peu de lieux de naissance sont plus indiqués que l'Angleterre ou le pays de Galles. Ma petite île, qui est partagée entre ces deux pays, offre autant de périodes géologiques qu'un continent. Sur toute la longueur de sa côte, les vagues ont découpé les falaises, et ces murailles rocheuses exposent leurs strates disséquées comme dans un diorama de musée. Quand j'étais enfant, je passais mes vacances en un lieu appelé Chapman's Pool sur la côte du comté du Dorset, où les sombres falaises noires des schistes de Kimmeridge étaient criblées d'ammonites blanches comme neige et d'autres fossiles.

À mesure qu'on avance d'est en ouest en Angleterre, les roches remontent le temps, et quand on arrive au pays de Galles, elles ont déjà près de 570 millions d'années. Ces roches anciennes sont dites cambriennes – de *Cambria,* ancien nom latin du pays de Galles. Ce sont les plus vieilles roches comportant des fossiles visibles à l'œil nu. Il existe bien sûr des roches plus anciennes, qui contiennent des microfossiles de bactéries, comme celles découvertes par Barghoorn et Tyler; mais avant les méthodes modernes de datation, il n'y avait aucun moyen d'en connaître l'âge avec certitude. La période dont les roches sont plus vieilles que celles contenant des fossiles macroscopiques fut appelée le Précambrien, parce qu'elle était encore plus reculée dans le temps que le Cambrien. Nous savons maintenant que certaines parties du Précambrien sont véritablement très anciennes. Ces données nouvelles découlent de la répartition dans ces roches des éléments radioactifs uranium et potassium, et de leurs produits, le plomb et l'argon. La désintégration radioactive est une horloge précise; en mesurant le rapport plomb/uranium ou argon/potassium dans un morceau de roche, il est possible de calculer son âge. Un autre témoignage de l'ancienneté des roches est fourni par la répartition des isotopes de l'élément stable carbone. Tout cela, ajouté à la découverte des microfossiles bactériens de l'Archéen, nous dit que la vie était présente il y a au moins 3,6 milliards d'années. Le Précambrien est désormais délimité et divisé en deux périodes : l'Archéen, de – 4,5 à – 2,5 milliards d'années, et le Protérozoïque, de – 2,5 à – 0,57 milliards d'années. Certains géologues nomment Hadéen une première période allant de – 4,5 à – 3,8 milliards d'années.

Comme l'Archéen, le Protérozoïque fut une époque où les écosystèmes de la Terre étaient peuplés de bactéries (les procaryotes). Dans les régions anoxiques des sédiments, les bactéries archéennes auraient survécu; mais c'est alors, dans les environnements maintenant légèrement oxydants des océans et de la surface, que finirent par se développer des cellules vivantes plus complexes, les eucaryotes. Elles sont les ancêtres des grandes communautés de cellules à noyaux, comme les arbres et nous-mêmes.

Le Protérozoïque est encore une période énigmatique de l'histoire de la Terre. Je me sens donc autorisé à m'en servir comme d'un arrière-plan sur lequel je développerai des modèles géophysiologiques de ce qui aurait pu se produire. J'écrirai ce chapitre non pas comme une page d'histoire, mais comme l'exposé de la physiologie d'un animal inconnu qui vivait il y a des milliers d'années, reposant sur des traces limitées à quelques fragments d'os datés avec précision par leur contenu en isotopes de carbone. Je m'intéresse essentiellement aux processus géophysiologiques à long terme qui ont constamment maintenu la Terre dans un état favorable à la vie et à leurs modes de fonctionnement. En gardant à l'esprit les os de la Terre, je ne cesserai de revenir à l'élément important qu'est le calcium et à son rôle crucial dans tous les objets vivants, de nous-mêmes à Gaïa. Je continuerai de m'intéresser à ces autres éléments importants que sont l'oxygène, le carbone et l'hydrogène, à leur régulation et au climat. Ce chapitre traitera également de la géophysiologie des océans; en particulier de la question difficile de savoir si la salinité totale est déterminée uniquement par des forces physiques et chimiques, ou s'il y a comme une « machination » de la part de Gaïa. Bien que le cadre de ce chapitre soit le Protérozoïque, le moyen âge de la Terre, la plupart des sujets abordés ne concernent pas exclusivement cette période; les processus en question fonctionnaient déjà à l'Archéen et fonctionnent encore dans la période actuelle.

Si nous nous proposons de commencer à la frontière entre l'Archéen et le Protérozoïque, nous allons découvrir que son tracé est encore discuté. Il n'y a pas de démarcation franche, rien qu'un *no man's land* où les géologues de terrain ont posé leurs jalons comme bon leur semblait. Le géologue Euan Nisbet, spécialiste de l'Archéen, me dit qu'il y a une unanimité tacite sur la date de 2,5 milliards d'années avant l'époque actuelle, même si certains préféreraient mettre la barrière à la date marquée par l'apparition d'une séquence rocheuse particulière au Zimbabwe. De même que les frontières politiques font souvent peu de cas des régions ethniques, de même les limites établies à partir de considérations géologiques ne servent pas toujours les intérêts de la géophysiologie. En tant que géophysiologiste, je préfère poser mes repères à l'époque où l'environnement bascula dans une prédominance de l'oxydation – ou, pour employer une terminologie plus technique, lors du passage d'un environnement dominé par les donneurs d'électrons comme le méthane à un environnement dominé par les accepteurs d'électrons, comme l'oxygène. Il se trouve qu'il y a nombre d'incertitudes sur les événements qui se sont produits il y a 2,5 milliards d'années, et pour l'instant nous pouvons utiliser les repères géologiques et géophysiques pour définir la même section de l'histoire de la Terre.

Pour la géophysiologie, ce qui compte dans le passage de l'Archéen au Protérozoïque n'est pas la date exacte de cet événement, mais le fait qu'il se soit produit. C'est un peu comme la puberté; un changement physiologique profond, mais qui s'étale sur une période de temps finie. Dans la puberté, les indices du changement – l'apparition de la barbe et d'une voix plus grave, ou la poussée des seins – sont secondaires par rapport à l'événement principal. Le déclenchement de ces traits sexuels secondaires est une réaction à l'augmentation du flux de l'hormone pituitaire. Cet événement principal peut être défini avec précision, mais l'apparition des traits secondaires est quelque peu arbitrairement dispersée dans le temps. Entre l'Archéen et le Protérozoïque, l'apparition de l'oxygène comme gaz atmosphérique dominant fut l'événement principal qui a marqué un profond changement dans l'état géophysique de la Terre. Les manifestations extérieures secondaires de ce changement – l'émergence d'une nouvelle chimie pour la surface et l'atmosphère, et de nouveaux écosystèmes lorsque l'oxygène a commencé à dominer l'atmosphère – ont vraisemblablement recouvert un intervalle de temps significatif, et se sont produites à différents moments dans des lieux différents.

Depuis les premiers temps du Protérozoïque jusqu'à l'époque actuelle, il y a eu un excès d'oxygène libre gazeux dans l'air. Par excès, je veux dire que l'atmosphère a véhiculé plus d'oxygène qu'il n'était nécessaire pour oxyder complètement les gaz réducteurs à vie brève : le méthane, l'hydrogène et l'ammoniac. D'un point de vue géophysiologique, lorsque commença le Protérozoïque, la division entre les deux grands écosystèmes planétaires, les régions oxiques de surface et les sédiments anoxiques, était totale. Lorsque l'environnement s'est rempli de molécules qui concédaient des électrons (des agents réducteurs, donc), l'Archéen n'a pas vraiment pris fin, mais s'est isolé dans une région séparée qui existe partout où l'oxygène est absent. La soumission des systèmes anoxiques à la domination de l'environnement oxique ressemble un peu à la conquête de l'Angleterre par les Normands, qui vit les Saxons acculés à une position marginale et subalterne – les classes inférieures – dont on dit souvent qu'ils ne sont jamais sortis.

Le passage de l'anoxique à l'oxique fut une étape cruciale dans l'histoire de la Terre. Dans le modèle archéen présenté au chapitre précédent (fig. 4.2), on envisageait une fin brutale de cette période, où l'oxygène passait d'un taux très bas à une teneur atmosphérique entre 0,1 et 1 % en moins d'un million d'années. Il ne s'agit là évidemment que de la prédiction d'un modèle géophysiologique qui voit le passage d'un régime à l'autre comme un événement dont le moteur serait une puissante rétroaction positive entretenue par le biote et l'environnement.

La différence manifeste entre l'Archéen et le Protérozoïque réside, ce me semble, dans la composition de l'atmosphère et des océans; et peut-être aussi dans le climat. Le modèle simple de la figure 4.2 supposait que le cycle du carbone était préservé par les méthanogènes qui restituaient à l'atmosphère un flux massif de méthane et de gaz carbonique à partir des sédiments, et que cet état persistait jusqu'à ce que, très brutalement, apparaisse l'oxygène libre. Il est plus probable qu'il y a eu un peu d'oxygène présent même tout au début de l'Archéen, de même qu'il y a du méthane dans notre atmosphère actuelle. La différence entre l'air archéen et l'air protérozoïque n'était pas simplement une question de présence ou d'absence d'oxygène, elle résidait dans la netteté de la tendance. Au Protérozoïque, une bicyclette abandonnée dans une eau peu profonde aurait rouillé en formant de l'oxyde ferrique insoluble qui se serait déposé au fond de la mer; à l'Archéen, elle se serait lentement dissoute sous forme d'ions ferreux solubles dans l'eau, et n'aurait pas laissé de traces. Pendant la période où le flux de méthane a été supérieur au flux d'oxygène, la basse atmosphère n'a pu contenir de l'oxygène qu'à l'état de traces. Les océans et les roches de surface, riches en ions ferreux récupérateurs d'oxygène et en sulfures, auraient absorbé une telle proportion de l'oxygène produit par les cyanobactéries que l'air serait en fin de compte resté dans un état anoxique pendant la majeure partie de la période archéenne.

Nous ne savons pas si la teneur de l'air en oxygène s'est élevée brutalement; elle s'est peut-être élevée lentement, ou par une série de paliers. Il importe également de distinguer entre la présence et la prédominance de l'oxygène. La prédominance, au sens chimique du terme, exige que le rapport oxygène/méthane soit supérieur à 2. Ce sont les traces d'une importante glaciation il y a environ 2,3 milliards d'années qui nous incitent à penser que le changement de régime, la démarcation entre les périodes archéenne et protérozoïque, a été abrupt. Elle résultait peut-être d'une chute brutale de la teneur atmosphérique en méthane. Pareil événement se serait accompagné d'un refroidissement, puisque le méthane et ses produits de décomposition sont des gaz à effet de serre. Des arguments géophysiologiques militent également en faveur d'une transition nettement définie vers un état d'oxydation. Une fois que l'oxygène photosynthétique serait dominant dans l'atmosphère et les océans, l'action du rayonnement solaire sur l'oxygène produirait des radicaux hydroxyles qui oxydent le méthane de l'air. En plus, des consommateurs se nourriraient de matières organiques avant qu'elles puissent atteindre les sédiments anoxiques; ce qui enlèverait aux méthanogènes la matière première de leurs excrétions gazeuses. Voilà donc la recette d'une puissante rétroaction positive contre le méthane et en faveur de l'oxygène. Ces événements ont sans doute été soudains plutôt que progressifs. Finalement, il faut prendre en considération le facteur écologique. Des systèmes existant déjà à l'Archéen se trouveraient à l'aise sur la planète telle qu'elle était alors. Ils auraient évolué avec leur environnement et résisté au changement, mais leur résistance serait comme celle d'une faille bloquée dans une zone de séismes. Ils auraient tendance à résister aux changements, à essayer de conserver le statu quo, mais lorsque viendrait la rupture, elle n'en serait que plus soudaine et plus dévastatrice.

Le passage à une prédominance de l'oxygène a pu laisser des traces dans les archives minérales sous la forme de la glaciation du Gowganda, mais la longue période qui a suivi est l'une des plus obscures de l'histoire de la Terre. La théorie Gaïa exige que l'évolution étroitement liée des organismes vivants et de leur environnement matériel ait déterminé l'état de la Terre dans cette période comme dans les autres. Pouvons-nous à partir de cette théorie envisager l'existence d'une planète vivante au Protérozoïque et les systèmes de régulation qui auraient alors été en vigueur?

Lorsque les spécialistes des sciences de la Terre emploient le terme de *régulation,* ils ont habituellement à l'esprit un processus passif dans lequel s'équilibrent les « profits » et « pertes » de quelque élément ou propriété. En géophysiologie, au contraire, la régulation implique le processus actif de l'homéostasie, la préservation d'une Terre confortable par l'interaction de la vie et de son environnement. Les spéculations qui suivent concernent la régulation du climat, l'oxygène, la salinité et d'autres composantes de l'environnement; elles se placent dans ce contexte géophysiologique, en d'autres termes, comme si elles concernaient l'état d'un organisme vivant. Il n'y a là aucune interprétation téléologique, et cela n'implique pas non plus que le biote fasse usage de facultés de prévision ou de planification dans la régulation de l'environnement de la Terre. Nous devons nous pencher sur la manière dont un système régulateur à l'échelle de la planète pourrait se développer à partir de l'activité locale d'organismes vivants. Il n'est absolument pas saugrenu d'imaginer une nouvelle espèce de bactérie qui évoluerait avec son environnement pour former un système susceptible de changer la Terre. C'est d'ailleurs exactement ce qu'a fait la première cyanobactérie, créatrice de l'écosystème qui utilisait l'énergie lumineuse pour fabriquer des matières organiques et de l'oxygène.

Si l'élément oxygène était d'une importance cruciale dans l'évolution géophysiologique de l'atmosphère, alors le calcium doit sûrement être l'élément déterminant dans la géophysiologie des océans et de la croûte. Le calcium est l'une des *terres alcalines* qui occupent la seconde colonne de la célèbre table périodique des éléments de Mendeleïev. Il vient après le magnésium et avant le strontium. Il vient en troisième position parmi les ions positifs de l'eau de mer, derrière le sodium et le magnésium. Nous avons tendance à voir dans le calcium un élément nutritif et inoffensif parce que c'est un composant structurel indispensable à notre squelette et à nos dents. Il joue aussi un rôle crucial dans de nombreux processus physiologiques internes qui vont de la coagulation du sang à la division des cellules. Il est indispensable à la vie mais, paradoxalement, il est très toxique à l'état d'ion libre. À l'intérieur de nos cellules, une concentration d'ions calcium dépassant quelques parties par million est mortelle, comparable en toxicité au cynanure, et pourtant les ions calcium existent à l'état libre dans les océans à une concentration dix mille fois supérieure.

Aux chapitres 2 et 3, j'ai expliqué le fonctionnement du modèle Floréale en termes de la croissance compétitive d'organismes vivants lorsqu'une composante de l'environnement peut être nettement circonscrite. On souffre du trop comme du trop peu; il y a un état de prédilection entre une chaleur torride et un froid arctique, entre la surabondance et la disette. Cela est particulièrement vrai dans le cas du calcium. Imaginez-vous quelque bactérie des océans primitifs capable de convertir les ions calcium solubles dans l'eau qui abondent dans son milieu interne en carbonate de calcium insoluble. Cette réaction simple aurait effectivement réduit la concentration des ions calcium potentiellement toxiques à l'intérieur de la cellule en emprisonnant le calcium sous une forme insoluble et sans danger. Pareille démarche, s'il y avait dans l'océan l'excès de calcium habituel, aurait augmenté les chances de survie de cet organisme et celles de sa descendance. Ces organismes seraient avantagés par rapport à des organismes qui se seraient contentés de s'adapter à l'excès de calcium. Dans la zone éclairée par le soleil des eaux de haute mer, la croissance de ces organismes conduirait au dépôt de vastes masses de carbonate de calcium sur le fond des océans. Cette pluie de « coquillages » microscopiques, qui descend de la surface ensoleillée jusqu'aux grands fonds, agit comme un convoyeur. Elle apporte de la nourriture aux consommateurs des régions inférieures, l'océan est nettoyé, rendu transparent, et des éléments potentiellement toxiques comme le cadmium sont éliminés des régions proches de la surface. Le gaz carbonique et le calcium sont transportés et assemblés par des communautés bactériennes pour former les cités rocheuses plates ou en forme de champignon appelées *stromatolithes.* La concentration d'ions calcium dans l'océan aurait été réduite, et toutes les formes de vie se seraient épanouies en conséquence. L'omniprésence des dépôts de calcaire d'origine océanique témoigne du succès et de la continuité de cette activité. Cette idée est contredite par certains géologues qui estiment que les dépôts primitifs de calcium ont été des processus inorganiques. Je ne vois pas comment nous pouvons faire la différence entre la cristallisation spontanée du carbonate de calcium sursaturé à l'Archéen et la nucléation induite par les organismes vivants. Mais je crois que la nucléation des états sursaturés et autres états métastables dans la nature est un processus géophysiologique capital et qu'elle a pris naissance à l'Archéen.

L'inventeur que je suis sait qu'une invention véritablement réussie a tendance à s'étoffer et à évoluer. Seules les inventions peu convaincantes se contentent d'un stade unique. Voyez comment le simple cristal semi-conducteur des premiers postes à galène des années vingt a évolué, dans une grandiose amplification, pour donner naissance aux dispositifs à base de silicium qu'on trouve partout aujourd'hui. Le stade de la précipitation du carbonate de calcium a été une invention encore plus importante; elle n'a pas seulement conduit à une régulation du calcium, du gaz carbonique et du climat, mais aussi à l'imposante ingénierie qui forma les structures de carbonate de calcium (les stromatolithes). Plus tard, ces mêmes processus évoluèrent pour que nos propres cellules possèdent les mécanismes complexes par lesquels le calcium se dépose sous forme d'os et de dents.

Mais le plus remarquable dans tout cela est l'hypothèse que les dépôts de carbonate de calcium biologique aient pu rendre possible le fonctionnement efficace du cycle *endogène* – la lente circulation des éléments de la surface et des océans vers les roches de la croûte et vice versa. Le géologue Don Anderson a avancé que le dépôt de calcaire sur les fonds océaniques est un facteur capital du mouvement de la croûte de la Terre. Il a proposé qu'à une certaine époque du passé reculé de la Terre, il s'est déposé assez de calcaire pour modifier la composition chimique des roches de la croûte des fonds océaniques près des plates-formes continentales. Il en serait résulté l'événement que les géologues appellent *transition de phase basalte-écoglite.* Cette transition a tellement modifié les propriétés physiques des roches de la croûte qu'elle aurait permis à la grande machinerie des mouvements tectoniques de commencer à tourner. Dans un article publié en 1984 dans la revue *Science,* Don Anderson ajoutait ce commentaire :

> Il semble que la Terre se singularise également par le fait qu'elle possède une tectonique des plaques en pleine activité. Si le gaz carbonique de l'atmosphère de Vénus pouvait se transformer en calcaire, la température de surface et celle de la couche supérieure du manteau baisseraient. La transition de phase basalte-écoglite migrerait à une faible profondeur et rendrait instable la partie inférieure de la croûte. Il y a donc là une intéressante possibilité : il se pourrait que l'existence sur Terre d'une tectonique des plaques soit liée à l'évolution de formes de vie productrices de calcaire.

Je trouve l'idée excitante, mais j'avoue que la plupart des géologues la trouvent extrêmement improbable. L'événement a peut-être commencé avec les activités de quelques organismes capables de dissocier une solution diluée de bicarbonate de calcium en craie et en gaz carbonique, et d'éviter ainsi l'empoisonnement par le calcium. Nous ne savons pas quand la tectonique des plaques a commencé. Si elle est liée à l'apparition de la vie, ce rapport peut ne pas avoir existé avant le développement de la précipitation intracellulaire du carbonate de calcium chez les eucaryotes à la fin du Protérozoïque.

L'étude des processus biologiques complexes qui induisent la ségrégation et la concentration des éléments de la croûte et des océans sous forme de minéraux est devenue une branche particulière des sciences de la Terre, la *biominéralisation*.

La régulation de la salinité est l'un des systèmes gaïens les plus intéressants et les plus frustrants. Peu d'organismes sont capables de tolérer le sel à des concentrations dépassant 6 % de leur poids. Est-ce un hasard si les océans ont toujours maintenu la salinité en dessous de ce seuil critique? Ou bien est-ce l'évolution étroitement liée de la vie et de l'environnement qui a conduit à une régulation automatique de la salinité des océans? On entend souvent dire que le milieu salin interne préféré des objets vivants, milieu étonnamment similaire dans un large éventail d'organismes, reflète la composition des océans lors de l'apparition de la vie. Il est vrai que la salinité du sang des baleines, des humains, des souris et de la plupart des poissons, marins ou d'eau douce, est la même. Même le fluide circulatoire de la crevette halophile *Artemia* qui vit dans les solutions salines saturées partage avec nous la même salinité. Mais, à mon avis, cela ne prouve pas plus la salinité de l'océan archéen que la concentration de l'oxygène actuellement respiré par ces organismes ne témoigne de l'abondance de l'oxygène dans les débuts de la vie.

La plupart des cellules survivent et prospèrent dans un milieu dont la salinité est de 0,16 mole/litre (environ 1 % en poids, soit une *salinité normale*). De nombreux types de cellules survivent à la salinité de l'eau de mer, 0,6 mole/litre, mais au-dessus de 0,8 mole/litre les membranes qui retiennent le précieux contenu interne des cellules deviennent perméables ou se désagrègent complètement. La raison du pouvoir destructeur des solutions salines est simple. La cohésion des membranes cellulaires est assurée par le même genre de forces qui empêchent une bulle de savon d'éclater. Très souvent, ces forces sont très sensibles à la salinité du milieu, et sont généralement affaiblies par une forte salinité. On peut le constater quand on fait des bulles en utilisant comme solvant du savon une solution saline de plus en plus concentrée. Au-dessus d'une concentration de 10 % environ, il n'est plus possible de faire des bulles. C'est parce que les molécules de savon sont composées d'une longue chaîne d'atomes de carbone étroitement liés les uns aux autres et entourés d'atomes d'hydrogène tout aussi fermement maintenus. Ces chaînes se terminent à une extrémité par un atome de carbone associé à deux atomes d'oxygène. Lorsque cette extrémité de la molécule de savon est dissoute dans une eau légèrement alcaline, comme le sont toutes les solutions savonneuses, elle porte une charge négative. Cette charge électrique négative fait que le groupe terminal attire les molécules d'eau et entraîne la dissolution de la chaîne hydrocarbonée huileuse jusque-là insoluble. Le sel est composé d'ions chlorure négatifs et d'ions sodium positifs. Lorsque ceux-ci sont trop nombreux dans la solution, ils commencent à concurrencer la charge négative du savon pour la capture des molécules d'eau. Quand suffisamment de sel est présent, le savon se sépare de l'eau comme le caillé du petit-lait.

Les molécules d'une membrane cellulaire sont plus complexes que celles du savon : elles comprennent des substances comme les stérols (le cholestérol, par exemple), des hydrocarbones, des protéines et des phospholipides. Les molécules des phospholipides correspondent à celles du savon, et forment la partie de la membrane la plus affectée par une augmentation de la concentration saline. De fortes concentrations de sel désagrègent les membranes des cellules en perturbant les forces électriques qui maintiennent la membrane dans son état correct et complexe. La membrane du globule rouge humain, par exemple, est composée en parties plus ou moins égales de cholestérol et de lécithine (un phospholipide), et d'un mélange de protéines et d'autres substances grasses. Le globule rouge survit à une exposition à des solutions salines atteignant 0,8 mole/litre (soit 4,7 % en poids dans l'eau). Au-delà de cette concentration, la membrane est endommagée, et au-dessus de 2 moles/litre la cellule peut être détruite en l'espace de quelques secondes. Au milieu des années cinquante, j'ai pu montrer par expérimentation directe que les dégâts causés aux globules rouges commençaient lorsque la lécithine se détachait de la membrane en se dissolvant dans la solution hautement concentrée. Ce type d'atteinte saline semble être commun chez les cellules vivantes et se voit chez les cellules des cinq règnes.

La concentration saline de la mer actuelle est toujours inconfortablement élevée pour les organismes vivants. Les plus gros, comme les poissons, les mammifères nageurs et quelques crustacés, ont des mécanismes physiologiques pour réguler la salinité interne à un niveau proche de celui de leur propre corps (0,16 mole/litre). Pour empêcher l'eau de s'échapper de leur milieu interne (osmose), ces animaux doivent faire le nécessaire pour ne pas être écrasés par la pression osmotique. Ils doivent utiliser de l'énergie pour pomper de l'eau afin d'équilibrer la différence de pression osmotique entre l'intérieur de leur corps et la mer. Cette pression équivaut à celle nécessaire pour pomper une colonne d'eau de cent cinquante mètres contre la pesanteur, soit un millier de fois la pression sanguine du corps humain. Les avantages d'une faible salinité interne doivent être considérables si pareil effort est exigé pour la maintenir. Pour la minuscule cellule d'une bactérie, une régulation individuelle est un luxe au-delà de ses moyens. Et cela ne se limite pas à la salinité. Prenons la température, par exemple : pour qu'un micro-organisme puisse maintenir une différence de température de 1 °C seulement avec son environnement, il lui faudrait consommer bien plus de nourriture et d'oxygène que n'en pourrait capter sa surface. En plus, un gradient de température de 1 °C à la surface de la membrane cellulaire générerait une pression osmotique thermique de 56 atmosphères, bien au-delà des capacités de résistance de la membrane cellulaire.

L'expérience la plus fréquente de contrainte saline a lieu lors de la dessication ou de la congélation. Lorsque les cellules gèlent, l'eau est éliminée sous forme de glace pure et la solution saline dans laquelle elles existent voit sa concentration s'élever. Dessiccation et congélation ont dû être des risques courants depuis les débuts de la vie, et d'ailleurs, jusqu'à aujourd'hui, l'évolution n'a pas fourni de réponse directe au problème de l'attaque des membranes par le sel. Il y a des bactéries qui tolèrent le sel, dites halophiles, qui mènent une existence précaire dans les régions salées de la Terre. Ces bactéries ont résolu le problème directement en développant au cours de l'évolution une membrane spéciale dont la structure n'est pas perturbée par le sel. Le procédé fonctionne, mais il faut en payer le prix; car ces organismes ne peuvent concurrencer les bactéries ordinaires lorsque la salinité est normale. Ils sont limités à leur niche écologique rare et lointaine, et dépendent du reste des organismes vivants pour le maintien sur Terre de conditions favorables à leur existence. Un peu comme ces individus excentriques de notre propre société dont la survie dépend du soutien que nous pouvons leur accorder sur nos surplus de ressources mais qui, livrés à eux-mêmes, pourraient à peine survivre.

La vie en général ne peut donc se permettre une concentration saline dépassant 0,8 mole/litre environ, qui n'est pas tellement plus élevée que celle des parties les plus salées de l'océan, qui atteint 0,68 mole/litre. Elle est fréquemment dépassée lorsque la marée se retire, abandonnant des organismes gorgés d'eau de mer qui se dessèchent sur le rivage. Le problème de la salinité a dû se poser aux bactéries de l'Archéen. Leur réponse à ce problème a été de synthétiser des composés solubles, les bétaïnes soufrées et azotées, des solutés neutres qui remplacent le sel et ne sont pas toxiques pour les cellules. Lorsqu'ils sont présents dans les cellules et leur milieu, la dessiccation ou le gel ne concentre plus le sel à des niveaux destructeurs. Il y a quand même un prix à payer pour la synthèse de ces bétaïnes antisalines. La bétaïne représente jusqu'à 15 % du poids à l'état sec des algues littorales, détournant ainsi une quantité considérable d'énergie que ces organismes ne peuvent utiliser à d'autres tâches. Il serait manifestement avantageux pour le biote de maintenir la salinité océanique au niveau le plus faible possible – en tout cas de l'empêcher de se rapprocher du seuil critique de 0,8 mole/litre.

Par sa difficulté, la régulation de la salinité dépasse tout ce que les humains ont fait jusqu'ici dans le domaine de l'ingénierie planétaire. Les bactéries de l'Archéen pouvaient relativement facilement modifier l'atmosphère, ce petit compartiment, pour l'adapter à leurs besoins; mais l'énorme masse des océans, quelque dix mille fois plus grande, était beaucoup plus difficile à manipuler. La seule manière d'éliminer les gigantesques quantités de sel océanique serait d'isoler l'eau de l'océan dans des lagunes où elle s'évaporerait sous l'action de la chaleur solaire. Cela aurait demandé la construction de vastes récifs de calcaire pour piéger le sel dans des lagunes d'évaporite. Par leurs seules dimensions, ces récifs rendraient insignifiant tout ce que l'homme pourrait jamais édifier. Il se peut même que le processus de formation de ces lagunes ait été assisté par le plissement des roches en lisière des continents consécutif aux mouvements des plaques.

Le tableau 5.1 donne la liste des sels présents dans les océans. Le sel en solution, arraché aux roches par l'érosion, se déverse continûment dans la mer, venant des fleuves et aussi de l'intérieur de la Terre, et se rassemble dans les zones d'épandage qui se trouvent au fond de tous les grands océans. Le sel océanique n'est pas une substance unique, le chlorure de sodium. Il existe sous la forme d'ions sodium positifs et d'ions chlorure négatifs, lesquels se comportent comme des entités tout à fait indépendantes et séparées. L'ion sodium et les autres ions positifs – potassium, magnésium et calcium – ont tous des temps de séjour relativement courts dans l'océan. Ils sont éliminés par des processus biochimiques et chimiques, et également par des réactions chimiques hydrothermiques au sein des zones d'épandage du fond des mers, et se déposent sous la forme de sédiments, d'argiles, de calcaires et de dolomites. Pour le biote, le problème du sel est en fait le problème de l'élimination des ions chlorure négatifs.

D'un point de vue chimique, l'ion chlorure ressemble à un atome d'argon, gaz totalement neutre. C'est une molécule sphérique lisse, glissante, qui a peu ou pas de tendances à s'attacher à quoi que ce soit. La part du chlore est insignifiante dans les échanges biochimiques. Quelques systèmes insolites produisent bien du chlorure de méthyle à partir du sel, mais le volume de ce composé est trop faible pour affecter la salinité de l'océan. En plus, le chlore du chlorure de méthyle ne tarde pas à repasser sous forme d'ions chlorure, est entraîné par les pluies et retourne

Tableau 5.1. Sels présents dans les océans

NATURE DES IONS	CONCENTRATION (moles/1)	TEMPS DE SÉJOUR (millions d'années)
Sodium	0,47	56
Magnésium	0,05	11
Calcium	0,01	0,9
Potassium	0,01	5,5
Chlorure	0,53	350
Sulfate	0,03	7,9

Source : M. Whitfield, 1981, « The World Ocean : Mechanism, or Machination », *Interdisciplinary Science Reviews* 6, 12-35.

à la mer. Les ions chlorure sont physiquement éliminés des océans par le transfert de l'eau de mer vers les lagunes d'évaporite. L'eau capturée dans ces lagunes se réchauffe au soleil et s'évapore; la vapeur d'eau circule dans l'atmosphère et finit par se condenser ailleurs sous forme de pluie – d'eau pure – qui s'écoule dans l'océan et le dilue. Le sel, représenté par l'ion chlorure dominant et les ions positifs qui doivent l'accompagner pour maintenir à zéro la charge ionique totale, se dépose sous forme de couches de cristaux. Ces lagunes d'évaporite se trouvent en de nombreux endroits au bord des continents. Des lagunes fossiles existent en de nombreux endroits sous la surface de la Terre, voire parfois sous les océans eux-mêmes.

Avant que ces lagunes puissent se former, des barrières sont nécessaires là où elles sont au contact de la mer. Se pourrait-il que cette activité fasse partie de l'évolution étroitement liée de la vie et des roches, ou n'est-elle que le fruit du hasard? Le processus capital dans la formation de ces barrières est le dépôt du carbonate de calcium. Le gaz carbonique atmosphérique réagit en permanence avec les roches alcalines de la surface terrestre pour former des bicarbonates. Une importante réaction de ce type est celle entre le silicate de calcium et le gaz carbonique dissous dans l'eau superficielle. Le résultat est une solution d'acide silicique et de bicarbonate de calcium, que les rivières amènent jusqu'à l'océan. En l'absence de vie, les ions du calcium et du bicarbonate peuvent coexister dans un océan faiblement acide, et un apport continu finirait par amener la cristallisation spontanée du carbonate de calcium. Mais il se déposerait plus ou moins au hasard au fond de l'océan. Dans le monde réel, les dépôts calcaires résultent pour la plupart de l'action d'organismes vivants. Le calcaire ne se dépose ni au hasard ni selon les attentes de la physique et de la chimie. La précipitation du carbonate de calcium par des colonies de micro-organismes s'effectue à grande échelle dans les eaux peu profondes en bordure des continents, là où il y a abondance maximale de substances nutritives comme de bicarbonate de calcium. Sans aucune anticipation ni planification, les composants de ces structures vivantes, les stromatolithes calcaires, se seraient assemblés au large et auraient fini par isoler des lagunes dans lesquelles l'eau se serait peu à peu évaporée en déposant du sel.

La construction de ces récifs n'aurait d'abord eu qu'un effet local puis, avec le temps, la masse du calcaire aurait commencé à affecter la croûte plastique de la surface de la Terre, la déprimant et par là même augmentant la capacité de la lagune. De nouveaux organismes formateurs de roches ne cesseraient de coloniser la surface d'un récif tout au long de sa descente, tendant ainsi à maintenir la lagune intacte. Si, comme l'a suggéré Don Anderson, le mouvement de la croûte de la Terre dépend du dépôt permanent du carbonate de calcium dans la mer, les récifs calcaires auraient pu contribuer aux événements complexes que furent la formation des montagnes et le plissement des roches en bordure des continents, lequel, par contrecoup, aurait étendu la gamme des littoraux où pouvaient se former des lagunes d'évaporite.

Au fil du temps, les océans se chargent de sel provenant de la lithosphère, qu'ils éliminent à nouveau. Une certaine quantité de ce sel se dépose dans des *gisements d'évaporite* et est ensevelie sous les sédiments. Ces dépôts peuvent être une réserve provisoire que les mouvements de la Terre et les intempéries mettent sans cesse à découvert et dont le contenu retourne alors à la mer; mais de nouvelles lagunes d'évaporite se forment continuellement. Le solde de l'érosion et de la formation semble avoir toujours conservé une quantité suffisante de sel séquestré dans les lagunes d'évaporite pour maintenir les océans dans un état de pureté favorable à la vie. De nombreux faits prouvent que la formation des lagunes et leur entretien dépendent du comportement spécifique de micro-organismes marins.

J'ai eu un jour le plaisir de participer à une expédition, dirigée par Lynn Margulis, dont l'objet était les communautés de tapis microbiens qui se forment dans les lagunes d'évaporite de la Basse-Californie, au Mexique (représentés sur la figure 5.1). Elles sont situées sur le bord occidental de cette longue et étroite langue de terre qui pend en dessous de San Diego et sépare le golfe de Californie de l'océan Pacifique. C'est là que j'ai pu voir de mes propres yeux la subtile économie des tapis bactériens qui couvraient la lagune. Les communautés rouges et vertes de microbes en surface faisaient fonction d'imperméable, empêchant le sel d'être dissous par la pluie et de revenir à l'océan. De fait, en une occasion, la lagune tout entière fut inondée sous plusieurs dizaines de centimètres d'eau douce. En l'espace de deux ans, l'excès d'eau s'évapora et se dispersa sans détruire ni les communautés microbiennes ni le gisement d'évaporite sous-jacent.

En temps normal, le déplacement vers le bas des eaux de pluie qui traversent le tapis en abaisse la salinité et contribue à la croissance en surface de photosynthétiseurs, premiers fournisseurs en nourriture et énergie des communautés qui sont dessous. Les cristaux de sel, en surface, ou juste en dessous, sont également recouverts d'un vernis particulier qui empêche l'eau de pluie de les dissoudre trop facilement.

Avons-nous affaire à une grandiose entreprise de génie civil non planifiée signée Gaïa? Toutes ces étapes, de l'abaissement individuel du taux d'ions calcium à l'intérieur des cellules d'un organisme vivant jusqu'au mouvement des plaques, sont du genre qui tend à améliorer l'environnement au profit des organismes responsables. Mais les liens entre la biominéralisation, la tension saline et la tectonique des plaques sont tellement ténus que la plupart des savants estimeraient que ces associations relèvent du hasard plutôt que de la géophysiologie. Je continuerai de me demander quelles sont les limites de la manipulation gaïenne, et je m'orienterai toujours en posant cette simple question :

Fig. 5.1. Lagunes d'évaporite à Laguna Figueroa, en Basse-Californie, au Mexique. Les dunes de sable forment une barrière à travers laquelle s'infiltre l'eau de mer. L'eau s'évapore ensuite dans les lagunes, et le sel se cristallise en formant un dépôt d'évaporite. La surface de ces lagunes est souvent couverte de communautés cellulaires appelées tapis microbiens.

comment la Terre aurait-elle pu être en l'absence de vie? Le calcaire se serait-il précipité au bord des continents pour former des lagunes d'évaporite? Le sel s'y serait-il déposé, ou alors aurait-il été renvoyé dans l'océan par la pluie en l'absence d'un imperméable vivant formé par les tapis microbiens? Le calcaire se serait-il déposé dans les sites propices au déclenchement du mouvement des plaques et avec la densité nécessaire? C'est peut-être invraisemblable, mais n'oublions pas les milliards d'années dont ont disposé l'invention géophysiologique et sa mise à l'épreuve par sélection naturelle. Nous devrions envisager que cette longue période a pu être assez longue pour permettre, à force de réglages, de changer la géologie brute en une géophysiologie harmonieusement régulée.

Jusqu'ici nous avons considéré les travaux à grande échelle. Qu'en est-il des ouvriers? Au cours du Protérozoïque s'est développé un nouveau type de cellule, les cellules à noyaux, appelées eucaryotes. Ce sont des cellules qui contiennent des structures, et d'autres organites (comme les chloroplastes, ces corps au pigment vert qui assurent la photosynthèse). Lynn Margulis nous a enseigné que ces cellules plus complexes sont en réalité des communautés de bactéries qui vivaient isolées à l'origine mais qui sont maintenant contenues à l'intérieur de la membrane externe de l'une d'elles. Dans *La Vie primitive*, elle nous dit comment la présence de l'oxygène au Protérozoïque a planté le décor pour l'apparition de ces cellules nouvelles et plus puissantes. Ce fut une étape évolutive comparable à celle qui se produisit à l'Archéen lorsque l'écosystème des photosynthétiseurs utilisant le gaz carbonique équilibra les méthanogènes qui restituaient le carbone à l'atmosphère sous forme de méthane et de gaz carbonique.

L'oxygène a ouvert une nouvelle et gigantesque niche écologique pour des organismes qui pouvaient survivre en sa présence et l'utiliser. Ces nouveaux organismes, qui accumulaient de l'énergie en combinant la matière organique avec l'oxygène, ont d'abord pu coexister paisiblement avec les photosynthétiseurs, se contentant de manger leurs débris et leurs cadavres. Mais, très vite, il y aurait eu des consommateurs, des organismes qui auraient appris à manger de la nourriture fraîche et qui en quelque sorte broutaient les photosynthétiseurs au fur et à mesure de leur croissance. Les cellules n'ont pas de bouche, mais elles peuvent ingérer d'autres cellules en les enfermant dans une poche de leur membrane, processus appelé phagocytose. La poche devient partie intégrante de l'intérieur de la cellule et se dissout, laissant la proie prisonnière. La digestion serait son destin habituel, mais parfois les rôles seraient inversés et l'organisme ingéré pourrait être l'agresseur. C'est la méthode que pratiquent encore actuellement les bactéries de la tuberculose et de la lèpre, qui attaquent les phagocytes qui les absorbent au lieu de périr victimes du puissant système digestif des phagocytes. Le résultat du combat, toutefois, est rarement un génocide; au lieu de cela, la guerre peut conduire à une coexistence pacifique qui profite mutuellement à l'agresseur et à sa victime. C'est ainsi que les chloroplastes ont pour ancêtres les cyanobactéries de l'Archéen, et qu'ils fournissent aujourd'hui leur énergie aux choux et aux séquoias. Bien que le sujet ait été succinctement débattu par les biologistes du XIXe siècle, c'est avant tout à Lynn Margulis que l'on doit la reconnaissance de cette puissante association d'organites œuvrant à l'intérieur des cellules dans un processus de symbiose appelé endosymbiose. Les organismes endosymbiotiques ont amplifié et prolongé les possibilités de manipulation planétaire du biote et ont été un trait essentiel de l'histoire de la Terre au Protérozoïque.

La formation de collectifs donne à l'ensemble un pouvoir supérieur à la somme des pouvoirs individuels; mais il y a toujours un prix à payer. Pour les bactéries primitives (les procaryotes), le vieillissement n'était pas un problème. Elles n'avaient ni noyau ni organites, et elles transportaient leur information génétique sur quelques brins d'ADN à l'intérieur de la membrane cellulaire (fig. 5.2). L'information génétique perdue par une bactérie individuelle pendant la brève durée de son existence était recouvrée par l'échange de plasmides et d'autres morceaux de logiciel polymérique avec d'autres organismes. Mais pour la cellule eucaryote avec son organisation interne complexe et ses organites (fig. 5.2), chacun porteur d'un jeu différent d'instructions génétiques, la perte par un seul organite de quelque information vitale pouvait signifier la mort de la cellule. L'invention d'une méthode et d'un mécanisme pour le transfert délibéré de l'information entre cellules avant

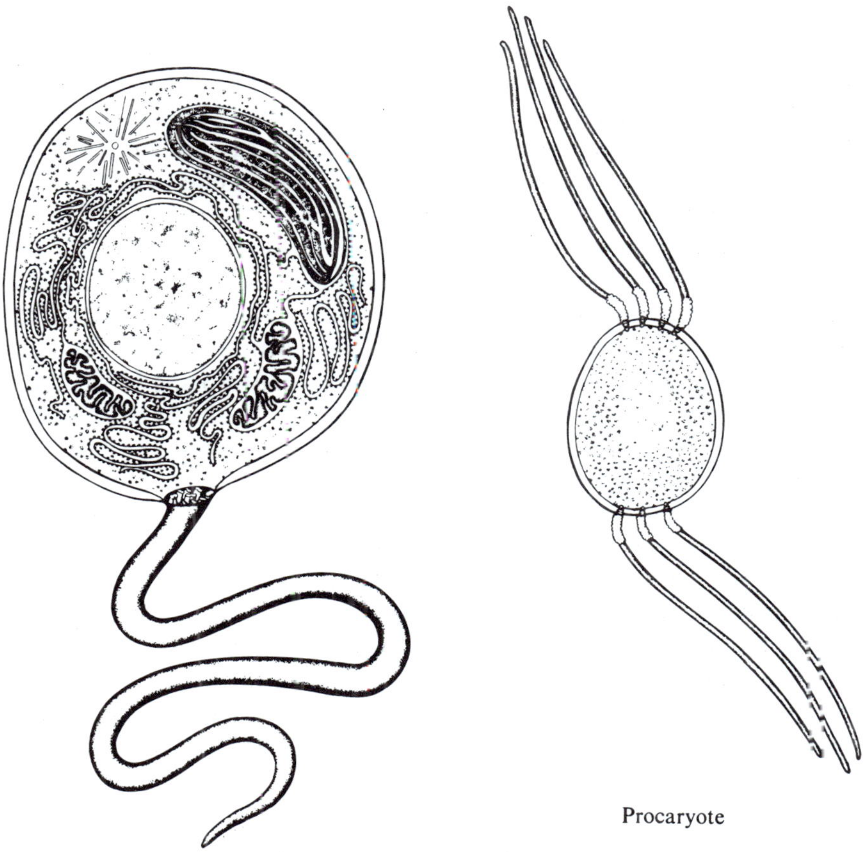

Fig. 5.2. Comparaison des structures cellulaires des eucaryotes et des procaryotes. Les eucaryotes se différencient par la possession d'organites entourés de membranes qui comprennent le noyau, les mitochondries, et les chloroplastes. (Dessin de Christie Lyon.)

la division a grandement réduit le risque d'une décision fatale. Ce fut ce besoin qui a conduit à l'invention de la sexualité. Cette histoire est trop intéressante pour être résumée ici, et elle est exposée en détail dans *Les Origines de la sexualité* de Lynn Margulis et Dorion Sagan.

Il reste encore à répondre à une question sur le Protérozoïque :

quelle était la concentration de l'oxygène? S'est-elle maintenue entre 0,1 et 1 %, ou alors s'est-elle élevée pour atteindre son niveau actuel, voire le dépasser?

L'oxygène libre provient de deux sources : la fuite de l'hydrogène dans l'espace et l'ensevelissement du carbone ou du soufre. La séquestration des éléments hydrogène, carbone ou soufre produit toujours de l'oxygène libre. Comme nous l'avons vu au chapitre précédent, une fois que l'oxygène apparaît dans l'air à l'état libre, la quantité d'hydrogène perdue dans l'espace diminue jusqu'à devenir négligeable. C'est parce que l'hydrogène ou les gaz comportant de l'hydrogène comme le méthane ne peuvent exister qu'à l'état de traces sous leur forme libre dans une atmosphère dominée par l'oxygène. La seule exception est l'eau, qui ne peut plus être oxydée, et qui est confinée à la basse atmosphère par le froid qui règne dans les couches inférieures de la stratosphère. Elle est en somme exclue par congélation; et la haute atmosphère ne contient que quelques parties par million de vapeur d'eau. La quantité actuelle d'hydrogène s'échappant dans l'espace est limitée par la sécheresse de la haute atmosphère; elle n'est que de 300 000 tonnes par an, ce qui équivaut à un peu moins de 3 millions de tonnes d'eau, et dégagerait un excès de 2,5 millions de tonnes d'oxygène. Cela paraît considérable, mais une déperdition d'eau de cette importance aurait éliminé moins de 1 % des océans à l'âge présent de la Terre.

Une fois que la perte d'hydrogène a été réduite à des proportions insignifiantes, le seul moyen d'ajouter encore de l'oxygène était de séparer le carbone et le soufre de leur combinaison avec l'oxygène dans le gaz carbonique et les sulfates. Si le carbone et le soufre ainsi séparés pouvaient être fixés dans les sédiments avant d'avoir l'occasion de réagir à nouveau avec l'oxygène, l'air recevrait un apport supplémentaire net de ce gaz. Ce processus de séparation commence avec la photosynthèse, qui dissocie le gaz carbonique en produisant de l'oxygène qui s'intègre alors à l'atmosphère, et les parties vivantes et mortes des plantes et des bactéries. L'essentiel de ce matériau carboné est recombiné avec l'oxygène par les consommateurs, mais une petite quantité, environ 0,1 %, est ensevelie plus ou moins définitivement. Un peu du carbone des sédiments est employé à réduire les sulfates en sulfures. La fixation des sulfures produit aussi un gain net d'oxygène dans l'atmosphère. Le carbone et les sulfures sont ensevelis dans les sédiments en mélange avec les schistes et les calcaires. Cet ensevelissement peut se faire de manière telle qu'il forme des combustibles fossiles, le charbon et le pétrole; mais ceux-ci ne représentent qu'une faible proportion de la totalité du carbone et du soufre fixés par les sédiments. La fixation de tout le matériau oxydable est comme un emprunt tiré sur le compte de l'oxygène. Tant qu'elle reste ensevelie ou perdue dans les profondeurs internes de la Terre, la créance n'est pas présentée et l'oxygène libre peut rester en circulation dans l'atmosphère.

Actuellement, environ 100 millions de tonnes de carbone sont ensevelies chaque année – équivalant à la libération dans l'atmosphère de 266 millions de tonnes d'oxygène libre. (Ce qui ne veut pas dire que la quantité d'oxygène présente dans l'air augmente, car la totalité de l'apport est absorbée par les matériaux oxydables libérés par les volcans, par l'érosion et par les processus qui se déroulent au fond de la mer.) La fixation du carbone s'est faite à un rythme constant pendant toute l'histoire de la Terre; il y a très peu de différence entre l'Archéen et l'époque actuelle. C'est curieux lorsqu'on considère que la masse et l'activité du biote ont peut-être été moins importantes à l'Archéen. L'énigme est résolue si l'on se souvient que, l'oxygène n'existant qu'à l'état de traces, la proportion des consommateurs oxiques par rapport aux anaérobies aurait été moins importante qu'actuellement. Ce qui signifie que les méthanogènes et les autres organismes du secteur anoxique digéraient presque tous les produits de la photosynthèse, mais fixaient la même quantité de carbone qu'aujourd'hui. L'intensité actuelle élevée de la photosynthèse doit être en partie due au recyclage rapide du carbone par les consommateurs aérobies. Ils métabolisent 97,5 % des produits de la photosynthèse, n'en laissant que 2,5 % aux anaérobies. Au Protérozoïque, il y avait des consommateurs qui se nourrissaient de matière organique et utilisaient de l'oxygène pour la métaboliser. Leur activité était vraisemblablement moindre qu'actuellement, mais plus importante qu'à l'Archéen.

Le point essentiel est que la production d'oxygène est déterminée par la quantité de carbone fixée, laquelle à son tour dépend de la proportion des produits de la photosynthèse qui atteignent le secteur anoxique. Manifestement, si les consommateurs mangeaient l'intégralité de la matière organique, il n'y aurait plus rien à ensevelir, et donc pas de source d'oxygène. Si nous nous rappelons que le rythme de la fixation du carbone est resté plus ou moins constant, il s'ensuit donc que l'apport d'oxygène provenant de cette source est resté constant lui aussi. À l'Archéen, tout cet oxygène a servi à oxyder les substances réductrices de l'environnement et celles qui s'y ajoutaient, mais lorsque est apparu l'oxygène libre, une proportion croissante de ce dernier a été utilisée par les consommateurs. L'existence ininterrompue des écosystèmes anoxiques de l'Archéen a assuré la fixation continue du carbone et une fourniture ininterrompue d'oxygène atmosphérique. Ces possibilités sont résumées dans le tableau 6.1. Qu'est-ce qui a alors déterminé la concentration de l'oxygène dans l'air? En puisant nos arguments dans la géophysiologie, nous pouvons supposer que la toxicité intrinsèque de l'oxygène n'est pas totalement surmontée par les systèmes antioxydants et par les enzymes des organismes du secteur oxique; s'il en est ainsi, l'oxygène peut assigner ses propres limites. A l'instar de la température, ce serait un facteur de l'environnement possédant des seuils de tolérance inférieur et supérieur pour le tout-venant des êtres vivants. Pareils facteurs peuvent être géophysiologiquement régulés.

Les figures 5.3 et 5.4 suggèrent comment la chose aurait pu se faire au Protérozoïque. La figure 5.3 décrit les effets de l'oxygène sur la croissance de l'écosystème oxique et l'effet sur l'oxygène de la taille de l'écosystème oxique. La ligne continue représente la relation entre une concentration constante d'oxygène et la population de consommateurs d'oxygène; aux faibles concentrations, ils seraient incapables de métaboliser, et aux fortes concentrations ils seraient empoisonnés par lui. La ligne pointillée indique la relation entre la population de l'écosystème oxique et la concentration d'oxygène sur une planète à l'état stable : plus il y a de photosynthétiseurs, plus il y a d'oxygène. Les deux courbes se coupent en un point correspondant à la concentration d'oxygène que le système conserverait en homéostase.

La figure 5.4 illustre les calculs d'un modèle informatique où

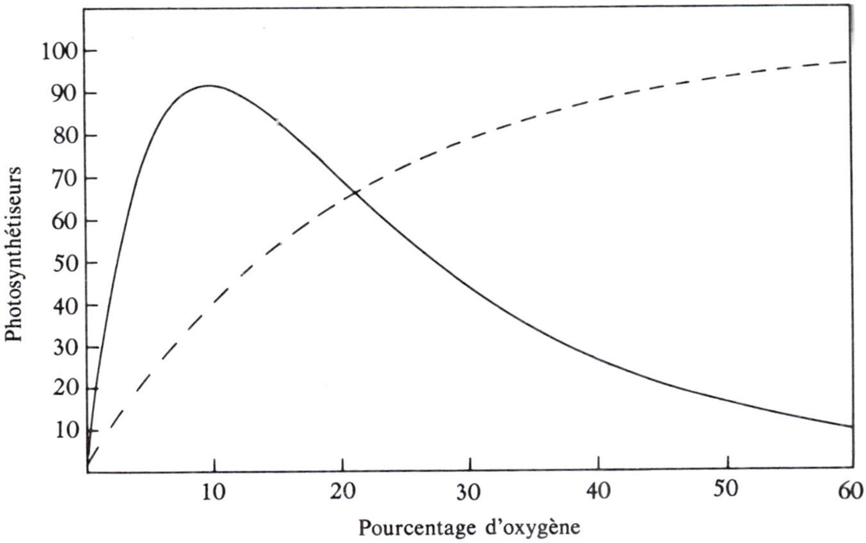

Fig. 5.3. Effet de l'oxygène sur la croissance des organismes *(ligne continue)* et effet de la présence d'organismes sur l'abondance de l'oxygène *(ligne en pointillé)*. L'intersection des deux courbes désigne le taux d'oxygène auquel le système se régule.

photosynthétiseurs, consommateurs et anaérobies coexistent sur une planète avant, pendant et après l'apparition de l'oxygène. On suppose que, comme sur la Terre, la fixation constante du carbone associée à un volume déclinant de roches et de gaz réducteurs oxyde la planète jusqu'à ce que l'oxygène libre devienne un gaz dominant. Ensuite, la teneur en oxygène augmente jusqu'à ce que les propriétés géophysiologiques du système établissent un nouveau niveau stable où l'abondance de l'oxygène est maintenue constante par la quantité de carbone ensevelie et la quantité de matériau réducteur exposée. La partie inférieure illustre les variations de la température planétaire comparées à celles d'une planète sans vie de même composition. La partie centrale montre la variation du taux d'oxygène, de gaz carbonique et de méthane. La partie supérieure illustre les niveaux de population des différentes formes de vie. Ce modèle est un descendant linéaire des modèles du climat étudiés aux chapitres 2 et 3, où la croissance compétitive de pâquerettes de couleurs

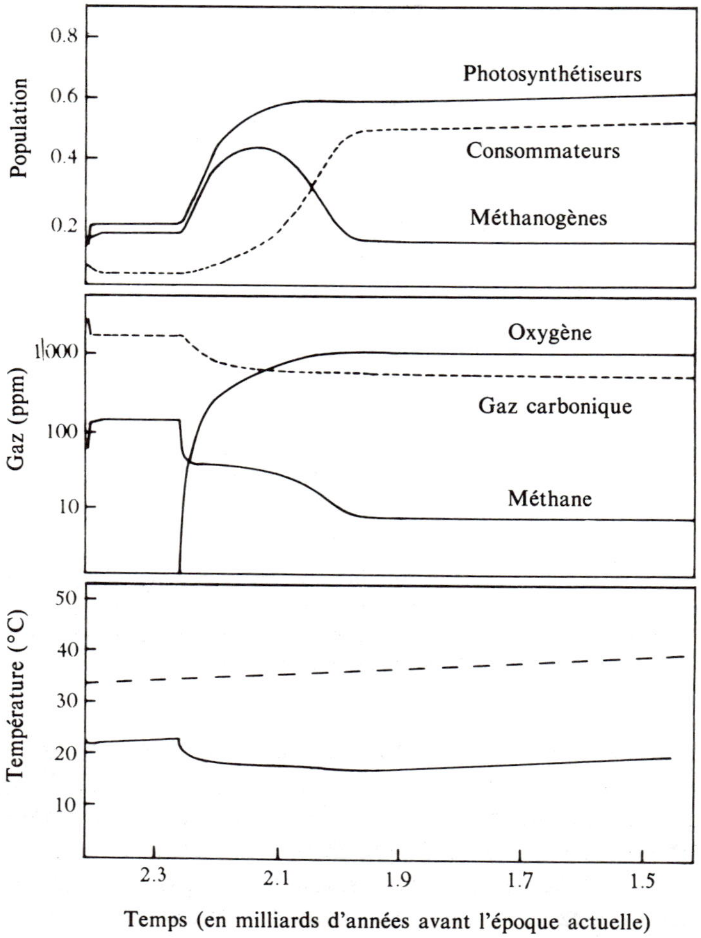

Fig. 5.4. Modèle du passage de l'Archéen au Protérozoïque. La partie inférieure montre le climat sur une planète sans vie *(ligne pointillée)* comparé à celui d'une planète vivante *(ligne continue)*. On notera une brusque chute de température lorsque l'oxygène apparaît. La partie centrale représente les concentrations des gaz atmosphériques (gaz carbonique, *ligne pointillée*; oxygène et méthane, *lignes continues*). La partie supérieure illustre les changements dans la population des écosystèmes avant, pendant et après le passage. On notera une augmentation à la fois des photosynthétiseurs et des méthanogènes lorsque l'oxygène apparaît pour la première fois, et un retour des méthanogènes à un niveau régulier une fois que les consommateurs aérobies *(ligne pointillée)* se sont installés.

différentes se révèle capable de réguler la température de la planète modèle. Il accepte qu'à longue échéance une quantité constante du carbone produit par photosynthèse soit fixée et que cette source d'oxygène soit constante. L'absorption d'oxygène diminuerait. À la fin de l'Archéen, la quantité d'oxygène a fortement augmenté. La présence d'un excès d'oxygène aurait accéléré l'érosion et donc augmenté la fourniture de substances nutritives, qui à son tour aurait favorisé un écosystème plus étendu. Il y aurait eu fixation accrue du carbone, et l'élévation de la teneur en oxygène se serait accélérée jusqu'à ce que la toxicité commence à lui imposer une limite. À ce moment-là, le secteur anaérobie, site de la fixation du carbone, aurait rétréci jusqu'à ses dimensions de l'Archéen, et la production d'oxygène serait une fois de plus égale à la perte d'oxygène par exposition à l'érosion de substances oxydables.

En un sens, les écosystèmes oxiques ont existé dès l'apparition de Gaïa; dès le moment où les premières cyanobactéries ont converti le rayonnement solaire en une énergie chimique de potentiel élevé et ont été en mesure de fabriquer des composés organiques et de l'oxygène à partir de l'eau et du gaz carbonique. Au fur et à mesure de leur extension, les cyanobactéries auraient toujours occupé une position en surface pour profiter du rayonnement solaire et s'en nourrir. Les systèmes anoxiques, dont la nourriture était les cadavres et les produits des cyanobactéries, auraient naturellement existé en dessous des photosynthétiseurs pour profiter des retombées nutritives de l'étage supérieur. Il y aurait eu dès le départ ségrégation de ces deux écosystèmes, et un gradient descendant de concentration d'oxygène à partir de son site de production.

Dans le monde réel, le cycle de l'oxygène ne peut être dissocié de celui du gaz carbonique; avec une augmentation de l'oxygène, on s'attendrait à une baisse du gaz carbonique. Le cycle du gaz carbonique est lié au climat, ce qui à son tour affecte la croissance des consommateurs comme des producteurs. La rétroaction environnementale du gaz carbonique et du climat renforcerait la stabilité du système. Une fois passé la crise initiale due à l'oxygène, le Protérozoïque aurait pu être une période confortable pour Gaïa, si l'on fait abstraction de la nuisance persistante des planétoïdes. La teneur naturelle en gaz carbonique aurait donné un climat agréable, et sa régulation n'exigerait pas un grand effort.

Une bizarre conséquence de l'apparition de l'oxygène a été la naissance des premiers réacteurs nucléaires de l'histoire du monde. L'énergie nucléaire à ses débuts a rarement été décrite publiquement, sauf sous forme d'hyperbole. On a donné l'impression que la conception et la construction d'un réacteur nucléaire sont des prouesses qui ne relèvent que de la physique et de l'ingénierie créative. On redevient modeste en découvrant qu'au Protérozoïque une discrète communauté d'humbles bactéries a construit un ensemble de réacteurs nucléaires qui ont fonctionné pendant des millions d'années.

Cet événement extraordinaire s'est produit il y a 1,8 milliard d'années en un lieu qui s'appelle maintenant Oklo, au Gabon, et il a été découvert d'une manière tout à fait fortuite. Il y a à Oklo une mine qui fournit de l'uranium, essentiellement pour l'industrie nucléaire française. Au cours des années soixante-dix, on s'aperçut qu'il manquait de l'isotope fissile U^{235} dans un chargement d'uranium en provenance d'Oklo. L'uranium naturel a toujours la même composition isotopique : 99,27 % d'U^{238}, 0,72 % d'U^{235}, et des traces d'U^{234}. Seul l'isotope U^{235} peut entrer dans les réactions en chaîne nécessaires pour produire de l'électricité ou faire exploser des bombes. L'isotope fissile est évidemment soigneusement gardé et sa concentration dans l'uranium est soumise à des contrôles sévères et répétés. On imagine le choc chez le personnel du Commissariat à l'énergie atomique lorsqu'on découvrit que ce chargement d'uranium avait une teneur en U^{235} très inférieure au chiffre normal. Un groupe clandestin basé en Afrique ou en France avait-il trouvé un moyen d'extraire l'isotope fissile qu'il serait en train de stocker pour fabriquer des armes nucléaires à usage terroriste? Quelqu'un avait-il dérobé le minerai d'uranium à la source en le remplaçant par de l'uranium ayant déjà servi dans l'industrie nucléaire quelque part dans le monde? Quoi qu'il en soit, on s'orientait vers une explication peu rassurante. Lorsque la vérité apparut, ce fut non seulement une révélation scientifique fascinante, mais sans doute aussi un immense soulagement pour des esprits obsédés par des visions de tonnes d'U^{235} pur aux mains de fanatiques.

La chimie de l'élément uranium est telle qu'il est insoluble dans l'eau en l'absence d'oxygène, mais facilement soluble en présence d'oxygène. Lorsque au Protérozoïque apparut assez d'oxygène pour rendre l'eau souterraine oxydante, l'uranium des roches commença à se dissoudre et, sous la forme de l'ion uranyle, devint l'un des nombreux éléments présents à l'état de traces dans les eaux fluviales. La force de cette solution d'uranium n'aurait été au plus que de quelques parts par million, et l'uranium n'aurait été qu'un des nombreux ions en solution. Dans le site appelé maintenant Oklo, pareille rivière se jetait dans un tapis d'algues qui comprenait des micro-organismes dotés de l'étrange faculté de recueillir et de concentrer exclusivement l'uranium. Ils accomplirent si bien leur tâche inconsciente qu'il finit par se déposer assez d'oxyde d'uranium à l'état pur pour faire démarrer une réaction nucléaire.

Lorsqu'une quantité d'isotope d'uranium fissile excédant la « masse critique » est rassemblée en un même lieu, il y a une réaction en chaîne auto-entretenue. La fission des atomes d'uranium libère des neutrons qui provoquent la fission de nouveaux atomes d'uranium, et donc de nouveaux neutrons, et ainsi de suite. Tant que le nombre des neutrons produits équilibre celui des neutrons qui s'échappent ou sont absorbés par d'autres atomes, le réacteur continue. Ce type de réacteur n'explose pas; de fait, il est autorégulé. La présence d'eau, de par sa capacité à ralentir et à réfléchir les neutrons, est un trait essentiel du réacteur. Lorsque la production d'énergie augmente, l'eau s'échappe par ébullition et la réaction nucléaire se ralentit. Une réaction de fission nucléaire est un genre de feu pervers; plus on l'arrose, mieux il brûle. Avec une puissance de l'ordre du kilowatt, les réacteurs d'Oklo ont tranquillement fonctionné pendant des millions d'années et ont, ce faisant, épuisé une bonne quantité de l'U^{235} naturel.

La présence des réacteurs d'Oklo confirme un environnement oxydant. En l'absence d'oxygène, l'uranium n'est pas soluble dans l'eau. Et cela vaut mieux : lorsque la vie est apparue il y a 3,6 milliards d'années, l'uranium était beaucoup plus riche en isotope fissile U^{235}. Cet isotope se désintègre plus rapidement que l'isotope commun U^{238}, et quand la vie est apparue, la proportion d'uranium fissile n'était pas de 0,7 mais de 33 %. Un uranium enrichi à ce point aurait pu être la source de feux d'artifice nucléaires spectaculaires si des bactéries avaient eu l'imprudence de le concentrer. Cela suggère également que l'atmosphère n'était pas oxydante à l'Archéen.

Des bactéries n'auraient pas pu débattre des coûts et des avantages de l'énergie nucléaire. Le fait que les réacteurs aient fonctionné si longtemps et qu'il y en ait eu plusieurs laisse à penser qu'ils ont dû être rechargés et que les radiations et les déchets nucléaires provenant du réacteur ne faisaient pas reculer cet écosystème bactérien primitif. (La répartition des produits de fission stables autour du site du réacteur tend aussi à prouver que le problème de l'élimination des déchets nucléaires n'est pas aussi difficile ou dangereux que les déclarations fiévreuses des militants antinucléaires voudraient nous le laisser entendre.) Les réacteurs d'Oklo sont un splendide exemple d'homéostase géophysiologique. Ils montrent comment des minéraux particuliers peuvent être séparés et concentrés à l'état pur – un acte en lui-même d'une profonde néguentropie, mais aussi un irremplaçable sous-système de nombreux processus géophysiologiques. La séparation de la silice par les diatomées et celle du carbonate de calcium par les coccolithophores et d'autres organismes vivants, l'un et l'autre sous une forme quasi pure, sont des processus du même genre et qui ont eu un effet profond sur l'évolution de la Terre.

Si quelque descendant du chimiste extraterrestre qui avait visité la Terre à l'Archéen revenait au Protérozoïque, il trouverait une planète pas trop différente de ce qu'elle est maintenant. Le ciel aurait été d'un bleu plus pâle avec peut-être une couverture nuageuse moindre. Sur la plage, la mer serait gris-bleu, et non pas marron comme à l'Archéen. À l'intérieur des terres, derrière les galets et les dunes de sable, s'étendraient les tapis bactériens, animés par l'apparition de certaines algues vertes et jaune d'or, protégeant le secteur anoxique qui recouvrait et maintenait intacts les gisements d'évaporite sous-jacents avec leurs couches profondes de sel inanimé accumulées au bout de milliers, voire même de millions d'années. Au large, on trouverait encore les structures rocheuses des colonies de stromatolithes. Je me demande si notre extraterrestre aurait observé une propriété géophysiologique remarquable des récifs qui vient d'être récemment découverte chez les récifs coralliens. Des photos prises par satellite ont montré que la longueur d'onde des vagues de l'océan à proximité des récifs était inhabituelle et inattendue, vu les vents de surface et l'état de la mer. Une recherche ultérieure a révélé le fait remarquable que les micro-organismes coralliens sécrétaient un lipide qui formait un film monomoléculaire à la surface de l'océan et en modifiait la tension superficielle de manière à influer sur les vagues. Il est tentant de spéculer sur le développement géophysiologique de cette remarquable prouesse des micro-organismes, et de se demander quand elle s'est développée et si c'est un mécanisme destiné à protéger les récifs des atteintes des vagues.

Au Protérozoïque, les planétoïdes continuèrent de pleuvoir. Il y en eut beaucoup de petits, mais il y en eut au moins dix qui causèrent à Gaïa des atteintes comparables en sévérité à celles de brûlures affectant 60 % de la peau d'un être humain. En elles-mêmes, les collisions n'ont pas beaucoup d'intérêt; nous n'avons pas d'informations détaillées sur la date et les conséquences de ces événements. Ce qui est intéressant, c'est de voir comment le système s'est remis de ces agressions. Nous sommes pratiquement sûrs qu'aucune d'elles n'a tué Gaïa, ce qui aurait obligé une nouvelle Gaïa à naître des débris. La capacité de survivre à des perturbations importantes est un test de la santé d'un système géophysiologique; le fait que la vie ait persisté et se soit remise de toutes ces catastrophes est une preuve supplémentaire en faveur de l'existence sur Terre d'un puissant système homéostatique.

Au début du Protérozoïque, le Soleil était plus froid. Le problème qu'affrontait Gaïa était d'empêcher le cocon de gaz carbonique de s'effondrer et de faire geler la Terre. Sans la tendance actuelle de la vie au refroidissement, la Terre serait intolérablement chaude. On pourrait dire qu'à présent la vie maintient la Terre au frais en absorbant le gaz carbonique. Au moyen âge du Protérozoïque, il y a 1,5 milliard d'années, le rayonnement énergétique solaire était à peu près adapté à la vie et la régulation thermostatique n'exigeait pas d'efforts particuliers. La teneur du gaz carbonique atmosphérique était probablement de 1 % en volume, niveau pour lequel physiciens et géophysiciens n'auraient pas de raison d'être en désaccord.

6

Les temps modernes

Jamais je n'avais soupçonné à quel point les arbres étaient apaisants – beaucoup d'arbres, des taches de soleil et d'arborescentes présences –, c'est presque comme si on avait un autre être.

D.H. LAWRENCE, Lettres choisies.

Le présent chapitre concerne la période de l'histoire de la Terre où des organismes assez gros pour être vus à l'œil nu se développaient ou se déplaçaient sur les terres et dans les mers. Les micro-organismes, encore florissants, étaient toujours responsables d'une bonne partie de la régulation planétaire. Mais l'arrivée de vastes communautés cellulaires au corps mou changea la surface de la Terre et le rythme de la vie : des végétaux qui pouvaient se tenir debout soutenus par des structures de profondes racines souterraines; des consommateurs qui pouvaient se déplacer sur le sol et dans l'air ou dans la mer. Tous ont laissé des restes fossiles. Leur présence délimite cette période, appelée le Phanérozoïque, qui va du Cambrien, il y a quelque 600 millions d'années, jusqu'à l'époque actuelle. Parce que nous y vivons, et parce que des archives historiques récentes sont beaucoup plus détaillées que celles du passé reculé, elle passe pour une période bien connue et qui nous est familière. C'est une illusion. Nous savons peu de choses de la Terre même à notre époque. Pour le Cambrien, nous n'avons que des catalogues d'espèces et de roches. Ils donnent un aperçu de ce qu'était la vie sur Terre, mais succinctement, de la même manière qu'un annuaire téléphonique nous renseigne sur la vie des particuliers et l'économie d'une ville.

Si nous faisons de Gaïa un organisme vivant, on peut considérer le Phanérozoïque comme le stade le plus récent de sa vie, et dans lequel elle se trouve encore. C'est sans doute plus commode que de considérer l'existence de chacun des milliards d'organismes qui la composent. Faire la connaissance d'un ami n'exige pas ordinairement la connaissance détaillée de sa structure cellulaire. De même, la géophysiologie, qui s'occupe globalement de la Terre, ne doit pas s'encombrer de la masse de détails inorganisés qui gisent comme d'épaisses couches de feuilles mortes sous les branches de l'arbre de la science. Alors jetons un coup d'œil à la physiologie de Gaïa pendant cette période. Une histoire idéale ferait la description du système tout entier, mais l'habitude de la réduction a la vie dure. À notre niveau d'ignorance actuel, il est bien plus facile de diviser le chapitre en parties, dont chacune est principalement consacrée à la régulation d'un élément chimique important et du climat.

Pour les géologues, le passage du Protérozoïque au Phanérozoïque s'est fait il y a environ 570 millions d'années. Les premiers organismes en lesquels nous reconnaîtrions des animaux pourvus de squelettes sont apparus sur Terre un peu avant. En tant que géophysiologiste, je préfère que ce passage soit également marqué par une modification de l'abondance d'oxygène, événement qui n'est pas sans rappeler celui qui s'est produit entre l'Archéen et le Protérozoïque.

Mes collègues m'ont fait très clairement comprendre que les propos qui suivent concernant l'oxygène sont spéculatifs et souvent contraires à la sagesse scientifique conventionnelle. Je les ai maintenus malgré leurs protestations car ils illustrent une conception de l'évolution de l'oxygène libre à la lumière de la théorie Gaïa. Le fait que l'hypothèse soit vraie ou fausse me semble moins important que la valeur qu'elle peut avoir dans la mesure où elle suscite de nouvelles expériences et de nouvelles mesures.

Considérons donc l'oxygène. Ce gaz provient de l'utilisation du rayonnement solaire par les chloroplastes verts à l'intérieur des cellules pour convertir le gaz carbonique et l'eau en oxygène libre et en substances biochimiques nécessaires à leur croissance. La plus grande partie de cet oxygène est réutilisée par les consommateurs qui mangent les plantes et les algues, oxydent la nourriture, et restituent du gaz carbonique à l'air et à la mer. Depuis le début, les producteurs, les photosynthétiseurs, ont entretenu une ambivalence haine-amour avec les consommateurs.

Les producteurs ne se soucient pas d'être mangés, mais la présence des consommateurs est essentielle pour leur santé et celle de l'organisme à plus grande échelle qu'ils constituent. Lorsque plantes et animaux apparurent, les petits détails de cette agression constructive devinrent patents. On vit que les plantes possédaient des poisons, des épines et des aiguillons; les animaux et les micro-organismes furent donc obligés de développer des techniques nouvelles pour en faire leur prise alimentaire. Il y a toujours un équilibre, car sans les consommateurs la survie des plantes et des algues serait menacée. L'air n'a en réserve que quelques années de gaz carbonique. La disparition des consommateurs serait catastrophique pour les plantes, et ce à très court terme. Non seulement il n'y aurait pas assez de gaz carbonique pour la photosynthèse, mais il y aurait des changements climatiques majeurs lorsque les gaz atmosphériques et l'albédo de la Terre réagiraient à l'extinction des plantes. Et surtout le recyclage complexe des éléments nutritifs et le « jardinage » du sol cesseraient. À l'échelle temporelle humaine, la coexistence des consommateurs et des producteurs pourrait se comparer à la longue période de paix qui règne entre les deux superpuissances ennemies et pourtant dépendantes l'une de l'autre.

L'oxygène est également épuisé dans sa réaction avec, par exemple, les gaz soufrés émis par les volcans, ou les substances chimiques réductrices des roches ignées qui se solidifient à partir du magma émergeant du sous-sol océanique. La concentration d'oxygène est maintenue constante par l'ensevelissement d'une petite portion du carbone photosynthétique, 0,1 % environ, juste assez pour compenser les pertes. Nous savons que la teneur en oxygène a dû changer à la fin du Protérozoïque, à cause des nouvelles formes de vie qui sont apparues.

Lorsque la plupart des organismes vivaient soit dans l'eau, soit en colonies de tapis d'algues à la surface des terres, la limite supérieure de la teneur en oxygène aurait été déterminée par sa toxicité. Pareils écosystèmes sont moins vulnérables aux incendies que la végétation verticale. Ils auraient pu tolérer une atmosphère contenant jusqu'à 40 % d'oxygène, à condition que la pression atmosphérique supplémentaire n'accentue pas l'effet de serre gazeux pour donner une chaleur intolérable.

Toutefois, les eucaryotes libres qui apparurent au début du Protérozoïque n'auraient pas exigé beaucoup d'oxygène, puisque ce gaz pouvait se diffuser facilement dans le mince intervalle entre les parois de leurs cellules microscopiques; ils auraient pu se contenter d'une concentration atmosphérique de 0,1 % seulement. Les organismes plus volumineux qui apparurent au Phanérozoïque, comme les dinosaures, qui étaient composés d'une énorme quantité de cellules juxtaposées, n'auraient pu exister que dans un environnement plus riche en oxygène. C'était particulièrement vrai là où la nage exigeait une plus grande dépense d'énergie. Même à l'époque actuelle, avec 21 % d'oxygène dans l'air, nos muscles ne peuvent recevoir suffisamment d'oxygène lorsqu'ils sont poussés au maximum de leur puissance; une alimentation temporaire auxiliaire, la glycolyse, entre en action lorsque nous courons un cent mètres. Dans un ouvrage insolite intitulé *Vivre sans oxygène,* Peter Hochachka décrit les mécanismes complexes avec lesquels les gros animaux abordent le problème de la production énergétique dans un monde qui fournit une quantité d'oxygène limitée par rapport à leurs besoins. Un exemple de cette incidence de la taille est illustré par l'oxyde de carbone, gaz toxique. Pour des animaux aussi gros que nous-mêmes, l'oxyde de carbone est immanquablement mortel. Il tue en empêchant les globules rouges du sang d'amener de l'oxygène à nos tissus. Un animal plus petit comme la souris peut survivre à la saturation intégrale de son sang par l'oxyde de carbone. Il survit au poison parce que assez d'oxygène peut se diffuser jusqu'à ses tissus à partir de la peau et de la surface des poumons.

Vu les effets toxiques de l'oxygène, il y a nécessairement une limite supérieure de la concentration de ce gaz à laquelle ces gros animaux peuvent vivre. Nous sommes tellement habitués à voir dans l'oxygène une substance vitale et essentielle que nous en ignorons la puissante toxicité. Le métabolisme oxydant – l'extraction de l'énergie à partir de la nourriture au travers de ses réactions avec l'oxygène – s'accompagne inévitablement d'un dégagement de produits intermédiaires hautement toxiques à l'intérieur de la cellule. Une substance comme le radical hydroxyle est un oxydant tellement puissant que, s'il était présent sous forme gazeuse à la même concentration que l'oxygène, presque tout ce qui est inflammable prendrait feu instantanément. Il réagit avec le méthane à température ambiante, ce que l'oxygène libre ne peut faire en dessous de 600°C. D'autres produits indésirables de l'oxygène sont le peroxyde d'hydrogène, l'ion superoxyde, et les atomes d'oxygène. Les cellules vivantes ont développé des mécanismes pour annuler la toxicité de tous ces produits : des enzymes, comme la catalase, qui décompose le peroxyde d'hydrogène en oxygène et en eau, et la superoxydase, qui transforme l'ion superoxyde nocif en produits inoffensifs; des antioxydants comme le tocophérol, qui éponge les radicaux hydroxyles. Nous-mêmes et d'autres animaux actuels, du plus gros au plus petit, devons nos longévités respectives à ce dispositif de protection chimique développé par nos lointains ancêtres bactériens. Si l'excès d'oxygène est modéré, sa toxicité peut être limitée.

Pourquoi la concentration d'oxygène a-t-elle augmenté? À la fin de l'Archéen, la quantité de réducteurs disponibles – les sulfures et les ions ferreux – aux premiers âges de la Terre ne fut plus suffisante pour contrebalancer le flux d'oxygène provenant de la fixation du carbone, et la quantité d'oxygène augmenta. Elle atteignit un état stable à faible niveau au début du Protérozoïque, très au-dessous de la teneur atmosphérique actuelle, qui représentait un équilibre entre les besoins des consommateurs primitifs et la toxicité de l'oxygène envers les photosynthétiseurs primitifs. Il n'y a pas d'événement aussi clairement délimité au Protérozoïque qui correspondrait à l'apparition de l'oxygène à la fin de l'Archéen (voir le tableau 6.1). Nous ne savons pas pourquoi la teneur en oxygène a recommencé à augmenter, bien que Robert Garrels avance qu'elle a été associée au développement de bactéries qui réduisent les sulfates. Ce qui aurait conduit à une fixation encore plus grande de produits des photosynthétiseurs, sous forme de soufre ou de sulfures, résultant en un excès d'oxygène atmosphérique. Quelle qu'ait pu être la manière dont les choses se sont passées, les réactions de cet oxygène libre avec d'autres éléments comme le carbone ou le soufre libéreraient des acides dans l'atmosphère, lesquels accentueraient l'érosion des roches de la croûte, ce qui libérerait encore plus d'éléments nutritifs et favoriserait par conséquent une multiplication des organismes vivants. La

Tableau 6.1. Apports et pertes d'oxygène

Période	*Concentration*	*Apports*	PERTES *Consommateurs*	*Roches*
Archéen	entre 10^{-7} et 10^{-5}	10	1,0	9,0
Protérozoïque	entre 0,01 et 0,1	30	29,8	0,2
Phanérozoïque	0,21	100	99,9	0,1

Note : Les concentrations d'oxygène sont calculées par rapport à la totalité de l'atmosphère. Les apports et pertes sont les flux d'oxygène (en gigatonnes par an) qui entrent et sortent de l'atmosphère. Le flux photosynthétique actuel est d'environ 100 Gt/an.

rétroaction positive sur l'augmentation de la teneur en oxygène continuerait jusqu'à ce que les inconvénients de sa présence en excèdent les avantages. Un peu comme l'accroissement de la population automobile dans certaines grandes villes, qui se poursuit jusqu'à ce que sa présence rende la circulation impossible.

À un certain moment durant cette période, les organismes ont commencé à synthétiser, à grande échelle, les précurseurs de ces substances énigmatiques que sont les lignines et les acides humiques. C'est peut-être là le résultat de l'invention de certains antioxydants nouveaux. Les précurseurs des lignines sont les phénols, bien connus pour réagir vigoureusement avec les radicaux hydroxyles. Un membre typique de cette classe de substances acides est l'alcool de coniféryle : lorsqu'il réagit avec le radical hydroxyle il produit de la lignine, polymère carboné doté d'une grande stabilité chimique et résistant à la biodégradation. À cause de ces propriétés, la lignine, si elle était fabriquée en grandes quantités, augmenterait le volume de la fixation du carbone, et donc la vitesse de la production d'oxygène. Sous un angle géophysiologique, la lignine s'est révélée être un matériau structurel aussi important pour les plantes terrestres que les biocéramiques des os et des coquilles le sont pour les animaux. De même que le dépôt de calcite dans les cellules a pu à l'origine faire partie d'un dispositif pour abaisser la concentration du calcium toxique dans les fluides cellulaires, de même la production de lignine a pu initialement provenir d'une méthode de détoxication de l'oxygène. Ces deux matériaux ont permis la construction de vastes communautés cellulaires d'un type nouveau. D'abord dans les océans, puis maintenant dans les organismes vivants en lesquels nous reconnaissons les plantes et les animaux.

Le modèle de l'évolution de la régulation de l'oxygène et du gaz carbonique, représenté sur la figure 5.4, peut être étendu jusqu'à l'époque actuelle. Mais tel quel il est incapable de rendre compte de la régulation précise de l'oxygène observée dans les quelques dernières centaines de millions d'années. L'oxygène s'est maintenu à une teneur de 21 % en volume pendant le Phanérozoïque. La preuve de cette concentration élevée et constante est la présence dans les sédiments de couches contenant du charbon de bois. On en trouve jusqu'à 200 millions d'années avant l'époque actuelle. La présence du charbon de bois implique des incendies, probablement des incendies de forêt. Cela impose des limites précises à la concentration de l'oxygène atmosphérique. Mon collègue Andrew Watson a démontré que les incendies ne peuvent se déclencher, même avec des brindilles sèches, lorsque le taux d'oxygène est en dessous de 15 % ; au-dessus de 25 %, les incendies sont tellement violents que même le bois humide d'une forêt tropicale pluviale brûlerait dans une redoutable conflagration. En-dessous de 15 %, il n'y aurait pas de charbon de bois; au-dessus de 25 % il n'y aurait pas de forêts. La teneur en oxygène est de 21 %, ce qui est très proche de la moyenne entre ces deux extrêmes.

Il se pourrait que les incendies eux-mêmes soient le facteur régulateur de l'oxygène. Ce n'est pas la foudre qui manque pour les allumer. Si les incendies sont le facteur régulateur, il ne peut s'agir d'une relation simple. L'oxygène de l'air provient de la fixation du carbone. Les consommateurs sont efficaces, et 2 % seulement du carbone photosynthétisé atteint les sédiments, où il est à 95 % restitué à l'environnement oxydé sous forme de méthane. Donc une partie sur mille du carbone fixé par les plantes est enfouie en profondeur. La combustion, par contre, est peu efficace. Comme vous le dira n'importe quel fabricant de charbon de bois, il peut rester jusqu'à 70 % du carbone dans la combustion contrôlée du bois. Les incendies, par conséquent, conduiraient à la fixation d'une bien plus grande quantité de carbone, parce que le charbon de bois résiste totalement à la dégradation biologique. Paradoxalement, les incendies conduiraient donc à longue échéance à une augmentation de la teneur en oxygène. Si l'on suit cet inquiétant scénario jusqu'à sa conclusion, il y aurait d'abord une rétroaction positive sur l'oxygène, mais les forêts ne tarderaient pas à être tellement dégarnies que la production de carbone retomberait au point où la teneur en oxygène serait à son niveau actuel ou au-dessous. Un nouveau cycle recommencerait alors. S'il est vrai que les couches de charbon de bois présentes dans les sédiments suggèrent des incendies récurrents, la proportion de carbone enfoui existant sous forme de charbon de bois est bien trop faible pour rendre compte de pareil cycle.

Une régulation plus subtile impliquant le feu viendrait de l'utilisation des incendies par certaines espèces d'arbres comme d'une arme pour défendre leur territoire. Les conifères et les eucalyptus ont les uns et les autres évolué indépendamment pour produire sur le sol de la forêt une litière particulièrement inflammable : des tas de branchettes riches en résine et en terpènes qui s'enflamment et brûlent vivement dès qu'ils sont frappés par la foudre. Cette forme d'incendie provoqué n'endommage pas les arbres eux-mêmes, mais signe l'arrêt de mort d'espèces concurrentes comme les chênes. De plus, ces incendies produisent peu de charbon de bois; la combustion est presque complète. L'écologie forestière basée sur l'incendie est si développée que certaines espèces de conifères ont besoin de la chaleur du feu pour libérer leurs graines de leurs capsules. Le fait que l'oxygène soit précisément régulé à la concentration avantageuse de 21 % suggère que les plantes de grande taille, inflammables et ininflammables, à la fois victimes et bénéficiaires, jouent un rôle capital. Je ne peux m'empêcher de me demander si ces arbres inflammables qui se servent d'une écologie basée sur le feu comportent aussi moins de lignine que d'autres végétaux. Si c'était le cas, ils contribueraient à fixer moins de carbone et serviraient donc à stabiliser l'oxygène à un niveau où il y aurait effectivement des incendies, mais pas assez violents pour faire plus de mal que de bien.

L'examen séparé du cas de l'oxygène se justifie par sa signification historique; un peu comme si l'oxygène était le chef qui avait dirigé les exécutants de l'orchestre évolutif. Mais nous ne devons pas oublier que chez Gaïa l'évolution des organismes et de leur environnement constitue un procédé unique et non dissociable. En plus, de même qu'ils sont liés aux différentes espèces d'organismes, les cycles de tous les éléments qui composent Gaïa sont intimement liés entre eux. Une tentative de description séparée de chacune des parties du système détruit cette intuition globale mais est rendue inévitable par le recours obligatoire à la forme linéaire de l'expression écrite. C'est avec cette idée à l'esprit, et en nous rappelant qu'on ne peut séparer la géophysiologie de l'oxygène de celle du carbone, que nous abordons maintenant le gaz carbonique.

Aux temps modernes, le gaz carbonique est un gaz qui existe seulement à l'état de traces dans l'atmosphère comparé à sa prédominance sur les autres planètes telluriques ou à l'abondance des gaz terrestres, l'oxygène et l'azote. En volume, le gaz carbonique est actuellement présent à la concentration de 340 parties par million. Il est vraisemblable que sur la Terre primitive des débuts de la vie il y en avait 1 000 fois plus. Il y en a actuellement 300 000 fois plus sur Vénus; et même Mars, dont le gaz carbonique est pour l'essentiel congelé à la surface, en possède 20 fois plus. James Walker et ses collègues ont essayé d'expliquer la faible concentration du gaz carbonique sur Terre par un simple argument géochimique. Leur modèle était basé sur le fait que les apports de ce gaz viennent exclusivement des émissions volcaniques et que les pertes viennent uniquement de sa réaction avec le silicate de calcium des roches. Sur leur planète modèle, la vie ne jouait aucun rôle dans la régulation du gaz carbonique. À mesure que le Soleil se réchauffait, deux processus se produisaient. Le premier était une augmentation du taux d'évaporation de l'eau des océans et donc de la quantité de pluie; le second était une augmentation de l'ampleur des réactions du gaz carbonique avec les roches. Ensemble, ces deux processus accéléreraient l'érosion des roches et diminueraient donc la quantité de gaz carbonique. Le solde de l'opération serait une rétroaction négative sur l'augmentation de température entraînée par l'accroissement du rayonnement solaire. Malheureusement, ce modèle imaginatif et plausible fut incapable de rendre compte de la réalité. Le volume de gaz carbonique qu'il prédisait pour l'époque actuelle était environ 100 fois supérieur à ce qu'on observe à présent.

On peut redonner vie au modèle de James Walker en y introduisant des organismes vivants. Si l'on examine le sol d'une région riche en plantes sise pratiquement n'importe où sur Terre, son contenu en gaz carbonique est entre 10 et 40 fois plus élevé que celui de l'atmosphère. La raison en est que les organismes vivants agissent comme une gigantesque pompe. Ils extraient continuellement du gaz carbonique de l'air et l'enfouissent profondément dans le sol où il peut réagir avec les particules rocheuses et être éliminé. Prenons un arbre. Pendant toute la durée de sa vie, il dépose dans ses racines des tonnes de carbone prélevées dans l'air; un peu de gaz carbonique s'échappe de par la respiration des racines, et lorsque l'arbre meurt, le carbone des racines est oxydé par les consommateurs, ce qui libère du gaz carbonique dans les profondeurs du sol. D'une manière ou d'une autre, les organismes vivants terrestres s'occupent à prélever le gaz carbonique de l'air pour l'injecter dans le sol. Là, il vient en contact avec le silicate de calcium des roches, avec lequel il réagit pour former du carbonate de calcium et de l'acide silicique. Ceux-ci se déplacent avec les eaux souterraines jusqu'à ce qu'elles entrent en contact avec les ruisseaux et les fleuves sur le trajet qui les conduit à la mer. Les organismes marins poursuivent le processus de fixation en séquestrant l'acide silicique et le bicarbonate de calcium pour former leurs coquilles. Dans l'averse continuelle de coquillages microscopiques, les produits de l'érosion des roches – calcaires et silices sédimentés – se déposent au fond de la mer et sont finalement ensevelis par subduction dans les mouvements de la tectonique des plaques. En l'absence de vie, le gaz carbonique de l'atmosphère serait obligé d'atteindre le silicate de calcium des roches par de lents processus inorganiques comme la diffusion. Pour maintenir dans le sol la même teneur en gaz carbonique qu'actuellement, la concentration atmosphérique aurait dû être encore plus élevée, jusqu'à atteindre peut-être les 3 %. Voilà pourquoi le modèle Walker ne marche pas.

Quand on considère les choses sous cet angle, on peut expliquer la faible teneur en gaz carbonique de l'atmosphère terrestre actuelle. Ce grand mécanisme géophysiologique a été depuis les débuts de la vie un élément de la régulation climatique. Mais il est peu probable qu'il puisse continuer à refroidir notre planète à mesure que le Soleil se réchauffe. Il y a une relation inverse entre l'abondance du gaz carbonique et l'abondance de la végétation. À supposer que la santé de Gaïa se mesure par l'abondance de la vie, les périodes de bonne santé coïncideront avec une faible concentration de gaz carbonique. Pendant les périodes où Gaïa jouit d'un état de santé normal, confortablement rafraîchie par une glaciation, la teneur en gaz carbonique n'est que de 180 parties par million en volume – ce qui est dangereusement près du seuil inférieur de la croissance des plantes. On ne sera donc pas surpris de voir émerger au Miocène, il y a quelque 10 millions d'années, un nouveau type de plante verte capable de pousser avec une concentration de gaz carbonique inférieure. Ces plantes ont une biochimie différente et sont appelées plantes C4 pour les distinguer des plantes C3 plus communes. Les appellations C3 et C4 proviennent d'une différence dans le métabolisme des composés carbonés de ces deux types de plantes : les plantes C4 sont capables de photosynthétiser à des concentrations de gaz carbonique bien inférieures à celles nécessaires aux anciennes plantes C3. Les nouvelles plantes C4 comprennent certaines herbes, tandis que les arbres et les plantes à larges feuilles utilisent généralement le cycle C3. Ces nouvelles plantes finiront par s'imposer, probablement d'une manière abrupte, et détermineront une teneur en gaz carbonique atmosphérique encore plus faible pour compenser l'augmentation de la chaleur solaire. Mais ce ne sera qu'une solution provisoire, car en l'espace de 100 millions d'années, en supposant que rien d'autre ne change, le Soleil se sera déjà suffisamment réchauffé pour exiger une teneur zéro en gaz carbonique afin de conserver la température actuelle. Comme nous allons bientôt le voir, d'autres mécanismes de refroidissement pourraient intervenir. Un écosystème différent pourrait aussi se développer, qui serait confortable avec une température moyenne globale allant jusqu'à 40°C.

La crise du gaz carbonique est sérieuse mais ne menace pas nécessairement la vie de Gaïa.

Si j'ai raison de croire que le froid glaciaire est l'état préféré de Gaïa, alors les périodes interglaciaires comme la période actuelle représentent un genre de panne temporaire de la régulation, un état fébrile de la planète pour l'écosystème actuel. Comment cela se produit-il?

On sait parfaitement que des systèmes actifs de régulation ou de contrôle font preuve d'instabilité en s'approchant des limites de leur domaine opératoire. C'est manifeste dans le modèle Floréale de la figure 3.6 où, à mesure que s'élève la température de l'étoile qui réchauffe la planète imaginaire, les effets d'une épidémie cyclique affectant les plantes apparaissent sous une forme amplifiée comme des fluctuations cycliques de température jusqu'à ce que le système tombe en panne par surchauffe. Nous ne connaissons pas encore la cause des glaciations, mais nous savons en tout cas qu'il s'agit d'un phénomène périodique, synchronisé avec de petites variations du rayonnement solaire que reçoit la Terre et avec des variations à long terme de l'inclinaison et de l'orbite de la Terre. Ce lien astrophysique entre la glaciation et l'inclinaison et l'orbite de la Terre a été proposé par le Yougoslave Milutin Milankovitch. L'ampleur de la variation de la quantité de chaleur reçue du Soleil n'est pas par elle-même suffisante pour expliquer les écarts de température entre périodes glaciaires et interglaciaires, mais elle pourrait être le déclencheur synchronisant le passage d'un état à l'autre. Selon le physicien japonais Shigeru Moriyama, l'analyse mathématique de la périodicité de la température moyenne de la Terre durant le dernier million d'années s'accorde plus avec une oscillation interne, déclenchée de l'extérieur, qu'avec une oscillation spontanée, ou une simple réaction aux variations de l'énergie rayonnante émise par le Soleil.

La géophysiologie suggère que, pour réguler le climat devant un accroissement de la chaleur solaire, les périodes glaciaires sont l'état normal et les périodes interglaciaires comme la nôtre l'état pathologique. On peut alors expliquer la faible teneur en gaz carbonique en période glaciaire par la présence d'un biote plus important ou plus efficace. Il doit y avoir eu *plus* d'organismes vivants sur Terre; sinon, comment expliquer une si faible teneur en gaz carbonique? S'il y avait plus d'organismes pour pomper le gaz, où étaient-ils? À première vue, il pourrait sembler que la couche de glace laisserait moins de place à la vie puisqu'elle recouvrait la majeure partie de ce qui est actuellement une zone boisée – ou l'était avant les humains. Toutefois, à mesure que l'eau servait à former les glaciers terrestres, le niveau de la mer aurait pu descendre de quelque 100 mètres, exposant de vastes étendues de sol riche et fertile sur les plates-formes continentales. Un coup d'œil sur une carte des plates-formes continentales révèle que la majeure partie des terres nouvelles se serait trouvée dans les tropiques humides, comme dans l'Asie du Sud-Est actuelle. Elles auraient pu couvrir une superficie comparable à celle de l'Afrique actuelle, et auraient pu être couvertes de forêts tropicales.

Pareille planète est intrinsèquement instable. Si une tendance au réchauffement, sous l'effet Milankovitch, par exemple, conduisait à une diminution des surfaces terrestres, alors l'augmentation de la teneur en gaz carbonique, couplée à la rétroaction géophysiologique réduisant les surfaces réfléchissantes des glaces et des neiges, amènerait une poussée incontrôlée à la fois de la température et du gaz carbonique. Ce système serait également instable au sens biologique. Près du seuil inférieur de la teneur en gaz carbonique nécessaire à la photosynthèse, il y aurait eu une intense pression sélective pour qu'émergent des plantes capables de vivre avec encore moins de gaz carbonique. Il y a d'autres événements critiques susceptibles de précipiter une poussée du gaz carbonique et de la température. Je pense à un effet en rapport avec l'augmentation de la quantité de sel dans les océans à mesure que l'eau gèlerait pour former de la glace. Des pluies acides causées par le soufre émis par les algues marines suite à une salinité excessive (ou une défaillance dans la fourniture par le biote marin des produits soufrés volatils, qui pourrait amener un déclin des plantes terrestres en les privant d'un élément essentiel) seraient également envisageables. Tout comme une diminution de la couverture nuageuse et de l'albédo planétaire. Les cycles des ères glaciaires sont connus. La figure 6.1 illustre l'évolution à travers le temps de la température pendant le dernier million d'années.

Nous devons aussi tenir compte de processus régionaux qui

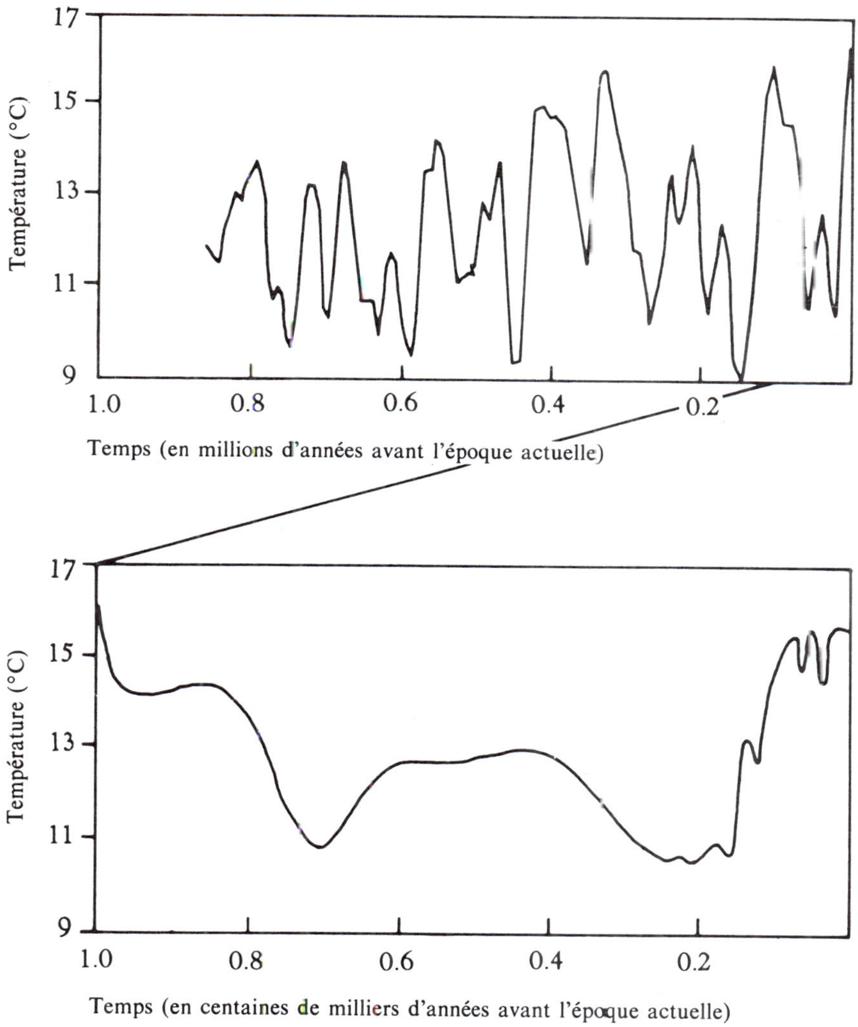

Fig. 5.1. Evolution de la température dans les dernières séries de glaciations. (D'après S.W. Matthews.)

peuvent s'opposer à la tendance générale au refroidissement. Dans les régions tempérées nordiques, les grandes forêts de conifères sont de couleur sombre et se débarrassent facilement de la neige blanche qui tombe sur elles en hiver. La longueur de la saison d'hiver doit être considérablement réduite par leur présence. Le soleil de fin d'hiver aux latitudes continentales supérieures à 50° n'est pas assez puissant pour faire fondre la neige fraîche dont la blancheur renvoie vers le ciel l'énergie rayonnante. Des pins sombres, par contre, absorbent le rayonnement solaire et réchauffent non seulement les forêts, mais la région tout entière. Une fois que la neige a fondu, même le sol nu peut absorber le rayonnement solaire, ce qui le réchauffe assez pour faire germer les graines et permettre au printemps de commencer.

La circularité des explications des systèmes de contrôle physiologique rend difficile le choix d'un point d'entrée. Qu'est-ce qui est venu d'abord, un faible taux de gaz carbonique et une couverture nuageuse dense, ou une basse température? Cette question, comme celle de l'œuf et de la poule, pourrait n'avoir aucun intérêt. Penchons-nous plutôt sur un événement évolutif récent, l'émergence des plantes C4 qui peuvent pousser sous des concentrations plus faibles de gaz carbonique que les plantes C3, plus anciennes. Ces plantes C4 pourraient à la fois résulter des glaciations et encourager de futures périodes glaciaires. Il y a actuellement abondance de gaz carbonique pour toutes les plantes, il n'y a donc pas trop de compétition entre les plantes C3 et C4 pour leurs habitats, sauf par l'entremise des humains qui, en agriculture, enlèvent les anciennes plantes C3 et les remplacent par du blé, du riz, du bambou, de la canne à sucre, etc., dont beaucoup sont des plantes C4. Pendant une glaciation, lorsque la teneur en gaz carbonique se rapproche du minimum tolérable pour les plantes C3, les avantages du métabolisme C4 commencent à faire pencher la balance en leur faveur.

La tendance des humains à intervenir déterminait l'intrigue d'un scénario apocalyptique de mon premier ouvrage sur Gaïa. Le personnage principal en était un agrobiologiste sérieux et bien intentionné, le Dr Rapido Biosup. Il avait réussi, là où tous les autres fléaux avaient échoué, à éliminer toute vie par ses manipulations. Il avait développé, en se servant du génie génétique, un micro-organisme qui fixait l'azote et le phosphore. Il était conçu pour améliorer le rendement du riz cultivé dans les régions tropicales humides afin que les problèmes de nutrition du tiers monde soient enfin résolus. Malheureusement, sa création trouva une algue unicellulaire indépendante plus à son goût que les pousses de riz. Cette alliance s'avéra si réussie qu'elle conquit la planète. C'était une victoire à la Pyrrhus, car le monde biculturel de la combinaison algue-bactérie ne pouvait par lui-même maintenir l'homéostase planétaire.

Je me sens encore un peu coupable de donner, même à un personnage fictif, une punition aussi effroyable pour son intervention, et il me semble juste de lui donner une seconde chance. Cette fois-ci, il emploie ses talents impressionnants à développer une nouvelle forme d'arbre à partir de l'avoine sauvage, qui fonctionnerait avec un cycle C4 et pousserait vigoureusement dans les régions tropicales humides. Il aurait une sève riche, des fruits délicieux pleins de vitamines et d'éléments nutritifs, et la faculté de bien pousser dans les zones arides. Ses plantations pourraient faire reculer le désert.

Le remplacement d'une grande partie des forêts tropicales humides par *Avena biosupi* donna tout d'abord l'impression que les mauvais jours de la dégradation de l'environnement étaient révolus. De luxuriantes plantations poussaient partout, faisant reverdir le Sahel et ramenant la pluie à des régions qui avaient été désertiques pendant des milliers d'années. À l'ombre des nouveaux arbres, les écosystèmes tropicaux complexes commencèrent à se reformer. On ne tarda pas à remarquer que l'effet de serre lié au gaz carbonique diminuait; la profusion des arbres avait tellement augmenté la fixation par le sol du gaz carbonique que les pertes dépassaient désormais les apports. Toutefois, certains scientifiques firent remarquer que la couverture nuageuse et donc l'albédo avaient augmenté. Il y eut un féroce débat scientifique. Conformément aux idées en vogue, et encouragés par l'octroi généreux de crédits de recherche, les théoriciens rendirent les activités des industries chimiques et nucléaires responsables de cette nébulosité accrue.

Bientôt la neige hivernale s'attardait à Moscou, Boston, Chicago, Bonn et Pékin jusqu'au mois de mai; plus au nord, les neiges étaient éternelles. Les centrales nucléaires et les usines de chlorofluorocarbones furent fermées. Mais, avant que les grandes populations urbaines de l'hémisphère nord ne puissent s'en rendre compte, le monde serait plongé dans la prochaine glaciation, la plus grande. Gaïa respirerait librement à nouveau, dans une ambiance confortablement rafraîchie, avec une teneur totale en gaz carbonique atmosphérique de 100 parties par million. Les océans ne tarderaient pas, en termes gaïens, à se retirer de vastes surfaces de la plate-forme continentale. L'Australie et la Papouasie-Nouvelle-Guinée seraient une fois de plus reliées par une terre couverte de forêts en extension continue. Les territoires et les métropoles des superpuissances d'hier seraient presque tous ensevelis sous les glaciers. Les plantes C4 auraient pris la relève avec l'aide de l'humanité, et auraient libéré Gaïa à l'aube d'une nouvelle période d'homéostase prolongée – une ère glaciaire partie pour durer non pas des centaines de milliers mais des millions d'années.

Cette histoire est invraisemblable, mais elle sert à illustrer la manière dont une ponctuation pourrait se produire à la suite d'un changement d'espèce dominante. Nous sommes peut-être la forme la plus évoluée de vie animale, mais il ne fait pas de doute que les arbres sont la forme la plus évoluée de vie végétale. Un arbre C4 au terme de son développement pourrait représenter une concurrence redoutable pour les arbres des forêts tels que nous les connaissons. Le Dr Biosup se serait racheté et aurait remis les humains sur le chemin d'une existence harmonieuse au sein de Gaïa.

Chez les organismes vivants, l'élément soufre est largement utilisé structurellement et fonctionnellement. J'aimerais donc expliquer maintenant comment l'information accumulée dans la décennie précédente a élargi notre compréhension du rôle physiologique du soufre chez Gaïa.

Pendant l'été 1971, j'ai participé à une conférence Gordon à la New Hampton School dans la ville éponyme du New Hampshire. Le titre de la conférence était « L'Air et les sciences de l'environnement » et le président était mon ami, le chimiste de l'atmosphère James Lodge. C'est rendre un grand hommage à ses talents d'organisateur que de pouvoir dire que cette conférence a marqué le début d'un intérêt nouveau et profond pour l'atmosphère qui à ce jour ne s'est pas démenti.

C'est là que j'ai pour la première fois présenté des mesures des halocarbones et des gaz soufrés de l'air. J'ai aussi appris que l'interprétation conventionnelle du cycle naturel du soufre exigeait que de grandes quantités d'hydrogène sulfuré soient émises par l'océan pour compenser les pertes de soufre sous forme d'ions sulfate dans l'écoulement des eaux fluviales. Sans la restitution d'un minimum de soufre, les organismes terrestres auraient vite dépéri, privés de cet élément essentiel. Je savais par les travaux du Pr Frederick Challenger à l'université de Leeds dans les années cinquante que de nombreux organismes marins émettaient du soufre sous la forme d'un composé gazeux, le sulfure de diméthyle. Je savais aussi, pour avoir jadis pratiqué la chimie, que l'hydrogène sulfuré était rapidement oxydé dans de l'eau contenant de l'oxygène dissous, et que c'était un gaz malodorant. Il me semblait que pour ces deux raisons il ne pouvait être le vecteur principal du soufre entre l'océan et l'océan. D'autre part, la fugitive odeur de la mer ressemble beaucoup à celle du sulfure de diméthyle dilué. De fait, une fois que vous avez senti l'odeur de ce gaz, agréable quand il est dilué, vous le reconnaîtrez toujours ensuite pour l'un des composants significatifs de l'arôme du poisson de mer fraîchement pêché. Il est absent de l'odeur du poisson d'eau douce frais.

Lorsque je suis rentré en Angleterre, j'ai pensé que ce serait une bonne idée que d'aller en bateau de l'hémisphère nord à l'hémisphère sud, de mesurer les gaz porteurs de soufre dans l'atmosphère et la mer et d'essayer de découvrir si le sulfure de diméthyle était effectivement le véhicule du soufre dans le monde naturel. Je voulais aussi saisir l'occasion de mesurer les gaz halocarbones, comme ceux qui sont utilisés dans les aérosols, dans l'espoir qu'ils « étiquetteraient » l'air et nous permettraient d'en détecter les mouvements au-dessus des océans. Ce fut la dernière fois où je demandai des crédits de recherche en utilisant le procédé habituel consistant à rédiger une proposition et à la soumettre à un organisme de financement. Ce que je recherchais, c'était une petite bourse, quelques centaines de livres, pas plus, pour construire un dispositif que j'emmènerais en bateau de l'hémisphère nord à l'hémisphère sud pour mesurer les gaz quotidiennement. J'aurais dû me méfier. Les deux propositions furent rejetées. Il était sans intérêt aux yeux du comité de contrôle scientifique de rechercher du sulfure de diméthyle puisqu'on savait que le flux de soufre manquant était transporté par l'hydrogène sulfuré. La seconde proposition, la recherche des halocarbones, fut rejetée comme étant frivole parce qu'il était « évident » qu'il n'existait aucun appareil assez sensible pour mesurer les quelques parties par billion (10^{12}) de chlorofluorocarbones que je me proposais de rechercher.

J'eus la chance de ne dépendre de personne. La seule approbation qu'il me fallait pour entreprendre ce voyage était celle de ma femme Helen, dont le budget ménager serait quelque peu entamé par le coût de la recherche. Elle ne partageait pas l'opinion de mes éminents « collègues ». Je fabriquai un simple chromatographe en phase gazeuse (visible sur la figure 6.2) dont le prix de revient total n'a pas dû excéder quelques dizaines de livres. Certains fonctionnaires du Conseil de la recherche sur l'environnement naturel, qui eux aussi étaient en désaccord avec

Fig. 6.2. Appareil construit par l'auteur, utilisé pour mesurer les gaz, dans la mer et dans l'air, à bord du vaisseau de recherche *Shackleton* lors de son voyage aller et retour entre la Grande-Bretagne et l'Antarctique en 1971-1972.

leur commission de spécialistes, me fournirent obligeamment de quoi payer mon voyage et ma subsistance en puisant dans un fonds de solidarité interne. Je voyageai sur un navire de recherche, le *Shackleton*, qui faisait un aller et retour entre le pays de Galles et l'Antarctique. Je rentrai de Montevideo après avoir passé trois semaines sur le bateau, car, hélas, je n'avais pas les moyens de rester plus longtemps; mais un scientifique qui voyageait avec moi, Roger Wade, voulut bien continuer les mesures lorsque le bateau serait dans l'Antarctique. Mon collègue Robert Maggs prit l'avion pour Montevideo au printemps 1972 pour terminer les mesures sur le trajet de retour entre l'équateur et la Grande-Bretagne. Les mesures relevées lors de ce voyage firent l'objet de trois brefs comptes rendus dans la revue *Nature*. Le premier donnait les mesures des halocarbones, qui montraient que les chlorofluorocarbones se maintenaient et vivaient longtemps dans l'atmosphère terrestre, et que deux autres gaz halocarbones, le tétrachlorure de carbone et l'iodure de méthyle, avaient été détectés tout au long de la traversée. Ces découvertes provoquèrent entre autres choses la « guerre de l'ozone » et la mise à disposition d'un océan de crédits de recherche, recommandée par les mêmes commissions qui avaient rejeté les premières demandes. Des spéculations sur la menace qui planait sur le « fragile bouclier de la Terre », la couche d'ozone, furent plus plausibles que l'idée d'un voyage de découverte suscité uniquement par la curiosité d'un savant isolé.

Les deuxième et troisième articles sur les gaz soufrés signalaient l'omniprésence du sulfure de diméthyle et du disulfure de carbone dans les océans. Découvertes qui furent, si l'on met à part le travail de pionnier de Peter Liss qui calcula les flux à l'université de l'East Anglia, généralement ignorées – jusqu'au jour où M.O. Andreae démontra par ses mesures soigneuses et approfondies des gaz soufrés océaniques, au début des années quatre-vingt, que le dégagement de sulfure de diméthyle en provenance des océans suffisait effectivement pour justifier son rôle de vecteur principal de l'élément soufre de la mer vers la terre.

Le sulfure de diméthyle n'aurait pas été désigné comme candidat au transport du soufre si les chercheurs n'avaient pas été stimulés par la théorie Gaïa qui exigeait la présence de mécanismes géophysiologiques pour permettre de tels transferts. Mais quels mécanismes? direz-vous. Pourquoi diable les algues marines au beau milieu de l'océan se soucieraient-elles de la santé et du bien-être des arbres, des girafes et des humains des terres émergées? Comment un altruisme aussi étonnant pourrait-il évoluer par sélection naturelle?

La réponse n'est pas encore connue dans le détail, mais nous pouvons entrevoir comment il aurait pu se développer à partir des propriétés d'un bizarre composé appelé diméthylsulfoniopropionate. Cette substance est ce que les chimistes organiques appellent une « bétaïne », à la suite de la découverte il y a longtemps d'un composé similaire, le triméthylammonioacétate ou bétaïne, isolé pour la première fois dans les betteraves. L'importance des bétaïnes pour la santé des organismes marins vivant dans un environnement salé a été découverte par A. Vairavamurthy et ses collègues. Les bétaïnes sont des sels électriquement neutres. Elles portent une charge positive, associée au soufre ou à l'azote, et une charge négative, associée à l'ion de l'acide propionique, sur la même molécule. Dans un sel ordinaire comme le chlorure de sodium, la dissolution dans l'eau sépare les charges, qui deviennent des ions indépendants flottant librement. Comme nous l'avons vu au chapitre précédent, les organismes marins vivent près du seuil de tolérance de la concentration saline. Des concentrations molaires de sel dépassant 0,8 sont toxiques dans le cas du chlorure de sodium. Mais ceci ne s'applique pas aux bétaïnes. La neutralisation interne de leurs charges ioniques les rend non toxiques en tant que sels, et elles agissent dans une cellule comme les sucres, le glycérol et les autres solutés neutres. Des cellules capables de substituer au sel une proportion importante de bétaïne sont avantagées.

J'imagine qu'un jour, il y a très longtemps, des algues marines furent déposées par le reflux sur quelque plage primitive. Le soleil les aurait vite desséchées. À mesure que l'eau s'évaporerait de leurs cellules, la concentration saline interne s'élèverait pour dépasser le seuil mortel, et elles mourraient. Au cours de l'évolution, les algues qui auraient eu dans leurs cellules des solutés neutres comme les bétaïnes seraient moins endommagées par la dessiccation et auraient tendance à avoir une descendance plus abondante. Avec le temps, la synthèse des bétaïnes se répandrait parmi les algues marines. Il y a abondance de soufre dans la mer, alors que l'azote y est souvent rare. C'est l'inverse sur les terres émergées. C'est peut-être pourquoi la bétaïne choisie a été le diméthylsulfoniopropionate plutôt que la bétaïne azotée des betteraves et d'autres plantes terrestres. (Incidemment, les betteraves sont capables elles aussi de supporter de fortes concentrations de sel.) Cela n'explique peut-être pas entièrement la présence et la prédominance chez les algues de la bétaïne diméthylsulfoniopropionate, mais il ne fait pas de doute que les algues qui en contiennent sont la source du sulfure de diméthyle. Lorsque les algues meurent ou sont consommées, la bétaïne soufrée se décompose facilement pour donner l'ion de l'acide acrylique, et du sulfure de diméthyle. Des algues qui avaient tendance à se laisser échouer sur la plage auraient donc développé au cours de l'évolution ce gaz soufré, que les brises côtières auraient porté à l'intérieur des terres où des réactions atmosphériques le décomposeraient lentement en déposant du soufre sur le sol sous forme de sulfate et de méthane sulfonate. Le soufre est rare à la surface des terres, et cette nouvelle source aurait favorisé la croissance de plantes de grande taille. Leur prolifération aurait accentué l'érosion des roches et donc augmenté le flux de substances nutritives vers l'océan. Il n'est pas difficile d'expliquer l'extension mutuelle des écosystèmes terrestres grâce à l'apport de soufre, et des écosystèmes marins grâce à l'augmentation du flux d'éléments nutritifs. C'est ainsi, ou par une série comparable de petites étapes, qu'évoluent les systèmes complexes de régulation géophysiologique. Ils le font sans prévision, sans projet, et sans enfreindre les règles de la sélection naturelle darwinienne.

Avant de quitter la plage, si je peux dire, je me suis aussi étonné de la production très commune d'iodure de méthyle par les plantes marines. Contrairement à l'inoffensif sulfure de diméthyle, ce composé est toxique. C'est un agent mutagène et cancérigène. À l'origine, il a peut-être été produit en tant qu'antibiotique, pour rendre les algues plus compétitives ou décourager les prédateurs. La libération dans l'air de l'iodure de méthyle marin est un mécanisme essentiel au maintien d'un apport continu d'iode, élément vital pour les organismes terrestres. Il vaudrait peut-être la peine de vérifier l'existence éventuelle d'une bétaïne particulière, le méthyliodoniopropionate, dans les grandes algues comme les varechs bruns, *Laminaria*, qui sont une source importante d'iodure de méthyle. Si c'est le cas, alors cela suggère un lien avec le scénario de la bétaïne soufrée.

Mais les cycles de l'iode et du soufre ne se limitent pas au recyclage d'éléments nutritifs. Le géophysicien alaskan Glen Shaw a trouvé une idée très intéressante pour un système de contrôle climatique géophysiologique efficace. Sachant qu'une quantité réduite (en termes planétaires) de soufre dans l'atmosphère peut affecter profondément le climat, il a avancé que l'émission de gaz soufrés par les organismes marins était la méthode de contrôle climatique la plus efficace. Une masse conséquente de preuves suggère que de grandes éruptions volcaniques sont suivies par une chute à l'échelle planétaire des températures moyennes de la surface. Les gaz volcaniques injectés dans l'atmosphère par l'éruption comprennent du dioxyde de soufre et de l'hydrogène sulfuré. (Le nuage volcanique contient également un aérosol de particules solides, mais qui ne tarde pas à retomber.) Les gaz soufrés restant dans la stratosphère s'oxydent et forment avec la vapeur d'eau présente des gouttelettes submicroscopiques d'acide sulfurique. Vu leur extrême petitesse, elles tombent très lentement et peuvent se maintenir pendant plusieurs années. Ces gouttelettes forment dans la stratosphère une brume blanche qui renvoie dans l'espace le rayonnement solaire qui autrement réchaufferait la Terre. Entre les éruptions, il reste un fond de gouttelettes d'acide sulfurique qui se forment continuellement à partir de l'oxydation des gaz soufrés provenant des organismes vivants. Les plus importants sont le sulfure de carbonyle et le bisulfure de carbone. Le volume de leurs émissions est mineur par rapport à celui du sulfure de diméthyle, mais dans la basse atmosphère ils ne s'oxydent que lentement (surtout le sulfure de carbonyle), et persistent assez longtemps pour pénétrer dans la stratosphère et s'y faire oxyder. La proposition de Glen Shaw était qu'une surchauffe globale pouvait être compensée par une production accrue de sulfure de carbonyle et de bisulfure de carbone de la part des organismes marins, ce qui conduirait à un épaississement de la brume de gouttelettes d'acide sulfurique dans la stratosphère, et donc à un refroidissement de la Terre. Cela peut effectivement être l'un des mécanismes géophysiologiques disponibles pour la régulation du climat. Mais l'idée a fait réfléchir mes collègues à ce qui pourrait être un usage beaucoup plus efficace des gaz soufrés dans le même but.

À la suite de ses recherches approfondies sur les océans de la planète, M.O. Andreae a démontré que les organismes marins émettent du sulfure de diméthyle en quantités considérables. Ces émissions sont particulièrement marquées au-dessus des régions « désertes » du grand large océanique, loin des plates-formes continentales. Cette découverte a conduit les météorologues Robert Charlson et Stephen Warren à proposer que l'oxydation rapide du sulfure de diméthyle dans l'air au-dessus des océans pourrait être la source des noyaux nécessaires à la condensation de la vapeur d'eau pour former des nuages. De petites gouttelettes d'acide sulfurique feraient cela à merveille, et au-dessus des océans il n'y a pas d'autre source de noyaux de condensation appréciable pour former des nuages. L'aérosol de sel marin dont on pourrait penser qu'il peut assurer la nucléation des gouttelettes est beaucoup moins efficace que les microgouttelettes des acides soufrés. Les océans recouvrent environ les deux tiers de la surface de la Terre et ils sont bleu foncé. Tout ce qui affecterait la couverture nuageuse au-dessus des océans pourrait puissamment affecter le climat de la Terre. Dans un article signé de nous quatre, nous avons publié les résultats de nos estimations de l'effet que pourraient avoir les émissions actuelles de sulfure de diméthyle; ces calculs suggèrent que par son ampleur il serait comparable à l'effet de serre du gaz carbonique, mais dans le sens opposé.

Nous venons de démontrer la possibilité d'une puissante relation entre la croissance des algues à la surface des océans et le climat. En tant que géophysiologiste, je poserais une question supplémentaire : ces processus pourraient-ils représenter une part significative d'un système de régulation climatique sensible? Et, si c'est le cas, comment ce système s'est-il développé? Nous devons peut-être prendre également en compte le cycle de l'iode, parce que l'oxydation du sulfure de diméthyle dans l'atmosphère marine est catalysée par des composés iodés. La production d'iodure de méthyle par les algues fait peut-être aussi partie de ce système de contrôle du climat.

Les sites que nous proposons pour la régulation de la nébulosité par les émissions soufrées sont les régions désertes et dégagées des océans tropicaux, soit environ 40 % de la superficie de la Terre. Ces régions ont une faible productivité comparées aux plates-formes continentales et aux eaux littorales. Elles sont dépourvues de vie, comme les grands déserts terrestres qui s'étendent sur 30° de latitude de part et d'autre de l'équateur. Sur terre, c'est le manque d'eau qui crée le désert; dans les océans, c'est un manque d'éléments nutritifs, surtout l'azote. À quoi ressemblent ces déserts océaniques? Leurs eaux sont bleues et limpides et, comme les déserts terrestres, ils ne sont absolument pas dépourvus de vie. L'un de ces déserts est la mer des Sargasses. Je me souviens avoir lu étant enfant un roman d'aventures relatant les dangers qu'on courait sur un bateau à voile empêtré dans l'épais matelas d'algues de la mer des Sargasses. Lorsque je traversai cette région en 1973 à bord du vaisseau de recherche allemand *Meteor,* je fus stupéfait de la différence entre la réalité et ce qui m'était resté de cette lecture. Il y avait des algues flottantes, mais rien de plus que de minces brins de goémon vésiculeux bien dispersés – l'équivalent marin de l'armoise dans un désert aride –, et qui n'entravaient pas plus la progression du bateau que l'armoise n'entrave la marche sur le sol du désert.

Les algues à la surface de ces déserts océaniques ne produisent pas les précurseurs des noyaux de condensation pour notre bien-être, ni dans le cadre de quelque grandiose plan de climatisation planétaire. Le processus a dû avoir son origine dans les effets environnementaux à l'échelle locale de la biochimie des algues. J'ai discuté l'idée que la production de la bétaïne soufrée, le diméthylsulfoniopropionate, ait pu être une réponse cellulaire à la contrainte saline. Bien qu'elle ait été découverte par des algues marines qui séchaient sur le rivage, elle a dû avoir tendance à se répandre, comme toute invention réussie. La concentration saline de la mer est toujours inconfortablement élevée pour les organismes vivants. Pour les organismes unicellulaires ou de taille réduite, incapables de réguler leur salinité interne par la pression osmotique, la synthèse de la bétaïne a pu être la manière la plus économique, en termes d'énergie, d'obtenir une faible concentration saline interne. Là aussi, le diméthylsulfoniopropionate aurait été un choix naturel, parce que le soufre (sous la forme commode de l'ion sulfate) est abondant, contrairement à l'azote. Le diméthylsulfoniopropionate se maintient dans les cellules des algues pendant toute la durée de leur vie, mais quand elles meurent ou sont consommées, il se disperse dans l'océan, où il se décompose lentement pour donner du sulfure de diméthyle. Ces deux composés sont consommés par d'autres organismes, mais il y a un flux régulier de sulfure de diméthyle injecté dans l'atmosphère, où le gaz est rapidement oxydé par les omniprésents radicaux hydroxyles jusqu'à ce qu'il soit presque totalement converti en acides sulfurique et méthane sulfonique. Les vapeurs de ces acides sont emportées par les courants ascendants jusqu'à ce qu'elles atteignent les régions élevées sursaturées de vapeur d'eau, où elles assurent la nucléation des gouttelettes formant les nuages.

En s'échappant dans l'atmosphère, le sulfure de diméthyle peut apporter aux algues des bienfaits inattendus. La couverture nuageuse supplémentaire due à la présence des noyaux d'acide sulfurique change le climat local. Timothy Jickells, de l'université de l'East Anglia, a attiré mon attention sur le fait que des nuages au-dessus de l'océan augmentent la vitesse du vent et agitent les eaux de surface, ce qui fait descendre les couches riches en éléments nutritifs sous la couche appauvrie des photosynthétiseurs. C'est une véritable récompense pour la production de noyaux condensateurs de nuages, et le fait vient d'être confirmé par les travaux du météorologiste John Woods. Je doute que l'eau douce des pluies puisse faire grand-chose pour le problème de contrainte saline des algues, mais son effet n'est pas négatif. Dans certaines régions des océans, l'air transporte un aérosol de particules de poussière arrachées aux continents; on sait très bien que cette poussière peut parcourir des milliers de kilomètres au-dessus des océans. Le Pr J.M. Prospero, géophysicien, a régulièrement trouvé de la poussière du Sahara au-dessus des Antilles. De même, les îles Hawaii reçoivent de la poussière en provenance du continent asiatique, à plus de 6 000 kilomètres. Le contenu minéral de cette poussière lorsqu'elle est déversée par la pluie sur la mer peut aussi aider la nutrition des algues. La surface des particules de poussière ne les rend pas aptes à la nucléation des nuages, mais elles sont éliminées de l'air par la pluie causée par le sulfure de diméthyle. Enfin, les nuages formés au-dessus de l'océan filtrent le rayonnement qui atteint la surface de l'eau et réduisent la proportion d'ultraviolets de courte longueur d'onde, potentiellement dangereux. La lumière visible nécessaire à la photosynthèse n'est pas un facteur limitatif chez les écosystèmes pauvres en éléments nutritifs des océans, et donc l'ombre portée par les nuages ne produit pas d'effet négatif.

Aucun de ces effets pris isolément n'est important, mais tous ensemble ils peuvent suffire à améliorer le rendement des prairies océanes et permettre aux espèces d'algues qui y résident d'avoir une descendance plus abondante. Le système géophysiologique exige la production permanente de diméthylsulfoniopropionate et des algues qui le fabriquent. La question difficile qui se pose est : comment ce système s'intègre-t-il à la régulation climatique globale de la planète? Les océans sont plus salés lorsque l'eau gèle sous forme de glace à la surface des pôles; ce qui pourrait amener une émission accrue de sulfure de diméthyle, une augmentation de la nébulosité et donc une rétroaction positive accentuant le refroidissement. Il se pourrait que la biomasse plus importante associée aux glaciations fournisse plus d'éléments nutritifs aux organismes marins et donc favorise les algues.

À l'heure où j'écris ces lignes, notre premier article scientifique sur cette affaire vient d'être publié par la revue *Nature.* Cette recherche n'en est qu'à ses premiers balbutiements, et on a déjà l'impression qu'elle va devenir un champ d'exploration scientifique passionnant. Deux groupes de glaciologues français – Robert Delmas et ses collègues, et C. Saigne et M. Legrand – ont récemment signalé leur découverte d'acide sulfurique et méthane sulfonique dans une série de carottes de glace antarctique remontant jusqu'à 30 000 ans à partir de l'époque contemporaine. Leurs données révèlent une forte corrélation inverse entre la température globale et le dépôt de ces acides dans la glace. L'acide sulfurique a plusieurs sources naturelles, mais l'acide méthane sulfonique est sans équivoque le produit de l'oxydation atmosphérique du sulfure de diméthyle. Il y a eu 2 à 3 fois plus de dépôts de cette substance pendant l'âge glaciaire, et il semble probable que cela était dû à une augmentation de la production des écosystèmes marins. Si ce fait est confirmé, il suggérerait que la couverture nuageuse et le faible taux de gaz carbonique étaient synchronisés dans le cadre d'un processus géophysiologique empêchant la Terre de se réchauffer. Des savants plus conservateurs préfèrent une explication géophysique basée sur la théorie du spécialiste des océans, W.S. Broecker, qui a avancé que les glaciations sont associées à des changements à grande échelle dans la circulation de l'eau des océans. Assurément, l'apport accru d'éléments nutritifs qui accompagnerait pareil événement modifierait la productivité biologique et par conséquent le volume du gaz carbonique éliminé et la production de sulfure de diméthyle. La discussion promet d'être intéressante.

J'ai estimé qu'il serait peut-être utile de terminer cette section par une vision géophysiologique de l'évolution du climat et de la composition chimique de l'atmosphère (fig. 6.3). C'est une perspective de longues périodes d'homéostase ponctuées de changements importants. Il semble que nous approchons de la fin d'une de ces longues périodes de stabilité. Lorsque la vie est apparue, le Soleil était moins lumineux et la menace était un refroidissement excessif. Au moyen âge du Protérozoïque, le rayonnement solaire convenait exactement à la vie et il n'y avait pas tellement besoin de régulation, mais maintenant le Soleil s'échauffe et une chaleur excessive devient une menace sans cesse croissante pour la biosphère dont nous faisons partie.

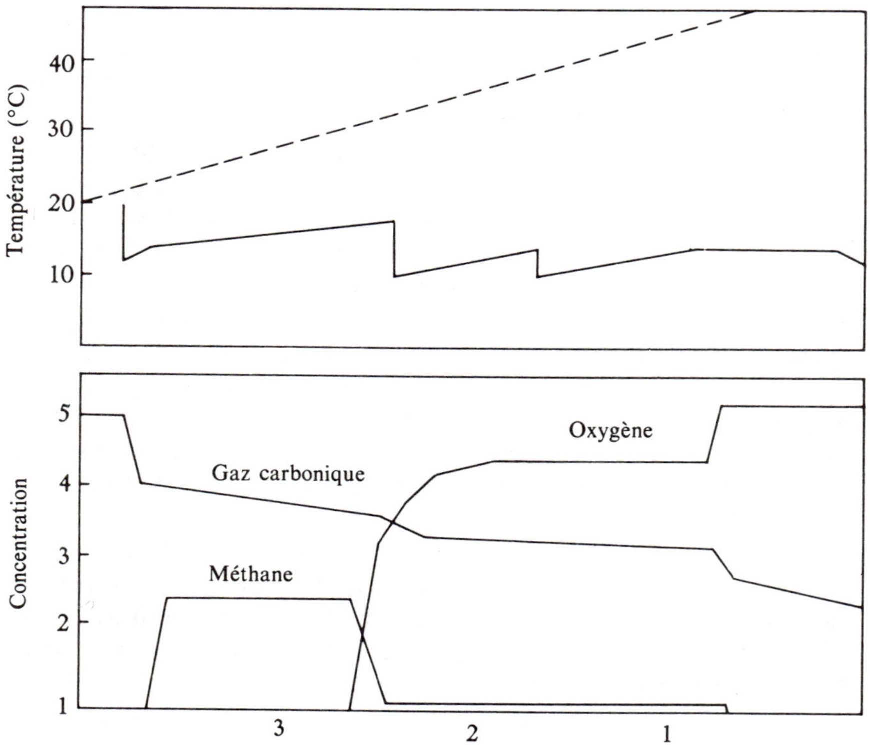

Temps (en milliards d'années avant l'époque actuelle)

Fig. 6.3. L'évolution du climat et de la composition atmosphérique pendant la durée de la vie de Gaïa, vue par un géophysiologiste. La partie supérieure compare les températures probables en l'absence de vie *(ligne pointillée)* avec la constance irrégulière mais à long terme du climat réel *(ligne continue)*. La partie inférieure illustre la baisse régulière par paliers de la concentration de gaz carbonique de 10 à 30 % à son bas niveau actuel d'environ 300 parties par million. On voit aussi la prédominance primitive du méthane puis celle de l'oxygène. Les concentrations sont exprimées en parties par millions en volume sur une échelle logarithmique : 1 équivaut à 10 ppmv et 5 à 100 000 ppmv.

7

Gaïa et l'environnement contemporain

> *Un jour comme celui-ci, je prends conscience de ce que je vous ai dit en cent occasions – que le monde est très bien comme il est. Ce qui ne va pas, c'est notre manière de le regarder.*
>
> Henry MILLER, Un Diable au paradis.

Une piste grossière et caillouteuse vous invitait à traverser l'herbe clairsemée de la lande, puis plongeait dans le lit dénudé, jonché de rochers, de la Lydd; droit devant vous s'élevait la petite butte rocheuse du Widgery Tor, comme une tourelle dressée sur les murs de ce massif-forteresse qu'était Dartmoor. Par temps clair et ensoleillé, c'était une perspective grandiose et romantique qui vous récompensait d'avoir fait le modeste effort d'aller vous promener à la campagne.

Le deuxième jour du mois d'août 1982 était précisément une de ces journées ensoleillées, mais le panorama de la lande était complètement noyé dans une brume marron, dense et sale. L'air était corrompu par les exhalaisons des millions grouillants de voitures et de camions européens. Leur flatulence suintait dans une douce brise venant de l'est, du continent; une chimie inéluctable entretenue par le rayonnement solaire distillait ces vapeurs en un brouet de sorcière qui brûlait les feuilles vertes. Même mes yeux, pourtant lavés par l'écoulement des larmes, commencèrent à picoter douloureusement; bientôt, mon inconfort personnel détourna mon attention de la contemplation du masque de brouillard photochimique qui dissimulait la splendeur chatoyante du paysage du sud-ouest de l'Angleterre. Un visiteur de Los Angeles l'aurait immédiatement reconnu, mais les Européens, encore dans les derniers stades de leur roman d'amour avec les moyens de transport individuels, ne peuvent admettre que leurs voitures adorées puissent excréter quelque chose d'aussi ignoble que du *smog*.

Cette vision d'une journée d'été empoisonnée résume en quelque sorte le conflit entre le rêve humaniste bouffi de bonnes intentions et les terribles conséquences de sa quasi-réalisation. Qu'on donne à chaque famille la liberté d'aller en voiture à la campagne pour pouvoir profiter de l'air pur et de la beauté du paysage, soit; mais quand on arrive, tout disparaît dans la brume pestilentielle engendrée par cette présence collective motorisée. Tandis que j'escaladais le Tor et me livrais à ces réflexions, j'avais aussi conscience qu'en me rendant en voiture au pied de la montagne, là où commençait le chemin, j'avais ajouté une petite mais coupable quantité d'hydrocarbures et d'oxydes de soufre et d'azote à l'air déjà saturé. Je savais aussi que mon aversion pour ce genre de pollution atmosphérique était un jugement de valeur, qui reflétait en plus une opinion minoritaire.

Il ne peut y avoir beaucoup d'individus qui, d'une manière ou d'une autre, ne contribuent pas à l'incessante destruction de l'environnement naturel. Avec une arrogance caractéristique, nous en rendons responsable la technologie, et non nous-mêmes. Nous sommes coupables, mais de quel crime? À de nombreuses reprises durant l'histoire de la Terre, des espèces nouvelles dotées de quelque puissante faculté de changer l'environnement en ont fait autant, sinon plus. Ces simples bactéries qui les premières se servirent de la lumière du soleil pour fabriquer leur propre substance et de l'oxygène furent les ancêtres des arbres actuels, mais en fin de compte, rien qu'en vivant et en accomplissant leur prestation photochimique, elles ont modifié l'environnement si profondément que des gammes étendues d'espèces contemporaines furent détruites par l'oxygène toxique qui s'accumulait dans l'atmosphère. L'action collective d'autres micro-organismes simples a contribué à la formation des chaînes de montagnes et au déplacement des continents à la surface de la Terre.

Vues à l'échelle temporelle de notre brève existence, les modifications de l'environnement doivent sembler fortuites, et même indésirables. Dans une perspective gaïenne à long terme, l'évolution de l'environnement se caractérise par des périodes de stase ponctuées par des changements abrupts et soudains. L'environnement n'a jamais été inconfortable au point de menacer d'extinction la vie sur Terre, mais au cours de ces changements abrupts les espèces résidentes ont souffert de catastrophes dont l'ampleur était telle qu'à côté d'elles une guerre nucléaire totale semblerait aussi triviale que pourrait l'être une brise d'été comparée à un ouragan. Nous sommes nous-mêmes le produit d'une catastrophe de ce genre. Se pourrait-il que nous soyons sans le vouloir en train de précipiter une autre ponctuation qui modifiera l'environnement dans un sens favorable à nos successeurs?

Un groupe de scientifiques venus des quatre coins du monde se réunit en 1984 à São José dos Campos, au Brésil. Cette réunion, convoquée à l'initiative de l'université des Nations unies, posait la question : « Comment l'intervention humaine dans les écosystèmes naturels des tropiques humides affecte-t-elle la forêt, les régions qui l'entourent, et le monde entier? » Bien vite, il devint clair que, toutes disciplines confondues, les spécialistes n'avaient pas grand-chose à proposer si ce n'est un aveu franc et honnête de leur ignorance. Quand on leur demanda : « Quand connaîtrons-nous les conséquences de l'élimination de la forêt amazonienne? », ils se contentèrent de répondre : « Pas avant la disparition de la forêt. » C'était comme si nous étions à un stade de l'appréhension de la santé de Gaïa comparable à celui de l'art médical avant l'existence de la médecine scientifique.

Dans *Une Science naissante : carnets d'un médecin,* Lewis Thomas nous permet de nous identifier à un jeune médecin dont les premières expériences eurent pour cadre les années trente. Même ceux qui ont connu la médecine d'alors sont étonnés de s'entendre rappeler le peu qu'un médecin pouvait faire pour guérir un malade. La pratique médicale consistait essentiellement à soulager les symptômes et à essayer de s'assurer que l'environnement du malade favorise au mieux ces puissants processus de guérison naturelle que nous possédons tous.

Au début de son histoire, la sagesse médicale amassait des connaissances à force d'observations judicieuses et de tâtonnements. La découverte de la valeur curative de drogues comme la quinine, ou de cette étonnante panacée de la douleur et des malaises, l'opium, ne se fit pas dans quelque laboratoire brillamment éclairé. Elle naquit plutôt des expériences ou observations de quelque primitif génie de village qui se rendit compte qu'on pourrait tirer de réels bienfaits de la mastication de l'écorce amère de l'arbre *cinchona* ou que le latex séché de la tête du pavot était la source d'un véritable réconfort. La physiologie, science systémique des humains et des animaux, fut d'abord un cadre non reconnu, mais finit plus tard par influencer le progrès médical. La reconnaissance par Paracelse que c'est le dosage qui fait le poison est une révélation physiologique qui reste à découvrir par ceux qui visent le but inaccessible et vain d'une pollution zéro. La découverte par William Harvey de la circulation du sang enrichit la sagesse médicale, tout comme la découverte de la météorologie enrichit notre compréhension de la Terre. Des sciences spécialisées comme la biochimie et la microbiologie vinrent bien plus tard, et il fallut longtemps avant que leur savoir nouveau vienne compléter la pratique de la médecine. Au moment même où j'écris ces lignes vient de paraître dans la revue *Nature* un article décrivant la structure moléculaire du virus responsable du syndrome immuno-déficitaire acquis; mais il faudra longtemps avant que cette stupéfiante prouesse de la biochimie puisse sauver ceux qui meurent maintenant du sida et rassurer ceux qui craignent cette bizarre et mortelle affection.

Le Brésil semblait un lieu de rencontre étrangement approprié; comme si nous étions des cliniciens à l'ancienne mode conférant au chevet d'un patient atteint d'une maladie incurable. Nous reconnûmes l'insuffisance de nos compétences et la nécessité d'une nouvelle profession : la médecine planétaire, où des généralistes s'appliqueraient à diagnostiquer et à traiter les affections planétaires. Nous fûmes d'avis qu'elle grandirait à force d'expérience et d'empirisme, tout comme la médecine. Il sembla aussi à certains d'entre nous que la géophysiologie, la science systémique de la terre, pourrait servir, comme la physiologie le fit pour l'évolution de la médecine, de guide scientifique pour le développement de cette hypothétique profession.

Ce chapitre examinera donc les problèmes réels et imaginaires de Gaïa au travers du regard d'un praticien contemporain de la médecine planétaire. L'arrière-plan scientifique, la géophysiologie, a déjà été abordé dans les chapitres précédents. Alors jetons un coup d'œil aux signes physiques, aux traits cliniques, pour voir si un diagnostic est possible. Il est vrai que dans le cas de

Gaïa ce n'est pas la malade qui se plaint, mais plutôt les puces intelligentes qui la parasitent. Toutefois, il n'y a rien qui puisse nous empêcher de pratiquer un examen de routine des courbes de température et des analyses biochimiques des fluides corporels.

La fièvre du gaz carbonique

> Le gaz carbonique est un gaz incolore à l'odeur légèrement âcre et au goût acide. Il est naturellement présent dans l'atmosphère terrestre, où il fait office d'élément nutritif essentiel des plantes et de facteur déterminant de l'équilibre thermique de la Terre. Les activités humaines libèrent du gaz carbonique dans l'atmosphère par la combustion du bois, du charbon, du pétrole et d'autres matériaux organiques. C'est en partie à la suite de ces activités que la concentration de gaz carbonique a augmenté de quelque 7 % au cours des deux dernières décennies. On a beaucoup discuté pour savoir comment et quand la Terre réagira et l'impact que cela aura sur l'humanité.

Ainsi commence le premier chapitre de ce splendide ouvrage, *Carbon Dioxide Review 1982,* composé par William Clark. À moins que des découvertes significatives n'aient été faites entre le moment de sa publication et celui où vous lirez ces lignes, je soupçonne qu'il restera l'une des meilleures sources d'information sur ce sujet complexe.

Dès les tout premiers temps de la vie sur Terre, le gaz carbonique a eu un rôle contradictoire. Il est la nourriture des photosynthétiseurs et donc de tous les organismes vivants; c'est par son intermédiaire que l'énergie du rayonnement solaire est transformée en matière vivante. À la même époque, il a été la couverture qui a gardé la Terre au chaud lorsque le Soleil était encore tiède, couverture qui, maintenant que le Soleil est chaud, devient ténue; et qu'il faut pourtant conserver, car en tant que nourriture elle assure notre subsistance. Nous avons vu plus haut comment le biote s'active, partout sur terre et sur mer, à pomper le gaz carbonique de l'air afin que le gaz carbonique libéré par les volcans dans l'atmosphère ne nous étouffe pas.

Sans ce pompage continuel, la concentration du gaz s'élèverait en une centaine de milliers d'années à des niveaux qui feraient de la Terre un endroit torride et impropre à la vie sous la plupart de ses formes actuelles. Le gaz carbonique est pour Gaïa comme le sel pour nous. Nous ne pouvons vivre sans lui, mais en quantité excessive il nous empoisonne.

Pour les humains, cent mille ans c'est quasiment une éternité; pour Gaïa, qui a environ 3,6 milliards d'années, c'est l'équivalent de trois ou quatre de nos mois, pas plus. Gaïa a des raisons de s'inquiéter du déclin à long terme du gaz carbonique, mais l'augmentation de la teneur en gaz carbonique causée par l'utilisation des combustibles fossiles n'est pour elle qu'une perturbation mineure qui ne dure qu'un instant. Elle a de toute façon tendance à compenser la tendance au déclin.

Avant de mettre Gaïa à l'écart de nos inquiétudes sur le gaz carbonique, nous devrions garder à l'esprit qu'au nombre des événements dits instantanés on peut compter l'impact d'une balle en pleine vitesse. Le projectile a beau être petit, et la durée du contact a beau être brève, les conséquences sont désastreuses. Il pourrait en être ainsi de Gaïa et du gaz carbonique. Les humains ont peut-être choisi un moment très inopportun pour rajouter du gaz carbonique à l'air. Je crois que le système de régulation du gaz carbonique arrive au bout de ses capacités. Depuis quelque temps, la teneur de l'atmosphère en gaz carbonique descend à des niveaux dangereusement bas pour le tout venant de la végétation et, comme on l'a vu au chapitre précédent, de nouvelles espèces se développent, dotées d'une biochimie différente. Ces nouvelles espèces, les plantes C4, peuvent vivre avec des concentrations de gaz carbonique très faibles et pourraient dans un avenir plus ou moins proche remplacer les anciennes plantes C3, de plus en plus dépassées à mesure que la concentration du gaz décline. Cette progression ne se fait pas sans heurts, elle tient plutôt de la démarche tremblante et saccadée des vieillards. Nous savons que le gaz carbonique a décliné en abondance au cours de l'histoire de la Terre, mais aussi qu'il a brusquement passé de 180 à près de 300 parties par million en l'espace d'une centaine d'années lorsque la dernière glaciation a pris fin. Une augmentation aussi rapide n'a pu résulter que d'une défaillance subite du mécanisme de pompage. Elle ne peut s'expliquer par les lents processus de la géochimie.

L'augmentation de concentration du gaz carbonique en cours actuellement à la suite de nos activités est comparable par son ampleur et sa vitesse à l'augmentation naturelle qui a conclu la dernière période glaciaire. Il est vraisemblable qu'à un moment quelconque du siècle prochain notre contribution sera égale à l'augmentation provoquée par la panne de pompage d'il y a quelque 12 000 ans. Le changement de climat dont nous devons nous préoccuper risque donc d'être aussi important que celui qui s'est accompli entre le dernier âge glaciaire et l'époque actuelle; assez important pour changer l'hiver en printemps, le printemps en été et de rendre l'été aussi chaud que l'été le plus chaud jamais vu de mémoire d'homme. Pour prendre la mesure d'un pareil changement sur un plan personnel, imaginez que vous habitiez une ville isolée au milieu d'un continent comme Chicago ou Kiev. L'ampleur du changement correspond à la différence entre le froid rigoureux de l'hiver et la chaleur torride de l'été à venir.

Dans son livre, William Clark compare les prédictions que les économistes ont faites sur la croissance, de l'époque actuelle jusqu'au milieu du siècle prochain. Il relève entre autres celle faite par Amory et Hunter Lovins, qui soutiennent plausiblement que la croissance sera proche du zéro dans l'avenir prévisible. C'est une prédiction très différente de celle du grand et regretté Herman Kahn, qui envisageait le monde entier au siècle prochain comme une vaste et prospère banlieue résidentielle. Neuilly à la puissance dix. Les statistiques de la production industrielle fournissent des preuves objectives qui laissent penser que la prédiction des Lovins est plus proche de la vérité. Depuis 1974, le volume des échanges en énergie et en matériaux dans le monde humain se maintient dans un état stable. Quoi qu'il en soit, même si nous diminuons considérablement la quantité de combustibles fossiles que nous brûlons, le gaz carbonique atmosphérique continuera d'augmenter sa concentration pour atteindre son propre état stable, et l'aura doublée entre 2050 et 2100.

Je ne peux faire que des conjectures sur les détails de la vague de chaleur qui nous attend. Boston, Londres, Venise et les Pays-Bas seront-ils submergés? Le Sahara s'étendra-t-il au-delà de l'équateur? Les réponses à ces questions ne seront vraisemblablement données que par l'expérience directe. Il n'y a pas d'experts capables de prédire le climat futur à l'échelle du globe.

Quelques éléments de réponse sont fournis par la géophysiologie, qui nous rappelle que la Terre est un système actif et sensible, et non pas seulement une sphère rocheuse humide entourée de brumes. Les systèmes en homéostase tolèrent les perturbations, et font en sorte que l'état désirable soit maintenu. Livrée à elle-même, Gaïa pourrait peut-être absorber l'excès de gaz carbonique et la chaleur qu'il apporte. Mais Gaïa n'est pas livrée à elle-même; en plus d'augmenter le volume du gaz carbonique, nous sommes aussi occupés à éliminer cette partie du monde végétal, la forêt, qui pourrait réagir par une croissance supplémentaire à l'encontre de ce changement.

Si le fait d'ajouter du gaz carbonique à un système stable a des effets directs et prévisibles, il est autrement plus grave de perturber un système en équilibre précaire à la limite de l'instabilité. La théorie de la régulation et la physiologie nous enseignent que la perturbation d'un système proche de l'instabilité peut amener des oscillations, un changement chaotique, ou la défaillance du système. Paradoxalement, un animal près de mourir après une exposition au froid, et dont la température interne est en dessous de 25°C, mourra si on le plonge dans un bain chaud. La tentative bien intentionnée pour lui restituer de la chaleur ne réussira qu'à réchauffer la peau jusqu'à ce que sa consommation d'oxygène excède ce que peuvent lui fournir les poumons et un cœur encore froid qui bat lentement. Dans un cercle vicieux de rétroaction positive, les vaisseaux sanguins de la peau se dilatent; ce qui réduit la pression sanguine à un point tel que la mort survient rapidement par défaillance cardiaque : le cœur n'arrive plus à faire circuler un sang trop appauvri en oxygène pour répondre aux besoins de l'organisme. Un animal en état d'hypothermie survivra si on le laisse se réchauffer lentement ou si on lui fournit de la chaleur de l'intérieur, notamment par diathermie.

Nous savons trop peu de choses sur le système climatique lié au gaz carbonique pour pouvoir donner une prévision détaillée des conséquences de l'augmentation actuelle, mais l'observation de quelques faits incontestables nous permet de tirer quelques conclusions à portée générale. La température moyenne de la Terre est sensiblement en dessous de la température optimale pour la vie végétale. Il y a des oscillations climatiques périodiques au fil du cycle qui nous fait passer entre les glaciations et leurs interruptions, et le gaz carbonique voit sa concentration réduite approcher sa limite inférieure. Tous ces signes physiques indiquent un système au seuil de la défaillance.

Comme le médecin d'antan, nous nous apercevons que le diagnostic est plus facile que la guérison. Nous restons sur l'impression désagréable qu'ajouter maintenant du gaz carbonique à l'atmosphère de la Terre pourrait être aussi imprudent que de réchauffer superficiellement notre hypothétique sujet en hypothermie. Il n'est pas très rassurant de savoir que, si nous précipitons par inadvertance une ponctuation, la vie se poursuivra dans un nouvel état stable. Il est quasi certain que ce nouvel état stable sera moins favorable aux humains que celui dont nous jouissons actuellement.

Un cas d'indigestion d'acide

L'effet de serre du gaz carbonique n'est pas le seul problème créé par l'utilisation des combustibles fossiles. Dans les régions tempérées de l'hémisphère nord de la Terre, il y a augmentation de la morbidité et de la mortalité des écosystèmes. Les arbres et les organismes vivants des lacs et des rivières sont particulièrement affectés. Les symptômes semblent être en rapport avec l'accélération récemment observée du rythme des dépôts de substances acides. La combustion serait la cause des dépôts d'acide et de tout le mal qu'ils causent aux écosystèmes forestiers. La géophysiologie est-elle d'un avis différent?

On pourrait dire que l'oxygène est responsable de tout. Si ces marraines primitives, les cyanobactéries, n'avaient pas pollué la Terre avec ce gaz toxique, il n'y aurait ni oxydes d'azote ni oxydes de soufre pour polluer l'air, et par conséquent pas de pluies acides. Ce n'est pas pour rien que les chimistes français du XVIIIe siècle ont qualifié de principe acidifiant l'oxygène, ce faiseur d'acides, cette drogue gazeuse qui à la fois nous donne la vie et finit par nous tuer. À leur époque, il y avait peu de substances chimiques disponibles pour faire des expériences; celles qui étaient effectivement disponibles, comme le soufre, le carbone et le phosphore, donnaient toutes des acides lorsqu'on les combinait avec l'oxygène. Ce ne fut que plus tard, lorsque la découverte de l'électricité permit aux chimistes d'isoler des éléments comme le sodium et le calcium, qu'on trouva que la combustion pouvait elle aussi produire des substances alcalines. Ce n'est que plus tard encore qu'ils se rendirent compte qu'un acide était une substance qui donnait librement des atomes d'hydrogène porteurs d'une charge positive, et que c'étaient ces protons qui étaient le véritable principe de l'acidité. En outre, le grand chimiste G.N. Lewis fit observer que c'était la charge électrique qui comptait, et non l'atome qui la portait. Il démontra que les acides peuvent être des substances qui attirent les électrons, ces vecteurs élémentaires de la charge négative. À certains égards, l'oxygène lui-même est l'un des « acides » de Lewis.

Il n'est pas surprenant qu'il y ait dans l'air de l'oxygène libre résultant des transactions chimiques de la vie. Les éléments qui forment les substances chimiques de la croûte terrestre viennent loin derrière l'oxygène, qui entre à 49 % dans la composition de la croûte. Comme Lavoisier l'a fait remarquer, de tous les principaux éléments légers qui entrent dans la composition de la matière vivante – le carbone, l'azote, l'hydrogène, le soufre et le phosphore – seul l'hydrogène ne donne pas d'acides quand il est combiné à l'oxygène. Bien avant que les humains ne foulent le sol de la planète, la pluie qui tombait était acide. Les acides naturels de la pluie étaient l'acide carbonique, l'aimable acide de l'eau gazeuse, l'acide formique, l'un des produits terminaux de l'oxydation du méthane, et les acides nitrique, sulfurique, méthane sulfonique et chlorhydrique. Bien que les quatre derniers soient puissants et corrosifs, la pluie qui tombait alors ne faisait pas de mal car les acides présents étaient fortement dilués. Ils provenaient essentiellement de l'oxydation des gaz émis par les êtres vivants; certains provenaient aussi des gaz rejetés par les volcans, ou de processus mettant en jeu une énergie élevée, tels que les éclairs et les rayons cosmiques, qui forcent l'azote et l'oxygène à réagir. Les précurseurs biologiques des acides – par exemple le méthane, le protoxyde d'azote, le sulfure de diméthyle et le chlorure de méthyle – ne sont pas des acides, mais ils s'oxydent dans l'air pour produire les acides énumérés plus haut.

La pollution par dépôts acides d'origine pluviale est encore une fois une question de dosage : la pollution est due à une augmentation jusqu'à des niveaux intolérables de concentrations d'acide auparavant inoffensives. La diminution de la qualité de la vie par ce type d'agent polluant est à mettre à part de la destruction des écosystèmes par les acides et les oxydants. Le *smog*, cette brume photochimique dont je me plaignais aux premiers paragraphes de ce chapitre, et qui en été masque une si grande partie de l'hémisphère nord, est pour l'essentiel un brouillard de gouttelettes d'acide sulfurique.

Un observateur extérieur qui assisterait au débat animé sur les pluies acides dans un contexte européen ou nord-américain risquerait d'avoir l'impression que les pluies acides sont entièrement dues à l'utilisation de combustibles fossiles riches en soufre dans les centrales thermiques, les hauts fourneaux et les installations de chauffage domestique. Le charbon et le pétrole contiennent l'un et l'autre environ 1 % de soufre. Cet élément est rejeté par les cheminées sous forme d'anhydride sulfureux et ce gaz s'oxyde rapidement pour former de l'acide sulfurique qui se condense en gouttelettes qui attirent la vapeur d'eau présente dans l'air et forment un brouillard ou une brume acide. Ce brouillard finit par retomber spontanément ou être entraîné par la pluie. Lorsqu'il retombe sur une terre riche en roches alcalines comme le calcaire, et surtout là où il y a pénurie de soufre, ces retombées sont bienvenues. Mais lorsqu'il tombe sur une terre déjà acide, cet apport est indésirable et potentiellement destructeur. Le Canada, la Scandinavie, l'Écosse et de nombreuses autres régions nordiques sont formés de roches primitives, résidu soluble et dur de milliards d'années d'érosion. Les écosystèmes qui survivent sur ce terrain rebelle, et souvent naturellement acide, ont une moindre capacité à résister aux attaques de l'acidification. Ce sont les nations de ces régions qui se plaignent à juste titre que leurs voisins sont en train de les détruire. Pour les Canadiens et les Scandinaves, les émissions d'anhydride sulfureux que les vents apportent des pays voisins devraient cesser sans discussion. Il est naturellement difficile de mettre leur bonne foi en doute, mais les contrevenants sont évidemment peu disposés à dépenser les sommes importantes nécessaires au filtrage de l'anhydride sulfureux dégagé par leurs centrales thermiques et leurs industries.

La contribution géophysiologique à ce débat consiste à faire observer que cette indigestion d'acide peut avoir une autre cause en plus du vinaigre sulfurique des voisins. Equiper les cheminées d'usines d'épurateurs d'anhydride sulfureux risque d'atténuer le mal sans le guérir. La source négligée d'acide est le vecteur naturel du soufre, le sulfure de diméthyle. Ces deux dernières années, Meinrat Andreae et Peter Liss (chimistes de l'océan installés respectivement en Floride et au Royaume-Uni) ont démontré que l'émission de ce gaz par les colonies de phytoplancton à la surface des océans autour de l'Europe de l'Ouest est si importante qu'elle est comparable au total des émissions de soufre industriel relevées dans cette même région. De plus, les émissions du phytoplancton sont saisonnières et semblent coïncider avec les maxima des dépôts acides.

On pourrait non sans raison se demander pourquoi, s'il en est ainsi, cette pollution n'a été observée que récemment. Si le sulfure de diméthyle marin est la source de l'acide sulfurique, la Scandinavie n'aurait-elle pas alors souffert depuis toujours des effets néfastes des dépôts acides? En fait, deux changements récents ont pu faire du déplacement naturel du soufre de la mer à la terre une malédiction au lieu d'un bienfait. Avant que l'Europe s'industrialise intensivement, le sulfure de diméthyle marin était probablement emporté loin à l'intérieur des terres par les vents d'ouest, et déposait lentement son soufre sous une forme diluée sur une région étendue. Non seulement l'industrialisation a augmenté la charge totale d'acide, mais elle a aussi grandement augmenté l'abondance des oxydes d'azote et d'autres produits de la combustion. À la lumière du soleil, ils peuvent réagir pour former l'hydroxyle, ce puissant oxydant. La principale source de ces agents est le moteur à explosion qui propulse les moyens de transport collectifs et individuels. Les radicaux hydroxyles sont maintenant dix fois plus abondants au niveau local qu'ils ne l'étaient avant que l'automobile devienne omniprésente. C'est pour cela que le sulfure de diméthyle, qui jadis s'oxydait lentement en traversant toute l'Europe, se déleste peut-être rapidement de son fardeau acide sur des régions proches du littoral où l'air marin rencontre l'air pollué.

En plus de cette accélération du rythme de l'oxydation et par conséquent de la production d'acide, la production de sulfure de diméthyle elle-même a probablement augmenté ces dernières années. Patrick Holligan, du Laboratoire de biologie marine de Portsmouth, me signale que des photos prises par satellite ont révélé d'importantes colonies d'algues concentrées à l'embouchure des fleuves continentaux européens. Peter Liss et ses collègues ont découvert que ces colonies d'algues émettent du sulfure de diméthyle, apparemment stimulées par le riche flux d'éléments nutritifs apporté par les fleuves européens. L'usage excessif d'engrais azotés et la production accrue d'effluents déversés dans les fleuves qui se jettent dans la mer du Nord et la Manche ont contribué à suralimenter la mer au-dessus de la plate-forme continentale européenne et à en faire un genre de mare aux canards. La proportion d'acide venant de cette source n'est pas encore connue. Il se peut qu'elle se révèle insignifiante. Toutefois, des législateurs prudents préoccupés par les pluies acides devraient presser leurs conseillers scientifiques de déterminer l'importance relative de ces différentes sources d'acide. Ma sympathie personnelle va à ceux qui font de l'émission industrielle d'anhydride sulfureux le principal coupable et exigent des mesures en conséquence. Je me demande quand même ce qui se passerait si une réduction de ces émissions se révélait sans effet. Les gouvernements auraient-ils alors la volonté de s'attaquer aux tâches beaucoup plus onéreuses que seraient une réforme du traitement des effluents ou une limitation des émissions de protoxyde d'azote, si c'était là le meilleur moyen d'empêcher les pluies acides?

L'affaire des pluies acides est tout autant un problème politique et économique qu'une question relevant des sciences de l'environnement. Avant d'accepter l'inévitabilité d'une longue et coûteuse bataille impliquant des intérêts nationaux et commerciaux, il est utile de faire un retour en arrière et de se pencher sur la conduite de la guerre de l'ozone. On peut en tirer des parallèles intéressants et même quelques leçons.

Le dilemme du dermatologue : l'ozonémie

À la fin des années soixante, je mis au point un dispositif simple pour détecter les chlorofluorocarbones (CFC) dans l'atmosphère jusqu'à des concentrations de quelques parties par billion (10^{12}) en volume. C'est là une sensibilité extrême; à de pareilles concentrations, même le plus toxique des produits chimiques pourrait être respiré ou avalé sans danger, indéfiniment. En 1972, j'emmenai ce dispositif sur le vaisseau de recherche *Shackleton* lors de son aller et retour entre la Grande-Bretagne et l'Antarctique (voir au chapitre 6). Les mesures faites sur ce bateau démontrèrent que les CFC sont présents dans l'environnement de toute la planète. Il y en avait environ 40 parties par billion dans l'hémisphère sud et entre 50 et 70 dans l'hémisphère nord. Lorsque je rendis compte de ces découvertes dans un article publié dans la revue *Nature* en 1973, je craignis que quelque fanatique ne puisse en faire la matière d'un scénario de catastrophe. Dès qu'on associe des données chiffrées à la présence d'une substance quelconque, ces chiffres semblent lui conférer une signification intempestive. Ce qui n'existait à l'origine qu'à l'état de traces devient un danger potentiel. L'hypocondriaque, apprenant qu'il a 11/6 de tension artérielle, commence à s'inquiéter : « Mais n'est-ce pas trop bas, docteur? » En tant que médecin planétaire putatif, j'éprouvai le besoin d'ajouter, au début de mon compte rendu, la phrase : « La présence de ces composés ne constitue aucun risque concevable. » Cette phrase s'est révélée être l'une de mes plus lourdes erreurs. J'aurais bien évidemment dû écrire : « À leur concentration actuelle, ces composés ne constituent aucun risque concevable. » À ce moment-là, je savais déjà que, si leurs émissions continuaient sans aucun contrôle, ils s'accumuleraient jusqu'à ce que, vers la fin de ce siècle, ils deviennent potentiellement dangereux. Je ne savais rien de la menace qu'ils représentaient pour la couche d'ozone, mais je savais très bien qu'ils étaient parmi les plus puissants gaz à effet de serre et que le jour où leur concentration s'exprimerait en parties par milliard les conséquences climatiques de leur présence pourraient être sérieuses. Cette opinion est enregistrée dans le compte rendu d'un colloque sur les fluorocarbones qui s'est tenu à Andover, Massachusetts, en octobre 1972.

Au début des années soixante-dix, précisément, on eut peur d'une catastrophe imminente. On disait que la couche d'ozone, ce « fragile bouclier de la Terre », risquait à court terme d'être détruite à la suite du rejet dans la stratosphère de l'oxyde nitrique contenu dans les gaz d'échappement des avions supersoniques. C'est le chimiste de l'atmosphère Harold Johnson qui fut le premier à nous signaler cette menace particulière. Ensuite, prudemment d'abord, Ralph Cicerone et son collègue Richard Stolarski attirèrent notre attention sur le danger que le chlore pouvait faire peser sur l'ozone. Puis en 1974 parut dans la revue *Nature* un article de Sherry Rowland et Mario Molina qui avançait avec une grande clarté et une grande conviction que les CFC, par suite de la photochimie stratosphérique, étaient une source puissante de chlore et donc une menace pour l'ozone. À l'instar du *Printemps silencieux* de Rachel Carson, dont il est comme le successeur naturel, cet article fait figure de phare. Il annonça le commencement de la guerre de l'ozone. Dans leur enthousiasme pour la science et pour ce combat, les scientifiques, d'une manière un peu inattendue, se persuadèrent eux-mêmes et l'opinion publique de la nécessité de prendre immédiatement des mesures pour interdire l'émission de CFC. Pour moi, mal parti avec mon affirmation de tantôt selon laquelle les CFC étaient inoffensifs, la menace semblait lointaine et hypothétique. Mais je faisais partie d'une minorité, et les législateurs de maintes nations du monde furent convaincus d'agir précipitamment et de promulguer des législations interdisant les gaz CFC comme gaz propulseurs des aérosols. Il est intéressant de se demander ce que l'ozone peut avoir de particulier pour avoir fait agir ainsi les législateurs. Personne ne mourait des effets des émissions de CFC; le bétail et les récoltes ne souffraient pas de leur présence; ces substances elles-mêmes étaient parmi les plus innocents des produits qui entrent dans nos maisons – ni toxiques, ni corrosifs, ni inflammables. De fait, ils seraient passés inaperçus, n'eût été la sensibilité de l'instrument que j'avais employé pour les détecter. Leur présence à une concentration de 40 à 80 parties par billion, même pour l'écologiste le plus militant, ne menaçait pas l'ozone. L'inquiétude venait du fait que ces émissions augmentaient d'une manière exponentielle, et que, si le taux de croissance des années soixante perdurait jusqu'à la fin du siècle, il y aurait un appauvrissement de 20 à 30 % de la couche d'ozone, ce qui serait désastreux.

L'ozone est un gaz bleu foncé, explosif et très toxique. Il est étrange que tant de gens aient pu en faire un genre d'espèce remarquable en voie de disparition. Mais dans les années soixante-dix, on avait tendance à réagir aux menaces pesant sur l'environnement d'une manière très semblable à celle dont les générations précédentes avaient réagi à la sorcellerie. Il n'était pas facile de mettre en doute la conviction très répandue que seule une action immédiate des scientifiques et des politiciens pourrait nous sauver, nous et nos enfants, d'un appauvrissement à défaut inéluctable de la couche d'ozone et des funestes conséquences d'un flux sans cesse croissant de rayons ultraviolets cancérigènes. C'était aussi une époque où le mot « chimique » devint péjoratif, et où tous les produits de l'industrie chimique étaient présumés néfastes à moins d'être reconnus inoffensifs. Dans un environnement intellectuel plus raisonnable, nous aurions peut-être trouvé excessif de prédire une catastrophe au siècle suivant par la faute d'un produit industriel isolé – qu'on devrait surveiller de près, mais qui n'aurait pas exigé une réglementation immédiate. Mais dans les années soixante-dix, on ne prenait pas le temps d'examiner les choses à tête reposée.

Les principaux scientifiques et législateurs impliqués dans l'affaire des fluorocarbones se réunirent en 1976 à l'université de Logan, Utah, petite localité au milieu des montagnes Rocheuses. On y trouvait notamment Ralph Cicerone, qui avait le premier fait l'hypothèse que le chlore stratosphérique pourrait être le catalysateur de la destruction de l'ozone, et Mario Molina et Sherry Rowland, qui avaient mis au point la séquence compliquée de réactions expliquant comment les CFC pouvaient être une source de chlore et avaient décrit le mécanisme de destruction dans toute sa complexité. Il y avait aussi des scientifiques venant de l'industrie et des organismes de surveillance, et il y avait bien sûr des avocats et des législateurs. Cela aurait pu être un débat argumenté conduisant à un accord sur la fixation d'un seuil supérieur pour les CFC à la lumière des connaissances alors disponibles. Au lieu de cela, ce fut un genre de conseil de guerre tribal où se prenait la décision de combattre. Quiconque n'était pas pour l'interdiction immédiate des CFC était manifestement un traître. Jamais je n'oublierai l'affrontement entre R.D. Pittle, chargé de mission de la Commission sur la sécurité des produits de consommation, et le Dr Fred Kaufmann, qui représentait l'Académie des sciences. Son interlocuteur oublia qu'il n'était pas dans un tribunal et exigea qu'on réponde oui ou non à la question de savoir s'il fallait interdire les CFC. À certains égards, cela me rappelait un autre affrontement, il y a bien longtemps : celui entre Galilée et les autorités de son époque.

Les procédures de la science sont très différentes de celles du droit. Elles ont les unes et les autres évolué pour satisfaire les besoins de leurs praticiens. Les hypothèses scientifiques sont testées le plus efficacement par l'exactitude de leurs prédictions; l'établissement d'un fait de science n'affecte pas grandement l'univers, seulement le savoir scientifique. Au contraire, les faits relevant du droit sont testés dans un débat contradictoire et établis par un jugement. L'établissement d'un fait de droit change alors la société. Dans les meilleures occasions, et même lorsqu'il s'agit de quasi-certitudes, la science et le droit se mélangent mal. À Logan, on tenta de prononcer des jugements légaux sur la base d'hypothèses scientifiques plausibles, mais non vérifiées. Rien d'étonnant alors que le résultat n'ait été à l'honneur d'aucun des participants.

Une fois de plus, la sagesse de Paracelse – c'est le dosage qui fait le poison – fut oubliée, et le mot magique « zéro » prit la relève. « Il n'y a pas de niveau inoffensif de rayonnement ultraviolet », clamaient les uns. « Le rayonnement ultraviolet devrait être réduit à zéro comme les autres facteurs cancérigènes », criaient les autres. En fait, le rayonnement ultraviolet fait partie de notre environnement naturel et existe depuis l'apparition de la vie elle-même. Il est dans la nature des êtres vivants d'être opportunistes. Les ultraviolets, bien que potentiellement dangereux, peuvent aussi être utilisés par les organismes vivants pour la photosynthèse de la vitamine D. Lorsqu'ils présentent un danger, ils peuvent être neutralisés par la synthèse de pigments qui l'absorbent, comme la mélanine.

On ne sait pas encore tout des relations entre les écosystèmes naturels et le rayonnement ultraviolet auquel ils sont exposés. Mais nous savons en revanche que l'intensité du rayonnement ultraviolet varie d'un facteur 7 (700 %) entre l'Arctique et les tropiques, alors que celle de la lumière visible ne varie que d'un facteur 1,6 (160 %) sur la même gamme de latitudes. En dépit de l'amplitude de la variation, il n'y a nulle part une région où la croissance de la végétation est limitée par l'ultraviolet. Par contre, un changement de facteur 7 dans les précipitations fait la différence entre les forêts et les déserts. Il n'y pas sur Terre de déserts créés par les ultraviolets, et la vie semble s'être bien adaptée à cette gamme très étendue d'intensités. Les atteintes effectivement relevées semblent se limiter à des individus originaires de latitudes élevées récemment émigrés à des latitudes plus basses. Il est également prouvé qu'un manque d'ultraviolets peut être nuisible aux individus migrant des tropiques vers les régions tempérées.

L'exposition à un rayonnement quelconque à haute énergie quantique qui pénètre la peau peut endommager le matériau génétique de nos cellules et en brouiller la programmation. L'un des effets indésirables est la conversion d'une croissance normale en une croissance maligne. Cette perspective est peu rassurante, mais restons calmes et rappelons-nous que ces effets cancérigènes sont les mêmes que ceux produits par l'inhalation d'oxygène, qui est lui aussi cancérigène. L'inhalation d'oxygène est peut-être ce qui limite la longévité de la plupart des animaux, mais l'absence d'inhalation d'oxygène tue encore plus vite. La concentration d'oxygène correcte est de 21 %; au-dessus et en dessous de ce chiffre, il y a danger. Il serait tout à fait imprudent de rechercher une concentration zéro d'oxygène dans l'intérêt de la lutte contre le cancer.

Habituellement, les guerres ne sont pas déclenchées par un incident isolé et unique, et la guerre de l'ozone ne fit pas exception à la règle. Sa raison historique, comme nous l'avons signalé au chapitre 4, fut l'idée émise par Berkner et Marshall que la colonisation des surfaces émergées de la Terre ne se fit pas avant que l'oxygène et son allotrope, l'ozone, commencent à pénétrer dans l'atmosphère. L'ozone, disaient-ils, empêche la pénétration des ultraviolets durs qui autrement stériliseraient les terres et les rendraient inhabitables. C'était une hypothèse scientifique respectable et facile à tester en plus. Ce qui fut fait par ma collègue Lynn Margulis, qui la contesta en démontrant que des algues photosynthétiques pouvaient survivre à un rayonnement ultraviolet d'intensité équivalant à celui de la lumière solaire non filtrée par l'atmosphère. Ce qui n'empêcha pas pour autant cette hypothèse de devenir l'un des grands mythes scientifiques du siècle; elle est presque certainement fausse, et elle ne survit que grâce à l'apartheid existant entre les sciences. Les spécialistes des sciences physiques estiment que la biologie est en dehors de leur territoire, et les biologistes le leur rendent bien. Cet apartheid est un triomphe de la spécialité sur la science, et s'exprime avec une grande candeur lorsque les savants tentent d'expliquer que la séparation de leurs découvertes en parties physiques et en parties biologiques est une conséquence inévitable de la spécialisation de leurs compétences. Les biologistes qui se préoccupent des effets des ultraviolets savent qu'ils peuvent être à la fois nuisibles et bénéfiques. Mais jusqu'à une date récente ils n'avaient aucune raison de mettre en doute la compétence de leurs collègues des sciences physiques, et ne songeaient donc qu'aux conséquences de l'appauvrissement en ozone. En contrepartie, la plupart des spécialistes des sciences physiques n'ont pas conscience que les ultraviolets puissent être en aucune manière bénéfiques. Par conséquent, ils ont tendance à penser qu'un enrichissement en ozone est un bienfait. Toutefois, les maladies dues à une carence en vitamine D – le rachitisme et l'ostéomalacie – sont associées à une réduction de l'exposition aux ultraviolets solaires. Il semble également que l'incidence de la sclérose en plaques varie avec la latitude en sens inverse de celle des cancers cutanés. La variation de la couleur de la peau avec la latitude suggère qu'en l'absence de migration nous nous sommes adaptés au niveau d'ultraviolets de notre habitat.

Encore une fois, l'ozone est à la une. J.C. Farman et B.G. Gardiner, de la Mission scientifique britannique dans l'Antarctique, ont découvert un amincissement de la couche d'ozone au-dessus de la région du pôle sud, amincissement qui est devenu d'année en année de plus en plus prononcé jusqu'à produire le « trou » actuel. Cet événement est entièrement inattendu et contraste fortement avec le fait que sur tout le reste de la planète le niveau d'ozone est soit inchangé, soit même en légère augmentation. Voilà qui est passionnant et inquiétant à la fois! Et si le trou s'étendait et menaçait les zones peuplées? Avant de nous engager plus avant, il vaut, semble-t-il, la peine de nous demander à qui a profité le premier conflit de l'ozone. Qui a perdu et qui a gagné? Les seuls perdants manifestes furent ces petites entreprises (et leurs employés) qui dépendaient de l'utilisation des CFC dans les produits qui étaient interdits. Pour des raisons variées et complexes, les fabricants de CFC ne furent pas tellement affectés. La perte du secteur à rentabilité douteuse des gaz propulseurs à CFC, ajoutée à la rationalisation de leur industrie, ne changea pas trop leur situation économique. Les politiciens et le mouvement écologiste perdirent un peu de leur crédibilité, mais l'opinion publique a tendance à avoir la mémoire courte. Les gagnants manifestes furent la science et les scientifiques. De vastes sommes furent dégagées pour la recherche atmosphérique, qui n'auraient jamais été disponibles s'il n'y avait pas eu la guerre de l'ozone. Nous en savons désormais beaucoup plus sur notre atmosphère et cette somme de connaissances va être essentielle pour la compréhension d'autres problèmes atmosphériques. L'un d'eux est l'effet de serre induit par les gaz atmosphériques mineurs. Trois propriétés capitales des CFC les rendent dangereux. D'abord leur persistance dans l'atmosphère, qui leur permet de s'accumuler sans limitation, ensuite leur capacité à transporter leur charge de chlore directement et sans pertes jusqu'à la stratosphère, et enfin l'intensité avec laquelle ils absorbent les rayons infrarouges de grande longueur d'onde. Leur présence dans l'atmosphère ajoute à l'effet de serre du gaz carbonique. Voilà un danger qui est potentiellement plus sérieux que celui de l'appauvrissement en ozone. Nous avons des raisons de nous réjouir que l'un des pionniers de la recherche originelle sur les CFC, Ralph Cicerone, ait tourné son attention vers le danger plus grave et plus certain que représente leur effet de serre.

Il se trouvera peut-être que j'ai eu tout à fait tort de m'être opposé à ceux qui voulaient une réglementation pour arrêter immédiatement les émissions de CFC. Je tiens le phénomène bizarre au-dessus du pôle sud pour un avertissement qui laisse présager d'autres futures surprises. Il semble possible que d'autres changements, notamment l'augmentation concomitante des teneurs en gaz carbonique et en méthane due à l'industrie et à l'agriculture humaines, soient responsables de l'effet supplémentaire des composés chlorés dans les régions polaires, mais pour moi il ne fait pas de doute que sans le chlore produit par les gaz industriels il n'y aurait pas d'amincissement de la couche d'ozone au pôle sud. Les CFC et d'autres halocarbones industriels ont augmenté de 500 % depuis que je les ai mesurés pour la première fois en 1971. Ils étaient alors inoffensifs, mais maintenant il y a trop d'halocarbones dans l'air. On commence à ressentir les premiers symptômes d'empoisonnement. Aussi je me joins à ceux qui voudraient réguler les émissions de CFC et d'autres vecteurs du chlore dans la stratosphère.

Pour revenir à notre analogie clinique, nous pourrions dire que la crainte de cancers de la peau suite à l'appauvrissement de la couche d'ozone a d'abord causé une hypocondrie à l'échelle du globe – chose qui s'acquiert trop facilement lorsque nous identifions nos peurs avec les descriptions plausibles de symptômes décrits dans un manuel de médecine. Les bons médecins savent que l'hypocondrie peut être un appel au secours et masquer l'existence d'une maladie réelle; il en est peut-être de même de l'état de santé de la planète. Se pourrait-il que les craintes concernant les CFC et la couche d'ozone aient présagé la découverte du trou de l'ozone et des menaces climatiques de l'effet de serre des CFC?

Une dose de radiations nucléaires

Carl Sagan a fait un jour remarquer que, si un astronome extraterrestre venait à examiner le Système solaire dans la partie radio du spectre électromagnétique, il verrait un objet assurément remarquable. Deux étoiles qui s'éclipsent mutuellement : une étoile ordinaire, petite, à évolution normale, et un objet minuscule mais intensément lumineux dont la température superficielle apparente est de plusieurs millions de degrés, notre Terre. À supposer que ce lointain observateur soit un savant, il pourrait peut-être spéculer sur la nature de la source d'énergie qui anime ce qui semble être l'un des objets les plus chauds de la Galaxie. Je me demande en quelle position sur la liste des sources d'énergie probables il placerait l'énergie chimique. Inclurait-elle l'énergie provenant de la réaction entre les combustibles fossiles et l'oxygène produit par les plantes?

Il est facile d'ignorer le fait que c'est nous qui sommes l'exception. L'énergie naturelle de l'univers, celle qui allume les étoiles dans le ciel, est nucléaire. L'énergie chimique, l'énergie éolienne et hydraulique : voilà des sources d'énergie qui, du point de vue d'un gestionnaire de l'univers, sont presque aussi rares qu'une étoile qui marche au charbon. S'il en est ainsi, et si l'univers de Dieu marche à l'énergie nucléaire, pourquoi sommes-nous si nombreux à défiler pour protester contre son emploi dans la fourniture d'électricité?

La peur se nourrit d'ignorance, et un grand créneau s'ouvrit pour la peur lorsque la science devint incompréhensible à tous ceux qui ne la pratiquaient pas. Lorsqu'on découvrit les rayons X et les phénomènes nucléaires à la fin du siècle dernier, ils furent considérés comme des progrès positifs de la médecine – la vision quasi magique du premier squelette vivant et la première technique pour soulager le cancer, voire même le guérir à l'occasion. On se souvient de Röntgen, de Becquerel et des Curie pour les bienfaits apportés par leurs découvertes. Certes, il y avait aussi un côté négatif, et l'excès de radiations est un poison lent et sournois. Mais même l'eau peut tuer si on en boit trop.

On suppose habituellement que le changement d'attitude envers les radiations naquit de notre répulsion devant la première mauvaise utilisation de l'énergie nucléaire à Hiroshima et Nagasaki. Mais ce n'est pas si simple. Je me souviens très bien de la fierté nationale suscitée par les premières centrales nucléaires quand elles commencèrent à prodiguer discrètement leur énergie sans la pollution considérable des centrales au charbon qu'elles remplaçaient. Il y eut une longue période d'innocence entre la Seconde Guerre mondiale et le début des mouvements de protestation des années soixante. Alors que s'est-il passé?

Il n'y a pas vraiment eu d'incident, mais il se trouve que les radiations nucléaires, les pesticides et les destructeurs de l'ozone ont en commun la propriété d'être facilement mesurés et contrôlés. Attribuer un chiffre à quelque chose ou à quelqu'un lui confère une signification qui lui faisait auparavant défaut. Parfois, comme dans le cas des numéros de téléphone, elle est réelle et utile.

Mais certaines observations – par exemple le fait que la concentration atmosphérique du perfluorométhylcyclohexane est de $5{,}6 \times 10^{-15}$, ou que pendant que vous lisez cette ligne au moins cent mille atomes de votre corps se seront désintégrés – ont peut-être un intérêt scientifique mais ne vous apportent aucun bienfait et n'ont pas de sens pour votre santé. Elles ne concernent pas le grand public.

Mais une fois que des données chiffrées sont associées à une propriété de l'environnement, on trouvera bien vite le moyen de justifier leur enregistrement, et une banque de données sur la répartition de la substance *X* ou du rayonnement *Y* ne tardera pas à se créer. Il est ensuite aisé de comparer les contenus des différentes banques de données et, comme c'est dans la nature des distributions statistiques, il y aura une corrélation entre la distribution de la substance *X* et l'incidence de la maladie *Z*. On n'exagère pas en faisant observer qu'une fois que quelque investigateur curieux aura déniché ce créneau, il sera rempli par la prolifération opportuniste des spécialistes voraces et de leurs propres prédateurs. Un nouveau sous-ensemble de la société s'affairera à surveiller la substance *X* et la maladie *Z*, sans parler de ceux qui fabriquent les instruments à cet effet. Puis il y aura les avocats qui préparent la législation que les bureaucrates feront appliquer, et ainsi de suite. Considérez donc l'envergure et la complexité des organismes de surveillance des radiations, de l'industrie qui fabrique des dispositifs de détection et de protection, et de la communauté universitaire qui enseigne la radiobiologie. Si la forte crainte des radiations qui règne dans le grand public venait à disparaître, la stabilité de l'emploi dans ces secteurs serait menacée. Nous constatons qu'il y a une rétroaction très biologique, très gaïenne, dans notre relation communautaire avec l'environnement. Il ne s'agit pas d'une conspiration ou d'une activité motivée par l'égoïsme. Rien de tel n'est nécessaire pour entretenir la curiosité permanente des explorateurs et des chercheurs, et il y a toujours des opportunistes pour se repaître de leurs découvertes.

Comme si cela ne suffisait pas, il y a les médias pour nous divertir. L'industrie nucléaire est pour eux la matière d'un mélo-lessive permanent qui ne leur coûte rien. On peut même ressentir l'excitation d'une catastrophe authentique, comme celle de

Tchernobyl, mais dans laquelle, comme dans la fiction, seuls quelques héros périrent. Il est vrai qu'on a calculé le nombre de cancers mortels que Tchernobyl serait susceptible de provoquer d'un bout à l'autre de l'Europe, mais si nous étions logiques, nous pourrions également nous demander combien de cancers mortels sont attribuables aux *smogs* londoniens à base de particules de charbon, et considérer un morceau de charbon avec la même crainte que nous réservons actuellement à l'uranium. C'est que la crainte de mourir à la suite d'un accident nucléaire nous change puissamment des statistiques vulgaires et lassantes des victimes des accidents de la route, du tabagisme ou de l'industrie minière – dont le total équivaut à des milliers de Tchernobyl par jour.

Avec son ouvrage fondateur et opportun *Le Printemps silencieux,* Rachel Carson mit en marche le mouvement écologiste, et nous fit prendre conscience de la facilité avec laquelle nous pouvons détruire le monde qui nous entoure. Mais je ne crois pas qu'elle aurait pu s'attaquer à l'empoisonnement par les pesticides sans la découverte préalable que les pesticides agricoles étaient omniprésents dans toute la biosphère. On put même chiffrer les quantités absolument insignifiantes de pesticide relevées dans le lait de mères allaitant leur enfant et la graisse des manchots de l'Antarctique. À l'époque de Rachel Carson, les pesticides constituaient une menace réelle, et l'augmentation exponentielle et aveugle de leur utilisation mettait en péril tout notre avenir. Mais nous avons réagi d'une manière spécifique, et cette expérience isolée ne devrait pas être extrapolée à tous les dangers, réels ou fictifs, qui menacent l'environnement.

Ce qui précède n'a pas été écrit pour soutenir l'industrie nucléaire, et n'implique pas non plus que je sois tombé amoureux de l'énergie nucléaire. Ce qui m'inquiète, c'est que le battage médiatique pour ou contre le nucléaire nous détourne d'un problème réel et grave : comment vivre en harmonie avec nous-mêmes et le reste du biote. Je suis loin d'être un partisan inconditionnel de l'énergie nucléaire. J'ai souvent la vision cauchemardesque de l'invention d'une source d'énergie simple et portable basée sur la fusion nucléaire. Ce serait une petite boîte, de la taille d'un annuaire téléphonique, avec quatre prises de courant ordinaires serties à sa surface. La boîte inhalerait l'air et prélèverait dans son contenu humide l'hydrogène qui alimenterait une source d'énergie à fusion nucléaire calibrée pour fournir un maximum de 100 kilowatts. Elle serait bon marché, fiable, fabriquée au Japon, et disponible partout. Ce serait une source d'énergie parfaite, propre et sans danger, qui ne produirait ni déchets ni radiations nucléaires et qui ne pourrait jamais être sujette à des défaillances dangereuses.

La vie pourrait en être transformée. Avec une électricité gratuite à usage domestique, personne ne serait plus jamais obligé d'avoir froid en hiver ou de souffrir de la chaleur en été. Des moyens de transports individuels simples, élégants et non polluants seraient accessibles à tous. Nous pourrions coloniser les planètes et peut-être même partir à l'exploration des systèmes stellaires de notre Galaxie. Voilà comment on pourrait en faire la publicité, mais la réalité est presque certainement exprimée par le célèbre dicton prophétique de Lord Acton : « Le pouvoir a tendance à corrompre et le pouvoir absolu corrompt absolument. » Il pensait au pouvoir politique, mais il pourrait en être de même du pouvoir conféré par l'électricité. Nous sommes déjà en train de déplacer les habitats de nos partenaires au sein de Gaïa avec des monocultures basées sur l'utilisation de combustibles fossiles à bas prix. Nous le faisons trop vite pour avoir le temps de penser aux conséquences. Imaginez un peu ce qui se passerait avec une énergie gratuite et illimitée.

Si nous ne pouvons revenir sur l'invention de l'énergie nucléaire, j'espère qu'elle restera telle qu'elle est. Les installations sont volumineuses et leur construction prend du temps, et le faible coût de l'énergie elle-même est compensé par l'ampleur des investissements en capital nécessaires. Les craintes de la population, même si elles sont parfois injustifiées, agissent efficacement comme une rétroaction négative sur une prolifération effrénée. Dieu merci, personne ne peut inventer une tronçonneuse à fusion nucléaire capable d'abattre une forêt aussi rapidement et aussi négligemment que nous abattons actuellement un arbre.

Aux yeux de mes amis écologistes, qui ont été nombreux à se trouver à l'avant-garde de la protestation antinucléaire, ces opinions doivent passer pour une trahison. En fait, je n'ai jamais considéré les radiations nucléaires ou l'énergie nucléaire comme autre chose qu'une partie normale et inévitable de l'environnement. Nos ancêtres procaryotes se sont développés sur une masse de retombées de taille planétaire issues d'une explosion nucléaire à l'échelle stellaire, une supernova qui a synthétisé les éléments qui entrent dans la composition de notre planète et de nous-mêmes. Nous ne sommes pas la première espèce à faire des expériences avec les réacteurs nucléaires – le sujet a été abordé dans le cours de cet ouvrage.

Je suis reconnaissant au Dr Thomas, des Universités associées d'Oak Ridge, de m'avoir donné une nouvelle intuition sur la nature des conséquences biologiques des radiations nucléaires. En écoutant ses paroles, énoncées dans le calme de ses appartements, je ressentis une émotion comparable à celle exprimée par le poète Keats lorsqu'il décrivait sa première lecture de l'*Homère* de Chapman. Ce que disait le Dr Thomas n'était peut-être qu'une hypothèse, mais pour moi l'idée était passionnante. Examinons donc sa proposition : « Supposons que les effets biologiques de l'exposition aux radiations nucléaires ne soient pas différents de ceux de l'inhalation d'oxygène. »

Nous savons depuis longtemps que les agents qui font des dégâts dans les cellules vivantes après le passage d'un photon X ou d'un fragment atomique à grande vitesse sont un assortiment de substances chimiques dissociées; des entités appelées radicaux libres, agents réactifs et destructeurs. Lorsqu'un photon X traverse une cellule, la radiation sectionne les liaisons chimiques tout comme une balle pourrait sectionner des vaisseaux sanguins et des nerfs. Les victimes les plus nombreuses, et de loin, de cette destruction sont les molécules d'eau, car ce sont elles les plus abondantes dans la matière vivante. Les morceaux d'une molécule d'eau forment en présence d'oxygène une suite de produits destructeurs comprenant les radicaux hydrogène et hydroxyle, l'ion superoxyde et le peroxyde d'hydrogène. Tous sont capables d'endommager irréversiblement les polymères génétiques qui sont le mode d'emploi de la cellule. Telle est l'opinion scientifique conventionnelle; l'intuition nouvelle du Dr Thomas était de nous rappeler que ces mêmes produits destructeurs sont constamment fabriqués, en l'absence de radiations, par de petites imperfections dans le processus normal du métabolisme oxydant. Autrement dit, en ce qui concerne nos cellules, il est presque impossible de distinguer les atteintes des radiations nucléaires de celles dues à l'inhalation d'oxygène.

La valeur particulière de cette hypothèse est qu'elle suggère une méthode grossière pour comparer ces deux facteurs néfastes de l'environnement. Si le Dr Thomas a raison, alors le dommage causé par la respiration équivaut à une irradiation du corps tout entier d'environ 100 röntgen par an. Autrefois, je m'inquiétais du rapport entre les risques et les bienfaits d'un examen médical aux rayons X. Une radiographie typique du thorax ou de l'abdomen pouvait donner une dose de 0,1 röntgen, assez pour noircir le film-témoin d'un détecteur de radiations individuel et pour causer la panique chez les habitants de Three Mile Island. Maintenant, grâce au Dr Thomas, je me dis que ce n'était que le millième de l'effet produit par la respiration en une année. En d'autres termes, respirer est cinquante fois plus dangereux que la somme totale de radiations que nous recevons normalement toutes sources confondues.

Les combats contre la pollution de l'oxygène à l'échelle planétaire entamés à la fin de l'Archéen semblent se poursuivre encore aujourd'hui. Les systèmes vivants ont inventé d'ingénieuses contre-mesures : des antioxydants comme la vitamine E pour éliminer les radicaux hydroxyles, la superoxydase pour détruire l'ion superoxyde, la catalase pour neutraliser le peroxyde d'hydrogène, et d'innombrables autres moyens d'atténuer les effets destructeurs de la respiration. Néanmoins, il paraît vraisemblable que la longévité de la plupart des animaux est déterminée par la limite supérieure fixe de la quantité d'oxygène que leurs cellules peuvent utiliser avant de subir des dommages irréversibles. Des animaux de petite taille comme les souris ont un taux de métabolisme spécifique beaucoup plus élevé que le nôtre; c'est pourquoi ils ne vivent qu'un an environ, même protégés des prédateurs et des maladies. L'oxygène tue exactement comme les radiations nucléaires, en détruisant dans nos cellules les instructions servant à la reproduction et à la réparation. Ainsi l'oxygène est-il un agent mutagène et cancérigène, et le fait de le respirer impose une limite à notre longévité. Mais l'oxygène a également ouvert aux organismes vivants une gamme étendue de possibilités précédemment refusées aux humbles anaérobies. Un exemple parmi d'autres : l'oxygène moléculaire libre est nécessaire à la biosynthèse de ces acides aminés particuliers bâtisseurs de structures que sont l'hydroxylisine et l'hydroxyproline. Ils sont à l'origine des composants structurels qui ont rendu possible le développement des arbres et des animaux.

Le chimiste de l'atmosphère Paul Crutzen a été le premier à attirer notre attention sur les conséquences géophysiologiques à longue portée d'un conflit nucléaire majeur, le fameux « hiver nucléaire ». Nous avons besoin d'avoir souvent à l'esprit la sévérité de cette ultime sanction pour qu'elle puisse conserver un effet dissuasif. Mais, comme l'oxygène, l'énergie nucléaire est riche de possibilités et nous met au défi d'apprendre à vivre avec elle.

La vraie maladie

Quand tout va mal, ou que nous sommes témoins de quelque exemple particulièrement déprimant de destruction de l'environnement, nous disons souvent que les humains sont comme un cancer sur cette planète; qu'ils prolifèrent sans restriction et détruisent tout ce avec quoi ils entrent en contact. Est-ce la peur du cancer, cette grande favorite des démagogues écologistes, qui a nourri notre sollicitude pour la Terre? Si c'était le cas, nous pouvons cesser de nous faire des soucis à ce sujet. La vie existe sous de nombreuses formes, parmi lesquelles ni les organismes unicellulaires ni Gaïa n'ont à affronter la rébellion unique du cancer. Elle se limite aux métaphytes et aux métazoaires – ces formes de vie, les arbres et les chevaux, par exemple, qui consistent en de vastes communautés cellulaires puissamment organisées. Les humains ne se comportent aucunement comme un cancer. Chez un animal, une tumeur maligne exige la transformation des instructions codées dans les gènes de la cellule. Les descendantes des cellules transformées prolifèrent alors indépendamment de l'organisme animal. Cette indépendance n'est jamais complète; les cellules cancéreuses, dans une certaine mesure, réagissent et collaborent encore avec l'organisme. Pour être comme un cancer, il nous faudrait d'abord devenir une espèce différente et ensuite faire partie de quelque chose de beaucoup plus organisé que Gaïa.

La longévité et la force de Gaïa viennent du caractère informel de l'association des écosystèmes et des espèces qui la constituent. Pendant près d'un tiers de son existence, elle a fonctionné en étant peuplée exclusivement de bactéries procaryotes. Elle est encore largement contrôlée par ces organismes, les plus primitifs de la Terre. Les conséquences pour Gaïa des changements environnementaux que nous avons provoqués ne sont rien comparées à celles que vous ou moi subirions à la suite de la prolifération sauvage d'une communauté de cellules malignes. Bien que Gaïa soit peut-être immunisée contre les excentricités d'une quelconque espèce déviante comme nous ou les porteurs d'oxygène, cela ne veut pas dire que nous sommes en tant qu'espèce protégés des conséquences de notre folie collective.

Lorsqu'il y a presque dix ans j'ai écrit le premier livre sur Gaïa, il semblait qu'il pourrait y avoir des écosystèmes critiques dont la détérioration ou l'élimination pourrait avoir des conséquences sérieuses pour l'ensemble actuel des organismes qui habitent la Terre et s'y trouvent à l'aise. Les forêts des tropiques humides et les écosystèmes des eaux des plates-formes continentales semblaient alors d'une importance cruciale pour le maintien du statu quo environnemental. Nous constatons déjà un commencement de dysfonctionnement sous la forme des pluies trop acides suite à la prolifération des algues dans les eaux suralimentées au large du littoral européen. Le déclin général des écosystèmes dans plusieurs régions d'Afrique peut également être une conséquence de l'élimination des arbres qui y poussaient autrefois.

Les maladies de Gaïa ne durent pas longtemps par rapport à la durée de son existence. Tout ce qui rendrait la planète inhabitable a tendance à induire l'évolution d'espèces qui peuvent précisément construire un environnement neuf et plus confortable. Il s'ensuit que si la planète est rendue inhabitable par notre faute, il y aura probablement évolution vers un régime qui sera plus favorable à la vie, mais pas obligatoirement à notre avantage. Dans le passé, des changements de ce type, comme le passage d'une glaciation à une période interglaciaire, ont eu tendance à être des ponctuations révolutionnaires plutôt que des évolutions progressives.

Les choses que nous faisons à la planète ne sont pas agressives et ne représentent pas non plus une menace géophysiologique, tant que nous ne les faisons pas à grande échelle. S'il n'y avait sur Terre que 500 millions d'humains, pratiquement rien de ce que nous faisons actuellement à l'environnement ne perturberait Gaïa. Malheureusement pour notre liberté d'action, nous allons vers huit milliards d'individus avec plus de dix milliards de moutons et de têtes de bétail, et six milliards d'animaux de basse-cour. Nous utilisons une grande partie du sol productif pour faire pousser une gamme très limitée de cultures vivrières, et transformons une proportion excessive de cette nourriture au travers du bétail, avec un rendement limité. De plus, notre capacité à modifier l'environnement est grandement accrue par l'usage d'engrais, de produits chimiques écocides, et d'engins de terrassement et de déboisement. Si l'on tient compte de tous ces éléments, nous sommes effectivement en danger de faire sortir la Terre de l'état confortable dans lequel elle fut jadis. Ce n'est pas une simple question de surpopulation; une forte densité de population causerait moins de perturbations dans les régions tempérées de l'hémisphère nord que dans les tropiques humides.

Il ne nous est pas possible de survivre sans agriculture, mais il semble y avoir une différence considérable entre la bonne et la mauvaise agriculture. Celle-ci représente probablement la menace la plus importante pour la santé de Gaïa. Nous utilisons pour l'agriculture près de 75 % des terres fertiles des régions tempérées et tropicales. C'est à mon avis le changement géophysiologique le plus important et le plus irréversible dont nous sommes responsables. Pourrions-nous utiliser ces terres pour nous nourrir tout en les laissant jouer leur rôle géophysiologique, climatique et chimique? Les arbres pourraient-ils satisfaire nos besoins et servir encore à maintenir la pluviosité des tropiques? Nos cultures pourraient-elles servir à pomper le gaz carbonique aussi bien que les écosystèmes naturels qu'elles remplacent? Cela devrait être possible, mais non sans un changement radical dans les habitudes et les mentalités. Je me demande si nos arrière-petits-enfants seront végétariens et si le bétail ne vivra que dans des zoos et des réserves d'animaux domestiques.

Notre appréhension croissante des dangers inhérents à l'agriculture renforce les intuitions données par les modèles conventionnels. C'est ainsi que les changements à grande échelle de l'utilisation des terres, même limités à une seule région, auront des effets qui dépasseront le cadre de cette région. La géophysiologie nous rappelle aussi que les effets climatiques du déboisement vont vraisemblablement s'ajouter à ceux du gaz carbonique et d'autres gaz à effet de serre. Même les modèles climatiques les plus complexes qu'on élabore actuellement ne peuvent prédire les conséquences de ces changements. Un modèle complet exige que le biote y soit intégré d'une manière qui reconnaisse sa présence très active et sa préférence pour une gamme limitée de variables environnementales. Il ne sert à rien de mettre le biote dans une boîte avec des entrées et des sorties, comme dans un modèle biogéochimique. Par analogie, nous avons besoin de la physiologie pour comprendre comment nous maintenons une température corporelle constante quand nous sommes exposés au chaud et au froid – la biochimie peut seulement nous dire quelles réactions produisent de la chaleur dans notre corps et non comment nous régulons notre température.

On ne peut pas encore dire quelle proportion des terres d'une région donnée peut être mise en valeur sous forme de cultures ou de forêts sans perturber d'une manière significative l'environnement soit local, soit planétaire. C'est comme si l'on se demandait quelle proportion de la peau peut être brûlée sans causer la mort du sujet. Cette question physiologique a reçu une réponse par l'observation directe des conséquences des brûlures accidentelles. Pour autant que je sache, elle n'a pas fait l'objet d'une modélisation. Il se peut qu'une modélisation géophysiologique détaillée puisse répondre à la question environnementale parallèle mais, si l'on peut s'inspirer de la physiologie humaine, des conclusions empiriques tirées d'une étude détaillée des conséquences climatiques locales de changements au niveau régional dans l'utilisation des terres ont plus de chances de donner les informations que nous recherchons.

À certains égards, l'écosystème d'une forêt des tropiques humides, par exemple, est comme une colonie humaine dans l'Antarctique ou sur la Lune. Il n'est autonome que jusqu'à un certain point, et le maintien de son existence dépend de l'apport d'éléments nutritifs et d'autres ingrédients essentiels venus d'autres parties du monde. Dans le même temps, écosystèmes et colonies essaient de minimiser leurs pertes en conservant l'eau, la chaleur ou des substances nutritives de base; c'est dans cette mesure qu'ils sont autorégulés. On sait très bien que la forêt tropicale pluviale reste humide en modifiant son environnement de façon à favoriser les chutes de pluie. L'écologie traditionnelle avait tendance à étudier des écosystèmes isolés. La géophysiologie nous rappelle que tous les écosystèmes sont interconnectés. Par analogie, le foie d'un animal a une certaine capacité à réguler son environnement interne, et les cellules du foie peuvent être cultivées isolément. Mais ni l'animal privé de foie ni le foie lui-même ne peuvent survivre isolément; l'un et l'autre dépendent de l'interconnexion entre les deux. Nous ne savons pas s'il y a des écosystèmes vitaux sur Terre, bien qu'il soit difficile d'imaginer que la vie puisse continuer sans l'omniprésence de ces bactéries primitives qui hantent les recoins sombres et nauséabonds de la boue et des excréments. Il y a trois milliards cinq cents millions d'années, ces bactéries découvrirent que le mode de vie idéal pour elles consistait à recycler le carbone usagé en gaz méthane, et elles n'ont jamais cessé de le faire. Les écosystèmes des eaux des plates-formes continentales transfèrent des éléments essentiels comme le soufre et l'iode de la mer vers l'atmosphère et de là sur la terre ferme. Les forêts des tropiques humides agissent à l'échelle planétaire en refoulant dans l'air d'énormes quantités d'eau par évapotranspiration; ce qui a le pouvoir d'affecter le climat localement en causant la condensation des nuages. La surface supérieure blanche des nuages réfléchit le rayonnement solaire qui autrement réchaufferait et dessécherait la région. L'évaporation de l'eau à partir de son état liquide absorbe une grande quantité de chaleur, et le climat de régions éloignées extérieures aux tropiques est considérablement réchauffé lorsque des masses d'air tropical libèrent leur chaleur latente dans la condensation de la pluie. Le transport par les fleuves tropicaux d'éléments nutritifs et des produits de l'érosion fait manifestement partie de leur interconnexion et doit également avoir une signification à l'échelle planétaire.

Si l'évapotranspiration, ou les rejets des fleuves tropicaux dans l'océan sont vitaux pour le maintien de l'homéostase planétaire actuelle, alors cela suggère que leur remplacement par une agriculture de substitution ou un désert non seulement déposséderait de leurs terres les habitants qui s'y seraient maintenus mais menacerait également le reste du système. Nous n'avons pas encore de certitudes là-dessus; nous pouvons seulement conjecturer que les systèmes des forêts tropicales sont vitaux pour l'écologie mondiale. Il se peut qu'ils soient comme les forêts des zones tempérées, qui semblent pouvoir être supprimées sans causer de dommages sérieux au système pris dans son ensemble; les forêts des zones tempérées ont subi d'importantes destructions pendant les glaciations comme pendant l'expansion récente de l'agriculture. Il semblerait donc que l'approche écologique traditionnelle consistant à examiner l'écosystème forestier isolément est aussi importante pour notre compréhension des faits que la prise en compte de son interaction avec le système tout entier. La géophysiologie est au stade de la collecte des informations, un peu comme la biologie lorsque les savants victoriens partaient pour des jungles lointaines à la recherche de spécimens.

Nous reconnaissons bien les besoins de la Terre, même si notre temps de réaction est long. Nous pouvons être à la fois intéressés et désintéressés dans une sorte d'égoïsme éclairé inconscient. Il est tout à fait certain que nous ne sommes pas un genre de cancer sur Terre, et que la Terre n'est pas non plus un genre de machine qui exigerait les services d'un mécanicien.

S'il se révèle que la théorie Gaïa fournit une description acceptable du système opératoire de la Terre, alors nous n'avons assurément pas consulté les spécialistes qu'il fallait pour le diagnostic et la guérison de nos maladies planétaires. Il faut répondre aux questions suivantes : Jusqu'à quel point le système actuel est-il stable? Qu'est-ce qui risque de le perturber? Les effets de la perturbation peuvent-ils être inversés? Sans les écosystèmes naturels sous leur forme actuelle, la planète peut-elle conserver son climat et sa composition actuelles? Toutes questions qui sont du domaine de la géophysiologie. Nous avons besoin d'un généraliste en médecine planétaire. Y a-t-il un docteur dans l'espace?

8

La seconde patrie

Mieux vaut faire le bien chez soi que d'aller brûler de l'encens en un pays lointain.

Proverbe chinois.

Pendant l'été 1969, je me trouvais dans notre résidence secondaire sur les bords de la baie de Bantry, cette partie de l'Irlande où de longues et minces péninsules rocheuses indiquent le sud-ouest comme les doigts d'une main tendue vers l'Amérique. Nous étions lundi 21 juillet, au lendemain du jour où les astronautes Neil Armstrong et Edwin Aldrin avaient marché sur la Lune. La nouvelle de leur voyage historique nous était parvenue par radio. Cette région de l'Irlande était alors si reculée et si montagneuse que nous fûmes privés du plaisir d'assister à l'alunissage sur un écran de télévision. Pour notre famille, élevée dans la culture scientifique contemporaine, la conquête de la Lune était une conclusion. Pour nos voisins irlandais de la péninsule de Beara, ce fut un séisme mental qui ébranla les fondements de leur croyance. Durant toute la semaine qui suivit, ils nous demandèrent souvent : « Est-il bien vrai que des hommes ont atterri sur la Lune? » Déconcertés par cette question, nous répondions : « Bien sûr que c'est vrai. Vous ne l'avez pas entendu à la radio? » Oui, ils l'avaient bien entendu, mais ils voulaient entendre de notre bouche qu'il y avait des hommes là-haut sur la Lune.

Il me fallut longtemps avant que je me rende compte, avec un peu d'aide de mes voisins et amis Michael et Theresa O'Sullivan, que ce qui était pour moi un fait indubitable était, pour la culture différente qui nous entourait, une nouvelle à la signification beaucoup plus profonde. Pour plus d'un habitant de cette lointaine péninsule de Beara, le paradis était tout simplement là-haut dans le ciel, et l'enfer était sous leurs pieds. Leur foi n'était pas troublée par la nouvelle que des hommes avaient marché sur la Lune, mais leurs croyances religieuses semblaient subir une réorganisation interne. Je ne peux comparer l'intensité de leur expérience qu'avec le changement de mentalité qui affecta tant de gens au siècle dernier lorsqu'ils apprirent les informations rapportées par Darwin après le voyage du *Beagle*.

En ce vingtième siècle, ce sont les récits des astronautes et la moisson recueillie par l'exploration spatiale qui ont déverrouillé les portes de notre esprit. Il ne devrait donc pas être nécessaire d'expliquer pourquoi il y a un chapitre sur Mars dans un livre sur Gaïa, mais je vous rappellerai que l'hypothèse Gaïa fut une découverte imprévue, découlant directement de l'invention d'une méthode de détection de la vie sur les planètes destinée à être utilisée sur Mars. Près de vingt ans plus tard, je me suis mis à spéculer sur la possibilité de modifier l'environnement physique sur Mars pour qu'elle devienne un système vivant autonome, une sœur de Gaïa. Comme l'hypothèse Gaïa, cette notion a une origine indirecte et inattendue, à laquelle je vais consacrer quelques paragraphes.

L'idée est venue à cause d'un ouvrage appelé *The Greening of Mars* (Et Mars reverdira) écrit en collaboration avec mon ami Michael Allaby, journaliste très au fait des questions écologiques. Il voulait un monde qui soit le site d'une nouvelle expansion coloniale; le lieu de défis écologiques nouveaux loin des problèmes tribaux de la Terre. Moi, je voulais seulement une planète modèle pour jouer à de nouveaux jeux avec Gaïa, ou plutôt Arès, qui correspond à Gaïa dans la mythologie grecque.

L'idée de développer Mars pour en faire une colonie a bizarrement reçu peu d'échos, hormis chez les auteurs de science-fiction. Nous avons écrit notre livre comme un ouvrage de fiction même si, comme l'a fait observer le perspicace Brian Aldiss dans sa critique, il s'agissait plus d'un essai, d'une idée sérieuse présentée dans le cadre d'une fiction. Nous avions choisi ce modèle à cause d'une douloureuse expérience relative à la publication d'un autre ouvrage, celui-là consacré à la grande extinction d'il y a soixante-cinq millions d'années, où périrent les grands sauriens et une grande partie du reste du biote. Cet ouvrage scientifique avait été écrit dans un esprit grand public, stimulé par la science imaginative de la famille Alvarez et de leurs collaborateurs, qui attribuaient cette extinction à l'impact d'un planétoïde massif. Ils donnaient ce qui nous avait semblé être une preuve convaincante de pareille collision, la découverte que l'iridium et d'autres éléments rares d'origine extraterrestre étaient sensiblement plus abondants à la limite entre les roches du Crétacé et de l'ère tertiaire. C'est dans les archives géologiques l'endroit qui marque un changement important dans les populations et les espèces des êtres vivants qui ont fait ces roches. Peu après sa parution, ce livre fut férocement critiqué par des paléontologues qui écrivaient dans ces revues qui donnent le ton dans le monde scientifique. Leurs critiques étaient peut-être nécessaires, et la punition était peut-être justifiée. Nous aurions dû, vu que nous nous aventurions dans un territoire scientifique qui nous était peu familier, faire le nécessaire pour en apprendre la langue et l'histoire et nous procurer les visas de rigueur et les lettres d'introduction appropriées aux princes de ce royaume – et surtout nous attendre à des ennuis dans une contrée qui abritait le plus grand des machos, *Tyrannosaurus rex*.

Mais nous avons bien appris notre leçon, et avons écrit *The Greening of Mars* sous la forme d'une fiction en espérant qu'il ne serait pas attaqué sur des points de détail techniques complexes. Notre livre était conçu comme une suite d'expériences évidemment imaginaires faites sur une autre planète. Et si Mars, actuellement un désert désespérément stérile, pouvait être modifiée pour accueillir la vie? Comment pourrions-nous alors l'ensemencer et comment se développerait-elle? Nous ne nous attendions ni l'un ni l'autre à ce qu'on prenne ce livre pour autre chose qu'un ouvrage de divertissement. Or nous aurions dû savoir que tout le monde, ou presque, prend la fiction beaucoup plus au sérieux que la réalité. Réfléchissons un instant : si vous voulez connaître la sociologie de l'Angleterre victorienne, vous pourriez lire Marx, qui a été le premier sociologue, mais il est plus vraisemblable, même si vous êtes marxiste, que vous lirez Dickens. Dans les mois qui suivirent sa parution en 1984, notre second livre suscita une attention beaucoup plus sérieuse que ne semblait le mériter son style décontracté. Trois congrès scientifiques furent consacrés à la possibilité de rendre Mars habitable, et c'est au cours de l'un d'entre eux que Robert Haynes, un éminent généticien de Toronto, créa le terme « écopoïèse » – littéralement, « la construction d'une maison » – pour désigner la transformation d'un environnement autrement inhabitable en un lieu où la vie pourrait se développer naturellement. Je le préfère au terme de *terraformation* souvent employé lorsque cette opération s'applique aux planètes. « Écopoïèse » est un terme plus général. « Terraformation » a la résonance anthropocentrique d'une adaptation technologique à l'échelle planétaire.

Un stade capital du développement d'un nouveau système géophysiologique est l'acquisition par un organisme unique de quelque activité nouvelle et transmissible. Il s'ensuit que le premier acte dans l'écopoïèse de Mars devrait être le fait d'un entrepreneur. Ce serait un acte opportuniste accompli en vue d'un profit individuel et égoïste; l'acte communautaire plus vaste de colonisation viendrait ensuite. Christophe Colomb, me semble-t-il, n'était pas président d'un conseil d'administration, mais je soupçonne que ceux qui plus tard voyagèrent à bord du *Mayflower* faisaient partie de quelque commission.

Pour rendre Mars habitable, nous devrons d'abord en faire un lieu confortable pour la vie bactérienne. Dans le livre, nous proposions que l'acte impossible et scandaleux consistant à modifier intégralement l'environnement d'une planète ne pouvait être commis que par un entrepreneur à la réputation quelque peu louche, le genre d'individu dont on dit : « Il n'enfreint jamais la loi mais chaque fois qu'il fait quelque chose, il faut une loi pour l'empêcher de recommencer. » On a besoin de ce genre de personnage pour explorer les limites et faire certaines choses interdites, qui sont apparemment trop onéreuses, ou qui ne peuvent être menées à leur terme avec la caution bien intentionnée mais parfois indésirable d'organismes gouvernementaux soucieux de planification.

Le scénario de « Et Mars reverdira » faisait donc intervenir un genre de flibustier nommé Argo Brassbottom, à qui le succès donnera plus tard une noblesse chic qui lui fera prendre le patronyme de Foxe. Ce revendeur d'armes déclassées s'aperçut qu'il devait y avoir de l'argent à gagner dans la mise au rebut de la vaste accumulation de gros missiles intercontinentaux démodés et autres fusées à usage militaire. Les ogives nucléaires pourraient être recyclées sous forme de socs de charrue ou d'épées en plutonium sous contrôle gouvernemental strict, ce qui allait d'ailleurs se faire. Mais que faire des carcasses des fusées pleines de carburant solide? On ne pouvait pas sans danger les démonter et les reconvertir, mais on pouvait sans les modifier en faire les éléments essentiels d'un programme spatial privé. Brassbottom, par l'intermédiaire de ses nombreux contacts dans les organisations civiles et militaires de l'Est et de l'Ouest, ne tarda pas à découvrir qu'il y aurait effectivement une récompense pour l'élimination de toutes ces fusées surnuméraires. C'est alors qu'il eut une nouvelle idée lumineuse. Dans sa spécialité de récupérateur industriel, notre homme était un genre de scarabée bousier qui s'engraissait de l'élimination des déchets toxiques et autres produits nocifs dont nous préférons ignorer l'existence. Pourquoi, songea-t-il, ne pas se servir des fusées pour propulser lesdits déchets toxiques loin de la Terre? L'espace intersidéral serait une décharge tout à fait sûre.

Vu qu'il fréquentait les marchés noirs de toute la planète, il connaissait bien ces savants sans scrupules prêts à monnayer leurs compétences aux criminels ou aux fanatiques. L'un d'entre eux lui fit remarquer que l'inquiétude récente au sujet de la couche d'ozone avait amené une législation interdisant les chlorofluorocarbones utilisés comme gaz propulseurs dans les aérosols. Il existait peut-être un surplus de ces produits qui obligeait à les stocker à grands frais dans de vastes réservoirs pressurisés. Ces gaz font partie des produits les plus innocents et les plus inoffensifs qui pénètrent dans nos maisons. Ils ne sont ni inflammables, ni toxiques, ni nocifs. Ils avaient été interdits parce que leur présence dans l'atmosphère risquait d'appauvrir la couche d'ozone stratosphérique. Pourquoi, songea Brassbottom, ne pas les envoyer dans l'espace et se faire payer pour le faire? Peu après, un autre de ces savants lui suggéra de les envoyer sur Mars. Les chlorofluorocarbones sont 10 000 fois plus puissants que le gaz carbonique quand il s'agit de produire un effet de serre en absorbant le rayonnement infrarouge renvoyé par la Terre. Sur Mars, cette propriété pourrait peut-être faire décoller l'atmosphère gelée. Brassbottom eut assez de flair pour se faire octroyer l'exclusivité du développement de Mars dès qu'il se rendit compte que les actions de sa société d'exploitation de Mars monteraient en flèche si la planète se dotait d'un climat tempéré et devenait donc potentiellement habitable. Sa dernière démarche, avec l'aide d'amis dans les organisations dépendant de l'ONU, fut de convaincre le nouveau gouvernement du petit archipel de Nouvelle-Ulster dans l'océan Indien de participer à la construction d'une base de lancement pour ses fusées sur l'île volcanique temporairement inactive de Crossmaglen. Ce qu'on annonça en grande pompe comme un programme spatial pour le monde des pays en voie de développement. Des scientifiques sérieux qui persistaient à prendre notre scénario de fiction pour un article proposé à un aréopage de spécialistes m'ont fait remarquer que le projet était voué à l'échec car les CFC sont rapidement détruits par les ultraviolets solaires, et que le tétrafluorure de carbone, qui lui n'est pas détruit, aurait dû être proposé à la place. Ils ont peut-être raison.

Quand vous échafaudez des mondes imaginaires dans l'espace mental, vous avez tendance à ignorer des détails oiseux comme la solidité des fondations planétaires et la présence ou l'absence de pourriture sèche ou humide. Ce qui compte, c'est l'emplacement du terrain et les perspectives grandioses sur un paysage intact. Ni Mike Allaby ni moi-même n'avions soupçonné à quel point nos mondes de fantaisie seraient pris pour des territoires bien réels. Il est donc essentiel, avant de nous laisser emporter trop loin, de faire marche arrière et de réexaminer notre livre comme s'il s'agissait d'un prospectus et non d'un ouvrage de fiction. Si nous devons éviter, même en imagination, des accusations de publicité mensongère, nous devons y rajouter un rapport sur l'état de Mars émanant d'un géomètre impartial. Cette tâche aurait dû échoir aux deux sondes *Viking*, mais hélas! leurs directeurs de mission étaient obsédés par un autre rêve, celui de la découverte de la vie sur Mars. Ils auraient dû faire les mesures peu excitantes, mais indispensables, de l'abondance des éléments légers dans les roches de surface, du rapport D/H (deutérium sur hydrogène) dans l'atmosphère, et examiner la structure de la croûte martienne; mais on leur prêta moins d'attention qu'à la recherche fiévreuse mais vaine de traces de vie.

Alors que savons-nous de Mars? Le résumé le meilleur et le plus lisible des informations rassemblées par les engins spatiaux qui ont gravité autour de Mars ou qui y ont atterri est le splendide ouvrage de Michael Carr, *La Surface de Mars,* magnifiquement illustré, notamment de nombreuses photographies prises en orbite. Mars ressemblerait beaucoup plus à la Lune qu'à la Terre. Des cratères d'impact en criblent la surface et révèlent une chronique intacte d'événements qui remonte aux origines de la planète. Tout au contraire, sur Terre, les mouvements incessants de la croûte et l'érosion du vent et des eaux maintiennent le visage de la planète dans un état de fraîcheur et de propreté permanent. Mars diffère de la Lune en ce qu'elle possède une atmosphère, quelque ténue qu'elle puisse être. Elle a aussi des volcans, similaires par leur forme à ceux des îles hawaïennes, mais beaucoup plus grands. Il y a des canyons, des chenaux de ruissellement et des lits de rivières asséchés, ce qui suggère la présence d'eau liquide sur Mars à une époque reculée (voir la figure 8.1); il y a des calottes polaires dont l'extension varie avec les saisons; et il y a des nuages et des tempêtes de poussière dans les maigres vestiges de son atmosphère.

Mars peut sembler à sec, mais une grande quantité d'eau s'est échappée par dégazage de l'intérieur de la planète durant son histoire. On estime la quantité totale entre 12 et 25 millions de kilomètres cubes, suffisante pour faire un océan de 80 à 160 mètres de profondeur qui recouvrirait toute la planète si elle était une sphère ronde et lisse, ou de 200 mètres de profondeur si la répartition des terres et des mers était la même que sur Terre.

Michael McElroy, de l'université de Harvard, s'est appuyé sur la composition isotopique de l'élément oxygène dans l'atmosphère martienne pour soutenir qu'il y a eu peu de pertes d'eau vers l'espace en dépit de l'attraction gravitationnelle plus faible de Mars. Bizarrement, les mêmes arguments, lorsqu'on les applique à l'élément azote, conduisent à la conclusion que Mars a perdu une grande partie de son azote dans l'espace. Il y a de nombreuses traces d'inondations massives et de la présence d'assez d'eau pour avoir produit des vallées fluviales de près de 1 000 kilomètres de long, mais c'était dans un passé reculé. Où est allée toute cette eau? Selon le résumé que Michael Carr a

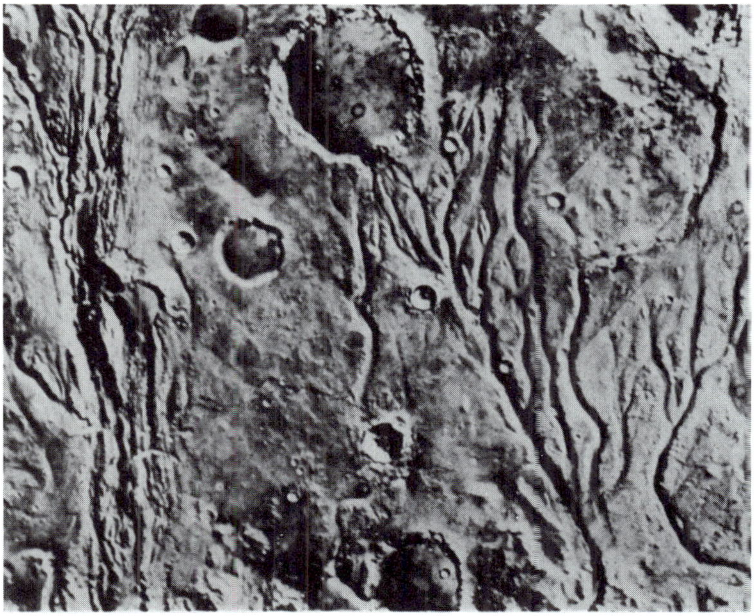

Fig 8.1. Chenaux de ruissellement sur le sol martien. Les photographies prises de l'espace montrent des traces de chenaux dans lesquels l'eau aurait pu couler jadis aux premiers temps de l'histoire de Mars.

fait des informations disponibles, il est vraisemblable que la plus grande partie de l'eau présente actuellement existe sous forme de pergélisol à une profondeur allant jusqu'à un ou deux kilomètres sous la surface. Il y aurait sous la glace des couches d'eau salée, dont le point de fusion pourrait descendre jusqu'à – 20°C. En plus, les régions polaires recouvriraient des dômes de glace.

Voilà donc l'opinion communément admise actuellement chez les savants sur l'état de Mars. Il y aurait apparemment beaucoup d'eau mais, pour diverses raisons, elle serait aussi inaccessible à un biote colonisateur que l'eau existant sous les déserts australiens. En plus, pour faire fondre et vaporiser l'eau profondément enfouie sous la surface, il faut transférer de la chaleur par le haut. Le transfert de chaleur au travers d'une couche superficielle de poussière peut être étonnamment lent; s'il se limitait à un processus de simple diffusion, il pourrait mettre des millions d'années pour faire fondre la glace infrasuperficielle. C'est peut-être là une conclusion pessimiste. Frazer Fanale et ses collègues du Jet Propulsion Laboratory ont suggéré que le passage du gaz carbonique à travers la poussière rocheuse exercera une action nettoyante qui transférera l'eau à la surface. Des modifications de la pression atmosphérique dues à la condensation et l'évaporation du gaz carbonique déclenchent et entretiennent ce mouvement. Mais à l'échelle temporelle humaine, l'écopoïèse nécessaire pour amener Mars au stade de l'ensemencement pourrait encore être intolérablement lente.

Avant de prendre la décision radicale de mettre en vente notre résidence terrestre, nous avons besoin de beaucoup plus de renseignements sur notre future résidence que ne nous en a donnés le compte rendu des sondes *Viking*. Nous avons besoin de savoir le pire qui pourrait nous arriver, et à Mars également, au cours d'une écopoïèse.

Si vous vous repenchez sur la surface de Mars, si semblable à celle de la Lune, vous remarquerez que les chenaux de ruissellement et les systèmes fluviaux qui suggèrent si fortement la présence d'eau sont effectivement très vieux : presque tous remontent à plus de 3,5 milliards d'années, à une période où les impacts des planétoïdes étaient plus fréquents. Mars a pu avoir une atmosphère à effet de serre plus épaisse et un climat plus chaud; il a également pu y avoir un réchauffement dû à ces impacts. Il y a quatre milliards d'années, le Soleil était au moins 25 % moins lumineux qu'aujourd'hui. Si Mars est maintenant gelée, une épaisse couverture aurait alors été nécessaire pour maintenir une atmosphère et la présence d'eau liquide. Depuis ces temps lointains, le Soleil s'est réchauffé et il a dû y avoir d'autres impacts de gros planétoïdes, même s'ils étaient moins fréquents qu'au début. Malgré cela, on ne voit pas de nouvelles traces d'écoulement d'eau. La sagesse conventionnelle actuelle qui envisage un océan d'eau gelée de 100 mètres d'épaisseur a peut-être tort. On n'a pas assez tenu compte de la probabilité que Mars, comme la Terre, ait pu être à l'origine riche en substances chimiques qui réagissent avec l'eau pour former de l'hydrogène qui s'échappe dans l'espace. Il a bien pu y avoir de l'eau, mais la fuite de l'hydrogène a abandonné de l'oxygène non pas à l'état d'oxygène libre, mais chimiquement prisonnier des nitrates, des sulfates et des oxydes de fer.

Considérons l'état de Mars il y a 3,5 milliards d'années. Ce serait juste après le bombardement massif de planétoïdes qui a transformé intégralement la surface de la planète en une couche de roches et de poussière d'au moins 2 kilomètres de profondeur, processus appelé pudiquement « jardinage » par les planétologues. À cette époque, la Terre pratiquait la réduction; l'environnement était riche en ces composés chimiques à base de fer et de soufre qui ont une remarquable capacité à réagir avec le gaz carbonique. Une couche de 2 kilomètres d'épaisseur de roches pulvérisées d'origine basaltique a la capacité de réagir avec environ 600 mètres d'eau et de gaz carbonique, ce qui suffirait pour rendre la pression atmosphérique à la surface de Mars trois fois plus forte (3 bars) que celle régnant actuellement sur Terre. Serait-ce là l'explication de la ténuité de l'atmosphère et de l'aridité actuelles de Mars? L'eau qui coulait en abondance il y a 3,5 milliards d'années aurait pu réagir avec les ions ferreux de la roche pulvérisée, libérant l'hydrogène qu'elle contenait et le laissant s'échapper dans l'espace. On pourrait croire que les réactions entre gaz et solides dans la désagrégation des roches seraient trop lentes pour avoir éliminé beaucoup d'oxygène et de gaz carbonique. Ce serait vrai pour Mars dans son état actuel; mais s'il y avait de l'eau libre, une grande partie des ions ferreux et des sulfures auraient pu être dissous dans l'eau, ou dispersés sous forme d'une boue fine, accélérant à la fois les réactions elles-mêmes et le processus de digestion des roches. L'état oxydé actuel de Mars, qui donne à cette planète sa couleur franchement rouge, n'existe peut-être qu'à fleur de peau. Mais tant qu'une autre sonde du genre *Viking* n'est pas allée tester les roches en profondeur, nous ne pouvons être sûrs qu'il y a une atmosphère et de l'eau qui nous attendent.

Il vaut la peine de se rappeler comment la Terre a évité de subir le même sort, et pourquoi nous aussi nous ne sommes pas desséchés. Le gaz carbonique originellement présent dans l'atmosphère a pratiquement entièrement disparu pour former des calcaires et des roches sédimentaires carbonées. De grandes quantités de sulfures et d'ions ferreux ont été oxydées, et l'oxygène capturé par ce processus a très bien pu à l'origine être associé avec l'hydrogène dans les molécules d'eau. La Terre a été sauvée de l'assèchement par l'abondance de son eau, et par la présence de Gaïa, qui agit pour conserver cette eau. Mars a pu très vite perdre le peu d'eau qu'elle avait à l'origine, et c'est peut-être pourquoi ces chenaux de ruissellement sont si anciens et qu'il y a si peu de traces d'eau libre d'origine récente. Il se peut que Mars soit irrémédiablement aride, et que le peu d'eau qui lui reste soit enfoui très profondément sous la surface dans des nappes phréatiques aussi salées que la mer Morte. Pour la plupart des organismes vivants, une eau salée à saturation ne vaut guère mieux que pas d'eau du tout.

Je dois avouer que ma conviction personnelle est que Mars se rapproche d'un état d'aridité. Il ne m'est pas tellement facile d'envisager Mars comme une belle au bois dormant congelée à la luxuriance potentielle qui attend que le souffle vital lui soit envoyé de la Terre. Mais les contes de fées sont bien plus distrayants qu'une vision sèche et poussiéreuse de Mars; alors acceptons donc l'opinion scientifique communément admise aujourd'hui qui nous laisse espérer une eau et un gaz carbonique abondants qui n'attendent que d'être dégelés, et utilisons donc ce modèle souriant pour inspirer nos colons écopoiétiques. Il reste à savoir comment nous allons nous installer et ce que nous devrions faire pour préparer le jardin en vue des semis.

Si d'aventure vous visitiez Mars par un après-midi d'été ensoleillé à des latitudes correspondant à celles de Melbourne ou de Buenos Aires, vous pourriez être surpris par la douceur du climat. Les températures diurnes pourraient atteindre 25°C. Ce serait l'occasion de se mettre en bras de chemise, si seulement l'air était respirable. Mais il y aurait des jours où la température serait en-dessous de zéro. Et au coucher du soleil la température tomberait avec une rapidité affolante pour atteindre – 80°C vers minuit; il ferait assez froid pour que le gaz carbonique sous forme solide forme un givre de neige carbonique au fond des vallées ou des dépressions.

Le « sol » sous vos pieds évoquerait un désert terrestre. Mais ce serait une illusion, car il y a peu de déserts sur Terre dont la vie soit totalement absente. Il y a presque partout dans les déserts terrestres une mince couche de bactéries appelée *pavage désertique*. Il n'y a pas de *sol* sur Mars, rien qu'un mélange inanimé de roches de toutes tailles, allant du grain de poussière à des rochers, qu'on appelle, presque par onomatopée, du nom sec et dur de régolite (visible sur la figure 8.2). Mars n'est pas encore prête pour la vie; non seulement elle est inhospitalière à quelque forme de vie que ce soit, mais elle est toxique et mortelle pour toute matière organique. L'air à la surface de Mars est dans un état chimique proche de celui de la stratosphère terrestre. Si l'air stratosphérique à 15 kilomètres au-dessus de nos têtes pouvait être comprimé sans changer de composition, nous ne pourrions le respirer. L'ozone y est présent à la concentration de 5 parties par million. L'ozone nous protège peut-être du rayonnement ultraviolet solaire, mais à cette concentration il provoque des douleurs et son inhalation est vite mortelle. La

Fig 8.2. Le régolite vu par la sonde *Viking*. Il n'y a pas de sol proprement dit sur Mars – le *sol* est la surface active structurée d'une planète vivante, le régolite est formé de débris répandus à la surface d'une planète morte.

surface de Mars, exposée à pareille atmosphère pendant toute une vie planétaire, est riche en substances exotiques, comme l'acide pernitrique, qui peuvent rapidement détruire les graines, les bactéries et pratiquement toutes les matières organiques. Mars ne se prête pas au jardinage.

La surface hautement oxydée de Mars dans son état actuel signifie que la vie ne peut s'y développer spontanément. Contrairement à ce qui s'est passé sur la Terre archéenne, les précurseurs organiques de la matière vivante n'auraient pas eu l'occasion de s'accumuler et de se rassembler. Le seul processus d'écopoïèse possible est, d'abord, de modifier l'environnement jusqu'à ce qu'il soit propice à la vie, et ensuite soit de permettre à la vie d'évoluer spontanément, soit d'ensemencer la planète. Si nous réussissons à obtenir la maturation environnementale, je ne crois pas que nous aurions la patience de laisser Mars développer la vie toute seule. Quelqu'un finirait par l'ensemencer, même si ce n'était qu'accidentellement.

La vie planétaire a besoin d'un système opératoire du type Gaïa, autrement elle serait vulnérable à toute modification de l'environnement qui pourrait résulter soit de sa propre évolution, soit d'une catastrophe extrinsèque comme les bien trop fréquents impacts de planétoïdes. Je ne crois pas qu'une vie clairsemée qui n'existerait que dans quelques oasis puisse persister. Un tel système est incomplet, incapable de contrôler son environnement et de résister aux changements défavorables. Il s'ensuit que, même si nous répandions des micro-organismes de toutes espèces possibles sur le moindre centimètre carré de la surface martienne, nous ne pourrions faire vivre Arès. Certains organismes pourraient survivre et même proliférer pendant quelque temps, mais il n'y aurait pas d'invasion, pas d'infection d'une vie qui se propagerait rapidement pour s'assurer la maîtrise de la planète et en réguler l'environnement. Je trouve insolite que des organisations en général compétentes comme la NASA consacrent tant d'efforts à stériliser leurs engins spatiaux alors qu'elles savent très bien que Mars elle-même est une grande stérilisatrice. Elles savent aussi que si ces mêmes engins spatiaux venaient à atterrir sans être stérilisés sur le sol beaucoup plus hospitalier de la calotte glaciaire antarctique ou du désert australien, leur petit contingent de passagers microbiens n'aurait aucune chance de s'y établir en permanence.

Si des régions de Mars peuvent actuellement jouir de températures clémentes lors d'après-midi ensoleillés, cela ne veut pas dire qu'il y ait peu de choses à faire pour la rendre vivante. Lorsque la vie est apparue sur Terre, la chaleur reçue du Soleil était de 60 % plus importante que celle qui réchauffe Mars à présent. Il y avait abondance d'eau sur Terre, et une atmosphère assez dense pour donner un climat hospitalier. Le seul élément en faveur de Mars est qu'elle est plus sombre que la Terre et qu'elle absorbe une plus grande proportion de la lumière solaire incidente. Mais cet avantage ne vaut que pour son état actuel; une fois que l'eau sera libérée, elle s'évaporera pour former des nuages et une couverture neigeuse. Ce qui va augmenter l'albédo de Mars, si bien qu'elle renverra dans l'espace la chaleur qu'elle aurait autrement pu gagner. Livrée à elle-même, Mars ne pourra peut-être jamais offrir les conditions nécessaires à la naissance et au maintien de la vie, même dans un milliard d'années, lorsque le Soleil sera plus chaud et que ce qui restera de l'air et de l'eau martiens aura été libéré.

Alors que pouvons-nous faire pour mettre Mars sur la voie évolutive qui finira par l'amener à un état comparable à celui de la Terre actuelle et donc en faire notre seconde patrie? D'abord, modifier l'environnement martien suffisamment pour permettre la croissance et la prolifération spontanées des microorganismes sur une grande partie de la surface planétaire. À première vue, la notion d'ingénierie planétaire, l'écopoïèse appliquée à une planète, semble être d'une grandiose impertinence. Mais elle n'est pas si impertinente que ça si Mars est une planète congelée qui n'a besoin que d'un dégel; en plus, c'est l'opinion communément partagée par les planétologues, qui signalent qu'une quantité de gaz carbonique atteignant deux atmosphères, plus assez d'eau pour recouvrir intégralement la planète d'un océan d'environ 100 mètres de profondeur se sont échappées par dégazage de l'intérieur de la planète durant les quatre derniers milliards d'années. Si nous acceptons cette conclusion, alors nous pouvons imaginer que Mars est en équilibre au bord d'une falaise de stabilité environnementale, et qu'une petite poussée suffirait peut-être à la mettre dans un état beaucoup plus propice à la vie.

Dans son ouvrage sur Mars, Michael Carr examine la possibilité que l'eau existe sous forme de nappes phréatiques sous la surface de la planète, et aussi la forte probabilité qu'elle existerait sous forme de sel. On oublie souvent que l'état stable de l'élément azote est l'ion nitrate dissous dans l'eau. Sur Terre, le nitrate se forme continuellement par des processus à haute énergie (incendies, foudre et radiations nucléaires) dans l'atmosphère. Il atteint rapidement le sol avec les pluies, et le biote le restitue tout aussi rapidement à l'atmosphère sous forme d'azote gazeux. Il n'y a pas de vie sur Mars, et je me suis souvent demandé si la majeure partie de l'azote y existe sous forme de nitrate dissous dans les couches d'eau salée. Ou peut-être y a-t-il eu de vastes gisements de sel, des gisements d'évaporite qui se sont déposés à la suite de l'assèchement des anciens cours d'eau. Le nitrate et le nitrure enfermés dans ces gisements pourraient aussi expliquer le manque relatif d'azote dans l'atmosphère martienne actuelle.

Il faudra un autre *Viking* pour trouver les réponses à ces questions, et à présent nous ne pouvons que spéculer sur les changements qui seraient nécessaires pour convertir la planète Mars dans son état actuel de stérilité en un terreau où pourrait germer la vie planétaire. Voilà pourquoi Mike Allaby et moi-même avons choisi d'écrire notre récit de l'écopoièse martienne sous la forme d'une fiction, et de réchauffer Mars en y envoyant de la Terre des surplus de CFC. Personnellement, je me demande si on pourrait envoyer suffisamment de ces puissants gaz à effet de serre, mais cette idée a été conçue pour exciter l'imagination de ceux qui voudraient transformer Mars par quelque autre moyen, plutôt que comme un projet technique sérieux. Dans mon expérience d'inventeur, j'ai souvent découvert qu'une invention incomplète ou légèrement défectueuse est souvent plus séduisante aux yeux des ingénieurs qu'un *fait accompli*. En tout cas, il paraît présomptueux de s'attaquer à des parties d'un projet qui dépassent votre compétence et d'enlever aux autres la chance de pouvoir exercer les capacités et les talents qui leur sont propres.

Au lieu d'expédier à grands frais des CFC sur Mars par voie

spatiale comme nous le proposions dans notre livre, quelqu'un pourrait concevoir une usine automatique pour les fabriquer sur Mars à partir de matériaux indigènes. Si la saumure martienne existe, et si on peut la pomper, il ne serait pas trop difficile de synthétiser des fluorocarbones et d'autres gaz à effet de serre comme le tétrafluorure de carbone en utilisant comme matières premières les sels de cette saumure et le gaz carbonique atmosphérique. Il faudrait pour cela une centrale nucléaire de taille moyenne. Les écologistes seraient peut-être heureux d'en voir une expédiée sur Mars au lieu d'être implantée sur Terre. Si le nitrate et le nitrure sont présents dans la saumure, alors ils fourniront une source d'énergie locale convenable d'oxygène comme d'azote, pas encore suffisante pour transformer l'atmosphère, mais assez abondante pour permettre aux premiers explorateurs et techniciens de respirer dans leurs abris étanches.

Nous avons proposé le réchauffement de Mars par l'envoi de gaz à effet de serre. Est-ce que cela marcherait? Le mécanisme de base de l'effet de serre a l'air assez simple, mais calculer l'augmentation de température correspondant à une augmentation déterminée de la concentration en gaz carbonique est loin d'être simple. À une échelle planétaire, bien d'autres choses doivent être prises en considération, notamment : le rayonnement solaire réfléchi par les nuages et la couverture de glace; le transfert de la chaleur par le mouvement des masses d'air et par l'évaporation et la condensation de l'eau; et la structure de l'atmosphère et de l'océan. Point étonnant que ces calculs exigent l'assistance des plus gros ordinateurs disponibles, qui sont d'ailleurs insuffisants. Autant que je sache, il n'y a pas encore eu de modèles qui font intervenir une rétroaction dynamique du biote. L'effet de serre martien sera vraisemblablement beaucoup plus facile à calculer – du moins aux premiers stades avant qu'assez d'eau se soit évaporée pour introduire la nébulosité, la couverture neigeuse et la vapeur d'eau. Les nuages et la glace sont tous les deux blancs et réfléchissent la lumière du Soleil. En gros, la glace produit l'effet contraire du gaz carbonique et cause un refroidissement; les nuages peuvent induire soit un réchauffement, soit un refroidissement, selon leur forme et leur altitude. Pour compliquer encore le problème, la vapeur d'eau absorbe les infrarouges, et sa présence accentue le réchauffement dû au gaz carbonique.

Le projet de réchauffer Mars en introduisant des CFC dans son atmosphère repose sur un ensemble de coïncidences favorables. D'abord, il y a une vitre cassée dans la serre. Ni le gaz carbonique ni la vapeur d'eau n'absorbent efficacement l'infrarouge à des longueurs d'onde comprises entre 8 et 14 micromètres, auxquelles une assez grande quantité de chaleur s'échappe dans l'espace par rayonnement de la surface planétaire et de l'atmosphère. Les CFC ont une grande capacité d'absorption dans cette région et font office de vitre neuve, encore transparente à la lumière du Soleil, mais opaque à ce qui était précédemment une brèche dans l'infrarouge. Ensuite, les gaz à effet de serre amplifient en quelque sorte mutuellement leurs effets. En dehors des météorologistes, peu de gens savent que l'effet de serre du gaz carbonique dépend essentiellement de l'absorption de l'infrarouge par la vapeur d'eau. Le gaz carbonique absorbe bien le rayonnement infrarouge, mais pas aux mêmes longueurs d'onde que la vapeur d'eau, ou moins fortement. Une augmentation du gaz carbonique causera un certain réchauffement qui à son tour va augmenter la teneur en vapeur d'eau de l'air. Cette teneur en vapeur d'eau accrue augmente le réchauffement et amplifie ainsi l'effet moindre du gaz carbonique. Sur Mars, il y aura une double amplification. Les CFC vont réchauffer un peu la surface, ce qui fera se dégager du gaz carbonique et donc augmenter le réchauffement, qui à son tour fera s'évaporer de l'eau et réchauffer encore plus la planète. C'est pourquoi il est peut-être possible, en employant une quantité réaliste de ces bizarres produits chimiques, de changer le climat de toute une planète. Nous ne pouvons dire, avant que la modélisation soit faite, quelle quantité de CFC serait nécessaire. Peut-être pas plus de 10 000 tonnes, ou alors plus d'un million de tonnes. Dans ce dernier cas, l'entreprise de Brassbottom serait un échec; elle serait toutefois encore dans les possibilités d'une usine chimique automatisée expédiée sur Mars dans le but de synthétiser ces gaz ou d'autres substances à effet de serre à partir de matériaux indigènes.

Le succès ou l'échec de l'écopoïèse de Mars dépendra vraisemblablement de la quantité de gaz carbonique et d'eau présents sous une forme accessible. Avec une atmosphère de gaz carbonique dense, de l'ordre de 2 bars ou plus, on peut s'attendre à un climat tolérable. Avec moins de gaz carbonique, beaucoup va dépendre de la répartition de l'eau et de l'effet de la neige et des nuages sur l'albédo planétaire. Dans d'autres scénarios de science-fiction, on a transporté de l'eau sur Mars sous forme d'astéroïdes de glace, arrachés à leurs froides orbites loin du Soleil. Des calculs simples démontrent l'impossibilité pratique d'un tel procédé en l'absence de quelque nouvelle et incroyable source d'énergie. Il faut un astéroïde entièrement constitué de glace et d'un diamètre de 300 kilomètres pour égaler la quantité d'eau qu'on suppose actuellement exister sur Mars. Il y aurait bien peu de gens prêts à s'engager par contrat à le faire arriver jusque-là.

Lorsque les CFC ont fait leur travail et fait s'élever une atmosphère de la surface précédemment gelée, à quel genre de monde avons-nous affaire? Supposons, pour commencer, que nous avons une planète dont l'atmosphère, où règne une pression comprise entre 0,5 et 2 bars, est presque entièrement composée de gaz carbonique. Le climat est encore froid par rapport aux normes terriennes, mais les fluctuations diurnes sont moins prononcées; aux basses altitudes dans les régions tropicales, les gelées nocturnes ne sont plus ni aussi fréquentes ni aussi rigoureuses. Mais par-dessus tout, assez d'eau s'est évaporée pour permettre des précipitations dans certaines régions. La surface est encore du régolite mais elle n'est plus fortement oxydante; l'acide pernitrique mortel et d'autres oxydants stratosphériques sont montés dans l'atmosphère aux altitudes élevées où on les rencontre sur Terre.

Je ne peux que faire des conjectures sur le genre d'écosystème qui pourrait survivre dans pareil environnement. Il aurait des chances de comprendre les plantes et animaux terrestres, mais pas au début, du moins. La première vie apparue sur Terre fut représentée par les micro-organismes procaryotes, et leurs descendants prospèrent encore dans le sol. Notre premier objectif serait d'introduire un écosystème microbien qui pourrait convertir en terre végétale le régolite, et d'introduire parallèlement des bactéries photosynthétiques vivant en surface, qui pourraient fournir nourriture, énergie et matières premières au gros de l'écosystème localisé sous la surface. Si nous pouvions faire en sorte que les photosynthétiseurs soient de couleur sombre, ils absorberaient la chaleur du Soleil et seraient donc plus chauds que le milieu environnant. À l'échelon local, l'effet est comparable à l'avantage possédé par les pâquerettes sombres sur Floréale; ce qui pourrait encourager l'écosystème dont elles font partie à se répandre sur toute la surface de Mars. Dans ce cas, le climat pourrait tendre vers l'homéostase, d'abord régionalement, ensuite sur toute la planète.

Le biote dispose d'autres moyens de réguler le climat en plus du contrôle de l'albédo. Le plus important est sans doute la régulation de la composition des gaz atmosphériques. Le premier acte d'écopoïèse fut de construire une serre artificielle faite de gaz CFC à la concentration de quelques parts par milliard dans l'air. Dans les premiers temps de la vie d'Arès, le contrôle des émissions de CFC serait encore aux mains des colons humains, ce qui pourrait être d'une importance capitale si la concentration de gaz carbonique atmosphérique était sensiblement réduite ou si la neige et la couverture nuageuse augmentaient l'albédo de la planète. La concentration de gaz carbonique pourrait être sensiblement réduite de deux manières. D'abord, la vie pourrait réussir si bien à se propager qu'elle dissocierait de larges quantités de ce gaz en matière organique carbonée et en oxygène libre. Ou alors le gaz carbonique pourrait réagir avec des silicates de calcium pour former des carbonates et de l'acide silicique. Les premières réactions libéreraient de l'oxygène qui pourrait s'accumuler dans l'air; il se pourrait que les roches du régolite et l'eau des saumures martiennes contiennent une assez grande quantité de matériaux qui récupèrent l'oxygène, comme l'élément fer sous forme d'ions ferreux. En tout cas, le premier oxygène à apparaître dans l'atmosphère sera trop dilué pour permettre la réoxydation rapide des surplus de matière organique produits par la photosynthèse. Le surplus de carbone issu des photosynthétiseurs morts serait réoxydé par d'autres organismes de l'écosystème bactérien utilisant comme oxydants le sulfate et le nitrate du régolite. Ce qui restituerait du gaz carbonique, de l'azote et du protoxyde d'azote à l'atmosphère. Toutefois, le sol martien ne tarderait pas à tendre vers un état où il n'y aurait pas assez de sources non renouvelables d'oxydants pour soutenir la réoxydation de la matière carbonée et la restitution du gaz carbonique à l'atmosphère. Lorsque ce seuil fut atteint sur la Terre primitive à l'Archéen, il ouvrit à l'exploitation une gigantesque niche de matière organique excédentaire. C'est alors, ce me semble, que les méthanogènes évoluèrent pour tirer opportunément parti de ce cadeau des photosynthétiseurs. Ce faisant, ils convertirent la matière organique en un mélange de méthane et de gaz carbonique. Le méthane est lui aussi un gaz à effet de serre, si bien que le refroidissement potentiellement désastreux qui aurait pu se produire fut évité.

Nous avons déjà postulé au cours de cette brève discussion le besoin de photosynthétiseurs, de réducteurs de nitrates et de sulfates et de méthanogènes. Ce sont tous des habitants normaux d'un échantillon de sol prélevé pratiquement n'importe où sur Terre. Les écosystèmes aérobies et anaérobies coexistent pacifiquement vu que leurs territoires respectifs sont séparés verticalement : les organismes qui tolèrent l'oxygène sont à la surface et les anaérobies dans les parties les plus basses du sol. Le sol est une structure complexe peuplée d'une grande variété d'espèces. Pour assurer le succès de l'installation de l'écosystème bactérien du sol sur le régolite martien, la question n'est pas de découvrir ou de fabriquer par génie génétique des espèces qui y prospéreraient, mais de transformer Mars de façon à ce que les écosystèmes microbiens de la Terre puissent y prospérer et convertir en sol le régolite. Mais ce n'est qu'un début, car, si Mars doit devenir un système auto-entretenu, il faut absolument que les organismes et leur environnement finissent par former un système aussi étroitement accouplé que celui qu'ils forment sur Terre. L'acquisition du contrôle planétaire ne peut venir que de la croissance commune de la vie et de son environnement, au terme de laquelle ils forment un système unique et indivisible.

Une seule maison habitée par une seule famille ne constitue pas un village, et encore moins une ville dotée d'une infrastructure autonome. De même, il y a une masse critique du biote préalable à l'établissement de l'homéostasie planétaire, dont l'importance dépend essentiellement de la somme d'efforts nécessaires au maintien de l'homéostase et de l'ampleur des perturbations qui risquent de se produire. Des modèles simples, dérivés de Floréale, suggèrent qu'un système stable exige une couverture d'au moins 20 % de la surface planétaire pour résister aux perturbations les plus communes, qui consisteraient en modifications de l'intensité du rayonnement solaire, impacts de planétoïdes, perturbations internes créées par l'évolution des espèces qui auraient des influences défavorables sur l'environnement, voire même en l'épuisement de quelque ressource indispensable. Si Arès doit devenir un monde grand et fort, il lui faudra recouvrir plus que quelques oasis du désert martien.

Dans les romans sentimentaux, toute l'action se passe avant le mariage. C'est parfait pour le plaisir du lecteur, mais ça ne dit pas comment réussir sa vie conjugale. Il en est de même pour l'écopoïèse; la conversion physique et chimique de Mars serait une incroyable prouesse d'ingénierie, une somptueuse et mémorable saga, à côté de laquelle l'entretien de la vie planétaire nouvellement née passerait pour une tâche satisfaisante mais vraiment terre à terre. Il faudrait investir beaucoup de patience et d'amour dans le travail incessant consistant à nourrir et à surveiller au jour le jour cette vie planétaire au berceau avant qu'elle puisse maintenir l'homéostase par ses propres moyens.

Gaïa sera toujours associée dans mes pensées à l'exploration de l'espace et à Mars, car dans un certain sens c'est sur Mars qu'elle a vu le jour. Rusty Schweikart et ses compagnons nous ont fait partager la révélation qu'ils ont eue en regardant la Terre de la Lune : que la Terre était leur patrie. Fait moins grandiose, mais significatif tout de même, notre contemplation décalée des planètes du Système solaire vues par les yeux splendides de *Voyager* et d'autres sondes spatiales a touché notre esprit et fait bouger les portes verrouillées des sciences de la Terre.

Lord Young, célèbre par ses efforts pour la fondation du téléenseignement au Royaume-Uni, a tellement été ému par l'idée d'amener la vie sur Mars qu'il a formé l'association Argos Venturers (les aventuriers d'Argos) pour réfléchir et agir dans ce but. Il croit que la perspective de coloniser Mars, même avant son achèvement final, ou même sans lui, est une source d'inspiration puissante. Je partage son opinion, et crois qu'une méditation sur les difficultés intimidantes qu'il y a à faire naître Arès peut nous aider à mieux comprendre les conséquences effroyables qu'il y aurait à endommager Gaïa au point d'être forcés de prendre en main nous-mêmes la responsabilité permanente de garder la Terre dans un état favorable à la vie, service qui est actuellement fourni gratuitement.

9

Dieu et Gaïa

Gaïa je chante, mère de tous, des déesses la plus ancienne,
Ferme en ses fondations, qui nourrit toutes créatures vivant sur Terre,
Toutes celles qui évoluent sur la terre rayonnante et nagent dans la mer
Et volent par les airs – toutes elle nourrit de ses libéralités.
Maîtresse, de toi sont issus nos beaux enfants, nos riches moissons,
Tu as le pouvoir de donner vie aux mortels, et de la leur reprendre.

J. Donald HUGHES, Gaïa : An Ancient View of Our Planet.

Les photographies, comme les biographies, en disent souvent plus long sur leur auteur que sur leur sujet. C'est peut-être pourquoi les photos d'identité, prises dans des cabines automatisées, semblent si dénuées de vie. Comment une simple machine pourrait-elle saisir l'âme de son sujet, raidi sur son siège, le regard absent fixé sur l'œil aveugle de l'appareil? En essayant d'écrire sur Dieu et Gaïa, je partage certaines des limitations d'une machine à photographier, et je sais que ce chapitre apportera plus de révélations sur moi-même que sur mes sujets. Alors pourquoi essayer?

Quand j'ai écrit mon premier livre sur Gaïa, je n'avais aucunement idée qu'il serait considéré comme un ouvrage religieux. J'avais beau croire que le principal sujet en était la science, nul doute que de nombreux lecteurs furent d'un avis différent. Les deux tiers des lettres que je reçus alors, et qui continuent d'arriver, concernent le sens de Gaïa dans le contexte de la foi religieuse. Cet intérêt ne s'est pas limité à la communauté laïque; une lettre des plus intéressantes me fut adressée par Hugh Montefiore, alors évêque de Birmingham. Il me demanda ce qui à mon avis était venu d'abord, la vie ou Gaïa. Mes tentatives pour répondre à cette question suscitèrent une correspondance relatée dans un chapitre de son livre *La Probabilité de Dieu.* Je soupçonne que certains cosmologues sont l'objet de demandes similaires de la part de ceux qui leur attribuent un minimum de familiarité avec la divinité. J'étais naïf de croire que le propos d'un livre sur Gaïa passerait pour exclusivement scientifique.

Alors où me situé-je par rapport à la religion? Lorsque j'étais encore étudiant, un membre de la Société des Amis me demanda sérieusement si j'avais jamais eu d'expérience religieuse. Comme je ne comprenais pas ce qu'il voulait dire, m'imaginant qu'il faisait allusion à quelque manifestation miraculeuse, je répondis que non. Quarante-cinq ans plus tard, avec le recul, j'ai maintenant tendance à penser que j'aurais dû dire oui. La vie elle-même est une expérience religieuse. À l'époque, toutefois, la question était presque dépourvue de sens parce qu'elle impliquait une division de la vie entre une partie sacrée et une partie séculière. Je pense maintenant qu'il ne peut y avoir pareille division. Dans toute relation, il y a des sommets de bonheur tout comme des dépressions sur la grande plaine de la satisfaction. L'un de ces sommets se concrétisa pour moi lorsque Jim Morton, doyen de la cathédrale de Saint-Jean-le-Divin à New York, me demanda de l'assister dans la célébration d'une cérémonie religieuse. Je me souviens encore avec émerveillement de cette procession colorée dont je faisais partie, avec lui et les autres religieux, tous habillés en costumes médiévaux. Les accents du chœur chantant « L'Aube point » semblaient revêtir une signification nouvelle dans l'ambiance de ce lieu sacré. C'était une expérience sensuelle, ce qui ne la rend pas moins religieuse à mes yeux.

Dans mon enfance, mes idées sur la religion furent influencées par celles de mon père et des gens de la campagne que je connaissais. C'était un bizarre mélange à base de sorcières, d'arbres de mai, et des opinions exprimées par les quakers, soit lors des cours de catéchisme qui avaient lieu le dimanche dans une maison commune des Amis, soit en dehors de ce cadre. Noël était plus une célébration du solstice qu'une fête chrétienne. Notre famille avait beau être bien ancrée dans le siècle actuel, nous étions encore étonnamment superstitieux. J'avais été alors si fortement conditionné à croire aux pouvoirs des forces occultes que plus tard dans ma vie il me fallait un effort manifeste de volonté pour m'empêcher de toucher du bois ou de me croiser les doigts chaque fois que je devais affronter un danger quelconque. Le christianisme était moins une croyance qu'un ensemble de règles de bonne conduite raisonnables.

Quand j'ai pour la première fois vu Gaïa dans mon esprit, j'ai eu l'impression qu'un astronaute a dû avoir lorsque, debout sur la Lune, il a contemplé notre Terre. Cette impression se renforce à mesure que la théorie et les faits matériels viennent confirmer l'idée que la Terre serait un organisme vivant. Envisager la Terre comme un être vivant donne l'impression, dans les moments et les circonstances les plus favorables, que la planète tout entière célèbre une cérémonie sacrée. Le fait d'être sur Terre vous donne la même impression particulière de bien-être qui s'attache à la célébration d'une religion quelconque lorsqu'elle est appropriée et quand on est disposé à la recevoir. Point n'est besoin alors de suspendre vos facultés critiques, et rien ne vous empêche non plus de chanter un hymne hors de propos, ou de chanter faux celui qui s'impose.

Voilà donc ce que je ressens à propos de Gaïa elle-même. Mais qu'en est-il de Dieu? Je suis trop attaché au mode de pensée scientifique pour me sentir à l'aise lorsque j'énonce le Credo ou le Notre Père dans une église chrétienne. L'insistance de la définition « Je crois en Dieu le Père Tout-Puissant, Auteur du Ciel et de la Terre » semble anesthésier le sens de l'émerveillement, comme si l'on s'engageait à suivre une ligne de pensée unique par un contrat cosmique en bonne et due forme. Il semble également erroné d'en faire une simple métaphore. Mais je respecte l'intuition des croyants sincères, et je suis ému par le cérémonial, la musique, et surtout par le rayonnement des versets du missel, qui pour moi sont ce qu'il y a de plus proche de la perfection dans notre langue.

J'ai mis mes doutes à part trop longtemps. Maintenant que je suis en train d'écrire ce chapitre, je me vois obligé d'expliquer d'une manière ou d'une autre, à moi-même comme à vous, ce que sont mes croyances religieuses. Je me réjouis à la pensée que l'univers a des propriétés qui rendent inévitable l'émergence de la vie et de Gaïa. Mais je m'inscris en faux contre l'affirmation qu'il aurait été créé dans ce but. Il en a peut-être été ainsi, mais ce sont questions ineffables que les commencements de l'univers et de la vie! Lorsqu'un collègue se sert de preuves relatives à la Terre datant de plusieurs milliards d'années pour asseoir sa théorie de l'origine de la vie, je suis assailli par un doute similaire. Comment peut-on traiter comme faits scientifiques des événements aussi lointains et qui ont conduit à l'émergence de quelque chose d'aussi complexe que la vie? Se renseigner sur ses antécédents relève d'une curiosité humaine naturelle, mais des expéditions dans les profondeurs du passé pour retrouver ses origines sont tout aussi suprêmement futiles que la chasse au snark. La plus grande part de l'information concernant nos origines réside dans notre corps; aussi réjouissons-nous et soyons heureux d'être en vie.

Lors d'une réunion à Londres, il y a peu de temps de cela, un homme avisé, le Dr Donald Braben, me demanda : « Pourquoi vous en tenir à la Terre? Pourquoi ne pas considérer que le Système solaire, la Galaxie, voire même l'univers, soient vivants? » Ma réponse instantanée fut que le concept d'une Terre vivante, Gaïa, est facile à circonscrire. Nous savons qu'il n'y a pas d'autre vie dans le Système solaire, et que l'étoile la plus proche est infiniment éloignée. Il doit y avoir d'autres Gaïa qui circulent autour d'autres étoiles dociles et stables mais, quelle que puisse être ma curiosité vis-à-vis d'elles ou de l'univers, ce sont là concepts intangibles – des concepts pour l'intellect, non pour les sens. Jusqu'au jour hypothétique où débarqueront des êtres venant d'autres parties de l'univers, il nous faut conserver ce détachement.

Beaucoup, je l'imagine, ont suivi le même itinéraire mental. Les millions de chrétiens qui réservent dans leur cœur une place particulière à la Vierge Marie réagissent peut-être comme moi. Le concept d'un Jéhovah lointain, tout-puissant et omniscient est soit effrayant, soit inaccessible. Même la présence supposée d'un Dieu plus contemporain, d'une petite voix silencieuse du dedans, peut ne pas suffire à ceux qui ont besoin de communiquer avec quelqu'un à l'extérieur d'eux-mêmes. Marie est proche, et on peut lui parler. Elle est crédible et accessible. Il se pourrait que l'importance de la Vierge Marie dans la foi soit quelque chose de cet ordre, mais ce n'est peut-être pas tout. Et si Marie était une autre appellation de Gaïa? Alors sa faculté de concevoir dans la virginité n'est plus un miracle ou une aberration parthénogénétique, c'est le rôle de Gaïa depuis que la vie a commencé. Les immortels n'ont pas besoin de reproduire d'images d'eux-mêmes; il suffit qu'ils renouvellent continûment la vie qui les constitue. Tout organisme vivant qui a derrière lui un quart de la durée de l'univers et qui est encore plein de vigueur est la meilleure approximation de l'immortalité dont nous pourrions jamais avoir besoin. Elle est de cet univers et peut s'envisager comme faisant partie de la divinité. Elle est sur Terre source de vie éternelle et elle vit; elle a donné naissance à l'humanité et nous faisons partie d'elle.

Voilà donc pourquoi Gaïa est pour moi un concept religieux autant que scientifique, et se peut circonscrire dans chacune de ces sphères. La théologie est également une science, mais si elle doit fonctionner avec les mêmes règles que les autres sciences, il n'y a plus de place pour des croyances ou des dogmes. Je veux dire par là que la théologie ne devrait pas déclarer que Dieu existe et ensuite se mettre en devoir d'enquêter sur sa nature et ses interactions avec l'univers et les organismes vivants. Pareille approche est dogmatique, présuppose l'existence de Dieu et ferme l'esprit à des questions du genre : Que serait l'univers sans Dieu? Comment pouvons-nous utiliser le concept de Dieu comme un moyen de regarder l'univers et nous-mêmes? Croire en Dieu est un acte de foi et le restera. Il est tout aussi vain d'essayer de prouver que Gaïa est vivante. Au lieu de cela, Gaïa devrait être une manière de voir la Terre, nous-mêmes et nos rapports avec les êtres vivants.

La vie d'un savant qui est un philosophe de la nature peut être profondément religieuse. La curiosité fait intimement partie du processus de l'amour. Le fait d'être curieux et de faire connaissance avec le monde naturel conduit à une relation amoureuse avec le monde. Elle peut être si profonde qu'elle ne peut s'exprimer par des mots, mais elle reste néanmoins une approche scientifiquement valide. Quand on demande aux scientifiques créateurs comment ils sont arrivés à quelque grande découverte, ils déclarent souvent : « Je le savais intuitivement, mais il m'a fallu plusieurs années de travail pour le prouver à mes collègues. » Comparez cette déclaration avec celle de William James, philosophe et psychologue du XIXe siècle, dans *L'Expérience religieuse* :

> La vérité est que dans la sphère métaphysique et religieuse des raisons clairement énoncées ne nous semblent convaincantes que lorsque nos sentiments confus quant à la réalité sont déjà impressionnés en faveur de la même conclusion. C'est alors en vérité que nos intuitions et notre raison marchent ensemble, et que de grands systèmes de domination du monde, comme ceux de la philosophie bouddhiste ou catholique, peuvent s'épanouir. Notre croyance impulsive est toujours ce qui informe l'ensemble original des vérités, et notre philosophie verbalement articulée n'en est qu'une prétentieuse traduction en formules. L'assurance irraisonnée et immédiate est ce qui réside au tréfonds de nous, l'argumentation raisonnée n'est qu'une exhibition superficielle. L'instinct mène, l'intelligence se contente de suivre.

Ainsi pensaient les philosophes de la nature à l'époque de James Hutton, au XVIIIe siècle, et c'est ainsi que pensent nombre de savants aujourd'hui encore. La science peut appréhender l'idée que la Terre est un organisme d'ordre supérieur et continuer à se poser des questions sur le sens de l'univers.

Comment sommes-nous arrivés à notre monde séculier et humaniste actuel? En des temps reculés à l'échelle humaine, qui remontent aux plus anciens objets fabriqués qu'on ait retrouvés, il semble que la Terre était adorée en tant que déesse et qu'on croyait qu'elle était vivante. Le mythe de la grande Mère figure dans la plupart des religions primitives. La Mère est une figure féminine et secourable; source de toute vie, de la fécondité, de la douceur. Elle est aussi l'austère et impitoyable dispensatrice de la mort. Ainsi que nous le rappelle Aldous Huxley dans *L'Expérience humaine* :

> Dans l'hindouisme, Kali est à la fois la mère infiniment tendre, infiniment aimante, et la terrifiante déesse de la destruction, qui porte un collier de crânes et qui boit dans un crâne le sang des êtres humains. Cette image est profondément réaliste;

si l'on donne la vie, on doit nécessairement donner la mort, parce que la vie se termine toujours par la mort et doit être renouvelée par la mort.

Le concept d'un Dieu suprême lointain, d'un supérieur de Gaïa, a pris racine il y a seulement quelques milliers d'années. Il a pu d'abord être assimilé au Soleil, mais plus tard il prit sa forme actuelle d'un maître de l'univers absolument inaccessible et pourtant personnellement immanent. Charlene Spretnak, dans un ouvrage émouvant et éminemment lisible, *Les Dimensions spirituelles de la politique écologiste,* attribue le premier reniement de Gaïa, la déesse Terre, à la conquête d'une ancienne civilisation d'adorateurs de la Terre par les guerriers des tribus indo-européennes, qui adoraient le Soleil.

Imaginez-vous que vous êtes témoin de ce moment décisif de l'histoire, donc que vous êtes un habitant de la Vieille Europe, dans une culture pacifique, aimant les arts, qui révère la Déesse. (Une « matriarchie », direz-vous? Peut-être, mais on n'en sait rien, et ce n'est pas notre propos.) Nous sommes en 4500 avant Jésus-Christ. Vous longez une haute crête et regardez vers l'est au-delà des plaines. Au loin, vous voyez une vague massive de cavaliers qui galopent dans votre direction, juchés sur des animaux insolites et puissants. (L'ancêtre européen du cheval venait de s'éteindre.) Ils amenaient avec eux peu de femmes, un système de clans, et seulement une technique primitive de poinçonnage pour imprimer leurs deux symboles, le soleil et un pin. Ils arrivèrent par vagues d'abord dans le sud-est de l'Europe, ensuite en Grèce, puis dans toute l'Europe, et aussi dans le Moyen et le Proche-Orient, l'Afrique du Nord et l'Inde. Ils apportaient un dieu du ciel, un culte guerrier et un ordre social patriarcal. *Et voilà où nous vivons aujourd'hui* – dans une culture indo-européenne, même si elle est technologiquement très avancée.

La transformation de ces cavaliers en ces hommes modernes qui aux commandes de leurs engins de destruction infiniment plus puissants survolent les habitats de nos partenaires dans le système Gaïa semble n'être qu'une petite étape. Le reste de notre espèce, dans l'enfer confortable et douillet de la vie urbaine, ne s'inquiète pas de ce qu'ils font du moment qu'ils continuent à nous fournir de la nourriture, de l'énergie et des matières premières, et que nous pouvons continuer de jouer le jeu de l'interaction humaine.

Aux temps anciens, croire en une Terre vivante et en un cosmos vivant était une seule et même chose. Le Ciel et la Terre étaient proches et faisaient partie du même corps. À mesure que les siècles s'écoulèrent et qu'on prit de plus en plus conscience de l'immensité des distances et du temps au travers d'inventions comme le télescope, la notion d'univers s'imposa et la notion de Dieu recula, jusqu'à se réfugier maintenant derrière le *Big Bang* et prétendre être à l'origine de tout. Parallèlement, la population augmenta et avec elle la proportion des gens forcés de vivre en ville sans aucun contact avec la nature. En deux siècles, nous sommes presque tous devenus des citadins, et nous semblons à présent nous désintéresser complètement du sens de Dieu comme de Gaïa. Comme l'écrivait le théologien Keith Ward dans le *Times* en décembre 1984 :

> Ce n'est pas que les gens savent ce qu'est Dieu et ont décidé de le rejeter. Il semble que très peu de gens sachent même ce qu'est l'idée traditionnelle et orthodoxe de Dieu partagée par le judaïsme, l'islam et le christianisme. Ils n'ont pas la moindre idée de ce que le mot Dieu signifie.
> Il n'a simplement plus de sens ni de place possible dans leur vie. À sa place, ils inventent quelque vague idée d'une force cosmique sans aucune implication pratique; ou alors ils font appel à quelque image à moitié oubliée d'un surhomme barbu qui dérange constamment les lois mécanistes de la nature.

Je me demande si c'est là le résultat d'une privation sensorielle. Comment pouvons-nous révérer le monde vivant si nous ne pouvons plus entendre le chant des oiseaux au-dessus du bruit de la circulation, ou sentir le doux parfum de l'air pur? Comment pouvons nous interroger sur Dieu et l'univers si nous ne voyons jamais les étoiles à cause de l'éclairage urbain? Si vous pensez que j'exagère, rappelez-vous la dernière fois où, allongé dans un pré au soleil, vous avez senti la fragrance du thym, entendu et vu les alouettes s'élever et chanter. Rappelez-vous la dernière nuit où vous avez levé les yeux vers les profondeurs d'un ciel bleu-noir assez limpide pour laisser voir la Voie lactée, cette agglomération d'étoiles, notre Galaxie.

La ville a des charmes, elle séduit. Socrate disait qu'il ne se passait jamais rien d'intéressant hors de ses murs et, bien plus tard, le Dr Johnson exprima ainsi sa conception de la vie à la campagne : « Toutes les vertes prairies se ressemblent. » La plupart d'entre nous sont pris au piège de ce monde urbain, de cet interminable mélodrame dont nous sommes trop souvent les spectateurs, et non les acteurs. C'est une bonne chose que des commentateurs de la sensibilité d'un David Attenborough fassent rentrer le monde naturel avec ses visions de forêts et de déserts par les étranges lucarnes de nos appartements de banlieue. Mais l'écran de la télévision n'est qu'une fenêtre, qui n'est que rarement assez propre pour nous permettre de voir le monde extérieur; elle ne peut jamais nous ramener dans le monde réel de Gaïa. La vie urbaine renforce et amplifie cette hérésie qu'est l'humanisme, cette sollicitude narcissique envers les seuls intérêts humains. Dans son livre *Prendre soin de la Terre,* le missionnaire irlandais Sean McDonagh écrivait : « Les vingt milliards d'années d'amour créateur divin sont considérées soit comme une simple scène sur laquelle se déroule le drame du salut humain, soit comme quelque chose de radicalement et d'intrinsèquement pervers, qui demande à être transformé. »

Les foyers des grandes religions sont maintenant dans les derniers bastions de la ruralité, dans le tiers monde tropical. Ailleurs, Dieu et Gaïa, jadis unis et respectés, sont maintenant divorcés et n'ont plus d'importance. Nous avons, en tant qu'espèce, presque renoncé à notre appartenance à Gaïa, et avons donné à nos villes et à nos nations les droits et les responsabilités concernant la régulation de l'environnement. Nous nous démenons pour tirer plaisir des interactions humaines de la vie urbaine et pourtant nous désirons encore posséder aussi le monde naturel. Nous voulons être libres d'aller en voiture à la campagne ou dans le désert sans les polluer pour autant; nous voulons tout avoir sans rien abandonner. Cette tentative a beau être humaine et compréhensible, elle n'en est pas moins illogique. Notre

rétroaction positive rapide déclenchée par l'action de quelque individu inspiré.

Un malentendu fréquent de ma conception de Gaïa est que je suis à fond pour la complaisance, que je prétends que la rétroaction protégera toujours l'environnement de tout dommage sérieux que les humains pourraient lui faire. Ce qu'on exprime quelquefois plus crûment par « la Gaïa de Lovelock donne le feu vert à la pollution industrielle ». La vérité est presque diamétralement opposée. Gaïa, telle que je la vois, n'est pas une mère indulgente qui tolère des peccadilles, et elle n'est pas non plus quelque damoiselle fragile et délicate menacée par la brutalité des hommes. Elle est ferme et sévère, maintenant constamment la planète chaude et confortable pour ceux qui obéissent aux règles, mais se montre impitoyable dans sa destruction de ceux qui les transgressent. Son but inconscient est une planète propre à la vie. Si les humains lui font obstacle, nous serons éliminés avec aussi peu de pitié que n'en témoigne envers son objectif le microcerveau d'un missile nucléaire intercontinental en plein vol.

Ce que j'ai écrit jusqu'à maintenant est un testament construit autour de l'idée de Gaïa. J'ai essayé de démontrer que Dieu et Gaïa, la théologie et la science, voire la physique et la biologie, ne sont pas séparés mais relèvent d'une même ligne de pensée. J'ai beau être un savant, c'est en tant qu'individu que j'écris, et mes opinions ont des chances d'être moins répandues que je ne me plais à le penser. Alors laissez-moi maintenant vous donner une idée de ce que la communauté scientifique a à dire sur ce sujet.

En science, plus il y a de découvertes, plus il y a de nouvelles voies qui s'ouvrent à l'exploration. Il est habituel en science, lorsque les choses sont vagues et imprécises, que le cheminement soit comme celui d'un ivrogne qui zigzague sur la route. Tandis que nous reculons en titubant loin de ce qui finit par apparaître à notre cerveau embrumé comme une fausse route, nous croisons le bon chemin et allons d'une distance équivalente dans la direction opposée, qui est tout aussi fausse. Si tout se passe bien, l'ampleur de nos écarts diminue et le chemin suivi converge vers la bonne voie, sans jamais coïncider exactement avec elle. Ce qui donnerait un sens nouveau au vieux proverbe *in vino veritas.* Cette manière d'aboutir à la vérité est si naturelle que nous programmons habituellement les ordinateurs qui doivent résoudre des problèmes trop fastidieux pour nous en leur imposant la même démarche titubante faite de tâtonnements successifs. Ce processus a été ennobli par l'appellation énigmatique d'« itération », mais la méthode est la même, à cette seule différence près que tout se fait si rapidement que le tâtonnement n'est pas perceptible.

Nous avons perdu l'appréhension instinctive de la nature de la vie et de notre place au sein de Gaïa. Nos tentatives pour définir la vie, à leur stade actuel, sont très comparables à la démarche de l'ivrogne. Les deux bas-côtés opposés représentant les extrêmes de l'itération sont illustrés par un splendide débat philosophique qui se déroule depuis vingt ans entre, d'un côté, les biologistes moléculaires et, de l'autre, les thermodynamiciens de la nouvelle école. L'ouvrage de Jacques Monod *Le Hasard et la Nécessité,* bien que publié pour la première fois en 1970, évoque avec une limpidité remarquable la démarche précise, puissante et rigoureuse d'une science sans failles, solidement assise sur la croyance en un univers matérialiste et déterministe. L'autre tendance est représentée par ceux qui, comme Erich Jantsch, croient en un univers auto-organisé. Elle s'intéresse à la thermodynamique de l'état instable, dont des structures dissipatives comme les flammes, les tourbillons et la vie elle-même sont des exemples. Bien que les participants soient tous bien connus et respectés dans le monde anglophone, la plus grande part de ce passionnant débat s'est déroulée en français, ce qui a empêché beaucoup d'entre nous d'en apprécier toute la saveur.

L'essence de cet affrontement est une réédition de la vieille bataille entre holistes et réductionnistes. Comme nous le rappelle Jacques Monod :

> Certaines écoles de pensée (toutes plus ou moins consciemment ou confusément influencées par Hegel) entendent contester la valeur de l'approche *analytique* lorsqu'il s'agit de systèmes aussi complexes que les êtres vivants. Selon ces écoles (« organicistes » ou « holistes ») qui, tel le phénix, renaissent à chaque génération, l'attitude analytique qualifiée de « réductionniste » serait à jamais stérile, comme prétendant

ramener purement et simplement les propriétés d'une organisation très complexe à la « somme » de celles de ses parties. C'est une très mauvaise et très stupide querelle, qui témoigne seulement, chez les « holistes », d'une profonde méconnaissance de la méthode scientifique et du rôle essentiel qu'y joue l'analyse. Peut-on seulement concevoir qu'un ingénieur martien, voulant interpréter le fonctionnement d'une calculatrice terrienne, puisse parvenir à un résultat quelconque s'il se refusait, par principe, à disséquer les composants électroniques de base qui effectuent les opérations de l'algèbre propositionnelle?

Ces paroles bien senties figuraient dans l'édition 1970 de *Le Hasard et la Nécessité.* Il se peut qu'actuellement elles relèvent d'une attitude moins extrême, mais elles restent très utiles pour exprimer ce qui était l'un des fondements essentiels de la science, et qui l'est encore.

Personne ne doute maintenant que c'est l'honnête simplicité de la science réductionniste qui nous a permis de découvrir tant de secrets de l'univers, et notamment ceux des macromolécules vivantes qui portent l'information génétique de nos cellules. Mais toute claire, puissante et pleine de ressources qu'elle puisse être, elle ne suffit pas par elle-même à expliquer les données de la vie. Prenons l'ingénieur martien de Jacques Monod. Aurait-il été sensé de se précipiter sur l'ordinateur avec une boîte à outils et de le démonter analytiquement? Ou n'aurait-il pas été préférable, dans un premier temps, de le mettre en marche et de l'examiner globalement en tant que système? Si vous avez quelque doute sur la réponse à cette question, imaginez donc que cet hypothétique ingénieur martien soit un ordinateur intelligent et que l'objet qu'il examine soit votre personne.

A l'opposé, Ilya Prigogine écrivait en 1972 :

Ce n'est pas l'instabilité mais une succession d'instabilités qui permet de traverser le *no man's land* entre la vie et la non-vie. Nous commençons seulement à en débrouiller quelques stades. Ce concept de l'ordre biologique conduit automatiquement à une appréciation plus floue du rôle du hasard et de la nécessité, pour reprendre le titre du célèbre ouvrage de

Jacques Monod. Une fluctuation qui permet au système de s'écarter d'états proches de l'équilibre thermodynamique représente l'aspect stochastique, le rôle joué par le hasard. Au contraire, l'instabilité environnementale, le fait que les fluctuations vont s'amplifier, représente la nécessité. Le hasard et la nécessité coopèrent au lieu de s'opposer.

Je conviens pleinement avec Jacques Monod que le fondement de la méthode scientifique est le postulat que la nature est objective. On ne peut avoir de connaissance réelle en attribuant des « intentions » aux phénomènes. Mais, tout aussi fermement, je réfute l'idée que des systèmes ne soient jamais rien de plus que la somme de leurs parties. La valeur de Gaïa dans ce débat est qu'elle est le plus grand des systèmes vivants. Elle peut s'analyser à la fois comme un système pris globalement et, selon un mode réductionniste, comme un ensemble d'éléments. Cette analyse n'a pas plus besoin de troubler ni l'intimité ni la fonction de Gaïa que ne le ferait le mouvement d'une seule bactérie commensale à la surface de votre nez.

Prigogine ne fut pas le premier à reconnaître les insuffisances de la thermodynamique de l'équilibre. Il eut de nombreux et illustres prédécesseurs, dont les chimistes et physiciens J.W. Gibbs, L. Onsager et K.G. Denbigh, qui explorèrent la thermodynamique de l'état stable. Mais ce fut un très grand physicien, Lucien Boltzmann, qui ouvrit la voie d'une appréhension de la vie en termes thermodynamiques. Et c'est au début des années soixante, en lisant l'ouvrage de Schrödinger *Qu'est-ce que la vie?* que je compris pour la première fois que la vie planétaire était révélée par le contraste entre l'état de quasi-équilibre de l'atmosphère d'une planète morte et l'exubérant déséquilibre de la Terre.

Lorsque nous quittons la clarté bien définie du monde réel pour passer dans le pays cauchemardesque des structures dissipatives, qu'apprenons-nous qui rend le prochain écart un peu moins erroné que le précédent? La vision du monde de Prigogine m'a apporté la confirmation d'un soupçon : le temps est une variable bien trop souvent ignorée. En particulier, bien des contradictions apparentes entre les deux écoles de pensée semblent se dissiper lorsqu'on les envisage sous l'aspect temporel plutôt que sous l'aspect spatial. L'évolution nous a fait passer, par l'intermédiaire de structures dissipatives, d'un monde de molécules simples à ces entités plus permanentes que sont les organismes vivants. Plus nous nous éloignons du présent, soit vers le passé, soit vers l'avenir, plus l'incertitude augmente. Darwin avait raison de bannir les spéculations sur les origines de la vie; comme l'a dit Jerome Rothstein, les restrictions du second principe de la thermodynamique nous empêchent à jamais de savoir comment l'univers a commencé ou comment il finira.

Le monde primitif de l'Archéen survit dans nos entrailles et celles d'autres animaux. Le monde chaotique primitif des structures dissipatives survit également chez Gaïa. Une découverte scientifique récente et relativement ignorée est que les fluctuations peuvent être chaotiques à tous les niveaux, de la viscosité au temps qu'il fait. Il n'y a pas de déterminisme absolu dans l'univers; bien des choses sont aussi imprévisibles qu'une roulette de casino idéale. Mon collègue et ami, l'écologiste C.S. Holling, a fait remarquer que la stabilité des écosystèmes à grande échelle dépend de l'existence d'instabilités chaotiques internes. Ces poches de chaos dans la stabilité d'un système gaïen plus vaste servent à sonder les limites imposées à la vie par les contraintes physiques. C'est ainsi qu'est assuré l'opportunisme de la vie, et qu'aucune niche écologique nouvelle ne peut rester ignorée. Par exemple, j'habite une région rurale, entouré de fermiers qui élèvent des moutons. Il est impressionnant de voir comment de jeunes agneaux aventureux, à force de sonder continuellement les haies mitoyennes, peuvent se frayer un passage vers les pâturages plus riches, intacts de l'autre côté, sur mes terres. Le comportement des jeunes hommes n'est pas très différent.

Si je me suis aventuré sur le champ de bataille du conflit entre holistes et réductionnistes, c'était pour illustrer à quel point la science elle-même est polarisée. Permettez-moi de conclure cette visite digressive et de retourner au thème du présent chapitre, Dieu et Gaïa. Et de commencer par vous remettre en mémoire Floréale – modèle qui est en même temps réductionniste et holistique. Il a été élaboré pour répondre à une critique de Gaïa : l'accusation de téléologie. La réduction était nécessaire car les relations entre tous les millions de milliards d'êtres vivants sur Terre et les roches, l'atmosphère et les océans ne pourraient jamais être décrites en détail par un ensemble d'équations mathématiques. Il fallait une simplification radicale. Mais ce modèle, avec sa structure cybernétique en boucle fermée, était aussi holistique. Cela s'applique également à nous. Il serait vain de tenter de débrouiller l'écheveau de toutes les relations entre les atomes à l'intérieur des cellules qui composent notre corps. Mais ceci ne nous empêche pas d'être réels et identifiables, et d'avoir une durée de vie d'au moins soixante-dix ans.

Nous sommes également pris dans un affrontement entre notre allégeance à Gaïa et notre humanisme. Dans ce combat, les humanistes soucieux de politique ont rendu péjoratif le mot « réductionniste », afin de discréditer la science et de porter atteinte à la dignité de la méthode scientifique. Mais tous les savants sont réductionnistes jusqu'à un certain point; il n'est pas possible de faire de la science sans qu'il y ait réduction à un stade quelconque. Même les analyseurs de systèmes holistiques, mis en présence d'un système inconnu, procèdent à des tests consistant par exemple à perturber le système et à observer ses réactions, ou à en faire un modèle qui sera ensuite réduit. Il est impossible aux biologistes, même s'ils le voulaient, d'éviter la réduction. Le matériau des objets vivants et les relations au sein desquelles ils existent sont d'une complexité si phénoménale qu'une vision holistique ne s'impose que lorsqu'il convient au biote d'exister sous la forme d'une entité identifiable comme une cellule, une plante, un nid, ou Gaïa. Ces entités elles-mêmes peuvent certes être observées et classées avec un minimum de techniques invasives, mais tôt ou tard la curiosité suscitera un besoin pressant de découvrir de quoi sont faites ces entités et comment elles fonctionnent. En tout cas, l'idée que la seule observation est en elle-même neutre est une illusion. On a dit un jour que si l'univers se dégrade, c'est que Dieu en permanence l'observe et donc le réduit. Quoi qu'il en soit, il fait peu de doute qu'une réserve naturelle, un parc animalier ou un écosystème subissent une réduction proportionnelle au temps passé par nous et nos enfants à déranger les animaux sauvages en les observant.

Dans *L'Univers auto-organisé,* Erich Jantsch a présenté un

argument déterminant en faveur de l'omniprésence d'une tendance à l'auto-organisation; si bien que la vie, au lieu d'être un événement aléatoire, était une conséquence inévitable. La réflexion de Jantsch s'inspirait des théories des pionniers de ce qu'on pourait appeler « la thermodynamique de l'état instable » – Max Eigen, Ilya Prigogine, Humberto Maturana, Francisco Varela et leurs successeurs. À mesure que s'accumulent les preuves scientifiques et que se développent des théories dans ce secteur obscur, il va peut-être devenir possible de circonscrire la métaphore d'un univers vivant. L'intuition de la divinité pourrait être rationalisée; sous un aspect partiel, Dieu pourrait devenir aussi familier que Gaïa.

À présent, ma croyance en Dieu en reste au stade d'un agnosticisme positif. Je suis trop profondément engagé du côté de la science pour embrasser une foi toute-puissante; le monde matérialiste du fait tout-puissant me semble d'un point de vue spirituel tout aussi inacceptable. L'art et la science semblent s'interconnecter entre eux et avec la religion, et s'amplifier mutuellement. C'est pour moi une profonde satisfaction que Gaïa puisse être une entité à la fois spirituelle et scientifique. Le courrier que j'ai reçu et les conversations que j'ai eues m'ont appris qu'un certain amour de l'organisme Terre survit, et que nombreux sont ceux qui ressentent le besoin d'intégrer ces fois anciennes à leurs systèmes de croyance, à la fois pour eux-mêmes et parce qu'ils ont l'impression que cette Terre dont ils font partie est menacée. Je n'envisage Gaïa en aucune manière comme un être sensible, un substitut de Dieu. Pour moi, Gaïa est vivante, elle fait partie de l'ineffable univers et je fais partie d'elle.

Le philosophe Gregory Bateson a exprimé à sa manière cet agnosticisme :

> L'esprit individuel est immanent, mais pas seulement dans le corps. Il est aussi immanent dans les voies et les messages extérieurs au corps; et il y a un esprit plus vaste dont l'esprit individuel n'est qu'un sous-ensemble. Cet esprit plus vaste est comparable à Dieu et c'est peut-être là ce que certaines personnes entendent par Dieu, mais il n'en est pas moins

immanent dans la totale interconnexion des systèmes sociaux et de l'écologie planétaire.

En tant que savant, je crois que la nature est objective, mais je reconnais aussi que la nature n'est pas prédéterminée. Le célèbre principe d'incertitude découvert par le physicien Werner Heisenberg fut la première fissure dans la structure cristalline du déterminisme. Et maintenant, il apparaît que le chaos relève d'une prescription mathématique ordonnée. Cette nouvelle appréhension théorique éclaire la pratique de la prévision météorologique. On croyait auparavant, ainsi que l'avait énoncé le physicien français Laplace, qu'avec suffisamment de savoir (et, à notre époque, de puissance de calcul informatique) tout pouvait être prédit. Ce n'est pas sans un petit frisson qu'on apprit qu'il y avait bel et bien du chaos décemment réparti dans tout l'univers et qu'on commença à comprendre pourquoi il est impossible sur cette planète de prédire s'il pleuvra à un endroit ou à un moment donnés. Le vrai chaos fait pièce à l'ordre. Le déterminisme se réduit à une collection de fragments, comme des bijoux tombés à la surface d'un bol de poix.

La science a ses modes, et un bon moyen de susciter de l'intérêt et de lancer une nouvelle mode est l'exploration d'une nouvelle pathologie. La santé est beaucoup moins intéressante que la maladie. Je me souviens très bien du jour où, encore écolier, j'avais visité à Londres le musée de l'Institut d'hygiène et de médecine tropicale, où étaient exposés des exemples grandeur nature de sujets atteints de maladies exotiques. Bien que techniquement moins réussis, ils étaient si horribles et si insolites qu'à côté d'eux l'horreur calculée des sujets de cire de Madame Tussaud passait pour timide. Le spectacle de modèles grandeur nature de victimes de l'éléphantiasis ou de la lèpre et les souffrances qu'ils évoquaient à l'imagination rendaient supportables les tourments adolescents de l'écolier que j'étais. La science contemporaine est similairement fascinée par des pathologies de nature mathématique. L'écologie théorique, comme nous l'avons déjà vu, s'intéresse plus aux écosystèmes malades qu'à ceux qui sont sains. Les errances du temps qu'il fait sont plus intéressantes que la stabilité à long terme du climat. La création continue n'avait aucune chance face à l'absolue pathologie du *Big Bang*.

L'intérêt dévolu aux pathologies de la science a un rapport curieux avec la religion. Les mathématiciens et les physiciens, apparemment sans le savoir, font de la démonologie. Leurs investigations les poussent vers la « théorie des catastrophes » ou les « attracteurs étranges ». C'est alors qu'ils cherchent auprès de leurs collègues des autres sciences des exemples de pathologies qui ressemblent à leurs bizarres modèles. Peut-être devrais-je expliquer qu'en mathématique un attracteur est un état d'équilibre stable, comme un point au fond d'une cuvette lisse où une bille finira toujours par s'immobiliser. Les attracteurs peuvent être des lignes, des plans ou des solides aussi bien que des points, et sont les lieux où les systèmes ont tendance à rester en repos. Les attracteurs étranges sont des régions chaotiques de dimensions fractales qui agissent comme des trous noirs, attirant les solutions des équations dans leurs domaines inconnus et singuliers. Des phénomènes du monde naturel – comme le temps qu'il fait, la maladie et la détérioration des écosystèmes – se caractérisent par la présence de ces attracteurs étranges dans les rouages des mathématiques qui les gouvernent, tapis comme des bombes à retardement annonciatrices d'instabilité, de fluctuations cycliques ou du chaos pur et simple.

Les organismes vivants réels et en bonne santé ont ceci de remarquable qu'ils peuvent apparemment contrôler ou limiter ces influences déstabilisatrices. Il semble que le monde des structures dissipatives, menacé par les catastrophes et parasité par les attracteurs étranges, soit à la fois le monde précurseur de la vie et de Gaïa, et un monde sous-jacent qui existe encore. L'évolution étroitement liée de l'environnement physique et des entités autopoïétiques qui ont précédé la vie a amené une stabilité d'un ordre nouveau : l'état associé à Gaïa et à toutes les formes de vie saines. La vie et Gaïa sont, à toutes fins utiles, immortelles, même si elles sont composées d'entités dont certaines au moins sont des structures dissipatives. Je trouve une bizarre ressemblance entre les attracteurs étranges et autres hôtes du monde imaginaire des constructions mathématiques, et les démons des vieilles croyances religieuses. Ce parallèle va loin et met en jeu la maladie et non la santé, la famine et non l'abondance, la tempête et non le calme. L'un des saints de cette fascinante branche des mathématiques est le Français Benoit Mandelbrot. À partir de ses expressions des dimensions fractales, il est possible de produire des représentations graphiques de toutes sortes de paysages naturels : rivages, chaînes de montagnes, arbres et nuages, tous d'un réalisme saisissant. Mais lorsque l'art scientifique de Mandelbrot est appliqué aux attracteurs étranges, nous voyons, sous une forme graphique, l'image brillamment colorée d'un démon ou d'un dragon.

La théorie Gaïa semble peut-être trop terne comparée à ces merveilles exotiques. On ne prête pas attention à la santé jusqu'au jour où elle fait défaut. C'est peut-être pourquoi si peu de savants et de théologiens s'y intéressent; ils préfèrent l'exploration de l'univers, ou la recherche des origines de la vie, à l'exploration du monde naturel qui les entoure. J'ai du mal à expliquer à mes collègues pourquoi je préfère vivre et travailler seul au fin fond de la campagne. Ils croient que je passe à côté de tout l'aspect passionnant de l'exploration. Je préfère vivre avec Gaïa *hic et nunc*, et ne me pencher que sur la portion connaissable de son histoire, et non sur ce qui aurait pu exister avant qu'elle prenne naissance. Un ami m'a demandé pourquoi, s'il en est ainsi, j'ai choisi de consacrer une si grande part de cet ouvrage à l'histoire de la Terre. J'ai choisi par commodité la forme de la fable pour expliquer les raisons de cette apparente contradiction.

Imaginez une île au milieu d'une mer chaude et bleue, avec des plages de sable fin. La luxuriante forêt du premier plan fait place à de petits sommets rocheux qui se dessinent à l'horizon avec la netteté d'un trait de plume. Il n'y a aucun signe d'habitation, humaine ou autre. Ce qui à première vue semble être un village de maisons en pierre blanche se révèle être, quand on y regarde de plus près, un affleurement de roches crayeuses que la lumière du soleil découpe comme un laser. Et pourtant il y a quelque chose de bizarre : vous clignez des yeux sous la clarté aveuglante, et les rouvrez. Ce n'est pas une illusion : les arbres ne sont pas verts, ils sont bleu foncé.

L'île que vous voyez se trouve quelque part sur Terre dans 500 millions d'années. Les détails exacts sont imprévisibles et importent peu dans ce récit de voyage, mais nous pouvons dire qu'il fait plus chaud que sur toute plage de la Terre actuelle, avec une température approchant 30°C pour l'eau de la mer et qui atteint souvent 60°C dans le désert à l'intérieur des terres. Il y a peu ou pas de gaz carbonique dans l'air, mais, cela mis à part, sa composition est très semblable à ce qu'elle est actuellement, avec juste assez d'oxygène pour rendre l'air respirable mais pas assez pour rendre les incendies incontrôlables. Il y a eu une ponctuation importante de l'évolution, et les formes de vie dominantes sur la surface terrestre sont d'une structure qu'aucun botaniste ou zoologue actuel ne reconnaîtrait.

Dans un petit pré au bord de la mer, un groupe de philosophes sont rassemblés à l'occasion d'une de ces réunions civilisées organisées par une association scientifique. Un congrès qui vous laisse beaucoup de temps pour nager, vous promener ou parler en toute liberté. L'une des participantes propose une théorie selon laquelle leur forme de vie, si peu semblable à celle des nombreux organismes marins et des micro-organismes, ne résulterait pas de l'évolution mais aurait été fabriquée artificiellement par une forme de vie pensante qui vivait dans le passé géologique lointain. Elle fonde son argumentation sur la nature du système nerveux des philosophes et des animaux terrestres en général. Il fonctionne par conduction électrique directe le long de chaînes de polymères organiques, tandis que celui des êtres pélagiques fonctionne par conduction ionique à l'intérieur de cellules allongées (dans lesquelles nous reconnaîtrions évidemment les nerfs). Le cerveau des philosophes fonctionne par semi-conduction, ce qui contraste avec les systèmes chimiquement polarisés des organismes marins. Chez cette nouvelle forme de vie, les mâles n'existent pas en tant qu'organismes pensants mobiles, mais simplement sous une forme végétative qui fournit la voie séparée nécessaire à l'information génétique afin que la recombinaison réduise l'expression d'erreurs. Le mariage est encore une relation qui dure toute la vie, mais vu que les mâles sont enracinés dans le sol comme des plantes, c'est plus le rapport existant entre un jardinier attentionné et ses fleurs. Notre philosophe soutient que pareil système n'aurait jamais pu naître par hasard, mais a dû être fabriqué à un certain moment dans le passé. Comme on peut s'y attendre, sa théorie n'est pas très bien reçue. Elle est non seulement en dehors du paradigme de la science de cette époque-là, mais les théologiens et mythopoètes trouvent l'idée inconciliable avec leur conception de l'origine spontanée et unique d'une planète vivante. Faire revivre l'hérésie créationniste est inacceptable.

Ces occupants d'une Atlantide future n'ont pas besoin de parole ni d'écriture. La possession d'un système nerveux électronique rend la parole superflue; ils peuvent utiliser des fréquences radio pour communiquer directement une gamme étendue d'images et d'idées. En dépit de ces avantages et de la supériorité de leur sagesse, ils n'ont, à l'instar des baleines actuelles, ni d'aptitude à la mécanique ni d'intérêt pour les mécanismes. Dans ces conditions, la simple idée de construire un artefact aussi compliqué qu'un cerveau ou un système nerveux dépasse leur entendement, et dans leur esprit elle est donc au-delà des possibilités d'une forme de vie passée.

L'argument de cette fable est de soutenir qu'il n'est pas nécessaire de connaître les détails complexes de l'origine de la vie elle-même pour comprendre l'évolution de Gaïa et de notre propre espèce. De même, la contemplation de ces autres lieux éloignés d'avant et d'après la mort que sont le ciel et l'enfer peut ne pas avoir de rapports avec la découverte d'une règle de vie convenable. Il se peut très bien que la nature de l'univers nous ait aidés à tricher pour échapper au chaos et arriver par évolution spontanée, sur quelque rivage hadéen, à notre forme de vie ancestrale. Il paraît invraisemblable que nous descendions d'une forme de vie implantée ici-bas par des visiteurs venus d'ailleurs; ou même que nous soyons arrivés accrochés à quelque débris cosmique voyageant dans l'espace. Je me plais à penser que si Darwin a banni de ses pensées les recherches sur l'origine de la vie, ce n'est pas seulement parce que les données disponibles à son époque étaient si rares que la recherche des origines de la vie serait nécessairement restée spéculative mais, plus radicalement, parce qu'il avait reconnu qu'il n'était pas nécessaire de connaître les détails de l'origine de la vie pour formuler la théorie de l'évolution des espèces par sélection naturelle. Voilà ce que j'entends quand je dis que Gaïa est un concept facile à gérer.

La croyance qui veut que la Terre soit vivante et doive faire l'objet d'un culte existe encore dans des endroits reculés comme l'ouest de l'Irlande et les campagnes de certains pays latins. En ces lieux, les sanctuaires de la Vierge Marie semblent avoir plus de sens, et attirer plus d'attention et de sollicitude que l'église elle-même. Ces sanctuaires sont presque toujours en plein air, exposés à la pluie et au soleil, et entourés par des fleurs et des arbustes soigneusement entretenus. Je ne peux m'empêcher de penser que ces gens des campagnes adorent quelque chose qui dépasse la vierge chrétienne. Il reste peu de temps pour empêcher la destruction des forêts tropicales humides et ses lourdes conséquences à la fois pour Gaïa et l'espèce humaine. Les gens des campagnes qui sont en train de détruire leurs propres forêts sont souvent des chrétiens qui vénèrent la Sainte Vierge Marie. Si l'on pouvait faire comprendre à leur cœur et leur esprit qu'elle est l'incarnation de Gaïa, alors ils pourraient peut-être prendre conscience que la victime de leurs destructions est effectivement la Mère de l'humanité et la source de la vie éternelle.

Quand le bon pape Jean-Paul II, ce grand homme, fait le tour du monde, dans un geste d'une grande humilité et d'un grand respect pour la terre des pères ou des mères, il se baisse pour embrasser le sol macadamisé des aéroports. Parfois, j'imagine qu'il fait quelques pas sur ce béton mort pour aller embrasser l'herbe vivante, qui fait partie de notre vraie Mère et de nous-mêmes.

Epilogue

Point n'arrêterai-je le Combat Mental,
Et mon glaive en ma main ne dormira point
Avant que nous ayons construit Jérusalem
Sur la Terre verte et plaisante d'Angleterre.

William BLAKE, Milton.

Les personnes qui m'écrivent et qui s'entretiennent avec moi me demandent souvent : « Comment devrions-nous vivre en harmonie avec Gaïa? » Je suis tenté de répondre : « Pourquoi me le demander à moi? Tout ce que j'ai fait, c'est de voir la Terre différemment; ça ne me donne pas autorité pour vous prescrire une conduite. » A vrai dire, après avoir pendant presque vingt ans écrit et réfléchi sur Gaïa, il me semble qu'il n'y a toujours pas d'ordonnance pour vous indiquer comment vivre avec Gaïa, mais seulement des conséquences. Sachant très bien que la question de la vie avec Gaïa est sérieuse et que pareille réponse serait à la fois impolie et peu utile, je vais essayer de montrer ce que vivre avec Gaïa signifie pour moi. Alors, peut-être, l'interlocuteur se découvrira un point commun avec moi.

Ma vie de savant-ermite conviendrait à bien peu de gens. La plupart des gens sont grégaires et apprécient le bavardage animé de la compagnie humaine dans les cafés, les églises et les soirées entre amis. Vivre en solitaire avec la nature, même en famille, ce n'est pas pour eux. Alors laissez-moi vous faire faire le tour de l'endroit où nous habitons dans le nord du Devon et, en chemin, j'essaierai de vous expliquer pourquoi nous préférons vivre comme nous le faisons. Alors vous verrez peut-être comment vous pourrez personnellement vivre avec Gaïa.

Peu après qu'Helen et moi-même fûmes venus vivre à Coombe Mill, nous adoptâmes un paon et une paonne. C'était une folle idée de grandeur, inspirée par le souvenir de majestueuses demeures où ces volatiles se pavanaient tranquillement et montraient les étonnantes couleurs de leur appendice caudal. Coombe Mill est en fait une petite chaumière au toit d'ardoise, aux murs épais en torchis, équivalent anglais de l'adobe. Mais nous avions au départ 7 hectares de terrain, qui sont maintenant devenus 15 hectares. Vu que le plus proche voisin est à environ un kilomètre et demi, cela fait assez d'espace pour garder ces oiseaux, les plus bruyants qui soient. Ils sont peut-être bruyants, mais pour nous leur triomphant coup de trompette à la saison des amours est approprié et semble annoncer la venue du printemps. Le reste de l'année, leur riche vocabulaire va d'un doux gloussement ou ronronnement à des cris rappelant le braiment de l'âne. Puis il y a le bref jappement de leur cri d'alarme lorsque, bien trop souvent, des chiens errants viennent sur nos terres. Helen, jardinière et gardienne dévouée de notre environnement, les appelle des « buissons mobiles », et nous apprécions tous les deux leur compagnie depuis des années. Il n'y a qu'un inconvénient – leur habitude, soit par sociabilité, soit parce qu'ils attendent un peu de nourriture, de se rassembler sur le dallage devant la porte. C'est là qu'ils laissent leur fiente nauséabonde. Avant, je les maudissais chaque fois que je marchais dedans accidentellement ou que j'étais obligé de nettoyer. Puis je finis par comprendre que j'avais tort et qu'ils avaient raison. Ces oiseaux à l'esprit écologiste faisaient de leur mieux pour retransformer le béton mort du chemin en un sol vivant. Quel meilleur moyen y a-t-il pour digérer le béton que l'application journalière d'éléments nutritifs et de bactéries par le dépôt de leurs excréments?

Pourquoi aurions-nous besoin d'une quinzaine d'hectares pour subsister? Nous ne sommes pas fermiers. Je crois que l'achat d'une maison avec un jardin aussi vaste fut une réaction aux changements qui eurent lieu dans notre dernier village, Bowerchalke, à quelque 200 kilomètres à l'est. Durant les vingt années que nous y habitâmes, nous vîmes un village bien vivant dépossédé de ses habitants, et la jolie campagne de son arrière-pays détruite. Ce fut une agression et un pillage en douceur, et nulle horde sauvage ne déferla des collines pour nous assaillir. La destruction s'opéra par mille petits changements au fil des ans, jusqu'à ce que la réalité et notre modèle de ce que devait être la campagne cessent de coïncider. Pour un visiteur de passage, le village aurait semblé aussi beau que par le passé, mais avec chaque nouvelle année, les fermes se métamorphosaient en usines d'agriculture industrielle. Des champs qui l'été faisaient la gloire du Wiltshire, semés de coquelicots écarlates au milieu des céréales, devinrent une mer verte uniforme d'orge désherbé. Des prairies qui avaient jadis été des jardins de fleurs sauvages furent labourées et ensemencées d'une seule espèce d'herbe, hautement productive. Lorsque nous déménageâmes, nous étions déterminés à trouver un endroit où l'environnement ne risquait pas de changer aussi radicalement. Le meilleur moyen d'y arriver était de trouver une maison avec assez de terres autour d'elle pour nous permettre de contrôler ce qui se passerait dessus.

Je vis pour la première fois Bowerchalke en 1936, au cours d'un voyage en bicyclette fait dans le sud de l'Angleterre à l'occasion des vacances d'été scolaires. De tous les endroits où mes roues me portèrent entre le Kent et la Cornouaille, aucun ne laissa dans mon souvenir une image de perfection aussi durable, et je résolus *hic et nunc* qu'un jour j'y élirais domicile. J'avais organisé mon périple avec la détermination d'un général partant à la guerre. Comme lui, je consultai des cartes d'état-major au 1/64 000ᵉ. Ces cartes étaient tellement détaillées qu'elles repéraient l'emplacement de presque chaque arbre, chaque maison, et des courbes de niveau finement dessinées donnaient une bonne idée de la configuration du terrain. Je passai le plus clair de mes soirées d'hiver à imaginer les endroits que je visiterais. En ce temps-là, il y avait peu d'automobiles, et il y en avait encore moins qui circulaient sur les routes secondaires que j'avais l'intention d'emprunter. À l'aide des cartes d'état-major, je traçai un itinéraire au milieu du réseau de routes sinueuses qui convergeaient sur villages et hameaux comme sur les sommets d'un triangle. Chaque comté avait son propre style d'architecture et son propre accent. Mon périple faisait environ 800 kilomètres et dura deux semaines. Le rythme de la vie dans l'Angleterre d'alors donnait à pareil voyage l'apparence d'une expédition, comme un voyage dans l'Australie actuelle; c'était la vitesse de déplacement plus lente et plus humaine qui agrandissait le monde.

Savant en herbe, je m'intéressais aux plantes sauvages, surtout les espèces toxiques comme la jusquiame, l'aconit et la belladone.

Je fis une fois l'expérience de mâcher une fraction de feuille d'une de ces espèces, et j'appris non sans douleur les désagréments de l'empoisonnement par l'atropine. J'étais également fasciné par les fossiles, et la côte du Dorset et du Devon, où on les trouve sur les plages sous forme de galets, faisait partie de mon itinéraire. Je fus amené à Bowerchalke par les noms étranges des villages du Wiltshire et du Dorset. Il fallait que je voie à quoi ressemblaient Plush, Folly et Piddletrenthide. Il fallait que je découvre où se trouvait Sydling St. Nicholas, et que j'entende chanter le vibrant Whitchurch Canonicorum. Pour atteindre ces villages, ma carte indiquait qu'il me fallait suivre la vallée de l'Ebble qui traversait Bowerchalke en remontant en pente douce jusqu'aux collines élevées du Dorset. Les seules courbes de niveau resserrées, qui marquaient une montée abrupte, se trouvaient au début de la vallée, juste derrière Bowerchalke, et c'était donc là un parcours idéal pour une randonnée à bicyclette.

Je me souviens encore du moment où je repris la route à la sortie de Broadchalke, laissant à ma gauche les cressonnières, et sortis d'un virage pour découvrir devant moi le petit village de Bowerchalke et ses toits de chaume, scène d'un amphithéâtre de collines vertes et buissonneuses typiques de la région des Downs. J'y arrivai vers les quatre heures de l'après-midi un dimanche ensoleillé de juillet. J'avais soif mais, fait inhabituel, il n'y avait pas de pancartes devant les chaumières pour me proposer du thé. En ce temps-là, randonneurs et cyclistes étaient assez nombreux pour que les villageois trouvent avantage à faire commerce de rafraîchissements. Cette région était tellement retirée, et il y avait si peu de voyageurs que pareils efforts n'auraient pas été rentables. Je demandai à un homme qui passait à pied s'il y aurait quelque part une personne qui pourrait satisfaire mon désir, et il dit : « Oh oui! Mme Gulliver, dans la maison blanche là-bas, fait quelquefois du thé pour les gens »; et elle en fit pour moi. Ce fut le souvenir de la sereine tranquillité du Bowerchalke d'alors, lorsque la campagne et les gens se fondaient dans une beauté naturelle, sans aucune souillure de la ville, qui resta dans mon esprit et m'y ramena quelque vingt ans plus tard pour m'y installer avec ma famille.

La destruction récente de la campagne anglaise est un acte

de vandalisme qui n'a presque pas d'équivalent dans l'histoire moderne. Blake avait vu, il y a un siècle, la menace de ces « sinistres moulins sataniques », mais il ne pouvait aucunement savoir qu'un jour ils se répandraient jusqu'à ce que toute l'Angleterre ne soit plus qu'une vaste usine. Les humains et la nature avaient évolué ensemble pour former un système qui maintenait une riche diversité d'espèces; un paysage qui inspira les poètes, et même Darwin, lorsqu'il évoquait le mystère de la « berge touffue ». Paysage si familier, si naturel que sa disparition progressive ne fut manifeste que lorsqu'elle fut achevée. Si on avait proposé de faire passer une nouvelle route dans l'enceinte de la cathédrale de Salisbury, la réaction aurait été immédiate. Mais les fermiers furent subventionnés par le ministère de l'Agriculture pour recréer une savane avec ces déserts faits par l'homme où ne pousse rien d'autre que des céréales, et où rien d'autre ne vit que les fermiers et leur bétail. Le passage annuel de machines vastes et lourdes et la pulvérisation massive de pesticides assurèrent l'élimination de toutes les plantes et de tous les insectes à l'exception de quelques espèces plus résistantes que les autres. C'en était trop pour les fermiers traditionnels. qui abandonnèrent la terre à de jeunes diplômés des instituts agronomiques qui faisaient fonction de gestionnaires pour le compte d'institutions basées dans les grandes villes. Un vieux fermier me dit un jour : « Je n'ai pas travaillé la terre pour devenir ouvrier d'usine. » Mais le système était prodigieusement efficace, et l'Angleterre ne tarda pas à produire beaucoup plus de denrées qu'elle ne pouvait en consommer.

Cette destruction se poursuit encore. Même ici dans le Devon, les haies et les petits taillis sont toujours la proie des tronçonneuses et des excavatrices. Rachel Carson avait raison d'être pessimiste en prédisant un printemps silencieux, mais il ne fut pas simplement causé par un empoisonnement aux pesticides, comme elle l'imaginait, mais par une attaque tous azimuts des ennemis des agriculteurs, « les mauvaises herbes, les parasites et les nuisibles ». Les oiseaux ont besoin d'un endroit pour nicher, et il n'y a rien de mieux que les haies, ces merveilleuses forêts linéaires qui jadis séparaient nos champs. Le gouvernement, sur le conseil de fonctionnaires négligents, distribua généreusement des subventions aux fermiers pour qu'ils déracinent les haies et détruisent la faune tout aussi efficacement qu'ils l'auraient fait en pulvérisant des pesticides. Les militants écologistes, qui auraient dû voir ce qui se passait et protester avant qu'il ne soit trop tard, étaient beaucoup trop occupés à soutenir des luttes urbaines ou à manifester devant les centrales nucléaires. Leur combat, quoi qu'on ait pu en dire ailleurs, était plus dirigé contre l'autorité représentée par le monopole de la fourniture énergétique que vers la sauvegarde de la campagne. S'ils remarquaient parfois des épandages de pesticides toxiques, c'est qu'ils étaient les produits des multinationales tant détestées de l'industrie chimique. Mais il y eut peu d'amis de la terre pour protester contre les exploitations industrielles, ou pour remarquer l'armée mécanisée d'excavatrices et de bulldozers qui s'affairait à rendre le terrain stérile pour préparer un an à l'avance les semis de céréales. Leur négligence n'est pas excusable. Marion Shoard, dans *Main basse sur la campagne,* ouvrage émouvant et dont on a largement rendu compte, a dit tout ce que je viens de dire, et bien plus encore.

Mon opinion personnelle sur cette mutation du paysage doit paraître obsessionnelle et dépassée à tous ceux qui conçoivent le monde en termes de conflit entre sociétés humaines et groupes avides de pouvoir. Ils sont d'ailleurs en majorité partout, que ce soit dans le confort douillet des résidences climatisées des banlieues vertes de l'Occident ou dans la misère sordide des bidonvilles du tiers-monde.

Qui était responsable au premier chef de cette destruction? Sans aucun doute ce furent les savants et les agronomes qui travaillèrent à l'amélioration du rendement de l'agriculture. L'expérience d'une quasi-famine pendant la Seconde Guerre mondiale stimula puissamment les recherches qui donneraient à la Grande-Bretagne son autosuffisance alimentaire. Ces chercheurs étaient bien intentionnés, mais voilà, ils ne pouvaient prévoir les conséquences de leurs efforts. J'en sais quelque chose, car j'y ai un peu contribué. En ma capacité d'inventeur, j'avais aidé des amis et collègues de l'Institut de recherche sur les herbages de Stratford-on-Avon dans les années quarante. Leur projet était d'améliorer la production alimentaire des petites exploitations agricoles anglaises. Je me rappelle leurs sermons devant les jeunes agriculteurs sur l'inefficacité des haies qui handicapaient le libre passage des machines agricoles dans les champs; sur le gaspillage consistant à laisser les prés en permanence à l'état de pâturage mis en parallèle avec une bonne récolte de ray-grass italien exploité en monoculture. Nous n'avions jamais songé que le message passerait si bien que le gouvernement se verrait persuadé d'édicter une législation qui amènerait la suppression des haies et engraisserait l'agriculture industrielle. Nous n'avions pas non plus assez d'imagination pour voir que la plupart des jeunes exploitants partagent avec tous les autres jeunes du sexe masculin la passion des jouets mécaniques. Et c'est nous et, derrière nous, le gouvernement, qui leur donnions l'argent pour acheter quelques-unes des armes les plus destructrices jamais utilisées, en même temps que l'autorisation de s'en servir. Des armes pour combattre les ennemis du fermier, c'est-à-dire tous les êtres vivants à l'exception des cultures, du bétail, des ouvriers agricoles et de la famille du fermier.

Si d'aventure vous pensiez que mon interprétation est erronée, qu'il s'agit là d'un exemple parmi tant d'autres d'une exploitation impitoyable perpétrée par un gouvernement d'hommes de paille capitalistes au profit de quelques multinationales, je vous rappellerais que ce programme avait commencé à la fin des années quarante sous le gouvernement travailliste de l'après-guerre, administration au pouvoir bien assis, confiante, et fidèle à son socialisme. La destruction de la campagne fut indépendante de la politique; elle fut le fruit de bonnes intentions aidées par la tendance des fonctionnaires à exercer une rétroaction positive avec les subventions, et une rétroaction négative avec les impôts. Les agriculteurs subsistent grâce à des marges bénéficiaires minimes. Ils peuvent posséder pour un million de livres de terres, mais leurs bénéfices peuvent être très limités comparés à ce que rapportent les investissements ordinaires. Une subvention minuscule peut transformer une légère perte en un confortable bénéfice. La campagne a disparu de presque toute l'Angleterre, et le peu qui subsiste ici dans les comtés du Sud-Ouest est en train d'agoniser parce que le gouvernement continue à donner aux exploitants une subvention juste assez suffisante pour qu'il leur soit plus rentable d'agir en destructeurs plutôt qu'en jardiniers. La petite subvention accordée pour leur suppression a causé la disparition de plus de 160 000 kilomètres de haies dans les dernières décennies. Une subvention tout aussi modeste permettrait de les réimplanter, bien qu'il s'écoulerait plusieurs générations avant qu'elles retrouvent leur rôle d'écosystèmes linéaires et d'éléments décoratifs du paysage.

Alors que devrions-nous faire à la place? Ma vision d'une Angleterre future serait comme celle de Blake : construire une Jérusalem sur cette terre agréable et verdoyante. Elle impliquerait le retour à de petites villes densément peuplées, assez peu étendues pour qu'on puisse toujours retrouver la campagne à l'issue d'une promenade à pied ou d'un trajet en autobus. Un tiers au moins des terres devrait redevenir landes et forêts, ce que les agriculteurs appellent actuellement terres à l'abandon. Une partie des terres seraient ouvertes à la population pour ses loisirs; mais au moins un sixième devrait rester « à l'abandon » et n'appartenir qu'à la faune sauvage. L'agriculture serait un mélange de production intensive là où elle s'imposerait, et de petites exploitations non subventionnées pour qui aurait vocation de vivre en harmonie avec la terre. Ces dernières années, la surproduction alimentaire due à une exploitation effrénée dans la Communauté économique européenne, notamment en Angleterre, a été tellement énorme que les événements ont fait de ma vision la base d'un plan pratique de gestion des campagnes.

J'ai souvent entendu les Verts parodier dans leur détresse sans humour un poème que John Betjeman avait écrit peu avant le début de la Seconde Guerre mondiale :

Venez, gentilles bombes, et tombez sur Slough,
Le préparer à la charrue.
Les choux sortent maintenant;
La Terre exhale,

avec :

Venez, armes nucléaires, abattez-les,
Pulvérisez leur ville tentaculaire...

Même pour les désespérés, une catharsis aussi noire n'est pas nécessaire. Livrée à elle-même, Gaïa retombera en douceur dans une nouvelle ère glaciaire prolongée. Nous oublions que l'hémisphère nord tempéré, domaine du riche monde industrialisé, jouit actuellement d'un bref été entre de très longues périodes hivernales qui durent cent mille ans. Même les armes nucléaires ne pourraient dévaster la terre; un « hiver nucléaire », à supposer qu'il puisse arriver, ne pourrait pas non plus durer assez pour que le sol gèle et retrouve son état normal. L'état naturel de notre Devon est un hiver arctique permanent qui a duré la plus grande partie du dernier million d'années. Cette région avait beau être proche de l'océan, elle était tout de même aussi froide et aussi stérile que l'est actuellement l'île de l'Ours dans l'océan Arctique. A moins d'une centaine de kilomètres au nord et à l'est de Coombe Mill se trouvaient les grands glaciers permanents de « l'ère glaciaire ». Ces bulldozers des frimas ont raclé tout vestige de la vie qui s'était épanouie en surface dans de brèves périodes interglaciaires comme la présente.

Alors pourquoi devrais-je me lamenter sur la destruction d'une campagne qui n'a tout au plus que quelques milliers d'années d'existence et qui doit bientôt disparaître? Si je le fais, c'est parce que la campagne anglaise était une grande œuvre d'art; un sacrement, tout comme les cathédrales, la musique et la poésie. Elle n'a pas totalement disparu, et je demande : n'y a-t-il plus personne disposé à la laisser survivre assez longtemps pour illustrer une relation douce entre les humains et la terre, exemple vivant de la manière dont un petit groupe d'humains a réussi cet équilibre?

Le peu qui subsiste de la vieille Angleterre est encore menacé. Les doctes gardiens du paysage ne semblent pas en percevoir l'existence. Ils voient la campagne au travers des notions romantiques de la beauté et du pittoresque. Dans mon coin du Devon, ils ne s'intéressent qu'à la toundra de Dartmoor, et la voient comme un trésor d'une valeur inestimable qu'il faut préserver à tout prix. La toundra – cette tourbière gorgée d'eau, trop humide et trop froide pour que les arbres y poussent – est un lieu où se rencontrent communément les zones polaire et tempérée, souvenir de ce qu'était cette région pendant la dernière glaciation. Par contre, ces mêmes gardiens estiment que le pays au nord de Dartmoor, avec ses petites exploitations à faible rendement, sa faune variée, et ses communautés villageoises qui n'ont guère changé depuis Guillaume le Conquérant, n'a aucune valeur, qu'on peut en disposer pour de nouveaux projets, un réservoir, par exemple, une nouvelle route ou une zone industrielle.

Je pense souvent que ces urbanistes qui agissent d'une manière si destructrice ont été induits en erreur par le grand romancier que fut Thomas Hardy. Ses écrits ont profondément influencé ma mère, née et élevée à la ville, une femme qui voyait facilement la campagne au travers des lunettes déformantes de Hardy. Mon père, en revanche, était né dans le Wessex chanté par Hardy, et il me montra à quel point la réalité était différente. Hardy, malgré ses brillantes créations de personnages, ne comprenait pas la campagne et n'en faisait qu'une toile de fond pour mettre en scène sa conception personnelle tragique de la condition humaine.

L'Angleterre que je connus pendant mon enfance et ma jeunesse était d'une beauté à couper le souffle, il y avait abondance de haies et de petits taillis, rivières et ruisseaux regorgeaient de poissons et nourrissaient les loutres. Elle incita des générations de poètes à rendre cohérents les sentiments que nous ne pouvions exprimer nous-mêmes. Et pourtant ce paysage d'Angleterre n'était pas un écosystème naturel; c'était un jardin à l'échelle d'une nation, merveilleusement et soigneusement entretenu. Les monocultures dégénérées d'aujourd'hui – avec leurs immondes élevages en batterie de bétail et de volailles, leurs vilaines constructions en tôle ondulée, et leurs machines bruyantes et puantes – ont apparemment mis la campagne sous l'empire des sombres moulins sataniques de William Blake. Je sais que c'est l'impression qui se dégage maintenant parce que j'ai connu le pays dans son état antérieur. Des gens des grandes villes et de l'étranger visitent Coombe Mill et se répandent en éloges sur ses quelques glorieux vestiges. Pas plus que les planificateurs de la campagne, ils ne comprennent qu'à moins qu'on mette fin rapidement à cet écocide le sinistre printemps silencieux prédit par Rachel Carson deviendra réalité, non pas parce que nous avons empoisonné les oiseaux avec des pesticides, mais parce que nous avons détruit leurs habitats, et qu'ils n'ont plus d'endroit pour vivre.

L'Anglais typique que je suis ne s'attendait pas à ce que les institutions établies modifient leur conduite. Il ne restait à ma famille qu'à essayer de tirer le meilleur parti de la terre que nous possédions à Coombe Mill; en faire un habitat et un refuge pour quelques-unes des espèces animales et végétales que l'agriculture industrielle est en train de détruire. C'est ainsi que nous avons personnellement choisi de vivre avec Gaïa.

Nous ne sommes que trois ici, mais il n'est pas tellement plus difficile de cultiver 15 hectares qu'un jardin de banlieue. La pelouse d'un jardin a constamment besoin d'être tondue, nourrie, arrosée et désherbée; labeur incessant ou charge financière si l'on confie la tâche à autrui. Cinq hectares de notre terre sont dévolus à l'herbe. Il ne s'agit pas d'une pelouse cauchemardesque qui exigerait les soins permanents d'une armée de jardiniers: elle existe sous forme de prés riches en fleurs sauvages et en petits animaux. Ces prés se divisent pour encadrer nos 10 hectares d'arbres plantés. L'herbe ne demande qu'à être foulée, et qu'on la coupe une fois l'an lorsqu'elle est haute. Les fermiers locaux sont heureux de venir la couper; ils s'en servent comme fourrage et nous la paient. L'entretien de 5 hectares de prés est comparable du point de vue du coût à celui d'un jardin de banlieue bien entretenu. Les arbres exigent plus de soins, mais pas au point d'être un fardeau pour nous trois.

La Carey divise notre terre en deux parties égales, ce qui posa un problème. La rivière passe près de la maison, qui fut jadis un moulin, et elle est large d'une vingtaine de mètres. Il est malaisé de la traverser à gué, et nous découvrîmes bien vite qu'il fallait faire huit kilomètres à pied pour atteindre notre nouvelle terre. Les ponts sur la Carey sont très espacés. Il y a deux ans, nous décidâmes de construire un pont pour pouvoir plus facilement nous occuper des 10 000 arbres nouvellement plantés sur la rive gauche de la Carey. Faire un pont est une métaphore qui est presque devenue un cliché. Mais essayez donc de construire un pont pour de bon; il est fascinant de faire personnellement l'expérience de la mise en pratique d'une métaphore.

Comme vous l'aurez compris, nous sommes des solitaires et ne fréquentons pas trop nos voisins. Et pourtant, dans cette partie ouest du Devon, nous avons été bien accueillis dès notre arrivée et nous avons trouvé plus de gentillesse spontanée que dans tous les autres lieux que nous avons habités. Helen, moi-même et notre fils John sommes à des titres divers physiquement handicapés, si bien qu'à trois nous ne faisons qu'une seule personne valide, ce qui n'est pas assez pour s'occuper d'une exploitation aussi grande. Elle n'aurait pas prospéré, n'eussent été l'attention désintéressée et l'aide généreuse de nos amis du village, Keith et Margaret Sargent. Notre demeure et ses dépendances sont construites en paille et en boue séchée, avec des toits d'ardoises. Elles n'auraient jamais survécu aux tourmentes hivernales sans les habiles réparations exécutées par nos autres amis du village, Ernie et Bill Orchard, les anciens occupants de Coombe Mill. Mais ce ne fut que lorsque nous commençâmes à envisager la construction de notre pont que nous découvrîmes toute la vigueur de la communauté au sein de laquelle nous sommes plongés.

Lorsque ces amis surent ce que nous projetions de faire, le pont commença à se matérialiser – d'abord en imagination sous forme d'un projet passionnant, puis plus concrètement à mesure que les plans furent tracés et que les matériaux furent rassemblés. Nos amis avaient les talents nécessaires pour faire avec élan et plaisir une tâche qui représentait un défi et dont l'idée était née d'une pensée fugitive et personnelle. Ce projet montrait, sur un mode gaïen, comment une pensée était devenue un acte dont tirait profit l'individu, puis ensuite la communauté locale.

Notre pont est en acier; il a été fait par un forgeron, Gilbert Rendall, et c'est en tout point une construction mécanique. Je ne suis jamais très à l'aise avec tout ce qui est mécanique. Je me rappelle très bien une conversation avec mes amis Stuart Brand, rédacteur en chef de *CoEvolution Quarterly,* et le poète Gary Snyder. Ils furent indignés et scandalisés lorsque je déclarai : « Les tronçonneuses sont une invention plus malfaisante que la bombe à hydrogène. » Pour moi, une tronçonneuse était quelque chose qui abattait en quelques minutes un arbre qui avait mis cent ans à pousser. C'était le moyen de détruire les forêts tropicales. Pour Gary Snyder, c'était un outil de jardin inoffensif avec lequel il pouvait très soigneusement, comme un chirurgien, faire disparaître les cicatrices laissées dans ses forêts par des années de mauvaise exploitation. Ce n'est pas ce que vous faites qui compte, c'est la manière dont vous le faites; plus l'outil est puissant, plus il est difficile de l'utiliser correctement.

Mais comment, direz-vous, ces pensées décousues nous indiquent-elles la méthode pour vivre avec Gaïa? Je répondrais qu'en tant que métaphore, Gaïa insiste par-dessus tout sur l'importance de l'organisme individuel. C'est toujours à partir de l'action des individus qu'évoluent de puissants systèmes locaux, régionaux et mondiaux. Lorsque l'activité d'un organisme profite à l'environnement tout comme à l'organisme lui-même, alors sa propagation sera facilitée; finalement, l'organisme et le changement environnemental qui lui est associé vont s'étendre sur toute la planète. L'inverse est également vrai, et toute espèce qui affecte négativement l'environnement est condamnée; mais la vie continue. Cela s'applique-t-il maintenant aux humains? Sommes-nous condamnés par notre destruction du monde naturel? Gaïa ne nourrit pas de desseins contre l'espèce humaine, mais tant que nous continuons de changer l'environnement de la planète à l'encontre de ses préférences, nous encourageons notre remplacement par une espèce plus convenable pour l'environnement.

Tout dépend de vous et de moi. Si nous voyons le monde comme un organisme vivant dont nous faisons partie – et dont nous ne sommes ni les propriétaires, ni les locataires, ni même les passagers –, nous pourrions avoir beaucoup de temps devant nous et notre espèce pourrait survivre pour « le temps qui lui est imparti ». Il nous appartient en tant qu'individus d'agir de manière constructive. La présente frénésie agricole et forestière est un écocide global aussi stupide que si nous obéissions au principe que le cerveau est suprême et que nous pouvons disposer des cellules des autres organes. Ferions-nous des incisions dans notre peau pour récupérer les éléments nutritifs du sang? Si vivre avec Gaïa relève d'une responsabilité individuelle, comment devrions-nous agir? Chacun de nous aura sa solution personnelle au problème. Il doit y avoir des manières plus simples de vivre avec Gaïa que celle que nous avons choisie à Coombe Mill. Je trouve utile d'évoquer trois choses qui sont inoffensives dans la modération mais malfaisantes dans l'excès. Je veux parler des automobiles, du bétail et des tronçonneuses. Par exemple, vous pourriez manger moins de bœuf. Si vous le faites, et si les cliniciens ont raison, votre santé pourrait s'améliorer et par la même occasion vous diminueriez les pressions qui tendent à transformer les forêts tropicales humides en absurdes parcs à viande dévoreurs d'espace.

La théorie Gaïa est née d'une conception détachée, extraterrestre, de la Terre, trop distante pour s'intéresser beaucoup aux humains. Fait étrange, cette conception n'est pas contradictoire avec les valeurs humaines de la gentillesse et de la compassion; de fait, elle nous aide à rejeter le sentimentalisme entretenu autour de la douleur et de la mort, et à accepter la mortalité, pour nous comme pour notre espèce. C'est en gardant cette vision à l'esprit qu'Helen et moi-même souhaitons à nos huit petits-enfants d'hériter d'une planète en bonne santé. À certains égards, le pire destin que nous pouvons imaginer pour eux est de devenir immortels grâce à la médecine – d'être condamnés à vivre sur une planète gériatrique, avec la tâche accablante et sans fin consistant à maintenir éternellement en vie nos personnes et la planète pour le genre d'existence qui est la nôtre. La mort et la décrépitude sont des certitudes, mais elles semblent être un prix modique à payer pour la jouissance, même brève, de la vie en tant qu'invididu. Le second principe de la thermodynamique indique la seule direction que l'univers peut prendre, celle d'une chute vers la mort thermique. Les pessimistes sont ceux qui utiliseraient une lampe de poche pour trouver leur chemin dans l'obscurité en escomptant que la pile dure éternellement. Mieux vaut vivre en écoutant les conseils d'Edna St. Vincent Millay :

Ma chandelle brûle aux deux bouts;
Elle ne passera pas la nuit;
Mais, ah, mes ennemis, oh, mes amis
Quelle belle lumière elle donne!

Références

HUTTON, James (1788), « Theory of the Earth; or an investigation of the laws observable in the composition, dissolution, and restoration of land upon the globe », Roy. Soc. Edinburgh, Tr., 1, 209-304.

DOOLITTLE, W. F. (1981), « Is Nature Really Motherly? », *CoEvolution Quarterly* 29, 58-63.

HOLLAND, H.D. (1984), *The Chemical Evolution of the Atmosphere and the Oceans,* Princeton, N.J. : Princeton University Press, 539.

LOVELOCK, J.E. (1972), « Gaia as Seen through the Atmosphere », *Atmospheric Environment* 6, 579-80.

LOVELOCK, J.E., MAGGS, R.J. & RASMUSSEN, R.A. (1972), « Atmospheric Dimethyl Sulphide and the Natural Sulphur Cycle », *Nature* 237, 452-53.

MARGULIS, L. & LOVELOCK, J.E. (1974), « Biological Modulation of the Earth's Atmosphere », *Icarus* 21, 471-89.

CHARLSON, R.J., LOVELOCK, J.E., ANDREAE, M.O. & WARREN, S.J. (1987), « Ocean Phytoplankton, Atmospheric Sulfur, Cloud Albedo and Climate », *Nature* 326, 655-61.

WHITFIELD, M. & TURNER, David R. (1987), « The Role of Particles in Regulating the Composition of Seawater », in STUMM, Werner (ed.) *Aquatic Surface Chemistry*, Chichester, England, Wiley.

Suggestions de lecture

CHAPITRE 1

Pour une opinion différente sur le travail fait au Jet Propulsion Laboratory, rien ne vaut la lecture de *The Search for Life on Mars* de Henry COOPER (New York : Holt, Rinehart and Winston, 1976).

CHAPITRE 2

Sur le sujet de l'entropie, se reporter au beau livre, entièrement compréhensible de P.W. ATKINS, *The Second Law* (New York & London : Freeman, 1980; *Chaleur et Désordre : le deuxième principe de la thermodynamique,* Paris : Pour la science, 1987, trad. F. Gallet).

L'exposé classique du problème de la définition de la vie est *What Is Life?* d'Erwin SCHRÖDINGER, écrit à Dublin pendant la Seconde Guerre mondiale (Cambridge : Cambridge University Press, 1944; *Qu'est-ce que la vie? : l'aspect physique de la cellule vivante,* Paris : Bourgois, 1986, trad. Léon Keffler).

L'ouvrage le plus abordable d'Ilya PRIGOGINE sur le difficile sujet de la thermodynamique de l'état stable est *From Being to Becoming : Time and Complexity in the Physical Sciences* (San Francisco : W.H. Freeman & Co., 1980; *Physique, temps, devenir*, Paris : Masson, 2e éd., 1982, trad. Françoise Sullivan & Jacques Chanu).

Pour un exposé sans détour de l'évolution de la Terre vue par un géologue, il n'y a point de meilleur livre que *The Chemical Evolution of the Atmosphere and the Oceans* de H.D. HOLLAND (Princeton, N.J. : Princeton University Press, 1984).

On lira de même, sur la climatologie, *The Coevolution of Climate and Life* de Stephen SCHNEIDER et Randi LONDER (San Francisco : Sierra Club Books, 1984).

CHAPITRE 3

Ceux qui s'intéressent à la théorie géophysiologique devraient lire l'ouvrage classique d'Alfred LOTKA, *Elements of Physical Biology* (Baltimore : Williams & Wilkins, 1925).

L'autopoïèse, l'organisation des objets vivants et nombre d'autres concepts utiles à l'appréhension de la vie en tant que processus sont décrits dans *The Tree of Knowledge* de Humberto R. MATURANA et Francisco J. VARELA (Boston : New Science Library, 1987).

CHAPITRE 4

Pour ceux qui s'intéressent à la synthèse des éléments au sein des étoiles et à la vie des étoiles en général, il y a un exposé splendide de ces événements terrifiants dans le livre de Sir Fred HOYLE, *Astronomy and Cosmology* (San Francisco : W.H. Freeman and Co., 1975).

Dans *Early Life*, Lynn MARGULIS fait un exposé très clair et remarquablement écrit des connaissances et des hypothèses concernant la période obscure avant et après le commencement de la vie, ainsi qu'une description de l'évolution de la vie naissante (Boston : Science Books International, 1982).

Si vous voulez revenir au commencement, lisez donc *Origins of Life* de Freeman DYSON (Cambridge : Cambridge University Press, 1986) et *Origins : A Skeptic's Guide to the Creation of Life on Earth* de Robert SHAPIRO (New York : Summit, 1986; *L'Origine de la vie : le sceptique et le gourou,* Paris : Eshel, 1988, trad. Yves Bonin).

L'ouvrage rare du géologue E.G. NISBET, *The Young Earth,* redonne une âme au monde ténébreux de l'Archéen (Londres : Allen & Unwin, 1986).

Les travaux de quelques-uns des pionniers de la spécialité nouvelle qu'est la biominéralisation sont décrits dans *Biomineralization and Biological Medical Accumulation* de P. WESTBROEK et E.W. de JONG (Dordrecht : Reidel, 1982).

Ceux qui s'intéressent à l'évolution des cellules eucaryotes trouveront un exposé détaillé dans *Symbiosis in Cell Evolution* de Lynn MARGULIS (San Francisco : W.H. Freeman & Co., 1981).

Microcosmos de Lynn MARGULIS et Dorion SAGAN est l'exposé splendide de quatre milliards d'années d'évolution depuis nos ancêtres microbiens (New York : Simon & Schuster, 1986; *La Vie bactérielle*, Paris : Albin Michel, 1989, trad. Gérard Blanc & Anne De Beer).

CHAPITRE 6

Une bonne partie des preuves venant à l'appui de l'hypothèse Gaïa concernent l'atmosphère et la chimie atmosphérique. *Chemistry of Atmospheres* de Richard P. WAYNE résume la question d'une manière accessible (Oxford : Oxford University Press, 1985).

On peut recommander comme antidote de Gaïa un exposé de spécialistes écrit sous l'angle de la science traditionnelle, *The Planets and Their Atmospheres*, de John S. LEWIS et Ronald G. PRINN (Orlando, Fla. : Academic Press, 1984).

CHAPITRE 7

Le compte rendu de la conférence qui s'était tenue au Brésil est maintenant publié sous la forme d'un livre, *The Geophysiology of Amazonia*, sous la direction de Robert E. DICKINSON (New York : Wiley & Sons, 1987).

Les scènes de combat du conflit des chlorofluorocarbones sont décrites dans *The Ozone War* de Lydia DOTTO et Harold SCHIFF (New York : Doubleday, 1978).

Comme Karl MARX, Rachel CARSON représente l'influence principale qui sous-tend une révolution, celle de la pensée et de l'action écologistes. Son livre fondateur, *Silent Spring*, doit être inclus dans toute liste de lecture concernant les sujets abordés dans ce chapitre (Boston : Houghton Mifflin, 1962; *Le Printemps silencieux*, Paris : Plon, 1968).

Pour une vision sage et intelligente des problèmes écologiques envisagés sous l'angle de la politique, on se reportera à *Climatic Change and World Affairs* de Sir Crispin TICKELL (Lanham, Md. : University Press of America, 1986).

Paul R. ERLICH est une figure de proue de la science écologique, et la lecture de son ouvrage *Population Resources Environment*, écrit avec Anne H. Erlich, est essentielle pour retrouver l'esprit et la passion du mouvement écologiste (New York : W.H. Freeman, 1972; *Population, ressources, environnement : problèmes d'écologie humaine*, Paris : Fayard, 1972, trad. Michel Carrière).

Un point de vue contemporain sur les problèmes de l'environnement est donné dans *Sustainable Development of the Biosphere*, publié sous la direction de William C. CLARK et R.E. MUNN (Cambridge : Cambridge University Press, 1986).

CHAPITRE 8

Si vous voulez vraiment savoir à quoi ressemble la surface de Mars, alors il n'y a pas de meilleure source que les photographies et les textes descriptifs du beau livre de Michael CARR, *The Surface of Mars* (New Haven and London : Yale University Press, 1981).

CHAPITRE 9

Le livre de Hugh MONTEFIORE, *The Probability of God* (Londres : SCM Press, 1985), développe une conception de Gaïa vue par un théologien.

God and Human Suffering de Douglas John HALL est un ouvrage inhabituel et très facile à lire. Bien qu'il ne concerne pas directement Gaïa, je l'ai trouvé utile et émouvant tandis que je révisais ce chapitre (Minneapolis : Augsburg, 1986).

Pour moi, le livre le plus important associé à ce chapitre est *Angels Fears : Towards an Epistemology of the Sacred* de Gregory et Mary Catherine BATESON (New York : Macmillan, 1987; *La Peur des anges*, Paris : Seuil, 1989, trad. Christian Cler & Jean-Luc Giribone).

Pour comprendre les conceptions scientifiques de l'univers, le meilleur résumé de la question se trouve peut-être dans *The Self-Organizing Universe* de Erich JANTSCH (Oxford : Pergammon, 1980).

The Anthropic Cosmological Principle de John D. BARROW et Frank J. TIPLER (Oxford : Oxford University Press, 1986) développe un sujet souvent associé à Gaïa, mais qui est en fait très différent.

OUVRAGES GÉNÉRAUX

Pour ceux qui se passionnent pour Gaïa, personne n'a probablement écrit avec plus d'enthousiasme que Lewis THOMAS dans ses nombreux ouvrages, notamment *The Lives of a Cell* (New York : Viking Press, 1975; *Le Bal des cellules*, Paris : Stock, 1977) et *The Youngest Science* (New York : Viking Press, 1983; *Une science naissante : carnets d'un médecin*, Paris : Interéditions, 1984).

Aucun guide du monde ne serait complet sans un atlas, et le plus approprié serait *Gaia : An Atlas of Planet Management,* publié sous la direction de Norman MYERS (New York : Doubleday, 1984).

L'évolution de la Terre vue par les géologues est clairement décrite et magnifiquement illustrée dans *Earth* de Frank PRESS et Raymond SIEVER (San Francisco : W.H. Freeman and Co., 1982).

Pour l'évolution du cosmos et de la vie vue par un physicien, se reporter à l'ouvrage d'Eric CHAISSON, *The Life Era* (New York : Atlantic Monthly Press, 1987).

Et pour une conception de la Terre vue par un écologiste traditionnel, développée à la même époque que le premier livre sur Gaïa mais exprimant des opinions très différentes, je recommande fortement le livre de Paul COLINVAUX, *Why Big Fierce Animals Are Rare?* (Princeton, N.J. : Princeton University Press, 1978; *Les Manèges de la vie : cycles et ruses de la nature*, Paris : Seuil, 1982, trad. Jean Matricon & Dominique Morello).

On retrouvera le monde des savants associés aux découvertes relatées dans le présent ouvrage dans *Planet Earth* de Jonathan WEINER (New York : Bantam Books, 1986).

Index

Table des matières

CET OUVRAGE A ÉTÉ TRANSCODÉ
ET ACHEVÉ D'IMPRIMER POUR
LES ÉDITIONS ROBERT LAFFONT
À PARIS PAR L'IMPRIMERIE FLOCH
À MAYENNE EN MARS 1990

DÉPÔT LÉGAL : MARS 1990
N° D'ÉDITEUR : 32485
(29027)

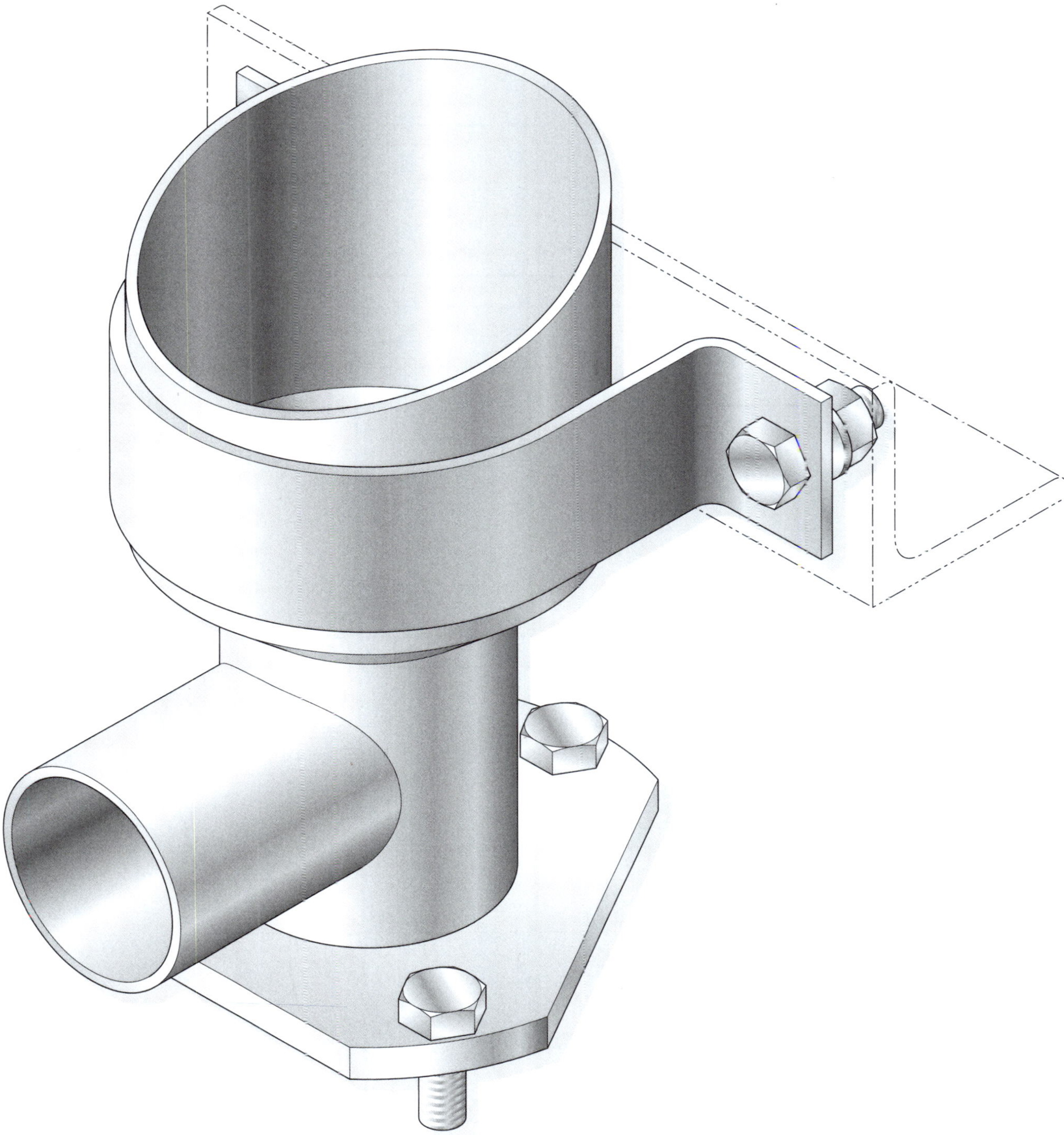